L'identité

L'individu, le groupe, la société

Ouvrages parus chez le même éditeur

Jean-François Dortier, *Les Sciences humaines. Panorama des connaissances*, 1998

Jean-Claude Ruano-Borbalan (sous la direction de), *Eduquer et Former. Les connaissances et les débats en éducation et en formation*, 1998

Si vous désirez être informé(e) des parutions de Sciences Humaines Éditions
et de la revue mensuelle *Sciences Humaines* :
Sciences Humaines, 38, rue Rantheaume,
BP 256, 89004 Auxerre Cedex.
Tél. : 03 86 72 07 00 / Fax : 03 86 52 53 26.

L'identité

L'individu
Le groupe
La société

COORDONNÉ PAR

JEAN-CLAUDE RUANO-BORBALAN

Éditions
SCIENCES HUMAINES

Ont participé à la réalisation de l'ouvrage

Conception et coordination : Philippe Cabin et Jean-Claude Ruano-Borbalan

Secrétariat : Laurence Blanc

Promotion et diffusion : Nadia Léal et Estelle Dorey

Maquette intérieure et fabrication : Anne Leprince et Marc-Philippe Saligue, PolyPAO, 89420 Saint-André-en-Terre-Plaine

Maquette couverture : Gilbert Franchi

Diffusion Presses universitaires de France

38, rue Rantheaume,
BP 256, 89004 Auxerre Cedex

ISBN 2-912601-02-9

Liste des auteurs

Sylvain Allemand, Journaliste scientifique au magazine *Sciences Humaines*

Claudine Attias-Donfut, Sociologue, Directeur du centre de recherche sur le vieillissement, Caisse nationale d'assurance vieillesse

Elisabeth Badinter, Professeur à l'Ecole Polytechnique

Claude Barrois, Psychiatre, Psychanalyste, Professeur agrégé au Val-de-Grâce

Jean-François Bayart, Directeur du Centre d'études et de recherches internationales (CERI)

Irène Bellier, Ethnologue, Chargée de recherche au CNRS

Alain Bernard, Professeur de droit à l'université de Pau et des Pays de l'Adour

Alain Braconnier, Psychiatre des hôpitaux, Psychanalyste

Christian Bromberger, Professeur d'ethnologie à l'Université de Provence, Directeur de l'Institut d'ethnologie méditerranéenne et comparative

Philippe Cabin, Journaliste scientifique au magazine *Sciences Humaines*

Carmel Camilleri, décédé en 1997, était Professeur émérite de psychologie interculturelle à l'université Paris-V

Sophie Caratini, Chercheur au Centre d'études et de recherches sur l'urbanisation du monde arabe (Urbama, CNRS)

Jacques Chevallier, Professeur à l'université Paris-II-Panthéon-Assas

Suzanne Citron, Historienne

Jean-François Dortier, Rédacteur en chef du magazine *Sciences Humaines*

Claude Dubar, Professeur à l'université de Versailles-Saint-Quentin-en-Yvelines, Directeur du Laboratoire Printemps, recherche en sociologie « Professions-institutions-temporalités »

Maryse Esterle-Hedibel, Chercheur associée au CESDIP/ CNRS, Chargée de cours à l'université d'Evry-Val-d'Essonne

Michel Fize, Sociologue au Centre de recherche interdisciplinaire de Vaucresson (CNRS)

Martine Fournier, Journaliste scientifique au magazine *Sciences Humaines*

Vincent de Gaulejac, Maître de conférences à l'université Paris-Dauphine, Directeur du Laboratoire du changement social

Annie Guédez, Professeur de sociologie à l'université de Poitiers

Jean-Robert Henry, Chercheur à l'Institut de recherches et d'études sur le monde arabe et musulman (Irémam)

Danièle Hervieu-Léger, Directeur d'études à l'Ecole des hautes études en sciences sociales (EHESS)

Nicolas Journet, Journaliste scientifique au magazine *Sciences Humaines*

Jacques Lecomte, Journaliste scientifique au magazine *Sciences Humaines*

Jacques Lévy, Professeur à l'Institut d'études politiques de Paris et à l'université de Reims

Edmond Marc Lipiansky, Maître de conférences en psychologie à l'université Paris-X-Nanterre

Elikia M'bokolo, Directeur d'études à l'Ecole des hautes études en sciences sociales (EHESS)

Eric Mension-Rigau, Maître de conférences en histoire contemporaine à l'université Paris-IV

Pierre Milza, Historien, Directeur du Centre d'histoire de l'Europe au XXe siècle (Fondation nationale des sciences politiques)

Laurent Mucchielli, Chercheur au CNRS/CESDIP

Anne Muxel, Sociologue, Chercheur au CNRS

Gérard Noiriel, Professeur d'histoire sociale à l'Ecole normale supérieure

Jean-Claude Ruano-Borbalan, Directeur du magazine *Sciences Humaines*

Victor Scardigli, Directeur de recherche au CNRS, IRIS-université Paris-Dauphine

Dominique Schnapper, Sociologue, Directeur d'études à l'Ecole des hautes études en sciences sociales (EHESS)

Olivier Schwartz, Maître de conférences en sociologie à l'université de Nantes

François de Singly, Professeur à l'université Paris-V, Directeur du Centre de recherches en sociologie de la famille

Pierre Tap, Professeur de psychologie sociale du développement à l'université Toulouse-Le-Mirail

François Thual, Directeur adjoint de l'Institut des relations internationales et stratégiques (IRIS)

Roland Tourreau, Sociologue au CNRS, IRIS-université Paris-Dauphine

Pascal Vennesson, Chargé d'enseignement à l'Institut d'études politiques de Paris

Michel Wieviorka, Sociologue, Directeur d'études à l'Ecole des hautes études en sciences sociales (EHESS), Directeur du CADIS (Centre d'analyse et d'intervention sociologique)

Colette Ysmal, Directeur de recherche au Centre d'étude de la vie politique française (Cévipof)

AVANT-PROPOS

CE LIVRE S'INSCRIT dans la collection d'ouvrages de référence et de synthèse publiée par le mensuel de vulgarisation scientifique *Sciences Humaines*. Il reprend les principaux articles parus dans *Sciences Humaines* depuis cinq ans sur les questions relatives à l'identité. Il comporte également plusieurs textes inédits. Le lecteur trouvera les contributions des meilleurs spécialistes.

L'ensemble de ces articles est mis en perspective par une introduction générale et par le maintien des procédés rédactionnels de *Sciences Humaines*. On trouvera dans tous les ouvrages de la collection : des encadrés de réflexion et de vulgarisation, des sélections de fiches de lectures, des bibliographies, des entretiens, des mots clés et des définitions, des index, etc.

Le souci de la collection est de permettre la formulation des interrogations fondamentales et la synthèse des connaissances grâce à un appareillage critique clair, accessible, mais aussi précis que possible. Un découpage hiérarchique, croisant les avancées de la recherche et les interrogations des non-spécialistes, permet à chacun, quel que soit son degré de familiarité avec le sujet, de pouvoir y accéder et d'approfondir ses propres interrogations.

SOMMAIRE

Deuxième partie : LE GROUPE

Annexes

Jean-Claude Ruano-Borbalan*

INTRODUCTION

La construction de l'identité

Quoique déterminée par les structures mentales et les processus psychologiques, l'identité personnelle se construit dans le cadre d'expériences totalement singulières. L'individu se trouve inséré dans des institutions canalisant son action et lui fournissant des justifications symboliques. Les institutions (famille, religion, Etat), pourtant chahutées, maintiennent leur place centrale dans les dispositifs d'identification sociale. Crises des identités nationales, recomposition des identités religieuses ou familiales, rôle de plus en plus important de la construction de l'identité pour les individus : la définition de l'identité est au cœur de la compréhension des mutations sociales actuelles.

La première tendance de renforcement d'une interrogation identitaire, de loin la plus importante, est liée à l'avènement de l'individu, sujet de son existence, devenu progressivement la figure centrale des sociétés contemporaines.
Il s'agit pour chacun aujourd'hui de faire de sa vie un récit. La mise en scène du « soi » et la construction sociale de l'identité personnelle constituent l'une des composantes cruciales des pratiques et des représentations des individus.
La montée de l'individualisme est liée à la dissolution ou aux mutations profondes d'institutions de socialisation comme la famille, l'église, l'école, l'Etat... La socialisation et l'identification que ces institutions organisaient et maîtrisaient se font désormais selon des modalités renouvelées. Le cas de la famille est éclairant. La structure patriarcale et autoritaire est morte.
La famille est aujourd'hui caractérisée par la négociation et par la promotion des potentialités de chacun de ses membres.
Ces transformations n'ont pas manqué d'affecter en profondeur les processus d'identification politique, élaborés au cours des siècles derniers dans l'affirmation des institutions démocratiques et de l'Etat nation. La citoyenneté et l'appartenance à la communauté nationale font l'objet de débats sociaux

* Directeur de publication du magazine *Sciences Humaines*.

Le paradoxe de l'identité

Le grand paradoxe de l'identité fut très tôt mis en lumière par la philosophie grecque. L'identité, c'est ce qui est identique (unité) mais aussi, au contraire, ce qui est distinct (unicité). Du point de vue philosophique, la question s'est centrée autour de rapports problématiques entre l'identification et la description, ou encore entre la permanence et l'unité. Sur ce dernier point, on connaît par exemple la sentence d'Héraclite d'Ephèse pour qui quoiqu'il paraisse immuable, on ne se baigne jamais dans l'eau d'un même fleuve. Derrière ces paradoxes que la philosophie occidentale a tenté de résoudre, émerge l'ensemble des questions liées à une essence de l'identité des êtres et des choses. On peut en effet définir l'identité des choses soit du point de vue d'une unité de la forme et des composantes, soit du point de vue des fonctions. Du point de vue de la forme, le docteur Jeckyll, par exemple, est bien identique à Mister Hyde. Mais évidemment pas du point de vue des comportements (fonctions).

Ces débats philosophiques sur la permanence à travers le changement sont aujourd'hui englobés dans une réflexion sur l'identité où les choses et les êtres sont totalement distingués : l'identité personnelle ne peut ni s'apprécier ni se concevoir comme celle d'un fleuve ou d'un quelconque objet. Elle s'établit sur des critères de relations et d'interactions sociales. La question des interactions est devenue le paradigme d'interprétation dominant des phénomènes de construction identitaire, et ce quels que soient les disciplines. L'anthropologue Jean-François Gossiaux (1) résumait cette posture en déclarant : « *D'un point de vue anthropologique, l'identité est un rapport et non pas une qualification individuelle comme l'entend le langage commun. Ainsi, la question de l'identité est non pas "qui suis-je ?", mais "qui je suis par rapport aux autres, que sont les autres par rapport à moi ?" Le concept d'identité ne peut pas se séparer du concept d'altérité.* »

1. Propos tenus lors d'une conférence organisée par l'entreprise de diffusion des revues scientifiques DIF POP sur « L'identité nationale » en juin 1997 et réunissant des représentants de revues comme *Projet*, *Esprit*, la *Revue d'études palestiniennes*. J.-F. Gossiaux s'exprimait au nom de la *Revue d'ethnologie française*.

et politiques. La plupart des sociétés contemporaines connaissent ainsi des troubles politiques identitaires.

La notion d'identité est multiforme. On l'utilise dans des circonstances aussi différentes que l'analyse de l'élaboration de la personnalité de l'enfant ou l'attitude de défense des populations lors de conflits guerriers. Nous avons choisi, pour en mesurer les différentes facettes, de nous placer à toutes les échelles où elle s'exprime : l'individu, le groupe, la société. On y constate partout une même orientation d'analyse. L'identité n'est plus considérée par les chercheurs comme une substance, comme un attribut immuable de l'individu ou des collectivités, telle qu'avait pu l'être la culture, par exemple. Les recherches contemporaines rappellent toutes, avec insistance, que l'image et l'estime de soi, les identités communautaires ou politiques s'élaborent dans des interactions entre les individus, les groupes et leurs idéologies. Elles soulignent toutes que la base de l'identification est psychologique, qu'elle se construit et s'actualise sans cesse.

L'identité individuelle

L'individu se socialise et construit son identité par étapes, au cours d'un long processus qui s'exprime fortement de la naissance à l'adolescence, et se poursuit à l'âge adulte. De manière permanente, l'image qu'il bâtit de lui-même, ses croyances et représentations de soi constituent une structure psychologique qui lui permet de sélectionner ses actions et ses relations sociales. La construction identitaire et l'image de soi assurent ainsi des fonctions essentielles pour la vie individuelle et constituent l'un des processus psychiques majeurs. On peut distinguer plusieurs dimensions de l'identité personnelle :

– le premier aspect est constitué par le désir de continuité du sujet. Cette continuité s'exprime dans l'affirmation d'une appartenance à une lignée, à un environnement, à une culture ou à un imaginaire. Cette dimension est particulièrement à l'œuvre dans les manifestations contemporaines d'identité ethnique, régionale ou culturelle ;

– le deuxième aspect s'incarne dans un processus de séparation/intégration sociale. L'opposition d'un adolescent à sa famille exprime pour lui une différentiation vis-à-vis de son identité antérieure. Cette opposition se réalise le plus souvent dans un processus conjoint de création de nouveaux repères identitaires liés à une culture jeune et à des groupes spécifiques ;

– l'identité n'existe qu'en actes. La sociologie religieuse montre par exemple que l'échelle de l'appartenance se calque sur celle de la pratique. L'identification religieuse est d'autant plus forte que l'on va plus régulièrement à la messe ou au temple ;

– la construction identitaire constitue pour les individus un cadre psychologique (schéma mental, système de représentations et filtre des informations). Orienté pour la valorisation de soi et l'autojustification, ce cadre psychologique structure l'action individuelle.

Une construction progressive de l'identité. Edmond Marc Lipiansky, dans sa présentation de l'identité personnelle, rappelle la longue tradition de réflexion sur le développement de l'enfant et la construction de son identité.

Le corps constitue pour le bébé la base de son identification. Il se découvre lui-même au travers de ses perceptions, de ses actions, mais aussi dans son rapport aux autres et dans le regard des autres : «*Avant même la naissance, l'enfant existe déjà dans l'imaginaire et le discours de ses parents. Désiré ou non attendu, il prend très vite un contour plus ou moins précis à travers le sexe souhaité, le prénom choisi, qui à la fois l'individualisera et le situera dans une filiation et dans une caractérologie sommaire.*»
Cette réflexion s'ancre dans les travaux de psychologie du développement de René Zazzo et de Henri Wallon. Selon cette approche, qu'illustrent bien les travaux de Pierre Tap dont on lira l'entretien, l'identité est fondée sur les relations passionnelles du sujet et de «l'autre». Elle est essentiellement conflictuelle : «*Comprendre l'identité, c'est donc mettre à jour les processus qui en organisent la construction historique, la mise en question, la perte ou la réappropriation.*» (1)
Ainsi, de l'enfance à l'adolescence, trois phases sont distinguées : l'individuation primaire durant les trois premières années de l'enfance, l'individuation «catégorielle» jusqu'à l'adolescence et l'individuation «personnalisante» de l'adolescence.
En relation avec ces approches fortement empreintes de conceptions psychanalytiques, René L'Ecuyer distingue, lui, sept stades, englobant les trois stades classiques de la tradition développementaliste et quatre stades à l'âge adulte. Il est donc désormais communément admis que l'identité se construit par stades successifs dans la confrontation entre les individus au sein des groupes. Cette construction où les aspects cognitifs, les affects et les interactions sociales sont consubstantiels, s'exprime pour l'individu sur le double registre de la similitude et de la différence.

Le rôle central du soi. Plus généralement, les réflexions sur l'identité individuelle s'ancrent aujourd'hui autour de l'étude de la notion de «soi» (image de soi, représentation de soi, construction de soi, contrôle de soi, etc.). Le soi peut se définir comme «*un ensemble de caractéristiques (goûts, intérêts, qualités, défauts, etc.), de traits personnels (incluant les caractéristiques corporelles), de rôles et de valeurs, etc., que la personne s'attribue, évalue parfois positivement et reconnaît comme faisant partie d'elle-même…*» (2) R. L'Ecuyer, à qui l'on doit cette définition, travaille depuis trente ans à la compréhension du concept de soi. S'appuyant sur les travaux des diverses branches de la psychologie, voire de l'anthropologie sociale, il a élaboré une typologie des caractéristiques et des propriétés fondamentales de ce concept. Celui-là possède :

1. P. Tap, article «Identité», *Encyclopédia Universalis*.
2. R. L'Ecuyer, *Le Développement du concept de soi, de l'enfance à la vieillesse*, Presses de l'Université de Montréal, 1994.

– une composante affective et émotionnelle : tout individu ressent fortement son identité ;
– un aspect social : le regard que nous portons sur nous-même est influencé par les autres et par leurs jugements ;
– un aspect cognitif «*par lequel les différentes perceptions de soi sont constamment analysées les unes par rapport aux autres selon les lois du fonctionnement intellectuel*».

La dimension affective du soi est détaillée par E.M. Lipiansky dans l'une de ses contributions au présent livre. Il rappelle la conception psychanalytique, dont la figure emblématique est le pédiatre anglais Donald Winnicott, selon laquelle la construction identitaire est liée aux soins de la prime enfance. Elle relève de trois processus conjoints : l'ancrage de l'image de soi sur la transformation corporelle ; l'investissement narcissique du sujet ; et enfin la construction d'un «idéal du moi» dans la relation aux autres, principalement le regard des parents. Les études de psychologie montrent que la composante affective de l'identité personnelle (l'estime de soi) est caractérisée par la tendance systématique à l'autovalorisation. Nous déformons nos souvenirs et adaptons nos jugements pour qu'ils nous soient favorables. De manière systématique, nous tendons à surestimer notre rôle dans les tâches collectives ; nous rejetons les échecs en les attribuant aux autres alors que nous nous sentons responsables des réussites ; nous sélectionnons les informations qui vont plutôt dans le sens de notre conception du monde. Bref, nous organisons le monde pour y avoir le beau rôle. Cet égoïsme atavique est une sorte de mécanisme général de défense pour chaque individu qui sans cela verrait son psychisme souvent mis à mal. Cependant, cette tendance semble être une caractéristique plutôt occidentale : les études contemporaines montrent que les Japonais ont plutôt une propension à l'effacement de soi.

La dimension sociale de la construction identitaire a fait l'objet d'un nombre considérable de recherches. Quelques chercheurs se sont consacrés à l'étude de l'image de soi et de la construction sociale de l'identité individuelle au début du siècle. William James, en 1890, fut le premier à introduire dans sa présentation de la psychologie un chapitre sur le soi. Le sociologue George H. Mead, dans les années 30, met en avant le lien entre l'activité individuelle et le groupe. La psychologie contemporaine s'appuie sur les travaux d'Erik H. Erikson qui, dans les années 50 et 60, a systématisé des recherches sur l'identité personnelle et sociale qui se menaient depuis le début du siècle. Cet auteur a mis en avant l'existence d'un sentiment de différenciation individuelle et d'une tendance à la conformation sociale pour tous les individus. Il a également élaboré une périodisation de la construction de l'identité individuelle dont les transitions s'effectuent dans des «crises d'identité» comme celle de l'adolescence.

A partir des années 70, les études psychologiques de plus en plus nombreuses ont privilégié l'individu et l'impact des relations sociales sur son psychisme.

Un certain nombre d'entre elles se placent du point de vue de la communication interpersonnelle. Cette dernière approche, influencée par les travaux d'Erving Goffman, pense de manière indissociable les aspects affectifs et les aspects sociaux. Ici, le concept clé est celui de l'auto-présentation de soi, c'est-à-dire l'ensemble des activités, comportements ou objets qu'un individu utilise pour être jugé positivement par autrui : le but fondamental de la présentation de soi est de paraître amical, gentil, intelligent, etc., afin d'obtenir des autres ce que nous souhaitons. La présentation de soi peut être négative (cancre à l'école, voyou, etc.). Dans ce cas, la visée reste pour l'individu d'induire certains comportements dans ses relations sociales. Le cancre, par exemple, retient l'attention par son attitude.
La vision cognitiviste de l'étude du soi se centre sur les structures mentales et les représentations. Comme le souligne Delphine Martinot dans une synthèse des travaux actuels sur le soi, la composante cognitive est bâtie autour des mémoires, informations et représentations sur soi. Des expériences récentes montrent que les individus se livrent à des réinterprétations fréquentes de leur histoire personnelle pour rendre conformes leur souvenir et leur image de soi actuelle. Du point de vue cognitif, le concept de soi s'exprime sous forme de schémas. Il s'agit des formes de description et de croyances sur soi affirmées par les individus, et bâties au regard des autres : « *Ces structures rendent les individus capables de comprendre leurs propres expériences sociales et d'intégrer une large gamme d'informations sur soi dans des ensembles signifiants.* » (3) Ainsi, les travaux contemporains de psychologie cognitive conçoivent le soi comme une très forte structure mentale qui n'est soumise qu'à des variations marginales de réagencement, en fonction des circonstances…
En conclusion, on estime aujourd'hui que le soi doit être vu comme un système psychique complexe, composé de nombreuses dimensions et strates en fonction de l'expérience de la personne et en fonction de ses groupes d'appartenance. Le soi constitue donc « *un système éminemment adaptatif, qui se défend, se corrige et s'améliore pour mieux s'adapter et même se dépasser* » (3).

Les identités sociales

Le soi constitue le versant interne de l'identité individuelle. Il se construit dans la relation à l'environnement et aux autres. C'est précisément au sein de groupes, restreints ou étendus, contractuels ou imposés, que se développent les relations de construction de l'identité. L'ensemble des travaux actuels qui tentent de comprendre l'identité se centre d'ailleurs sur la construction de l'identité dans les interactions sociales. Ils mettent en avant le fait que les sociétés contemporaines se caractérisent par la multiplicité toujours accrue de groupes d'appartenance, réels ou symboliques, auxquels sont affiliés

3. D. Martinot, *Le Soi, Les approches psychosociales*, Presses universitaires de Grenoble, 1995.

les individus. On y distingue plusieurs sphères d'appartenance qui vont des groupes primaires comme la famille où le cercle amical restreint, jusqu'à l'humanité-monde.

La construction sociale de l'identité. Le groupe fonctionne comme le catalyseur privilégié de l'identification personnelle. En effet, la conscience de soi n'est pas une pure production individuelle. Elle résulte de l'ensemble des interactions sociales que provoque ou subit l'individu. Le groupe socialise l'individu et l'individu s'identifie à lui. Mais, en même temps, ce processus permet à l'individu de se différencier et d'agir sur son entourage. E.M. Lipiansky, dans sa contribution relative à la formation de l'identité des groupes, estime que, pour l'individu, l'identité n'apparaît pas comme la juxtaposition simple des rôles et des appartenances sociales. L'identité doit être conçue comme une totalité dynamique, où ces différents éléments interagissent dans la complémentarité ou le conflit. Il en résulte des «*stratégies identitaires par lesquelles le sujet tend à défendre son existence et sa visibilité sociale, son intégration à la communauté, en même temps qu'il se valorise et recherche sa propre cohérence*».

Ces stratégies identitaires se vérifient par exemple dans les comportements des immigrés à l'occasion de relations interculturelles. Leur étude permet d'appréhender la complexité de la construction identitaire et de son rôle dans les mécanismes d'affirmation et de défense des individus. Pour les immigrés, la construction identitaire est une dynamique incessante de confrontation aux valeurs dominantes de la société d'installation, et d'affirmation de leur propre valeur individuelle. Face aux injonctions contradictoires entre la culture d'origine et la culture d'accueil, plusieurs attitudes sont observées. La majorité des immigrés fuit la contradiction en adoptant la culture d'accueil. D'autres attitudes, minoritaires, tentent de synthétiser les éléments culturels d'origine et la modernité des pays d'accueil. Par exemple, les intellectuels maghrébins ou arabes exilés ne manquent jamais, à juste titre d'ailleurs, de rappeler l'apport central de la civilisation islamique médiévale au développement de l'Occident. Ils soulignent aussi la capacité de développement des sociétés non occidentales dans les dernières décennies, développement qui serait réalisé sans lien direct avec les valeurs culturelles de l'Occident judéo-chrétien et démocratique. Enfin, certaines attitudes, elles aussi minoritaires, consistent à vivre une totale séparation entre une morale ancrée sur les valeurs traditionnelles de la culture d'origine et la vie quotidienne.

L'examen sommaire des stratégies identitaires des immigrés (on se reportera à l'article de Carmel Camilleri) en souligne la portée générale. Au sein de tous les groupes, du club de football à la nation en passant par l'entreprise, une tension existe fortement entre la volonté d'appartenance totale et son contraire, l'indépendance.

La stratégie des femmes

La situation des femmes a fortement évolué au cours des dernières décennies dans les sociétés occidentales, même si persiste une inégalité de fait dans l'accès aux postes de responsabilité. Lentement, les représentations ont changé : l'intelligence des femmes ou leurs aptitudes ne sont plus remises en cause. L'identité individuelle et collective des femmes s'est trouvée redéfinie dans un double mouvement : d'une part, la reconnaissance de l'égale dignité de tous les êtres humains quel que soit leur sexe et, d'autre part, la possibilité accrue d'insertion professionnelle. Massivement, comme l'a souligné Jacques Commaille (1) pour la France, les femmes ont déployé une stratégie difficile. Elles ont investi la sphère publique du travail, tout en maintenant leur implication dans la sphère domestique privée. La place de l'un et l'autre sexe, au plan réel comme au plan symbolique, s'est ainsi fortement modifiée dans nos sociétés. Les rapports de couple, l'organisation du travail n'ont pas manqué d'être aussi affectés. La famille s'en est trouvée redéfinie, au plan des pratiques comme au plan juridique. L'Etat a accompagné cette tendance par le changement des politiques familiales ou par des politiques d'emploi spécifiques. La stratégie d'investissement de la sphère publique par les femmes a également donné lieu à l'éclosion de courants politiques et sociaux, particulièrement en Amérique du Nord, dont la revendication identitaire s'avère explicite : par la volonté de défense communautaire des femmes et également dans la définition d'un universalisme émancipateur qu'incarnerait le combat féministe.

1. J. Commaille, *Les Stratégies des femmes*, La Découverte, 1993.

Ces tensions ne sont pas toujours négativement vécues. Elles constituent même des contradictions dont les individus peuvent jouer pour réaliser un équilibre satisfaisant entre leurs diverses identités : tel individu aura des ennuis au travail et se désimpliquera en renforçant sa participation familiale ou son implication à des groupes sportifs ou culturels.

L'individu et ses diverses appartenances. Dans les sociétés contemporaines, la construction autonome de l'identité s'effectue pour l'individu dans le rapport d'adhésion ou de rejet qu'il fonde avec ses groupes d'appartenance. L'individu se trouve enserré dans un maillage, volontaire ou non, d'allégeances et d'appartenances qui lui impose ses comportements et lui fournit un ancrage identitaire.

Jean-François Dortier, reprenant les travaux du sociologue Alain Caillé, montre dans une de ses contributions qu'il existe probablement toujours des formes de concentration et de cohérence des appartenances individuelles : les adhésions totalement choisies où l'individu tente de se réaliser seul, comme les associations sportives, culturelles ou de loisir ; les sociabilités primaires comme la famille ou les amis ; l'appartenance aux grandes institutions sociales, religieuses ou politiques ; et enfin la référence à l'humanité dans son ensemble.
Les fonctions traditionnelles de transmission patrimoniale et morale de la famille ont été reléguées au second plan. Celle-là contribue désormais à construire les identités personnelles de chacun de ses membres en privilégiant leur autonomie et en respectant leurs choix individuels. Cette fonction n'est d'ailleurs pas réservée à la famille, elle s'étend aux cercles d'amitié.
Les identités sociales quant à elles se sont singulièrement multipliées. Elles peuvent être aussi choisies, comme dans les groupes de supporters de football dont Christian Bromberger brosse un tableau : « *Le sentiment d'appartenance se construit ici, comme en d'autres circonstances, dans un rapport d'opposition plus ou moins virulent avec l'autre. Aussi toute rencontre entre villes, communautés, régions, nations rivales, prend-elle la tournure d'une guerre ritualisée où ne manquent ni les appels à la mobilisation communautaire, ni l'insistance emphatique sur les différends hérités de l'histoire, ni les emblèmes belliqueux (les étendards et les panoplies des supporters).* »
Comme les supporters de football, nombre de regroupements associatifs fonctionnent avec des codes spécifiques, des rites initiatiques, un langage. C'est le cas des entomologistes, des informaticiens, en passant par les « sapeurs » congolais, pour ne retenir que celles qui ont fait l'objet de monographies scientifiques.
Mais les identités sociales de groupes sont le plus souvent liées à la condition professionnelle, ethnique, religieuse. Philippe Cabin note, par exemple, que le lien communautaire peut être puissant dans une grande entreprise comme la SNCF où l'identification des cheminots reste très forte. La SNCF et le monde des cheminots forment même une sorte d'institution totale, avec ses régulations sociales propres, ses rythmes, etc. On pourrait faire le même constat pour l'Education nationale jusqu'à une date récente.

L'identité culturelle. Les rituels de mémoire, la culture et les croyances constituent des formes privilégiées de la socialisation et de l'identification des individus. L'appartenance culturelle, religieuse ou politique permet l'articulation des fonctions psychologiques individuelles et des récits mythiques. Cette articulation s'effectue au travers des cérémonies, des rituels. Le processus d'identification culturelle permet à l'individu d'assurer le bon fonctionnement de son soi par l'inscription dans un corps symbolique virtuellement éternel : la nation, la communauté religieuse, l'ethnie, etc. Anne Muxel, par exemple, montre toute la complexité de la mémoire familiale qui, par les repas familiaux, la conservation des objets et les récits quotidiens, permet l'inscription des individus dans une lignée et dans une culture communes. Le corps communautaire peut être bafoué, ou avoir disparu. Il demeure en souvenir et en devenir. Que l'on songe aux formes de l'identité juive et à son ancrage communautaire, faits de souvenirs et de souffrances autant que d'espérances et de salut.

Les processus d'intégration communautaire et culturelle ont tôt fait l'objet de l'attention de l'anthropologie. A la suite des travaux de Ruth Benedict, le courant culturaliste américain a défini des «*patterns of culture*», modèles culturels qui structurent les modes de vies et les productions des membres d'une société. Cette vision, pourtant progressivement complexifiée, n'est plus en vigueur car elle tendait à considérer les cultures comme des attributions immuables des collectivités sociales. La vision culturaliste supposait que les éléments rituels ou symboliques assuraient l'intégration des membres de la société. On pense plutôt aujourd'hui que les individus entretiennent des liens multiples et divers et surtout changeants avec leurs communautés et leurs croyances.

L'identification par les institutions

Le rôle des institutions religieuses ou étatiques dans la mise en place des identités individuelles et collectives a été maintes fois souligné (on se reportera à l'article d'Alain Bernard sur la longue mise en place juridique de la notion de personne). Or, l'histoire récente des sociétés occidentales a vu la transformation des divers cadres institutionnels majeurs sous l'effet de la démocratisation et de la montée de l'individualisme. Les identités religieuses, civiques ou politiques sont de moins en moins transmises par la famille ou par les institutions.

Ces transformations peuvent être illustrées par les transformations de l'église catholique et de sa place dans la société française. Selon Danièle Hervieu-Léger, la montée, depuis dix ans, des conversions d'adultes au catholicisme peut être considérée comme l'indice d'une mobilité religieuse généralisée. Désormais, les identités religieuses doivent être caractérisées comme des trajectoires d'identification, des parcours individuels. On retrouve au plan religieux l'une des dimensions fondamentale des sociétés modernes : l'affirmation de l'autonomie du sujet. S'il est vrai que les individus ont toujours bricolé des croyances, la nouveauté est qu'aujourd'hui ils le réclament comme un droit fondamental : la recomposition des appartenances religieuses s'effectue en fonction des dispositions et des intérêts des croyants. Traditionnellement, les institutions religieuses tenaient ensemble toutes les dimensions de l'identité : la dimension communautaire (paroisse catholique, communauté des croyants), la dimension éthique (les valeurs et les normes de comportement), la dimension

La créolisation du monde

Assiste-t-on à la créolisation du monde ? C'est l'avis du poète caraïbe Edouard Glissant (1). Il suggère de comprendre le processus de mondialisation et d'interpénétration culturelle, en cours dans la plupart des pays du globe, par une analogie avec le processus de fusions et de redifférenciations permanentes observables en Amérique centrale et dans la Caraïbe depuis plusieurs siècles : « *Cette perception de ce qui se passe dans le monde repose sur la définition, qui nous devient obligatoire, entre deux formes génériques de culture. Des formes de cultures que j'appellerai ataviques dont la créolisation s'est opérée il y a très longtemps... et des formes de cultures que j'appellerai composites, dont la créolisation se fait pratiquement sous nos yeux.* »

Pour le poète, les cultures créoles tendent à devenir ataviques, à des cadences jusque-là inconnues, et, dans le même temps, les cultures ataviques se créolisent. Ces dernières remettent en question ou défendent de manière souvent dramatique le statut monolithique de l'identité politique et territoriale. « *Car, en fait, c'est de cela qu'il s'agit : d'une conception sublime et mortelle que les peuples d'Europe et les cultures occidentales ont véhiculée dans le monde, à savoir que toute identité est une identité à racine unique et exclusive de l'autre. Cette vue de l'identité s'oppose à la notion aujourd'hui "réelle", dans ces cultures composites, de l'identité comme facteur et comme résultat d'une créolisation, c'est-à-dire de l'identité comme rhizome, de l'identité non plus comme racine unique, mais comme racine allant à la rencontre d'autres racines.* »

1. E. Glissant, *Introduction à une poétique du divers*, Gallimard, 1996.

culturelle (le patrimoine culturel spécifique de la catholicité française, etc.) et la dimension émotionnelle (le sentiment affectif de la communion, activé dans les rituels et les fêtes). Aujourd'hui, ces dimensions forment des pôles de recompositions spécifiques du religieux : l'aspect émotionnel, par exemple, est privilégié par certains groupements de renouveau religieux, qui fondent l'appartenance sur ces éléments. Le fondamentalisme s'ancrera sur la dimension éthique ou sur la dimension communautaire.

L'identification politique partisane ou territoriale constitue elle aussi, comme le souligne Jacques Chevallier, « *une ressource que les acteurs politiques et sociaux vont s'efforcer d'exploiter dans le cadre des stratégies de pouvoir* ». Evoluant dans un espace démocratique de plus en plus affirmé, la stratégie identitaire

constitue pour les individus comme pour les organisations ou les communautés une des ressources de l'action politique. J. Chevallier le souligne en ajoutant que : «*Les efforts déployés en France par les responsables régionaux pour renforcer le sentiment d'appartenance des habitants à la région s'inscrivent dans une stratégie volontariste cherchant à améliorer la position des régions dans le système politico-administratif. Plus généralement encore, le thème de l'identité érigé en valeur suprême joue comme argument d'autorité dans le débat politique.*»
De manière permanente, d'ailleurs, l'espace politique des démocraties contemporaines est hanté par des discours identitaires. Ceux-là fonctionnent sur le registre de la création narrative des identités que le philosophe Paul Ricœur a mis en évidence. Dans la reprise d'idéologies d'appartenance à la communauté nationale ou d'exclusion de ceux qui n'en seraient pas membres, l'individu gère son angoisse et sa difficulté à trouver un sens aux mutations sociales, grâce à des réponses simples. Le discours identitaire fournit une grille d'analyse des événements, permet de choisir ses amis et de distinguer ses ennemis. Il fournit les moyens de trouver des responsables. Il est fondamentalement un moyen stratégique pour la contestation ou l'obtention du pouvoir.

Nations et ethnies

L'identité nationale constitue un imaginaire et une stratégie politique, aussi bien lorsqu'elle est brandie en France contre la mondialisation et le cosmopolitisme que lorsqu'elle sert de couverture idéologique aux chefs de guerre bosniaques, afghans ou congolais. Dans de nombreuses régions du monde, l'appartenance ethnique ou nationale fait partie des ressources que des formations politiques utilisent pour conquérir le pouvoir. Cela est également vrai en Europe occidentale, où la société se trouve bouleversée par des mutations sociales ou économiques que le système politique ne parvient pas à gérer dans de bonnes conditions. La transformation des systèmes de production économique et la volonté politique de construction supranationale entraînent des replis identitaires qu'exploitent des partis d'extrême droite. Ces derniers réactivent un discours et un imaginaire national d'exclusion dont le résultat est en France, comme le montre Michel Wieviorka dans ce livre, la stigmatisation des populations immigrées et la radicalisation raciste de certaines franges de la population.
L'analyse des ethnies et de leurs supposés conflits paraît l'une des clés de la compréhension de l'identification nationale. Elikia M'bokolo montre qu'elles furent historiquement définies sur des critères d'organisation politique et territoriale. En Afrique du Sud, par exemple, les Zulu, les Xhosa ou les Sotho étaient les membres des Etats correspondants formés au siècle dernier. La colonisation européenne a «*produit une image figée et parfois artificielle des ethnies…*» qui furent dans certains cas maintenues comme cadres

de domination. Aux indépendances, les références ethniques ne furent guère reprises par les nouveaux dirigeants. Aujourd'hui, malgré quelques exemples tragiques comme le Rwanda ou le Congo ex-Zaïre, la persistance des références ethniques voisine avec de nouvelles identifications territoriales ou sociales. Là aussi, souligne E. M'bokolo, « *chaque individu développe ainsi une pluralité d'appartenances qu'il active en fonction de la situation* ». L'ethnie est, en Afrique, comme la religion dans les pays arabes ou la nation en Europe ou ailleurs, une ressource d'identification lors de périodes incertaines et conflictuelles. Il n'y a d'ailleurs pas, indique Jean-François Bayart, d'identité politique naturelle qui s'imposerait à tous. S'écartant lui aussi de visions essentialistes et culturalistes, il montre que la stratégie politique identitaire constitue toujours « *une entreprise rationnellement conduite par des acteurs identifiables : les apparatchiks communistes serbes reconvertis en ultranationalistes, les extrémistes hutu rwandais, leurs milices respectives* ».

Pour conclure. L'interprétation en terme de construction identitaire est en passe de devenir un sésame dans de nombreuses situations. Depuis une dizaine d'années, on utilise abondamment cette notion à propos des conflits ethniques ou nationalistes, des regroupements économiques comme l'Europe et l'ASEAN, mais aussi pour analyser les relations interculturelles ou les comportements des acteurs en organisations. Plus récemment, on a interprété en termes de transformations identitaires les processus de formation professionnelle où les transformations urbaines. Cette utilisation croissante n'est pas terminée. Elle provient du fait que l'individu, ses actions et ses représentations sont devenus le centre des interrogations scientifiques et sociales. Or, la construction identitaire s'avère le prisme psychologique qui détermine une part notable des stratégies et des croyances de l'homme.

PREMIÈRE PARTIE

L'INDIVIDU

Les recherches psychologiques sur la constitution de l'identité convergent vers une même constatation : l'identité personnelle est un processus qui se déroule pendant toute la vie. Elle n'est pas une essence qui se fige de façon définitive en l'individu. Les travaux de René L'Ecuyer sur le concept de soi montrent comment les traits saillants de notre personnalité changent en fonction de l'âge et des événements de la vie.
Les mécanismes de formation de l'identité, que présente Edmond Marc Lipiansky, sont de natures très diverses. Les psychologues soulignent l'importance de la période enfantine, des relations mère-enfant, et de la dimension sensorielle et corporelle. La vie familiale et l'éducation concourent à la construction de l'identité par l'apprentissage et l'intériorisation de modèles et de normes. Ces derniers sont proposés par les parents et les institutions de socialisation, mais ils émanent aussi de la société : ainsi les anthropologues font-ils l'hypothèse d'une « personnalité de base », c'est-à-dire d'une grille de comportements et de valeurs qui contribuent à la formation d'un « caractère social », propre à chaque société.
Comme le montre Pierre Tap, une des particularités de la dynamique identitaire est qu'elle s'opère par l'affrontement de tendances contradictoires. Nous cherchons à être à la fois conformes et singuliers. Nous nous efforçons de faire preuve d'une certaine continuité dans notre personnalité et dans nos conduites, en même temps que nous sommes enclins au changement.

Ces contradictions n'opposent pas seulement des logiques. Elles résultent aussi de la coexistence, et parfois de la confrontation, entre différents rôles sociaux. Ainsi, on peut être en même temps père de famille, amateur de bons vins, inspecteur des impôts, amant, supporter de football, membre d'une association caritative, fréquenter régulièrement une bande de copains, etc. A chacun de ces rôles sociaux correspondent une identité et des pratiques spécifiques, et l'individu doit sans cesse gérer cette diversité, tout en gardant une certaine cohérence (voir le texte de Jean-François Dortier). Cette gestion est complexe. Elle nécessite dans certains cas la mise en œuvre de stratégies identitaires consistant à opérer une manipulation entre ces différentes identités (Carmel Camilleri), dans d'autres cas, comme celui du guerrier, celle de stratégies d'adaptation destinées à faire face à des situations psychologiques très dures (Claude Barrois).
Cette diversité n'est cependant pas toujours bien vécue ou contrôlée par les individus. Elle peut parfois déboucher sur de réelles pathologies

de la personnalité. Dans d'autres cas, comme celui des personnes en cours d'ascension sociale analysé par Vincent de Gaulejac, elle peut déboucher sur un véritable sentiment d'humiliation.

Si l'identité personnelle est façonnée par des rôles sociaux, ces derniers ne sont pas immuables et chacun d'eux possède ses propres caractéristiques et logiques. Elisabeth Badinter défend l'idée d'une crise actuelle de l'identité masculine, en rupture avec les modèles virils traditionnels, et sans modèle de substitution. Ainsi, s'interroge-t-elle, « *Qu'est ce qu'un homme qui ne domine plus les femmes ?* ». Autre catégorie critique, celle des adolescents. Alain Braconnier décortique les ingrédients de la crise d'identité que traversent souvent les jeunes, soumis simultanément à quatre défis : l'autonomisation par rapport aux parents, la sexualité, la maîtrise de son destin et la maîtrise des affects. L'identité politique s'incarne elle aussi dans des catégories clairement définies. Colette Ysmal confirme que le clivage droite/gauche reste pour les Français un indicateur fort d'identification. Elle constate cependant que les comportements se sont complexifiés, en mettant en évidence une typologie de huit familles politiques. L'identité est enfin une catégorie juridique qui, comme le montre Alain Bernard, s'est historiquement fondée à partir de la notion de personne et dont les critères de définition ont évolué dans le temps.

Les fondements de l'identité

Edmond Marc Lipiansky*

L'IDENTITÉ PERSONNELLE**

La conscience de notre propre identité est une donnée première de notre rapport à l'existence et au monde. Elle résulte d'un processus complexe qui lie étroitement la relation à soi et la relation à autrui. C'est aussi un phénomène dynamique qui s'exerce tout au long de l'existence.

L'IDENTITÉ PERSONNELLE, qui peut sembler être une notion simple et évidente, se révèle à l'analyse un phénomène complexe et multidimensionnel. Elle a d'abord une signification objective : le fait que chaque individu est unique, différent de tous les autres par son patrimoine génétique. Cependant, elle a surtout un sens subjectif : elle renvoie au sentiment de son individualité (« je suis moi »), de sa singularité (« je suis différent des autres et j'ai telles ou telles caractéristiques ») et d'une continuité dans l'espace et dans le temps (« je suis toujours la même personne »).

Ce sentiment est celui du sujet, mais aussi celui des autres, celui de son entourage : nous attendons de chacun qu'il manifeste une certaine cohérence et une certaine constance dans son être, ses attitudes et ses comportements (« je te reconnais bien... ») ; une trop grande variabilité à ce niveau est ressentie comme pathologique (inconsistance, fragilité identitaire ou personnalités multiples...).

De la similitude à la différence

L'identité peut se décliner en de multiples composantes : identité pour soi et identité pour autrui ; sentiment de soi (la façon dont on se ressent) ; image de soi (la façon dont on se voit, dont on s'imagine) ; représentation de soi (la

---

* Maître de conférences en psychologie à l'université Paris-X-Nanterre. A publié *Identité et Communication*, Puf, 1992.

** *Sciences Humaines*, hors série n° 15, décembre 1996/janvier 1997.

façon dont on peut se décrire) ; estime de soi (la façon dont on s'évalue) ; continuité de soi (la façon dont on se sent semblable ou changeant) : soi intime (celui que l'on est intérieurement)/ soi social (celui que l'on montre aux autres), soi idéal (celui que l'on voudrait être)/soi vécu (celui que l'on se ressent être).

Phénomène complexe, l'identité est aussi paradoxale. En effet, dans sa signification même, elle désigne ce qui est unique : elle se distingue et se différencie irréductiblement des autres. Mais elle qualifie également ce qui est identique, c'est-à-dire ce qui est parfaitement semblable tout en restant distinct. Cette ambiguïté sémantique a un sens profond : elle suggère que l'identité oscille entre la similitude et la différence, entre ce qui fait de nous une individualité singulière et qui dans le même temps nous rend semblables aux autres. La psychologie montre bien que l'identité se construit dans un double mouvement d'assimilation et de différenciation, d'identification aux autres et de distinction par rapport à eux.

La construction de l'identité

L'identité personnelle résulte d'une construction progressive dont les fondations se situent dans les toutes premières années de la vie. Comme l'a montré, l'un des premiers, le psychologue Henri Wallon, « *La conscience de soi n'est pas essentielle et primitive (...). Elle est un produit déjà très différencié de l'activité psychique. C'est seulement à partir de trois ans que l'enfant commence à se conduire et à se connaître en sujet distinct d'autrui. Et pour qu'il arrive à s'analyser, à chercher les formules à l'aide desquelles il tentera d'exprimer son individualité subjective, il lui faut subir une évolution qui le mène jusqu'à l'adolescence ou à l'âge adulte, et dont les degrés et les formes varient considérablement d'une époque à l'autre.* » (1)

Avant même sa naissance, l'enfant existe déjà dans l'imaginaire et le discours de ses parents. Désiré ou non attendu, il prend très vite un contour plus ou moins précis à travers le sexe souhaité, le prénom choisi – qui à la fois l'individualisera et le situera dans une filiation et dans une caractérologie sommaire (2) – et les anticipations et projets que les parents élaborent autour de lui.

Après la naissance, la parole familiale continue à accompagner le développement de l'enfant ; elle lui propose une interprétation de ses réactions et de ses comportements et lui attribue des traits de caractère (« c'est un gros pépère », « il a un fichu caractère », « c'est déjà un petit bout de femme », « c'est tout le portrait de son père », etc.). Ainsi, le discours anticipe et oriente la formation de l'identité ; il assigne une place à l'enfant dans la constellation familiale en même temps qu'il le projette dans l'avenir à travers l'image suggérée de son destin futur.

Cependant, le nouveau-né n'a pas d'emblée conscience de son identité ; il n'accède au sentiment de lui-même que progressivement, à travers un parcours dont la tonalité subjective nous échappe

1. H. Wallon, *Les Origines du caractère chez l'enfant*, Puf, 1949.
2. Voir J.-G. Onfray, *Le Choix du prénom*, Hommes et perspectives, 1993.

évidemment en grande partie, mais dont on peut reconstruire les mécanismes et les étapes à travers l'observation et l'interprétation de certains indices significatifs. Le sentiment d'identité se constitue à la fois à partir de la perception du corps propre et à travers les interactions précoces avec l'entourage.

Le corps, base de l'identité

Le corps constitue la base et le support privilégié du sentiment d'identité. Peu à peu, le nourrisson apprend à localiser les tensions, les sensations, les émotions dans son corps ; à distinguer ce qui est interne (sensations de faim, de soif…) et ce qui est externe (objets et personnes de son entourage). L'exploration de son corps, la manipulation des jouets lui permettent de prendre conscience, comme H. Wallon l'a montré, des limites de son corps : « *La différence entre la surface sensible qu'offrent à son activité les diverses parties de son corps et les objets extérieurs est en quelque sorte systématiquement expérimentée au cours de ses jeux.* » (3)

Dans la constitution de l'identité, l'image de soi, au sens propre, tient une place très importante. C'est entre un et deux ans que l'enfant apprend peu à peu à reconnaître son image dans un miroir comme l'ont montré, à la suite de H. Wallon et de Jacques Lacan, les recherches de René Zazzo (4). C'est le résultat d'un double mécanisme d'objectivation et d'appropriation. Par l'objectivation, l'enfant devient capable de se saisir, de l'extérieur, comme un objet dans l'espace des objets : il devient visible à lui-même. Par l'appropriation, il incorpore cette apparence visuelle et la fait coïncider avec l'expérience interne de son corps (à travers ses sensations tactiles, viscérales et émotives). C'est au moment où cette fusion se réalise que l'usage du « je » devient habituel dans le discours de l'enfant, marquant la première émergence véritable du sentiment d'identité.

Cependant, comme l'ont établi les travaux du psychanalyste Paul Schilder, l'« image du corps », base de l'image de soi, est différente de la réalité anatomique et fortement marquée par la dynamique pulsionnelle (narcissique, libidinale et agressive) (5).

Mais l'identité corporelle est aussi une identité sexuelle. Dès l'accès à la parole, le jeune enfant est amené à se reconnaître garçon ou fille. Cependant, l'identité sexuelle ne résulte pas seulement du sexe anatomique ; elle découle aussi des identifications de la petite enfance et notamment de celles qui se nouent autour du complexe d'Œdipe.

Ces identifications se font de manière prépondérante au parent (ou aux frères et sœurs) du même sexe : mais elles se dirigent aussi de façon plus ou moins marquée vers le sexe opposé, entraînant une certaine bisexualité psychologique.

Par la suite, l'identité sexuelle prend appui sur les modèles de la féminité et de la virilité proposés par la culture.

Ce processus que l'on vient de décrire dans la sphère motrice, sensitive et émotionnelle, se déroule parallèlement dans la sphère cognitive. Jean Piaget a mis en

3. H. Wallon, *op. cit.*
4. R. Zazzo, « La Genèse de la conscience de soi », *Psychologie de la connaissance de soi*, symposium, Puf, 1973.
5. P. Schilder, *L'Image du corps*, Gallimard, 1968.

lumière la façon dont l'enfant, après avoir pris conscience de ses sensations, va, entre six mois et deux ans, apprendre progressivement à reconnaître l'existence d'un environnement « non-je » à travers la notion d'« objet permanent » (objet et personne qui continuent d'exister en dehors du sujet et de tout contact perceptif) (6). C'est la base de la notion d'identité puisqu'elle permet de concevoir qu'un être puisse rester identique à lui-même dans la succession du temps ou le déplacement dans l'espace.

Rapport à autrui et modèles sociaux

Jusqu'ici, la construction de l'identité a été décrite dans son étayage corporel comme un processus interne au sujet. Cependant, ce n'est que pour la clarté de l'exposé que ce processus a été dissocié, en partie, des interactions avec les personnes qui entourent l'enfant et qui jouent, elles aussi, un rôle fondamental dans son développement identitaire.

C'est d'abord dans la relation affective entre la mère et le nourrisson que celui-là va construire progressivement une conscience stable de lui-même. A travers le corps à corps avec la mère – dans une communication permanente faite de soins, de nourriture, de caresses, de babillages et de paroles – le nourrisson développe la perception de son corps, à la fois dépendant et autonome de celui de sa mère.

Donald Winnicott a souligné tout particulièrement le rôle de miroir joué par le regard maternel qui permet au nourrisson de se découvrir comme investi affectivement : en effet, lorsqu'il regarde le visage de sa mère, « *généralement ce qu'il voit, c'est lui-même. En d'autres termes, la mère regarde le bébé et ce que son visage exprime est en relation directe avec ce qu'elle voit.* » (7)

Un autre psychanalyste, René Spitz, a mis l'accent lui aussi sur l'importance des interactions précoces dans la formation du sentiment d'identité. Il a pointé notamment la fonction fondamentale de trois « organisateurs ». Le premier est le sourire qui est à la fois signe de détente interne et réponse aux stimulations de l'entourage ; il « *constitue le prototype et la base de toutes les relations sociales ultérieures* » (8). Le deuxième est l'angoisse du huitième mois face à une personne étrangère ; elle manifeste le fait que l'enfant peut reconnaître la mère et la distinguer des personnes inconnues (il commence donc à lui conférer une certaine identité). Le troisième organisateur est le « non » dont l'usage intervient vers la deuxième année et qui permet à l'enfant de s'opposer et donc de se différencier de son entourage ; il constitue une nouvelle étape dans l'affirmation et la perception de soi comme sujet autonome. L'identité se construit dans ce double mouvement relationnel de rapprochement et d'opposition, d'ouverture et de fermeture, d'assimilation et de différenciation.

Identification, modèles et rôles

L'identification joue un rôle central dans ce processus. Particulièrement active au moment de la phase œdi-

6. J. Piaget, *La Formation du symbole chez l'enfant*, Delachaux et Niestlé, 1964.
7. D. Winnicott, *Jeu et Réalité*, Gallimard, 1975.
8. R. Spitz, *De la naissance à la parole*, Puf, 1968.

pienne d'identification sexuelle, elle reste par la suite l'un des mécanismes fondamentaux de la dynamique identitaire : identification aux images des parents, des frères et sœurs, des camarades ; aux idéaux et aux modèles de la famille et de la culture (à travers les personnages mythiques, les vedettes, les héros, etc.). Mais l'identification ne se fait pas seulement du sujet aux personnes et aux modèles de son environnement. Tout aussi opérante est l'identification que son entourage impose au sujet : tout au long de son développement, il lui inculque des normes et des modèles auxquels il est invité à se conformer.

Ce processus se déroule initialement dans le cadre familial. Cependant, au fur et à mesure que l'enfant grandit, son environnement ne cesse de s'élargir. Avec l'entrée à l'école, avec la pénétration des médias (et notamment de la télévision), l'identification prend comme supports des groupes plus larges : milieu local, groupe d'âge, classe sociale, appartenance professionnelle, club sportif, identité nationale…

C'est en effet à l'âge scolaire, vers sept-huit ans, qu'apparaît chez l'enfant une aptitude nouvelle qui va profondément modifier sa vie relationnelle : l'aptitude à la décentration par rapport à son entourage immédiat, grâce à laquelle il peut se mettre à la place d'autrui et ainsi voir les choses et lui-même comme il pense que les autres les voient.

Il apprend alors à se reconnaître des identités multiples, liées aux relations et aux situations (enfant, élève, camarade, etc.), à ajuster ses conduites à autrui et à prendre conscience de différents rôles. Alors que ses relations d'amitié pour les enfants du même âge se renforcent et tendent à être plus exclusives, la conscience des différences sociales se développe également, en même temps qu'apparaît une tendance à la ségrégation selon les sexes dans les groupes de camarades.

L'enfant intériorise peu à peu ses *groupes d'appartenance*, les « nous » auxquels il participe. Ces « nous » s'enracinent dans une stratification sociale où ils se situent les uns par rapport aux autres dans un rapport de pouvoir, de prestige et d'argent et dans une histoire qui a déposé dans la mémoire du groupe tout un ensemble d'événements, d'expériences, de modèles et de représentations. Mais ils s'inscrivent aussi dans une stratégie, individuelle ou collective, qui projette le sujet dans l'avenir, dans une compétition pour la reconnaissance sociale, l'ascension, la valorisation ou le changement.

Ainsi, les identifications ne procèdent pas seulement des groupes d'appartenance mais aussi des *groupes de référence* dans lesquels le sujet puise ses modèles ou auxquels il cherche à s'intégrer ; elles ne traduisent pas uniquement la position de l'individu, déterminée par son histoire et son statut social, mais aussi ses anticipations et ses aspirations.

Il faut donc souligner, comme l'avait fait notamment George H. Mead, que si l'individu se reconnaît une identité, c'est pour une large part en adoptant le point de vue des autres, celui du groupe social auquel il appartient et celui des autres groupes : le soi est essentiellement une structure culturelle et sociale qui naît des interactions quotidiennes. « *Il se développe chez un individu donné comme résultat des relations que ce dernier soutient avec la totalité des processus sociaux et avec les individus qui y sont engagés.* » (9) Autrui est, aux différentes étapes de la vie, un miroir dont chacun a besoin pour se reconnaître lui-même.

Continuité et ruptures

L'identité se modifie tout au long de l'existence. Elle résulte moins d'une addition successive que de remaniements et de tentatives d'intégration plus ou moins réussies. « *Elle surgit,* écrit Erik H. Erikson, *de la répudiation sélective et de l'assimilation mutuelle des identifications de l'enfance ainsi que de leur absorption dans une nouvelle configuration qui, à son tour, dépend du processus grâce auquel une société (souvent par l'intermédiaire de sous-sociétés) identifie le jeune individu en le reconnaissant comme quelqu'un qui avait à devenir ce qu'il est.* » (10) Ce mouvement ne va cependant pas sans ruptures et sans crises, en dehors même des problèmes de nature pathologique.

On a amplement souligné, par exemple, la crise de la puberté qui entraîne une modification profonde de l'identité enfantine. L'adolescent voit son corps et son apparence physique se modifier profondément. Il doit intégrer cette transformation et acquérir une nouvelle identité sexuelle. En même temps, il tend à se distancier du cadre familial. Pour pouvoir modifier son inscription dans le système symbolique de places dans lequel son identité évoluait, il est amené, d'une certaine façon, à réaliser le « meurtre » des images parentales et à assumer le deuil et la culpabilité qui en résultent.

On retrouve d'ailleurs dans toutes les cultures des « rites de passage » qui facilitent et entérinent ce saut qui mène à l'état adulte ; car, après avoir occupé la place de l'enfant, le jeune va conquérir celle du père ou de la mère avec l'accès à la sexualité génitale, à la procréation et au monde du travail.

On pourrait avoir l'impression qu'avec l'accession au statut d'adulte l'identité entre dans une phase étale où elle a trouvé enfin sa singularité, son unité et sa permanence. Une sorte de *Happy End* où l'équilibre et la lucidité prévalent enfin sur les tensions et les conflits antérieurs. Mais nombreux sont les symptômes du caractère mythique de cette vision. L'intrusion du « troisième âge » comme phénomène social a attiré l'attention des psychologues sur la crise identitaire grave que traversent souvent les personnes âgées, notamment au moment de l'accession à la retraite. Le vieillissement s'accompagne de transformations dans l'apparence physique, dans les capacités de l'individu et dans son statut social, qui agissent sur le sentiment qu'il a de lui-même mais aussi sur l'image que les autres s'en font.

Un processus inachevé et toujours repris

Ici ou là, on parle aussi de « crise de la quarantaine ou de la cinquantaine », du problème que pose à l'identité fémi-

9. G.H. Mead, *L'Esprit, le Soi et la Société*, Puf, 1963.
10. E.H. Erikson, *Adolescence et Crise*, Flammarion, 1972.

nine la ménopause, etc. Les recherches actuelles « *refusent de plus en plus de considérer la vie adulte comme s'il ne s'agissait plus que de simples variations sur des thèmes probablement fixes durant l'enfance et l'adolescence* » (11).

Plusieurs facteurs, de nature sociale, sont susceptibles d'entraîner des modifications importantes dans la conscience de soi : le choix de l'exercice d'une profession ; le degré de réussite et le statut socio-économique qui en découle ; le mariage (ou le célibat qui entraîne l'identité de « vieille fille » ou de « vieux garçon ») ; la maternité et la paternité (qui confèrent une nouvelle identité de parent) ; les rôles sociaux assumés (comme syndicaliste, militant politique, animateur d'association, etc.) ; les affiliations idéologiques et religieuses ; l'état de santé ; les événements (deuil, chômage, reconversion, divorce, accidents, maladies, psychothérapie, etc.).

Tous ces facteurs peuvent affecter plus ou moins profondément l'identité corporelle et sexuelle, l'image et l'estime de soi. Ils provoquent quelquefois une véritable crise de l'identité, jusqu'à bouleverser totalement la perception de soi du sujet. Ainsi, la construction identitaire apparaît bien comme un processus dynamique, marqué par des ruptures et des crises, inachevé et toujours repris.

11. R. L'Ecuyer, *Le Concept de soi*, Puf, 1978.

Les théories de l'identité personnelle

Tous les théoriciens de l'identité soulignent l'importance d'autrui dans la construction de l'identité, que ce soit pour se différencier ou se conformer, pour se présenter aux autres ou s'en protéger.

Le soi selon George H. Mead
George H. Mead (1863-1931), l'un des fondateurs de la psychologie sociale, distingue trois instances forgeant l'identité : le moi, le je et le soi. Le moi est l'ensemble des rôles que l'individu apprend à tenir dans la société qui est la sienne. Le comportement individuel ne peut donc être compris qu'en fonction du comportement collectif. Mais l'individu est également capable de spontanéité et d'innovation personnelle, ce qui est la fonction spécifique du je. Le soi (l'identité) est l'association entre ces deux éléments : le moi (intégration des normes sociales) et le je (actions spontanées).

La « présentation de soi » selon Erving Goffman
Le sociologue Erving Goffman (1922-1982) a mis en évidence l'importance que l'individu accorde au regard de l'autre sur le maintien de sa propre identité. L'un des enjeux essentiels des relations humaines est la « face » que nous tentons de faire reconnaître aux autres, ce terme désignant la valeur sociale positive qu'une personne revendique. La « présentation de soi », exprimée par nos comportements, notre habillement, nos propos, etc., vise à donner une certaine image de soi dont on attend qu'elle soit confirmée par autrui. Dès lors, la vie sociale est comme un théâtre dans lequel chacun tient un rôle « de façade ». D'où l'existence de rituels sociaux (les règles de savoir-vivre) dans lesquels chacun de nous se « met en scène ».

L'« *Ego Psychology* » des Américains
Alors que Freud s'est peu intéressé à l'identité, tout un courant de la psychanalyse américaine a développé ce thème, en minimisant l'importance de l'inconscient dans la formation de la personnalité. Heinz Hartmann (1894-1970) fonde l'*Ego Psychology* en affirmant que les troubles psychiques résultent d'une perturbation dans la constitution du moi. Heinz Kohut décrit l'émergence d'un nouveau type de personnalité : à « *l'homme coupable* » de l'époque freudienne, marqué par le complexe d'Œdipe, se substitue « *l'homme tragique* » au moi déficient du fait de relations perturbées avec sa mère. Les désordres narcissiques seraient caractéristiques de cet homme tragique contemporain.

La construction de l'identité selon Erik H. Erikson
Selon Erik H. Erikson (1902-1994) : « *L'étude de l'identité devient aussi centrale à notre époque* (1968) *que celle de la sexualité à l'époque de Freud.* » Associant les approches psychanalytique et psychosociale, il considère que l'identité présente deux faces : d'une part, le « *sentiment conscient de spécificité individuelle* », d'autre part, l'« *effort inconscient tendant à rétablir (...) la solidarité de l'individu avec les idéaux du groupe* ». Pour E.H. Erikson, l'identité est un processus qui s'élabore au cours de l'existence, spécialement à l'occasion de périodes de rupture. Le cycle de vie est composé de huit périodes, chacune d'elles étant marquée par une crise, c'est-à-dire une phase de vulnérabilité, mais riche de potentialités nouvelles. La plus importante est la crise d'identité de l'adolescence (E.H. Erikson a d'ailleurs créé l'expression « *crise d'identité* »). Durant cette phase, l'individu est tiraillé entre deux tendances : il cherche à exprimer son identité personnelle, mais risque une diffusion de celle-là par identification à des héros...

Le « moi-peau » selon Didier Anzieu
Le psychanalyste Didier Anzieu (né en 1923) postule que le psychisme s'étaye sur le corps biologique et sur le corps social. Il désigne sous le terme de « moi-peau » : « *une figuration dont le moi de l'enfant se sert au cours des phases précoces de son développement pour se représenter lui-même comme moi contenant les contenus psychiques, à partir de son expérience de la surface du corps* ». D. Anzieu établit un parallèle entre les fonctions de la peau et celles du moi. De même que la peau constitue une barrière entre le dedans (corps propre) et le dehors (environnement), le moi-peau favorise la construction de l'identité en permettant à l'individu de se sentir séparé et protégé d'autrui : « *Avoir un moi, c'est pouvoir se replier sur soi-même.* »

Jacques Lecomte*

LE SOI**

DE L'ENFANCE À L'ÂGE ADULTE

La manière dont nous nous définissons varie au cours de l'existence. Des aspects qui nous semblent essentiels à telle période de la vie peuvent nous apparaître peu importants vingt ans plus tard. Hommes et femmes suivent des évolutions assez semblables dans cette perception d'eux-mêmes.

« QUI SUIS-JE ? » Les psychologues ont conceptualisé cette interrogation en utilisant le terme « soi » que l'on peut définir comme l'ensemble des éléments qui nous caractérisent. Le « concept de soi » (c'est-à-dire la façon dont nous nous définissons) n'est pas une notion figée. Il varie selon l'âge et en fonction des expériences. La plus vaste étude sur le sujet a été menée par René L'Ecuyer, professeur de psychologie à l'université de Sheerbrooke (Canada) et directeur du laboratoire de recherches sur le concept de soi (1). Avec son équipe, il a demandé à plusieurs centaines d'individus âgés de 3 à 100 ans de répondre à la question : « Qui êtes-vous ? » Chaque sujet devait également préciser ce qui, parmi ce qu'il venait d'indiquer, lui semblait le plus important. Cette démarche a permis de mettre en évidence les évolutions du concept de soi au cours de l'existence dans une société occidentale.

• Les enfants âgés de 3 à 5 ans font fréquemment allusion à ce qu'ils possèdent : animaux et objets (jouets, vêtements, etc.). Ces possessions constituent une source de valorisation personnelle. Ils expriment aussi leur satisfaction de pouvoir réaliser certaines activités : bien parler, courir rapidement, etc. A 3 ans, les enfants parlent beaucoup des activités faites avec les membres de leur

---

* Journaliste au magazine *Sciences Humaines.*

** *Sciences Humaines*, hors série n° 15, décembre 1996/janvier 1997.

1. R. L'Ecuyer, *Le Développement du concept de soi de l'enfance à la vieillesse*, Presses de l'Université de Montréal, 1994.

famille, tandis qu'à 5 ans, ils mettent surtout l'accent sur les occupations et jeux avec leurs amis, avec une insistance sur le nombre d'amis qu'ils ont. R. L'Ecuyer affirme que «*Dès l'âge de 3 ans, le concept de soi est déjà bien établi et organisé.*»

• Entre 6 et 10 ans, les enfants font souvent référence à leurs activités, les filles parlant aussi de ce qu'elles aimeraient faire plus tard. Garçons et filles s'évaluent positivement, mettent en avant leurs qualités intellectuelles et leurs résultats scolaires. Un changement notable se fait jour en ce qui concerne les «stratégies d'adaptation» : auparavant, ils insistaient sur leur conformité aux règles de bonne conduite (politesse, obéissance) ; maintenant, ils accordent plus d'importance au respect de principes de vie personnelle et sociale : écouter, aider, rendre service.

• L'adolescence est une période de découverte et d'examen de soi-même. Sur le plan physique, bien entendu : les descriptions de soi sous l'angle de l'apparence physique enregistrent une forte hausse. Mais également sous l'angle psychologique : alors que l'enfant ne fait que rarement allusion à ses traits de caractère, l'adolescent s'autodécrit fortement avec des termes tels que sentimental, humble, jaloux, hypocrite, rancunier, etc. Il cite plutôt des défauts entre 12 et 15 ans et des qualités entre 18 et 21 ans.

• Entre 17-18 et 21-23 ans, les individus font nettement plus souvent état de leur philosophie de la vie. Les allusions à ce sujet «*atteignent*, selon R. L'Ecuyer, *une importance considérable qu'elles n'auront plus jamais tout au cours du reste de la vie*». L'individu insiste, par exemple, sur de grands principes tels que la justice, la vérité, le respect des autres, la beauté, le bonheur, etc.

• La période de 24-25 à 42-43 ans est celle de la «polyvalence du soi», car la nécessaire adaptation de l'individu à une grande variété de situations le conduit à intégrer différentes images de soi. Au cours de cette période, hommes et femmes expriment fortement leurs besoins de communiquer et d'être appréciés par les autres, besoins qui n'apparaissent plus aussi fortement par la suite. Mais on observe des différences importantes entre les deux sexes en ce qui concerne les rôles sociaux. Les hommes se décrivent avant tout en référence à leur métier, tandis que les femmes se définissent surtout par rapport à leur état civil et à leur rôle de mère («Je suis mariée et mère de trois enfants»). Les femmes de 25 ans expriment fortement leur désir de s'ouvrir pleinement à l'existence, tandis qu'entre 30 et 35 ans, elles sont davantage animées par le besoin de donner, d'aimer et d'être aimées. Quand les hommes parlent d'activités, ils font, entre 25 et 30 ans, surtout allusion à leur travail, tandis qu'à partir de 35 ans, ils commencent à rechercher des activités de détente et culturelles.

• De 44-45 à 55-57 ans, s'étend la période de «maturation du soi», au cours de laquelle hommes et femmes se détachent progressivement du travail et aspirent à se réaliser pleinement en donnant un sens à leur vie. En particulier, les hommes se lancent moins de défis personnels et aspirent à profiter davantage du moment présent. A partir de

45 ans, femmes et hommes ne font pratiquement plus référence à leur travail, et les activités qu'ils énumèrent sont plutôt concentrées sur les sports de loisir, les activités de détente et les loisirs culturels. A partir de 55 ans, un changement radical se produit chez les femmes : le contenu de leurs aspirations se centre sur le passé et elles font surtout référence aux choses qu'elles auraient aimé faire.

• A partir de 60 ans, les personnes font nettement plus souvent allusion à ce que R. L'Ecuyer appelle le « soi matériel », c'est-à-dire qu'elles se décrivent plus qu'auparavant en termes d'apparence physique et de possession d'objets (exemple : « nous avons une maison »). Les hommes ne font pratiquement plus allusion à leur manque de confiance en soi, tandis que les femmes continuent à se dévaloriser et à manquer d'assurance.

En conclusion, la vaste enquête de R. L'Ecuyer et de son équipe démontre clairement que le changement dans la continuité constitue une caractéristique majeure de l'identité individuelle.

Les concepts majeurs du « soi »

René L'Ecuyer distingue six stades de développement du concept de soi : l'émergence du soi (entre 0 et 2 ans), la confirmation du soi (entre 2 et 5 ans), l'expansion du soi (entre 6 et 10 ans), la réorganisation du soi (entre 10-12 et 21-23 ans), la maturation du soi (entre 24-25 et 55-57 ans), enfin la permanence du soi (entre 58-60 et 100 ans et plus).

Par ailleurs, dans ce modèle, le concept de soi est divisé en cinq structures qui constituent les caractéristiques fondamentales du soi :

– le soi matériel comprend, d'une part, les autodescriptions en termes d'apparence physique et de santé, d'autre part, celles concernant la possession d'objets (« Nous avons une maison. ») ou de personnes (« Nos enfants ont bien réussi. ») ;

– le soi personnel englobe les aspirations, émotions, qualités et défauts, ainsi que la philosophie de la vie, les rôles et statuts, le sentiment de cohérence interne ;

– le soi adaptatif regroupe les énoncés impliquant un jugement sur soi-même ainsi que ceux concernant les manières de réagir face à la réalité en vue de maintenir son soi (autonomie, dépendance, ambivalence) ;

– le soi social comporte les descriptions de comportements en société (réceptivité aux autres, domination, altruisme, etc.) et les références à la sexualité ;

– le soi non-soi contient les énoncés où la personne parle des autres mais sur des thèmes qui la concernent elle-même.

Nous déformons la réalité à notre avantage

Nous faisons preuve d'un remarquable manque d'objectivité lorsqu'il s'agit de nous évaluer. Anthony G. Greenwald, de l'université de Washington, n'hésite pas à comparer les procédés utilisés aux pratiques des systèmes totalitaires (1). Il classe ces procédés en trois catégories :

– l'« égocentration », qui désigne le fait que nous nous estimons davantage au centre des événements que ce n'est le cas. Par exemple, des études ont montré que, dans des tâches de groupe, chaque participant s'attribue plus de responsabilité dans la production réalisée que les autres ne lui en reconnaissent ;

– la « bénéficience », tendance à mettre les réussites à notre crédit et à nier notre responsabilité dans les échecs. Par exemple, les étudiants qui ont de bonnes notes considèrent généralement qu'ils les méritent, tandis que ceux qui en ont de mauvaises attribuent plutôt ce résultat à l'incompétence ou à la mauvaise foi de l'examinateur ;

– le « conservatisme », qui est une forme de résistance au changement cognitif. Ainsi, nous donnons la priorité aux informations qui confirment nos opinions et rejetons celles qui s'y opposent. Par exemple, nous lisons plutôt des journaux dont la ligne éditoriale correspond à nos idées et fréquentons préférentiellement des personnes qui partagent notre philosophie de l'existence.
Mais A.G. Greenwald conclut sur une note rassurante : « *Les biais de l'ego totalitaire sont positifs. Positifs au niveau intrapsychique, dans la mesure où ils préservent l'organisation cognitive dont ils relèvent ; positifs aussi au plan des comportements, dans la mesure où ils aident à atteindre des buts grâce à la constance mise à les poursuivre.* »
L'honneur est donc sauf...

1. A.G. Greenwald, « L'ego totalitaire, ou comment chacun fabrique et révise sa propre histoire », collectif, *Le Soi ; recherches dans le champ de la cognition sociale*, Delachaux et Niestlé, 1992.

Edmond Marc Lipiansky*

LE SOI EN PSYCHANALYSE**

La notion de « soi » (*self* en anglais) désigne la conscience de soi et ses racines inconscientes. Elle a connu des développements importants dans la psychanalyse anglo-saxonne (en Grande-Bretagne et aux Etats-Unis) et a conduit à une nouvelle perspective sur la construction de l'identité et les pathologies qui lui sont associées.

Le soi (1) ne fait pas partie des grands concepts freudiens (on n'en trouve, par exemple, nulle mention dans le *Vocabulaire de la psychanalyse* de Laplanche et Pontalis). Il se distingue nettement des instances de l'appareil psychique (le ça, le moi et le surmoi). Il désigne l'ensemble des perceptions, sentiments et représentations qu'une personne se fait d'elle-même : il renvoie ainsi à des notions familières comme l'image de soi, le sentiment ou l'estime de soi. C'est donc une notion phénoménologique, de l'ordre du vécu. Heinz Kohut, psychanalyste américain auteur d'un ouvrage important sur le soi (2), le définit comme un « *contenu de l'appareil mental mais pas l'un de ses constituants : il n'est pas une instance de l'appareil mental* ». Il écrit qu'il s'agit d'une abstraction psychanalytique, mais qui est assez proche du vécu. C'est « *une structure psychique puisqu'il est investi d'énergie instinctuelle et, doué de continuité dans le temps, possède un caractère de permanence* ». Il est constitué de divers affects et représentations dont certaines sont conscientes ou préconscientes, et d'autres inconscientes.

Pourquoi la notion de soi ?

Cette notion de soi a été développée surtout à partir des années 60 par un

* Maître de conférences en psychologie à l'université Paris-X-Nanterre. A publié *Identité et Communication*, Puf, 1992.

** Texte inédit.

1. L'usage du terme de soi en français est relativement récent. On a le plus souvent utilisé le terme anglais de *self* ou parlé de « sentiment d'identité ».
2. H. Kohut, *Le Soi*, Puf, 1974.

courant anglo-saxon (que l'on a appelé la *Self Psychology*). Elle répond à plusieurs préoccupations :
– établir une théorie de la subjectivité (et de l'intersubjectivité) qui faisait en partie défaut à l'approche freudienne ;
– rendre compte de la construction de l'identité personnelle et des troubles qui peuvent l'affecter ;
– permettre la prise en charge de nouvelles formes de pathologies, qui relèvent davantage de perturbations dans la conscience de soi que des classiques conflits œdipiens.

L'hypothèse fondamentale de la psychanalyse est, à cet égard, que les représentations que nous avons de nous-même et de notre corps ne sont pas seulement le produit d'un processus cognitif conscient ; elles sont aussi le résultat de mouvements affectifs et notamment d'investissements pulsionnels dont la théorie du narcissisme s'est efforcée de rendre compte. Ces représentations sont marquées de manière fondamentale par les premières interactions que le nourrisson entretient avec son environnement familial.

Concrètement, la construction du soi résulte d'un triple processus :
– un processus somato-psychique où l'image de soi s'étaye sur l'image du corps ;
– un processus pulsionnel (le narcissisme) par lequel ces images sont investies affectivement, et qui commande notamment l'amour et l'estime de soi ;
– un processus relationnel et intersubjectif par lequel l'image de soi se constitue dans le regard d'autrui (et notamment dans le regard des parents pour le petit enfant).

Image de soi et image du corps

L'image de soi, le sentiment d'identité ne sont pas quelque chose d'inné : ils se constituent progressivement dans les premiers mois de la vie à partir des sensations corporelles. Le nourrisson va peu à peu parvenir, à travers ses sensations (mouvements, contacts, sensations organiques...), à distinguer son corps de l'environnement, l'intérieur de l'extérieur, soi et autrui.

Mais, comme l'a montré le psychanalyste et neurologue Paul Schilder, dès le début l'image du corps est marquée par les courants pulsionnels et affectifs qui l'investissent. Ce n'est pas une donnée perceptive fixe, mais une représentation qui se développe et se construit en fonction de l'évolution temporelle et des sensations de plaisir ou de déplaisir qui l'accompagnent : « *La libido narcissique s'attache successivement à des parties différentes de l'image du corps et, aux différents stades du développement libidinal, le modèle du corps change continuellement.* » (3) Les orifices jouent un rôle très important dans cette image car ils sont à la fois liés aux fonctions vitales (alimentation, respiration, excrétion...), aux fonctions sensorielles et aux zones érogènes (la bouche au stade oral ; l'anus au stade anal ; le sexe au stade phallique...).

Ainsi, les mouvements pulsionnels, et plus largement l'affectivité, ont « *pour effet de changer la valeur relative et la netteté des différentes parties de l'image du corps* ». Ce changement concerne aussi bien la surface du corps que les

3. P. Schilder, *L'Image du corps*, Gallimard, 1968.

parties internes ou encore l'importance accordée à différentes zones.
Mais notre image du corps et de ses différentes parties est influencée aussi par l'intérêt que leur porte autrui (à travers ses regards, ses gestes, ses paroles, sa façon de les toucher…), et par l'intérêt qu'autrui porte lui-même à son propre corps. Il y a une sorte d'identification corporelle (le plus souvent inconsciente) qui sous-tend l'image du corps et la représentation de soi (comme chez la petite fille coquette qui calque les attitudes de sa mère).

Sensations corporelles et investissement narcissique de soi

On voit qu'à travers l'image du corps, le soi est une représentation fortement marquée par le narcissisme. Ce qui se traduit par des sentiments vécus : se sentir « bien ou mal dans sa peau », se trouver beau ou laid, se sentir « en forme », s'aimer ou se déprécier…
Le célèbre pédiatre et psychanalyste anglais Donald Winnicott (1896-1971) a montré que la narcissisation de soi était étroitement liée à la qualité des soins maternels. Des soins adaptés donnent au bébé un sentiment d'harmonie et de bien-être ; à l'inverse, une carence affective de la mère comme une sollicitation trop forte aboutissent à un défaut d'intégration entre le corps et le psychisme et à une faille narcissique. C'est là qu'interviennent les notions de « vrai » et de « faux *self* ».
Le « vrai soi » est lié à l'harmonie entre le corps et la psyché, réalisée par des soins maternels adaptés aux besoins du nourrisson, qui lui permettent de se sentir bien. Le « faux soi » résulte de la soumission de l'enfant à des attitudes maternelles frustrantes : il entraîne un sentiment de vide, d'irréalité, d'insatisfaction. C'est une formation défensive qui donne, par la suite, un clivage de la personnalité et un sentiment d'inauthenticité.
Ainsi, l'investissement narcissique de soi trouve en partie son origine dans les sensations corporelles de bien-être et dans la gratification des besoins du nourrisson, fortement influencées par la qualité des soins maternels.

L'idéal du moi et le regard d'autrui

Mais il s'alimente aussi au regard que l'entourage de l'enfant porte sur lui. D. Winnicott souligne que le premier miroir de l'enfant, c'est la mère : « *Que voit le bébé quand il tourne son regard vers le visage de sa mère ? Généralement, ce qu'il voit, c'est lui-même. En d'autres termes, la mère regarde le bébé et ce que le visage exprime est en relation directe avec ce qu'elle voit.* » (4) Selon que ce visage exprime l'amour, la tendresse, l'admiration ou la tristesse, l'angoisse, le rejet… l'enfant va investir différemment son corps et l'image de soi.
Le narcissisme originaire est donc en rapport avec cette « identité primaire » donnée par l'attitude de l'entourage. Celle-ci découle, dès la conception, de la façon dont les parents accueillent la grossesse, envisagent l'enfant, réagissent à sa naissance… On connaît bien l'exemple de ces parents qui désirent un garçon et ont une fille qui devra porter avec elle le sentiment de déception qu'a

4. D. Winnicott, *Jeu et Réalité*, Gallimard, 1975.

provoqué sa naissance ; ou bien s'identifier par la suite au désir de ses parents et devenir un « garçon manqué ».
Bien sûr, le regard d'autrui accompagne tous les âges du développement et renvoie, à chaque stade, une image de soi à laquelle chacun est amené plus ou moins à s'identifier. L'attente des parents contribue à l'instauration de l'idéal du moi. Il s'agit en quelque sorte du modèle idéal que chacun se fixe. Il résulte de l'identification aux parents et à leurs propres idéaux ainsi qu'aux modèles socialement valorisés. En même temps, l'idéal du moi est l'héritier du narcissisme infantile : « *Ce que l'homme projette devant lui comme son idéal*, souligne Freud, *est le substitut du narcissisme perdu de l'enfance.* » L'idéal du moi agit sur l'« estime de soi » (avec le surmoi qui représente sa dimension critique). Il peut alimenter, s'il représente un idéal de perfection inaccessible, une source constante d'insatisfaction car le sujet se trouve incapable d'atteindre un tel idéal (qui peut être aussi bien physique qu'intellectuel).
Ainsi, autrui n'est pas seulement un miroir ; c'est aussi un modèle. Et c'est à travers toute une série d'identifications par lesquelles un sujet assimile un aspect, une propriété, un attribut d'une personne valorisée (parent, camarade, professeur, héros, vedette…) que se construit son identité. Ce processus, particulièrement actif pendant l'enfance et l'adolescence, se poursuit durant l'âge adulte.
On voit ainsi comment le soi résulte à la fois de l'image du corps, de l'investissement narcissique de cette image (et, plus largement, de tout ce qui touche à soi), du miroir d'autrui ainsi que des modèles que les autres nous proposent.

Les pathologies du soi

Déjà, le médecin Alfred Adler (1870-1937), disciple dissident de Freud, avait souligné l'importance de l'amour de soi et des « complexes d'infériorité » (que le psychisme cherche à compenser imaginairement) dans les troubles de la personnalité : « *La psychonévrose, qui est un produit de l'amour propre, de l'ambition et de la vanité, sert en dernière analyse à préserver le sujet d'un contact trop rude avec la vie et ses exigences, avec la réalité.* » (5)
Ainsi, à côté des troubles relatifs aux développements de la pulsion sexuelle, d'autres semblent liés au narcissisme et à la formation de l'image de soi. Cette conception résulte notamment des travaux du psychanalyste d'origine hongroise Michaël Balint (1896-1970). Il retrouve l'hypothèse d'A. Adler et propose la notion de « défaut fondamental » pour désigner l'existence d'une faille narcissique dans la construction de soi. Elle est due à une distorsion entre les besoins du nourrisson et les soins, l'attention et l'affection dont il a bénéficié : « *L'analyse des adultes ou d'ailleurs des enfants qui manifestent des attitudes de toute-puissance révèle invariablement que cette toute-puissance est une tentative de défense désespérée contre un sentiment croissant d'impuissance.* » (6)
On a vu que D. Winnicott reprend et développe cette perspective avec,

5. A. Adler, *Le Tempérament nerveux* (trad. française : Payot, 1992).
6. M. Balint, *Le Défaut fondamental*, Payot, 1971.

notamment, la notion de « faux *self* ». La construction d'un sentiment plein et stable d'identité (le « vrai *self* ») devient pour lui l'un des critères fondamentaux de l'équilibre et de la santé. Cette orientation amène à dégager de nouvelles entités pathologiques qui sont désignées surtout par les notions de « personnalités narcissiques » et de « patients limites » *(borderline)*. Elles ont donné lieu à des élaborations théoriques et à des pratiques thérapeutiques originales auxquelles sont attachés notamment les noms d'Otto Kernberg et de Heinz Kohut : ces deux psychiatres ont contribué à renouveler la psychanalyse américaine et ont été les principaux initiateurs du courant de la *Self Psychology*. Leur position fondamentale (au-delà des nuances qui les distinguent) est que la construction du soi, de l'identité subjective, constitue un processus et une problématique spécifiques dans lesquels le destin du narcissisme joue un rôle prépondérant. Cette construction commence dès les premiers stades du développement psychique. Chez les patients narcissiques et limites, la construction du soi a subi un traumatisme en raison des lacunes des soins parentaux, lacunes contre lesquelles le sujet s'est défendu en s'accrochant à un « soi grandiose » marqué par une toute-puissance imaginaire. Par la suite, l'enfant reste étroitement tributaire, dans sa conscience de soi, de l'admiration qu'on lui porte, et tout retrait d'attention ou d'amour est ressenti comme une menace angoissante pour son sentiment d'existence et son estime de soi.

Cette théorisation a bien entendu des conséquences thérapeutiques : elle entraîne un abord spécifique de ce type de patients et une modification du cadre et de la relation tels qu'ils sont définis dans la cure traditionnelle.

Pour conclure, la psychologie du soi a été nourrie par les apports très riches de la psychanalyse. Mais la psychanalyse, en retour, s'en est trouvée profondément transformée.

A lire sur le sujet...

- F. Dolto, *Le Sentiment de soi*, Gallimard, 1997.
- J.-M. Fourcade, *Les Patients limites*, Desclée de Brouwer, 1997.
- S. Freud, « Pour introduire le narcissisme », *La Vie sexuelle*, Puf, 1969.
- O. Kernberg, *La Personnalité narcissique*, Privat, 1991.
- A. Oppenheimer, *Kohut et la psychologie du* self, Puf, 1996.

Edmond Marc Lipiansky*

EXISTE-T-IL UNE PERSONNALITÉ DE BASE ?**

L'homme est un animal social, ou, comme disait Durkheim : « *L'homme n'est homme que parce qu'il vit en société.* » ; ce qui signifie que la société est intimement présente au sein même de chaque individu. La notion de « personnalité de base » s'efforce de rendre compte de cette présence.

L'HOMME est un être de culture. Ce constat conduit à remettre en cause l'idée d'une nature humaine universelle : à la diversité des cultures correspond une diversité des formes d'humanité. Chaque civilisation, chaque société présente certains modèles de la personne qui lui sont spécifiques et dont la connaissance est essentielle pour qui veut en comprendre la signification. Cette spécificité a été perçue intuitivement aux différentes époques et a inspiré les rudiments d'une psychologie des peuples, d'Hérodote à Ibn Khaldoum, d'Aristote à Montesquieu, de Michelet à Keyserling ou à Siegfried. Cependant, ces premiers balbutiements restent largement pré-scientifiques et relèvent plus d'une démarche impressionniste que d'une approche précise. C'est seulement avec l'anthropologie culturelle américaine que le problème de l'identité collective commence à recevoir une formulation quelque peu rigoureuse, notamment à travers les concepts de « modèle culturel » et de « personnalité de base ».

Modèles culturels et personnalité de base

L'anthropologie culturelle a voulu mettre en relation les modèles culturels (*patterns of culture*) offerts par une société, les processus de socialisation et les types de personnalité dominants. Ruth Benedict, par exemple, a proposé une typo-

---

* Maître de conférences en psychologie à l'université Paris-X-Nanterre.

** Texte inédit.

logie des cultures en termes psychologiques et désigné par la notion de « configuration culturelle » un ensemble articulé d'éléments qui marquent de leur empreinte toutes les institutions, la vie sociale et les comportements. Proche de cette notion est celle de « profil », introduite par Clyde K. Kluckhohn, qui correspondrait au caractère spécifique de chaque culture. Ce profil – modèle construit par l'anthropologue – est constitué par les réponses qu'apporte une société donnée, le plus souvent implicitement, aux questions fondamentales qui se posent à toute société. Ces questions ne pouvant entraîner qu'un nombre limité de réponses, elles fournissent la grille d'une catégorisation des cultures. Configuration et profil culturel imprègnent la personnalité des individus. Il y a dans chaque culture un type de personnalité « approuvé » qui opère une sélection parmi les buts et les conduites potentielles de l'homme. Ce type caractéristique est isomorphe aux traits fondamentaux de la culture.

Ces théories postulent donc une relation entre la culture et la personnalité ; mais la nature de cette relation et les mécanismes par lesquels elle s'effectue ne sont pas clairement indiqués. C'est à cette question que va s'efforcer de répondre l'œuvre d'Abram Kardiner, une des figures les plus marquantes de l'anthropologie culturelle américaine. Ses recherches se sont situées à la rencontre de l'ethnologie et de la psychanalyse. Elles ont abouti à une théorie génétique et dynamique de la personnalité dans ses relations avec la culture (1).

A. Kardiner part de l'idée qu'on ne peut pas étudier l'individu en dehors des institutions dans lesquelles il vit, de même qu'il est impossible de comprendre les institutions sans y voir des créations de l'homme. Par institution, il faut entendre « *tout mode établi de pensée ou de comportement observé par un groupe d'individus (c'est-à-dire une société) qui peut être communiqué, qui est reconnu par tous, et dont la transgression ou la dérivation crée un certain trouble chez l'individu ou dans le groupe* ». C'est grâce aux institutions (dont l'ensemble constitue la culture) qu'il existe une continuité et un équilibre social. Ces institutions sont nombreuses et de natures très variées (économiques, sociales, sexuelles, pédagogiques, politiques…). Cependant, un critère peut les distinguer : l'ordre dans lequel l'individu les rencontre au cours de sa vie, de la petite enfance à l'âge adulte. L'expérience et l'observation psychologique montrent en effet que les institutions qui s'imposent à l'enfant et qui forment sa prime éducation jouent un rôle crucial dans la construction de la personnalité ; elles constituent un substrat sur lequel s'appuieront toutes les acquisitions ultérieures. A. Kardiner les désigne du terme d'« institutions primaires ». Les institutions primaires qui s'imposent à tous les individus d'un groupe social donné tendent à créer chez eux des constellations psychologiques stables et durables. Ces constellations constituent la « personnalité de base » commune aux membres de ce groupe et sur laquelle chaque individu élabore sa variante personnelle.

1. A. Kardiner, *L'Individu dans sa société* (trad. française : Gallimard, 1969).

Institutions primaires et institutions secondaires

Plus précisément, A. Kardiner fait de la personnalité de base la résultante d'institutions fondatrices, qualifiées de primaires, résultante qui à son tour va tendre à marquer de son empreinte d'autres institutions, qualifiées de secondaires. Il s'agit de montrer comment, dans une société donnée, les comportements des parents (qui obéissent à des modèles sociaux) induisent chez les enfants des réactions qui tendent à s'inscrire dans le psychisme sous forme de faisceaux d'attitudes permettant au moi de s'orienter dans les situations rencontrées par la suite.

Dans les institutions primaires, A. Kardiner place la structure familiale, les disciplines de base de l'éducation (allaitement, apprentissage de la propreté, attitudes à l'égard de la sexualité infantile...) et certains facteurs socio-économiques. A. Kardiner distingue, parmi eux, ceux qui relèvent d'une économie de subsistance (données géoclimatiques, ressources, techniques d'exploitation) et ceux qui relèvent d'une économie de prestige (estime, renommée, satisfaction narcissique tirées de la possession de certains biens ou de certaines activités).

La personnalité de base influence, à son tour, les « institutions secondaires », qui sont réactives aux besoins et aux tensions engendrées par les institutions primaires : mœurs, religions, mythes, organisation sociale et politique, etc.

Essayons d'apporter une illustration des relations entre ces trois instances. Chez les Tanala, population de Madagascar, la mère transporte partout son enfant sur son dos, assis sur un coussinet, maintenu par une ceinture. L'emploi de couches étant inconnu, l'enfant salit constamment sa mère. On peut trouver dans ce fait un stimulant à l'instauration d'une discipline sphinctérienne précoce : l'éducation anale commence dès l'âge de deux ou trois mois et l'on exige de l'enfant qu'il soit propre à l'âge de six mois. Passé ce délai, il est sévèrement puni lorsqu'il salit sa mère. En revanche, le bébé est nourri au sein, chaque fois qu'il en manifeste le désir et cela jusqu'à ce que le suivant ait à son tour besoin du lait maternel.

La coïncidence du libre accès au sein et d'une rigide discipline anale (institutions primaires) fournit les éléments d'une constellation de la personnalité de base qu'on peut exprimer sous la forme suivante : « *Si j'obéis, je serai nourri.* » L'implication la plus importante de cette constellation est le développement précoce du sens de la responsabilité et du devoir qui se manifestera plus tard sous forme de scrupules de conscience, de crainte de désobéir et d'une inébranlable fidélité. On retrouve dans les institutions de la société tanala une relation constante entre obéissance et sécurité, fidélité et protection (institutions secondaires) : par exemple, la médecine met l'accent sur l'accomplissement d'actes rituels obligatoires afin qu'un remède soit efficace.

L'exemple des Esquimaux et des Chuckchee

Les institutions primaires ne sont pas seulement d'ordre culturel. Elles sont aussi, on l'a vu, économiques et sociales. Un exemple montrera à la fois l'influence des institutions socio-économiques sur la personnalité de base, ainsi que les limites de cette influence. A. Kardiner compare deux sociétés vivant dans des conditions de subsistance très difficiles et assez comparables, les Chuckchee (peuple subarctique du nord de la Sibérie) et les Esquimaux.

Les Chuckchee vivent de l'élevage des rennes. Ces animaux sont imparfaitement domestiqués et les conditions climatiques sont très dures ; ce qui rend ce type d'élevage très ardu et exige de l'obstination, de la force physique et une grande ténacité. Par ailleurs, il impose une vie nomade et fait que chaque famille vit repliée sur son troupeau. Les traits les plus saillants du caractère des Chuckchee sont la persévérance, la ténacité, une obstination allant jusqu'au meurtre en cas d'opposition, l'irascibilité et la haine de l'autorité. Le vol et l'assassinat sont choses courantes, de même que le suicide. Il semble que ces caractéristiques soient dues aux conditions économiques car les disciplines de base sont assez souples : « *Puisqu'ils n'attendent d'aide de personne, les gens se montrent extraordinairement inhospitaliers, égoïstes, avares, agressifs et supportent difficilement l'autorité. Ces traits, qui sont les auxiliaires nécessaires de la survie ainsi que du prestige social, proviennent du fait que les Chuckchee ne peuvent compter que sur eux-mêmes.* » Les jeunes bénéficient de l'entraide pendant un court laps de temps mais les vieux sont souvent tués par leurs enfants.

Les Esquimaux vivent dans une situation encore plus précaire ; ils sont entièrement dépendants des vicissitudes de la chasse, et la famine est très fréquente car ils ne peuvent pas stocker des réserves importantes de nourriture. On retrouve chez eux le même accent porté sur la force physique, le savoir-faire et l'indépendance. Ils tuent les enfants et les vieux en cas de famine. « *Mais ils sont sereins, gais, aimables et dénués de sentiments hostiles. La vie dans la famille et dans le village est paisible ; la liberté individuelle s'y épanouit.* » Le vol n'existe pas dans ces populations, de même qu'il n'y existe aucune exploitation des plus faibles.

Ainsi, dans ces deux populations où les conditions économiques de subsistance sont assez proches, on découvre une relation entre la personnalité de base et ces conditions, mais on constate en même temps des variations assez considérables que l'économie seule ne peut expliquer.

On voit que la tentative d'A. Kardiner est ambitieuse et intéressante, car elle permet de comprendre par quels processus la culture peut créer des orientations communes chez ceux qui la partagent. Cependant, on peut lui reprocher de placer dans la même catégorie (celle des institutions primaires) des éléments hétérogènes.

Un peu plus tard qu'A. Kardiner, un autre anthropologue lui aussi psychanalyste, Erich Fromm, va donner à la même question une réponse proche mais différente en proposant la notion de « caractère social ».

Le caractère social

Cette notion va plus loin encore dans le souci d'intégrer les facteurs socio-économiques dans la formation d'une personnalité collective. Elle essaie de dépasser le psychologisme reproché à A. Kardiner, à savoir que la société est réduite, chez cet auteur, à la culture. La culture étant elle-même définie comme un ensemble d'institutions et l'institution comme un complexe de comportements, c'est l'organisation sociale tout entière qui se trouve analysée en termes psychologiques.

E. Fromm, pour une part, tente de faire converger Marx et Freud et donc de conjuguer une analyse en terme d'organisation sociale avec une analyse en terme de psychologie collective (2). Il y a pour E. Fromm des similitudes entre psychanalyse et marxisme. Tous deux sont des sciences matérialistes pour lesquelles la conscience est moins ce qui anime les comportements que le reflet d'autres forces cachées. Mais ils divergent en ce que la psychanalyse fait de la conscience une expression de l'inconscient et des pulsions alors que le marxisme en fait l'expression des rapports sociaux. Cependant, l'opposition n'est pas aussi radicale puisque, pour Freud, la psychologie individuelle est d'emblée une psychologie sociale dans le sens où son objet est toujours l'homme socialisé, pris dans un réseau de relations à autrui.

Selon E. Fromm, le défaut de la psychanalyse est d'avoir universalisé des structures psychiques caractéristiques d'une classe (la bourgeoisie) et d'une société (la société capitaliste). Pour la psychologie individuelle, cette mise entre parenthèses de la structure sociale conditionnant la structure familiale n'engendre aucune erreur significative sur le plan thérapeutique. Mais il en va tout différemment pour la psychologie sociale ; celle-là ne peut pas être comprise «*par analogie avec les phénomènes névrotiques, mais seulement comme résultat d'une adaptation de la structure pulsionnelle à la réalité sociale*» (3).

L'influence des facteurs économiques

Pour E. Fromm, le caractère social est «*le noyau commun à la plupart des individus participant à la même culture, par opposition au caractère individuel par lequel les gens participant à la même culture diffèrent les uns des autres*». Le caractère social représente l'intériorisation dans l'individu des valeurs, des idéaux et des normes propres à une société. Il a pour fonction d'orienter et de canaliser l'énergie humaine, conformément aux buts sociaux, afin d'assurer le bon fonctionnement et la continuité de la société.

Il y a un primat des besoins économiques sur les besoins libidinaux dans le sens où les pulsions d'auto-conservation sont beaucoup plus impérieuses et moins susceptibles d'adaptation que les pulsions libidinales. La nécessité de survivance étant celle qui s'impose comme la plus immédiate et la plus inéluctable, on comprend que les facteurs économiques jouent un rôle fondamental dans la genèse du caractère social.

La psychologie analytique doit s'efforcer de comprendre les processus d'adaptation active et passive de l'appareil pulsionnel à la situation économique et

2. Voir notamment E. Fromm, *Société aliénée et société saine*, Le Courrier du livre, 1971, et *La Crise de la psychanalyse*, Anthropos, 1971.
3. *La Crise de la psychanalyse, op. cit.*

sociale. Cela rejoint la position du matérialisme dialectique pour qui ce sont les modes et les rapports de production qui déterminent l'ensemble des rapports sociaux.

Ainsi, la société industrielle n'aurait pas pu atteindre son but si elle n'avait attelé au travail, à un degré sans précédent dans l'histoire, l'énergie des hommes. Elle tend donc à conditionner les individus au sens du travail, de la discipline, de la ponctualité et de l'effort.

E. Fromm entend s'appuyer lui aussi sur la psychanalyse et définit encore le caractère social comme « *la structure pulsionnelle d'un groupe, son attitude libidinale inconsciente* ». N'y a-t-il pas là une contradiction, dans la mesure où la structure libidinale inconsciente résulte des premières expériences infantiles, à un âge où l'enfant n'a aucun contact avec les structures économiques et sociales ? A cela, E. Fromm répond en montrant qu'à coup sûr les premières influences décisives exercées sur la personnalité de l'enfant viennent de sa famille. Mais la famille elle-même – dans sa structure, ses relations affectives, ses idéaux pédagogiques – est conditionnée par le milieu social auquel elle appartient : « *La famille est l'agence psychologique de la société* », comme l'avait déjà souligné Wilhelm Reich.

Vie pulsionnelle et « instinct de profit »

Ainsi, par exemple, il n'est pas nécessaire de faire appel à un « instinct de profit » comme l'a fait la pensée libérale pour expliquer l'activité économique. L'instinct de profit n'est qu'une forme dérivée d'autres motions pulsionnelles ; il n'a pas pour cause un besoin fondamental d'acquérir ou de posséder mais il est l'expression de besoins narcissiques, du désir d'être reconnu. Comme l'écrit E. Fromm : « *Il est bien clair que, dans une société où ce sont les possédants, les riches, qui sont les plus admirés et les plus reconnus, les besoins narcissiques des membres de cette société conduisent nécessairement ces derniers à une extraordinaire intensification du désir de posséder ; alors que dans une société où la propriété n'est pas la base de la considération sociale mais, par exemple, la réalisation d'actions importantes pour la collectivité, ces mêmes impulsions narcissiques ne s'exprimeront pas sous la forme de l'"instinct de profit" mais d'un instinct poussant aux actions utiles socialement.* » (4) La psychanalyse amène donc à comprendre par quels processus la situation économique est transformée en traits psychologiques en passant par le chemin de la vie pulsionnelle.

Mais elle souligne aussi la base psychologique de la structure sociale : le pouvoir, la domination et l'exploitation trouvent un appui dans les fixations libidinales des individus (peur, amour, dépendance...) ; la relation parents-enfants sert de matrice aux relations hiérarchiques de la vie sociale. Ainsi, la structure libidinale, fixée dans le caractère social, provient de l'adaptation des exigences pulsionnelles aux conditions économiques et sociales, mais sert aussi de base et de ciment à l'organisation sociale, aux rapports entre classes, aux idéologies.

E. Fromm montre, par exemple, que

4. *Ibid.*

« *La structure libidinale typique de l'homme de la société bourgeoise est caractérisée par une intensification de la libido anale.* » En effet, des traits caractéristiques de l'esprit bourgeois (au moins jusque dans les débuts du XXe siècle) comme le sens de la propriété, le goût de l'épargne et de l'économie, l'ordre, la ponctualité, le sens du travail et de l'effort, l'instinct de profit, correspondent très précisément à ce que la psychanalyse a décrit sous le terme de « caractère anal ». Ces traits ont été conditionnés par une certaine forme de capitalisme qui s'est aujourd'hui transformé, ce qui explique qu'ils ne caractérisent plus toujours la classe bourgeoise bien qu'on les retrouve pour une part dans la petite bourgeoisie. Cela montre que le caractère social n'est pas le même dans toutes les classes d'une société et qu'il est, en outre, doué d'une relative inertie qui l'amène à survivre un certain temps aux conditions économiques et sociales qui l'ont suscité.

Trois niveaux de constitution de la personnalité de base

L'apport d'E. Fromm complète, à bien des égards, celui d'A. Kardiner ; mais tous deux tendent à mettre sur le même plan des facteurs hétérogènes dont l'influence n'obéit pas aux mêmes mécanismes. A notre avis, il conviendrait de distinguer trois niveaux, correspondant en même temps à trois stades, dans la constitution du « caractère social » ou de la « personnalité de base ».

Un premier niveau, qui se construit pendant la première enfance, et qui est constitué par un certain « type de structures pulsionnelles », est induit notamment par les disciplines de base. Ainsi, E. Fromm souligne le caractère « anal » de l'*habitus* capitaliste ; il conviendrait de montrer que ce caractère anal est en liaison avec un certain type d'éducation sphinctérienne, d'accent mis sur la propreté, de rigidité dans les rythmes temporels du nourrissage, etc. D'une façon plus générale, on peut se demander s'il y a « façonnage » de la structure pulsionnelle de base par l'environnement socioculturel ou si cette structure est simplement sollicitée dans certaines de ses composantes par les conditions du milieu.

Un deuxième niveau vient de l'intériorisation à la période œdipienne et post-œdipienne « des idéaux, des valeurs et des normes » d'une société à travers la formation de l'instance du « surmoi-idéal du moi » (forgée sur le modèle de l'idéal du moi et du surmoi des parents et des images d'autorité).

Un troisième niveau vient de l'apprentissage de conduites, d'attitudes, de rôles, de schémas mentaux, conformes à ceux requis par le système social à travers tous les moyens d'éducation et de socialisation (famille, école, masses-médias, institutions, etc.). Cet apprentissage commence, en gros, avec la scolarisation et se poursuit jusqu'à l'âge adulte.

Entre ces trois niveaux, il y a, le plus souvent, continuité et imbrication ; mais il peut y avoir aussi ruptures et contradictions (c'est le cas, par exemple, de certains types d'acculturation comme celle des ruraux transplantés en milieu urbain, ou des ressortissants des pays sous-développés travaillant dans les sociétés industrielles).

Il ne faudrait pas non plus négliger –

et nous terminerons sur cette mise en garde –, à côté des éléments d'identité, d'homogénéité et de continuité, les éléments d'hétérogénéité, de discontinuité et de déviance. Il convient notamment d'analyser très concrètement les variations de l'*habitus* suivant les classes, les régions, les sexes, les classes d'âges, les religions, les milieux, les statuts, etc. La recherche anthropologique devrait pouvoir rendre compte aussi bien des processus de normalisation, de conformisation et de reproduction que de la différenciation et de l'émergence de l'innovation et du changement.

A lire sur le sujet...

- R. Linton, *Le Fondement culturel de la personnalité* (trad. française : Dunod, 1967, rééd. 1986).
- G. Michaud et E. Marc, *Vers une science des civilisations*, Complexe, 1981.
- G. Vinsonneau, *Culture et comportement*, Armand Colin, 1997.

L'individu et ses différentes identités

JEAN-FRANÇOIS DORTIER*

L'INDIVIDU DISPERSÉ ET SES IDENTITÉS MULTIPLES**

Ethnie, nation, famille, groupe professionnel, tribu, sexe, classe sociale... nous appartenons tous à plusieurs communautés. Aucune de ces appartenances ne peut nous définir de façon exclusive. Les psychosociologues et les anthropologues montrent les multiples implications de ce « métissage » de notre identité.

« JE REVENDIQUE *cette aptitude que nous avons tous à ne pas être conforme à nous-mêmes, à ne pas être un bloc homogène dont la personnalité serait définitivement fixée (...) cette possibilité d'être traversé par des courants divers et d'échapper au fanatisme de l'identité et à la répétition.* » François Laplantine, qui publie cette déclaration d'émancipation individuelle, est ethnologue. Vivant entre la France et le Brésil, où il mène des études sur les religions syncrétiques, il est aussi père de famille, professeur d'anthropologie, lyonnais et amoureux de la littérature... Son livre *Transatlantique* est un hymne à la multi-appartenance où il décrit les délicieux tourments d'un homme – lui-même – tiraillé entre plusieurs pôles d'attraction. A mi-chemin entre l'étude ethnologique, le récit biographique, le roman... la forme du texte est à l'image de son auteur, qui assume pleinement « *l'irréductibilité de la personne à un comportement unitaire* » (1).

Des êtres composites

A travers son cas personnel, F. Laplantine décrit le prototype de l'homme moderne. Tiraillé entre plusieurs communautés, entre plusieurs vies parallèles, il doit rejouer sans cesse engagement et retrait dans chacune de ses sphères d'appartenance. « *D'un côté l'attachement (à son terroir, à sa culture,*

* Rédacteur en chef du magazine *Sciences Humaines*.
** *Sciences Humaines*, n° 37, mars 1994.
1. F. Laplantine, *Transatlantique. Entre Europe et Amérique latine*, Payot, 1994.

à sa profession, à son mari, à sa femme, à sa culture ou à sa maîtresse), de l'autre l'arrachement ou le détachement. » (p. 16)
Selon F. Laplantine, nous serions tous des êtres composites, sous l'emprise de plusieurs groupes d'affiliation, dont aucun ne suffirait à nous définir de façon exclusive.

Cette conception « stratifiée » de l'identité a déjà été élaborée depuis longtemps par les théoriciens de la psychologie sociale, à travers la notion de « rôles » sociaux. Un rôle correspond à un modèle de comportement stéréotypé dans un groupe donné. L'Inde d'aujourd'hui offre une bonne illustration de ce qu'est un « rôle ». La plupart des Indiens vivent, selon l'ethnologue Frédéric Landy (2), entre deux systèmes de rôles, ou entre deux « *grammaires culturelles* » différentes : l'une reliée au système des castes, très présent malgré son abolition officielle, l'autre étant celle de la modernité, égalitaire et cosmopolite. On voit beaucoup de brahmanes citadins parler leur langue maternelle (pandjabi, bengali, assamais ou cinghalais) et respecter strictement un régime végétarien à domicile... Mais dès qu'ils se trouvent hors de la sphère familiale, notamment au travail, ils se mettent à parler hindi ou anglais et à manger de la viande de mouton, passant ainsi d'un « rôle » à un autre.

La modernité a conduit à multiplier les rôles sociaux et à ballotter notre vie quotidienne entre des logiques différentes. Le psychosociologue Robert Pagès parle de « *nœud de relations* » pour qualifier cette situation où l'individu est sous l'emprise de plusieurs groupes. Emprise ne signifie pas enfermement. Il s'agit plutôt d'une gamme de liens où se mêlent attraction, influence, répulsion, contraintes, adhésion. Cet enchevêtrement forme parfois des « *sacs de nœuds* » où « *tout un jeu d'alternances, de participation et de retraits, rythme et caractérise les phases d'activité* » (3).

Les enquêtes récentes montrent que ce sont les femmes actives et en même temps mères de famille qui vivent aujourd'hui cette multi-appartenance de façon la plus aiguë. Absorbées par leur emploi, elles doivent aussi assumer le rôle de mère et la grande part des tâches domestiques, sans pour autant renier leur propre identité personnelle... D'où un incessant « zapping » physique et mental où s'entrechoquent l'éducation des enfants, les occupations professionnelles, les finances du foyer, les tâches ménagères, les relations amicales, la vie conjugale et, lorsque tout est fini... les projets personnels (4).

Le même et l'autre à la fois

Comment trancher entre ces appartenances multiples et parfois contradictoires ? Parmi les multiples rôles sociaux qu'il nous faut assumer, quels sont les plus prégnants ? Le sociologue Alain Caillé, prenant le contre-pied d'une vision « atomistique » de l'individu, suggère l'existence de quatre grandes zones concentriques d'appartenance.

Dans la première, les sujets se compor-

2. F. Landy, « Campagnes et villes de l'Inde, deux cultures antagonistes ? », *Cahiers des sciences humaines*, Orstom, n° 2-3, 1993.
3. Texte inédit de Piquemal sur G. Canguilhem, cité par A. Demailly, *La Psychologie sociale*, L'Interdisciplinaire, 1993.
4. J. Commaille, *Les Stratégies des femmes*, La Découverte, 1993.

tent comme des individus, cherchant à réaliser des fins (intérêts et projets) personnelles. Mais ils se trouvent aussi «*insérés dans les réseaux de la sociabilité primaire*», tels que la famille ou la communauté de travail, qui ont une emprise forte sur leurs comportements et leur identité. Nous sommes aussi, toujours selon A. Caillé, «*des membres d'un macrosujet collectif*» comme «*le citoyen romain, le membre de la communauté des croyants islamiques ou le ressortissant d'une nation moderne*». Les identités ethniques, religieuses, politiques, nationale sont autant de communautés, de «*sociabilités secondaires*» qui viennent se surimposer aux premières. Enfin, nous sommes tous «*des éléments de l'humanité, des membres de l'espèce humaine*».

Qu'en est-il vraiment de cette identité mondiale ? Une enquête réalisée en 1992 montre que les Français définissent leur appartenance dans l'ordre de préférence suivant : la France (37 %), la région d'appartenance actuelle (23 %), la région ou le pays d'origine (24 %), le monde (9 %) et enfin l'Europe (5 %) (5).

On le voit, l'identité planétaire ou européenne semble à ce jour bien fragile. Pour Edgar Morin cependant, le sentiment d'appartenance est relatif. Dans *Penser l'Europe*, il note : «*Nous vivons dans l'illusion que l'identité est une et indivisible, alors que c'est toujours un "unitas multiplex". Nous sommes tous des êtres poly-identitaires, dans le sens où nous unissons en nous une identité familiale, une identité régionale, une identité transnationale, et éventuellement une identité confessionnelle ou doctrinale. Il y eut souvent une tragédie quand il y eut conflit d'identités comme chez l'enfant de père allemand et de mère française dans la première moitié de ce siècle.*» (6)

La genèse de l'identité

Il existerait donc en chaque personne plusieurs identités (réelles ou potentielles), avec parfois des tensions, des conflits, des choix stratégiques, des compromis, des transactions entre ces «personnalités multiples».

Mais dans quelles circonstances sociales ou historiques certaines de ces identités vont-elles prendre consistance, vont-elles s'imposer par rapport à d'autres ? Sur ce point, les recherches sur la formation de l'identité individuelle ou collective apportent de précieux éléments de réponse.

Pour George H. Mead (1863-1932), le fondateur de la psychologie sociale américaine, la genèse de l'identité personnelle, du «*soi*» (*self*) ne peut pas être conçue comme un phénomène personnel (7). La genèse de l'identité s'inscrit toujours dans une relation interactive à autrui. Mais c'est au psychanalyste Erik H. Erikson (1902-1994) (8) que l'on doit la contribution la plus achevée sur la formation de l'identité individuelle. Selon l'auteur de *Enfance et société*, la naissance de l'identité personnelle est un processus actif et conflictuel où interviennent des

5. G. Mermet, *Francoscopie*, Larousse, 1993.
6. E. Morin, *Penser l'Europe*, Gallimard, 1987, et «Folio».
7. G.H. Mead, *L'Esprit, le Soi et la Société*, 1934 (trad. française : Puf, 1963).
8. Œuvres de E.H. Erikson : *Enfance et société*, 1950 (trad. française : Delachaux et Niestlé, 1959) ; *Adolescence et crise*, 1968 (trad. française : Flammarion, 1978).

dimensions sociales (modèles sociaux auxquels l'individu veut se conformer), psychologiques (l'idéal du moi), conscientes (le «*sentiment subjectif [...] d'une unité personnelle et d'une continuité temporelle*») et inconscientes («*identifications aux modèles parentaux et culturels*»).

L'identité s'affirme, évolue, se réaménage par crises et par stades successifs. Erikson a ainsi décrit huit phases d'évolution de la petite enfance à l'âge adulte. Parmi elles, on a surtout retenu la célèbre crise d'adolescence.

La formation des identités collectives

A partir d'expériences menées dans des groupes restreints, Edmond Marc Lipiansky, maître de conférences à l'université Paris-X et chercheur en psychologie sociale, a montré comment pouvaient se forger des identités sociales (9). Les membres d'un groupe composé de personnes qui ne se connaissaient pas tendent à réagir par un mécanisme de défense, dit de «stratégie identitaire», face à une menace. Par exemple, si la conduite de l'animateur est ressentie comme une tentative de manipulation du groupe, celui-ci réagira par une stratégie identitaire de regroupement fusionnel. En revanche, si à certains moments le groupe est perçu comme une entrave à l'expression personnelle, certains sujets amorceront une stratégie d'affirmation d'une identité distincte du groupe. Dans d'autres circonstances enfin, des sous-groupes se constitueront entre personnes ayant des caractéristiques ou des opinions différentes.

Ces expériences nous apportent au moins deux enseignements. D'une part, l'affirmation d'une identité s'élabore dans une interaction avec autrui. D'autre part, les «stratégies identitaires» peuvent se composer ou se recomposer de façons différentes selon les circonstances, privilégiant tantôt l'identité de la personne, tantôt celle du groupe ou d'une de ses fractions.

De l'ethnie à la logique métisse

Si on les élargit à de plus vastes collectivités, on peut supposer que les grandes identités sociales – régionales, nationales, ethniques, religieuses – connaissent les mêmes types de combinaisons. Les supporters de l'équipe de Marseille et du PSG se maudissent lorsque leurs équipes s'affrontent dans un match. Ils se retrouvent unis quand l'équipe de France rencontre une autre équipe nationale. Alors, «l'Union sacrée» se crée autour d'une identité unique. Au sein de ces «*meutes sportives*» (10), qui se regroupent en deux camps autour d'un match, il existe bien d'autres facteurs d'unité ou de différenciation (ethnique, sociale, régionale, professionnelle) qui, le cas échéant, pourront constituer d'autres modes d'organisation communautaire. C'est dans cette optique que le sociologue Ralf Dahrendorf a conçu les conflits de classe dans la société industrielle (11). Au lieu de se polariser en deux grandes classes

9. E.M. Lipiansky, *Identité et communication*, Puf, 1992.
10. J.-M. Brohm, *Les Meutes sportives*, L'Harmattan, 1993.
11. R. Dahrendorf, *Classes et conflits de classes dans la société industrielle*, 1957 (trad. française : W. de Gruyter, 1972).

antagonistes telles que les concevaient Marx, la société moderne tend plutôt à s'organiser en une série de groupes d'intérêt qui peuvent ou non se superposer ou se recouper.

Cette superposition d'appartenances, qui se combinent et s'opposent parfois, est un cas fréquent dans l'histoire. Quelques jours après le déclenchement de la guerre, en 1914, les socialistes français, qui se considéraient alors comme des révolutionnaires membres d'une classe ouvrière internationale, se sont regroupés derrière le gouvernement français pour former l'Union sacrée. Preuve aussi que les idéologies politiques sont elles-mêmes stratifiées et peuvent rapidement se recomposer en fonction du contexte.

Ce jeu de combinaisons et de coalitions identitaires invite aussi à reconsidérer la permanence et l'unité de communautés humaines apparemment plus stables comme les ethnies. En anthropologie, l'ethnie désigne un groupe humain partageant la même langue, la même culture, la même religion, des traits morphologiques et un territoire communs. C'est un découpage de type ethnique qui a conduit à parler de populations pygmées ou des Touareg en Afrique. En Chine, on distingue les ethnies Han (qui composent 93 % de la population chinoise), des Zhuang, Mandchou, Mongol ou Yi (Tibétains).

L'anthropologue Jean-Loup Amselle soutient que ce découpage des populations humaines en un puzzle ethnique est cependant largement arbitraire (12). Selon lui, les ethnies sont souvent des constructions historiques récentes, en partie conventionnelles parce que fixées par des dénominations coloniales. Comme toutes les communautés humaines, les ethnies sont traversées par des différenciations internes ou au contraire par des facteurs d'unification plus larges. Tel est le cas de la population peule, composée d'environ dix millions de personnes et qui vit en Afrique de l'Ouest (Nigeria, Cameroun, Guinée, Niger, etc.). Apparemment, l'ethnie peule se conforme bien au modèle anthropologique : il existe une langue peule, un type physique particulier (silhouette élancée, visage fin et allongé, caractères non négroïdes), un mode de vie commun fondé sur l'élevage des bovidés (zébus) et un territoire peul qui s'étend du Sénégal au Tchad.

Ces caractéristiques permettent-elles de parler d'ethnie peule ? En fait, la dénomination « peul » est récente et provient du colonialisme. Il existe en fait chez les Peul une variété de types morphologiques (de la même façon que les Italiens ne sont pas tous petits et bruns) ; de plus, la langue peule ne recoupe pas le territoire désigné sous ce nom. L'identité peule est donc bien un produit historique et hybride. Comme le note J.-L. Amselle, l'identité peule « pure » n'existe pas, elle est le produit d'une « *logique métisse* ».

Enjeux

A l'heure où les fondamentalismes ethniques, religieux, nationaux semblent se déchaîner sur la planète, ce rappel de la logique métisse n'est pas anodin. Il conduit d'abord à rejeter toute

12. J.-L. Amselle, *Logiques métisses ; anthropologie de l'identité en Afrique et ailleurs*, Payot, 1990.

vision « organique » de l'identité régionale, nationale ou ethnique. Plus généralement, s'il est vrai que la multi-appartenance est un fait universel, on comprend qu'aucun découpage de la société en fonction d'un critère unique (sexe, profession, âge, ethnie, etc.) ne soit satisfaisant. Un ouvrier n'est pas qu'un ouvrier. Il peut être catholique pratiquant, chasseur, fils d'immigré, père de famille. L'appartenance à chacun de ces milieux n'épuise pas sa condition, pas plus que la somme de ces appartenances.
Le philosophe Georges Canguilhem notait déjà, voilà un demi-siècle : « *L'individu se trouve à l'intersection d'appartenances multiples (toulousain-catholique ; buraliste-philatéliste) volontaires et involontaires ; il n'est englobé dans aucun de ces groupes, lesquels ne sont pas eux-mêmes, entre eux, dans des relations d'inclusion, malgré la commodité des termes "nation" ou "classes sociales".* » (13)

« La fiction mutilante de l'individu »

Cette situation de multi-appartenances fait que l'individu reste en quelque sorte à la recherche de lui-même, en quête d'un ego plus stable et réconcilié.
Le métissage est difficile à vivre. Mais – revenons à F. Laplantine – il vaccine contre deux fictions : « *D'un côté, le cosmopolitisme abstrait dans lequel il n'y aurait plus de différences : ce fut le projet de tous les utopistes. De l'autre, la tentation différencialiste, de toute identité – nationale, régionale, maternelle – construite sur la fiction mutilante de l'individu qui aurait définitivement résorbé sa duplicité, sa triplicité.* »

13. Cité par A. Demailly, *op. cit.*

CARMEL CAMILLERI*

CULTURES ET STRATÉGIES, OU LES MILLE MANIÈRES DE S'ADAPTER**

La culture n'est pas cette empreinte inamovible qui enfermerait les groupes dans un corset statique et invisible. Les cultures changent et les individus adoptent diverses stratégies à leur égard.

DES CONSIDÉRATIONS sur la notion de culture, il faut distinguer les usages qu'on en fait. La tendance la plus répandue fut pendant longtemps de classer les cultures sur une échelle de valeurs. Pour s'y opposer, l'anthropologie a avancé les deux propositions qui fondent « le relativisme » : d'une part, chaque culture est « auto-centrée », c'est-à-dire se comprend par rapport au modèle dont elle procède et, d'autre part, aucun modèle ne peut être jugé à partir d'un autre. En effet, ce sont des options pour des philosophies de l'existence qui, envisagées dans leur globalité, ne sauraient être départagées (ni donc hiérarchisées) par une démonstration rationnelle indiscutable : il n'y a pas de mètre-étalon des cultures.

Il faut également signaler les approches de ceux qui, s'appuyant sur leur culture pour fonder leur différence, ont souvent tendance à se représenter celle-ci comme un absolu immuable. Cette sacralisation, due à une sorte de « passion de la différence », les amène à figer les groupes dans des « identités » immobiles et imperméables et, ainsi, à s'exclure réciproquement.

Le maniement des cultures

A cette dérive s'oppose le point de vue « situationniste » : les systèmes de significations collectives s'élaborent en fonc-

* Carmel Camilleri, décédé en 1997, était Professeur émérite de psychologie interculturelle à l'université Paris-V et coordinateur scientifique de la revue *Intercultures*. Il a publié : *Choc de cultures : concepts et enjeux pratiques de l'interculturel* (avec M. Cohen Emerique), L'Harmattan, 1989 ; et *Stratégies identitaires* (coll.), Puf, 1990.

** *Sciences Humaines*, n° 16, avril 1992.

tion des besoins des hommes, dont la part de variabilité est considérable, en interaction avec des environnements qui se transforment eux-mêmes et modifient les problèmes affrontés. Si bien que les cultures sont des formations historiques évolutives (ce qui relativise la notion de « culture d'origine ») et qui, de surcroît, doivent beaucoup à l'emprunt mutuel.

Cette sacralisation, qui fait postuler l'immuabilité des configurations culturelles, est un premier aspect de leur « substantialisation ». Mais il en est un autre : la représentation commune de l'« enculturation », c'est-à-dire l'ensemble des opérations par lesquelles un sujet prend possession de la culture de son groupe, est celle de systèmes s'introduisant en bloc, comme des structures inamovibles, dans l'esprit d'individus considérés comme devant en être des « copies conformes ». Or, ce n'est même pas vrai des anciens groupes traditionnels, car chaque système, tel qu'il est reconstitué par l'anthropologue, est un « idéal-type » autour duquel les sujets effectuent des variations. Et ce l'est encore moins des sociétés contemporaines. Car la circulation du sujet à travers des sous-groupes et des sous-cultures devenus disparates lui donne la possibilité d'accéder à la conscience des représentations qu'ils contiennent et, donc, de s'en distancer : d'où le pouvoir de se livrer à une manipulation personnelle de cette matière et de se constituer sa « formule culturelle » propre. Dans la relation avec ces individus « émergés », il devient plus fonctionnel de connaître cette formule, grâce à leur fréquentation, que le système des groupes dont ils relèvent.

Stratégies d'adaptation

Les manières par lesquelles les cultures s'influencent sont variées. Parmi celles-là, la plus importante dans les temps actuels est l'acculturation. Ses modalités se situent entre deux pôles : au premier, un seul système influence l'autre, auquel cas on est en présence d'une relation asymétrique qui évolue vers la domination. A l'autre pôle, se produisent des échanges plus ou moins réciproques, avec modification ou non des traits échangés.

Au niveau du sujet, les deux attitudes extrêmes sont l'imperméabilité à la culture étrangère, la « séparation », et l'absorption totale de celle-là : l'« assimilation », par laquelle l'individu ne se reconnaît plus comme adhérant à son ancien système culturel, mais comme affilié au groupe défini par ce système. Entre les deux s'observent une quantité de positionnements, qui se traduisent par des manipulations diverses des codes de l'une et l'autre cultures : c'est ainsi que le sujet essaie de maintenir l'unité de son moi autour d'une structure modifiée de représentations et de valeurs (opérations relevant de ce que j'appelle la fonction « ontologique » de l'identité), en même temps que de ne pas être désadapté par rapport à son nouvel environnement (fonction « pragmatique » ou instrumentale). Dans la mesure où l'on a des raisons de les considérer comme tendues vers cette finalité, toutes ces conduites (y compris, éventuellement, la séparation et l'assimilation) sont tenues pour des « stratégies », dont l'échec ouvre les crises qui alimentent la pathologie de l'acculturation. L'« intégration », telle qu'elle est

Les stratégies au sein d'une culture étrangère

	Référence à une culture unique	Articulation des cultures
Attitudes egocentrées	**Attitude conservatrice :**	**Attitude syncrétique :**
	Repli sur la culture d'origine. Ex. : l'immigré qui maintient des rites et des mœurs qui n'ont plus cours dans son pays d'origine.	Emprunt d'éléments aux deux cultures sans souci de cohérence. Ex. : l'immigré maghrébin qui reste musulman mais ne respecte plus le ramadan ou les interdits alimentaires.
Attitudes d'ouverture	**Attitude opportuniste :**	**Attitude synthétique :**
	Se moule dans la culture d'adoption. Ex. : donner à ses enfants des prénoms du pays d'accueil.	Recherche d'une synthèse nouvelle et cohérente entre les deux cultures. Ex. : le prophétisme africain.

généralement définie, correspond à l'une de ces formations, lorsque le sujet estime qu'elle lui permet d'éliminer les tensions dues aux différences entre son groupe et l'environnement étranger, tout en restant ancré dans ses anciennes références.

Cohérence et hybridation

Pour formaliser ces stratégies, j'ai proposé, d'après mes observations, une typologie qui me paraît suffisamment généralisable (1), par croisement de quelques paramètres :

– celles qui évitent le conflit par « la cohérence simple », c'est-à-dire en occultant les exigences de l'un des deux codes culturels antagonistes. C'est le cas des « conservateurs », sujets qui s'attachent à préserver le système culturel autour duquel ils se sont édifiés, en ignorant le plus possible celui – étranger – qui a infiltré fortement leur environnement. Ils évitent le conflit intérieur au détriment de leur adaptation : c'est-à-dire qu'ils survalorisent la fonction ontologique de leur identité aux dépens de sa fonction pragmatique. A l'opposé, et symétriquement, se placent ceux qui font le contraire et, au prix d'une « fluidité identitaire » remarquable, tendent vers des conduites opportunistes ou qui y ressemblent. Dans tous ces cas, on se tient à des

1. Voir C. Camilleri, « Identité et gestion de la disparité culturelle : essai d'une typologie », collectif, *Stratégies identitaires*, Puf, 1990.

formations culturelles et identitaires « simples », car univoques ;
– d'autres stratégies s'efforcent d'articuler des représentations des deux cultures en présence, ce qui correspond au souci d'élaboration des formations équilibrées permettant de s'y investir (souci ontologique) et, en même temps, de s'adapter à l'environnement tel qu'il est devenu (souci pragmatique). On veut donc résoudre la contradiction en tenant compte des deux termes de l'opposition : ainsi s'affirme l'effort de « cohérence complexe », où l'on peut encore distinguer deux niveaux.

Au premier, les stratégies révèlent des liaisons indifférentes à la logique dite rationnelle : il s'agit de « débrouillages » obéissant aux incitations subjectives, comme dans la « logique affective ». Ce sont des constructions culturelles et identitaires complexes et « syncrétiques », bonnes seulement pour l'individu : par exemple celles qui réalisent la « maximisation des avantages personnels », où le sujet prend dans les deux cultures ce qui lui convient le mieux sans se soucier des contradictions et des obligations corrélatives. Au second niveau, en revanche, apparaît le souci de justifications qui convainquent les autres autant que soi-même : d'où la recherche d'articulations qui paraissent logiques aux membres du groupe, dans des formations visant à être « synthétiques ».

Le cas type est celui où l'on fait accepter un contenu étranger par rattachement organique au traditionnel (« hybridation »). Par exemple, dira-t-on, c'est pour que la femme réalise encore mieux ses rôles traditionnels d'épouse et de mère qu'il faut l'instruire. Ou bien, dans le « prophétisme » africain, la figure biblique étrangère du prophète est incarnée par des personnages qui la font accepter en la mettant au service de formes et de conduites locales. Ainsi, les formations à visée synthétique et cherchant à convaincre autrui acquièrent, contrairement aux formations syncrétiques tournées vers l'ego du sujet, des chances d'aboutir à un changement collectif, et ce sans traumatisme perceptible. Car la configuration des significations d'une culture peut se modifier sans donner l'impression d'être détruite, dans la mesure où se découvrent des médiations qui font considérer ce changement comme conciliable avec la logique du modèle d'où elle procède.

Cela étant, il faut complexifier ce tableau. Jusqu'ici, on s'est centré sur le rôle joué, dans la rencontre, par les caractéristiques internes des structures culturelles. Or, ce ne sont jamais les cultures qui se rencontrent, mais leurs porteurs qui, par leur dynamisme propre, introduisent de nouveaux paramètres.

La régulation interculturelle

Ces acteurs peuvent subir les effets négatifs de crises atteignant leur société. Ils peuvent aussi souffrir d'un psychisme fragilisé par des sentiments intenses de frustration, d'insécurisation, d'anxiété, d'infériorisation, pour des raisons collectives ou individuelles, sur la base de problèmes réels ou imprégnés d'imaginaire. Mais, comme le montrent diverses observations, une manière de rétablir cet équilibre à bon compte est de s'en prendre à ce qui est extérieur au groupe auquel on s'identifie (ce qui permet de l'épargner), de se servir de l'étranger en le chargeant, en le dévalorisant, etc. Les différences culturelles en tant que telles n'ont rien à voir en l'affaire : les immigrés italiens et polonais de proche culture furent, en France et en période de crise économique, aussi fortement victimes de cette hétérophobie que les Maghrébins ou les Africains aujourd'hui. Mais on les invoquera volontiers pour servir d'alibi et éviter d'affronter la réalité des problèmes. Autrement dit, si la culture contribue à construire les groupes et les individus, ceux-ci à leur tour s'en emparent pour la faire servir à leurs buts et intérêts : on ne saurait donc traiter de la dimension culturelle en occultant le dynamisme social et psychique avec lequel elle entre en interaction.

Les développements précédents ont concerné la coexistence de fait de groupes culturellement différents, livrés aux rapports spontanés qui en résultent. C'est ce que j'appelle, en me référant à l'étymologie, le « multiculturel » (*multus* signifie « nombreux », « plusieurs »). Ces rapports étant généralement peu satisfaisants, et les sociétés étant destinées à s'entremêler toujours davantage, « l'interculturel » représente une option, choisie par ceux qui, avec le philosophe Kant, pensent que les sujets humains doivent être traités comme des fins et non comme des moyens (maxime matrice de la Déclaration des droits de l'Homme) ; si bien que tout individu a le droit d'être pris en considération avec ses particularités. Relève de l'interculturel (« inter » renvoyant à la mise en rapport de termes en présence) toute entreprise en vue de construire une articulation entre porteurs de cultures différentes, visant au moins à prévenir les inconvénients de leur coexistence et, au mieux, à les faire bénéficier des avantages qui en sont attendus.

Cette construction demande un effort multiforme, incluant le social et le politique. Car on ne saurait aller bien loin si les problèmes objectifs de tous ordres surgissant dans la cohabitation des groupes ne sont pas affrontés et résolus dans un esprit de justice. Mais la composante culturelle de cette entreprise peut contribuer à la régulation d'une dimension essentielle de la situation : les représentations qui enveloppent ces problèmes, capables de les dénaturer et de les envenimer quand ils sont réels, ou qui les créent de toutes pièces. En ce sens, l'effet central et salutaire de l'interculturel est de faire passer de l'imaginaire au réel ; cet imaginaire étant, comme nous l'avons vu, soit dû à l'ignorance, soit construit en fonction de besoins et d'intérêts.

Cela nécessite un triple apport d'informations :

– des informations anthropologiques d'abord. Faire connaître les cultures en présence, et plus encore ce qu'est une culture, d'une part, évite les tensions dues aux malentendus, d'autre part, prémunit contre les jugements de valeur hiérarchisants et fait admettre l'égale légitimité des systèmes différents – ce qui est une condition de base de l'interculturel ;

– des informations en provenance des sciences humaines ensuite, éclairant, conformément aux analyses effectuées plus haut, les mécanismes de l'hétéro-

phobie et ses déguisements à l'aide du culturel : ce qui sert de propédeutique à la prise de conscience et à la réduction de ces processus chez les acteurs impliqués dans l'entreprise interculturelle ;
– enfin, distribution des informations exactes sur le contentieux des problèmes objectifs présents entre les groupes, afin de corriger le discours ambiant sur ce sujet et de contribuer à les aborder rationnellement.

Comment concilier des valeurs contradictoires

Une fois effectué le passage au groupe interculturel, son maintien exige, comme pour tout groupe, un « contrat d'association » autour d'un minimum de valeurs fondamentales communes. Comment faire lorsque les systèmes des partenaires présentent des valeurs antagonistes dans des domaines où leur diversité ne saurait être acceptée sans les rompre ?
Le principe sur lequel se fonde l'option pour l'interculturel (la nécessité de traiter les sujets comme des fins) oblige à dénouer le conflit par une solution que tout le monde admettra en conscience. Une confrontation sérieuse des systèmes devient alors nécessaire. Pour cela, les partenaires doivent être disposés à adopter une attitude réflexive envers leurs cultures, les amenant, même s'ils y restent attachés, à se réarticuler avec elles de façon autonome. Ils doivent aussi accepter, sans la considérer comme une trahison, l'éventualité d'aboutir à des formations nouvelles et faisant du nouveau groupe un lieu de créativité culturelle. Et si, malgré ces efforts, l'accord de tous n'est pas obtenu, il leur faut consentir aux procédures relevant du modèle démocratique, impliquant que les minoritaires acceptent de ne pas se conduire conformément à leurs convictions.
C'est ainsi une exigence d'apparence contradictoire que les membres du groupe interculturel doivent surmonter : assurer le respect des différences culturelles (et par là procurer à leurs porteurs le sentiment bienfaisant d'être reconnus), mais dans le cadre d'un système d'attitudes autorisant leur dépassement. Opérer ce mouvement dialectique implique cette désacralisation des cultures et des identités évoquée plus haut, qui peut être préparée, elle aussi, par l'information anthropologique correcte. Sa réussite est nécessaire pour assurer l'autre condition de base de l'aménagement de l'interculturel : signifier la différence comme ouverte, et non comme le moyen de se fermer en s'enfermant.

Dynamiques indentitaires

MARQUER SA DIFFÉRENCE

ENTRETIEN AVEC PIERRE TAP*

Sentiment de continuité, cohérence et unicité, diversité, réalisation de soi par l'action, estime de soi, conformisme et différenciation : c'est à travers ces grands principes parfois contradictoires que se construit l'identité individuelle.

***Sciences Humaines* : Quels sont les éléments constitutifs de l'identité personnelle ?**

Pierre Tap : Une façon de préciser les éléments qui constituent l'identité personnelle serait de la définir comme l'ensemble des représentations et des sentiments qu'une personne développe à propos d'elle-même. Une autre façon serait de dire que l'identité personnelle, c'est ce qui permet de rester le même, de se réaliser soi-même et de devenir soi-même, dans une société et une culture données, et en relation avec les autres. On peut, en effet, repérer six caractéristiques impliquées dans la construction et la dynamique de l'identité. Ce terme renvoie d'abord au sentiment de rester le même au fil du temps (rester identique, ou au moins semblable à soi-même). On peut donc dire que la continuité est le premier élément de l'identité. Le deuxième, c'est la représentation plus ou moins structurée, plus ou moins stable, que j'ai de moi-même et que les autres se font de moi. Je me comporte selon un certain style, ce qui renvoie à l'idée d'unité, de cohérence du moi. Le troisième aspect, c'est l'unicité, c'est-à-dire le sentiment d'être original, de se vouloir différent, au point de se percevoir comme unique (incomparable). C'est un élément qui peut s'exprimer positivement, mais qui peut aussi se muer en fermeture sur soi, associée au déni d'autrui. Une quatrième composante est la diversité, qui correspond au fait que nous soyons plusieurs personnages en une même personne. Selon les cas, cela peut être une richesse (facettes articulées de nos rôles multiples) ou, au contraire, un éclatement, une dispersion de soi. Un cinquième aspect vient du fait que nous sommes ce que nous faisons ; l'identité renvoie alors à l'idée de la réalisation de soi par l'action, du « devenir soi-même » à travers des activités (faire et, en faisant, « se faire »). Cet élément implique la capacité de la personne à gérer un paradoxe, celui du changement de soi dans la continuité. La dernière

* *Professeur de psychologie sociale du développement à l'université Toulouse-Le-Mirail. Auteur, notamment, de* La Société Pygmalion. Intégration sociale et réalisation de la personne, *Dunod, 1988. Coauteur de* La Socialisation de l'enfance à l'adolescence, *Puf, 1991 ; et de* Marginalités et Troubles de la socialisation, *Puf, 1993.*

caractéristique de l'identité est associée à la nécessaire vision positive de soi (estime de soi). Chacun de nous a besoin de développer un sentiment de valeur personnelle, en soi, à ses propres yeux et aux yeux d'autrui. Bien entendu, cette présentation est idéale. Dans la réalité quotidienne, ces divers sentiments (continuité, positivité, cohérence…) sont parfois « malmenés » par nos échecs et nos ruptures, par la dévalorisation que nous renvoient les autres ou que nous nous attribuons nous-mêmes. Comme vous pouvez le constater, certains aspects de l'identité peuvent se trouver en conflit avec d'autres, ce qui oblige l'individu à cloisonner sa vie, pour éviter de laisser émerger des oppositions de désirs ou de valeurs contradictoires ou, au mieux, à articuler des conduites, des croyances ou des sentiments très différents. Ainsi, l'identité constitue un effort constant pour gérer la continuité dans le changement, ce qui n'est pas toujours facile. De même, l'ancrage dans le passé peut entrer en contradiction avec les projets que je peux vouloir développer.

***SH :* Il me semble pressentir une autre contradiction. La définition de l'identité, est-ce être à la fois comme les autres, et différent des autres ?**

P.T. : Etre soi-même nécessite, en effet, de se différencier des autres. Mais je puis aussi considérer que mon identité se constitue à travers une multiplicité d'appartenances à des catégories ou à des groupes : je suis homme ou femme, jeune ou adulte, corse ou breton, fils de X, père de Y, etc. L'identité individuelle passe donc aussi par l'appropriation et la gestion d'identités collectives. Je peux répondre à la question « Qui suis-je ? » par toute une série de définitions liées à mes rôles sociaux, à mes fonctions et à mes activités, à mes origines ou à mes « exploits » passés, tout cela inscrit dans mon itinéraire de vie, dans mes caractéristiques biographiques. On peut donc dire que mon identité se caractérise autant par la gestion de ressemblances que par l'affirmation de différences. Cela ressort particulièrement lorsqu'un individu vit une crise d'identité. Celle-là peut certes provenir de la perte des repères de continuité : la personne ne sait plus où elle en est, comment elle évolue. Mais cela peut aussi provenir, souvent conjointement, d'une perte des repères de ressemblance : la personne ne sait plus à quel groupe elle appartient, à quel groupe se « référer », se « vouer ».

SH : Quels sont les avantages et les inconvénients du groupe pour l'identité personnelle ?

P.T. : Les psychosociologues ont montré que lorsqu'une personne se sent en sécurité au sein d'un groupe, elle a plutôt tendance à s'affirmer dans sa singularité. Inversement, en situation de conflit, elle accentue le besoin de ressembler aux autres, de fusionner, de se référer au groupe. Le groupe est donc un lieu de sécurité, qui peut constituer aussi bien un frein à l'identité personnelle qu'un moyen nécessaire pour accéder à celle-là. Une des façons d'évoquer cette question, c'est d'examiner la proximité, mais aussi la différence entre l'identité et l'identification. Chaque fois que je m'identifie à une autre personne, cela signifie que j'augmente la ressemblance avec elle, que je m'approprie ses valeurs ou ses compétences. Vue sous cet angle, l'identification peut apparaître comme le contraire de l'identité, laquelle est l'expression de ma singularité par rapport aux autres. Pourtant, l'identité passe nécessairement par de multiples identifications. On a en effet parfois besoin, à travers des prises de position et l'adhésion à des croyances, d'affirmer que l'on fait partie de tel groupe, qui devient alors un moyen de valorisation de soi, de promotion. Quand on s'identifie, c'est un peu comme si on voyageait vers l'autre ou chez l'autre. C'est très utile, nécessaire même, mais il ne faut pas rester chez l'autre, il faut savoir revenir chez soi, si l'on veut forger son identité personnelle. Donc, je suis plusieurs et en même temps je suis moi, et je dois gérer ce conflit entre l'unicité et la multiplicité. Pour me trouver, pour me défendre, pour me promouvoir et me sentir reconnu, je passe toujours par des identifications. Mais, à chaque instant, je dois abandonner ces identifications pour être, rester ou devenir moi-même (abandons difficiles, vécus comme des pertes, des trahisons ou des arrachements).

SH : Quel rôle joue la famille dans la construction de l'identité ?

P.T. : La famille est le premier lieu d'apprentissage des identifications et de l'appropriation des identités multiples, puisque l'enfant apprend de multiples « nous », en évoquant le nom de famille ou en se situant dans le « concert » des positions entre frères et sœurs. Mais, dans le même temps, il apprend à déployer ses propres conduites, sa capacité d'autonomie. Il développe le sentiment de responsabilité et de causalité. Nous sommes constamment écartelés entre la solidarité familiale et le besoin de développer notre identité personnelle, notre espace de libre mouvement, nos croyances et conceptions propres. L'éducation représente donc une contradiction permanente entre la conformité et l'autonomie. La famille est le premier lieu où l'enfant expérimente la personnalisation (développement de soi en tant que personne autonome), laquelle s'effectue à travers l'acceptation des règles sociales, mais aussi leur mise en question. Se personnaliser, se construire, c'est mettre en jeu des projets, en s'appuyant sur son univers de référence tout en s'en détachant. Ce processus, qui se produit initialement dans la famille, sera appelé plus tard à se reproduire dans de multiples autres contextes (école, groupes de pairs, relations amoureuses, nouvelle famille, milieux professionnels). Les premières phases familiales de construction d'identités et de jeux d'identifications auront un rôle capital pendant toute la vie, mais la dynamique infantile de l'identité sera aussi cent fois remaniée en fonction des situations et des rencontres nouvelles.

Propos recueillis par
JACQUES LECOMTE

(*Sciences Humaines*, hors série n° 15, décembre 1996/janvier 1997)

On a l'âge de son identité

Ellen Langer, professeur de psychologie à l'université de Harvard, a proposé à des hommes âgés de 75 à 80 ans de participer à une expérience originale. Ces personnes ont reçu comme consigne de tenter de retrouver l'état d'esprit qu'ils avaient vingt ans plus tôt.

Plusieurs procédures étaient proposées à cette fin. Par exemple, E. Langer leur a demandé de rédiger une autobiographie, en prenant comme point de départ l'année de leurs 55 ans, puis en remontant dans le temps. Ils devaient également débattre d'événements sociaux survenus vingt ans auparavant comme s'ils se déroulaient aujourd'hui. Ils pouvaient lire des magazines, mais datant également de cette époque.

Au bout de cinq jours, ces personnes ont été comparées aux membres d'un groupe contrôle. Elles se tenaient plus droit, faisaient preuve d'une plus grande dextérité manuelle et obtenaient de meilleurs résultats à des tests de performance intellectuelle.

Conclusion : adopter l'identité d'une personne (en fait soi-même) sensiblement plus jeune conduit à vraiment être physiquement et intellectuellement plus jeune.

D'après Ellen Langer, *L'Esprit en éveil,* Interéditions, 1990.

La maladie comme projet

Le seul projet d'avenir de certains exclus n'est plus de construire une existence, mais d'être malade et de le faire reconnaître.

« Quel est votre prénom, s'il vous plaît ?
— Maria das Dores (Marie-des-Douleurs)
— Votre nom ?
— Je n'ai pas de nom. J'ai été abandonnée à la naissance et j'ai été élevée dans un orphelinat public, ils ne m'ont pas donné de nom. »

Comment survivre lorsque tout est perdu, même le nom du père ? La situation de détresse sociale et psychologique permet-elle encore de faire des projets de vie ? Teresa Cristina Carreteiro, psychosociologue, a, par le biais d'associations et d'organismes sociaux, rencontré au Brésil et en France des habitants des cités populaires d'Orly et des familles des bidonvilles de Rio (1). Leurs traits communs : une identité tout en négatif, des perspectives limitées à la survie, une existence faite de souffrance et d'impuissance s'exprimant à travers des récits de vie que l'auteur décortique en détail. Dans deux cas au moins, la présence obsédante de la maladie dans le discours amène une interrogation. Que faut-il penser de cette Française, mère de quatre enfants, mal logée, rejetée par sa famille d'origine pour avoir aimé un étranger, soignée pour dépression et qui, au cours d'une entrevue avec son assistante sociale, croit entendre qu'on lui donne… le « droit de continuer sa maladie » ? Sans doute s'agissait-il de sa prise en charge par la Sécurité sociale. Quant à Doña Candida, modeste lavandière de favela, souffrant d'un « problème nerveux » depuis l'assassinat par la police de son fils aîné, elle verse péniblement un tiers de ses gains à l'Institut national de la prévention sociale : à terme, espère-t-elle, elle pourra bénéficier d'un arrêt de travail prolongé.

Une quête de citoyenneté

Alors que tout le reste est bloqué, affirme T.C. Carreteiro, le seul projet d'avenir de ces deux femmes est d'être malade et de le faire reconnaître. Pas de guérir. Au-delà de la pathologie et de ses spécialistes se dressent deux figures : celle de l'Etat qui, à défaut de tout autre, offre à travers les organismes de santé un statut aux exclus ; celle du père absent, dont l'Etat vient occuper la place dans l'histoire de l'individu. Les deux aspects – identité sociale et identité personnelle – se structurent autour du même objet : la maladie. Le projet-maladie, loin d'être une simple stratégie, est à la fois une quête de citoyenneté et de filiation, d'autant plus acharnée que, dit l'auteur, le pays concerné ne propose aucune autre alternative. A ceux que troublerait cette plongée dans l'univers pessimiste des effets pervers, T.C. Carreteiro fait justement remarquer que la prise en charge médicale est malgré tout une forme de lien social, au-delà duquel il n'existe plus rien, que la révolte ou l'exclusion totale.

NICOLAS JOURNET

1. T.C. Carreteiro, *Exclusion sociale et construction de l'identité. Les exclus en milieux défavorisés en France et au Brésil*, L'Harmattan, 1993.

A lire sur le sujet...

- J.-P. Boutinet, *Anthropologie du projet*, Puf, 3e édition, 1993.
- J.-P. Boutinet, *Psychologie des conduites à projet*, Puf, 1993.

LES DÉGÂTS DU CHANGEMENT

ENTRETIEN AVEC VINCENT DE GAULEJAC*

La psychologie de la mobilité sociale ne réserve pas que des bonnes surprises. Lorsque changer de milieu exige de renier celui d'où l'on vient, l'expérience peut être humiliante. C'est ainsi que l'on peut avoir honte de sa réussite comme de son échec.

***Sciences Humaines :* La mobilité sociale est en général considérée comme un trait positif des sociétés modernes, car elle serait l'expression de la liberté des individus de choisir leur vie. Vous semblez plutôt y voir l'origine d'un malaise. Pourquoi ?**

Vincent de Gaulejac : La mobilité sociale n'est évidemment pas une pathologie en soi. Mais il se trouve qu'il y a des gens qui vivent mal le fait de changer de condition sociale, quel que soit le sens du changement. J'ai commencé à l'observer au cours d'un séminaire que je dirigeais sur le thème « roman familial et trajectoire sociale ». Dans ces groupes d'implication et de recherche sont venus des gens qui avaient rencontré dans leur vie professionnelle des difficultés liées à des changements de place sociale. J'ai surtout travaillé avec des enfants de paysans, d'ouvriers ou de petits employés devenus enseignants ou cadres, et qui avaient été amenés à changer de milieu, ou même, dans le cas d'étrangers, de culture. Il est apparu que cette trajectoire ascendante était un motif de satisfaction personnelle, mais aussi de souffrance liée à un conflit de loyauté sociale.

***SH :* Que voulez-vous dire par « loyauté sociale » ?**

V.G. : Cela concerne les gens qui ont changé de classe sociale. Changer de classe veut dire franchir la barrière séparant deux groupes dont l'un se trouve en position de domination par rapport à l'autre. Prenons l'exemple de la romancière Annie Ernaux, qui a très bien décrit son cas. Au départ, elle est la fille de ce qu'elle appelle un couple de « boutiquiers minables ». Pour devenir ce qu'elle est, il lui a fallu non seulement faire des efforts, mais aussi, avoue-t-elle, rejeter ses parents. Elle a dû partager le mépris que peuvent avoir des gens « biens élevés » pour de petits commerçants incultes. En même temps, elle était consciente de l'injustice qu'elle commettait : après

** Maître de conférences à l'université Paris-Dauphine, directeur du Laboratoire du changement social. A publié* La Névrose de classe, *Hommes et Groupes, 1991.*

tout, elle ne faisait qu'accomplir le projet de ses parents qui, en la poussant à l'école, l'incitaient à devenir « quelqu'un de bien ». En changeant de classe sociale, elle a fait la fierté de ses parents, mais elle a aussi été amenée à les rejeter, tout comme le faisaient les professeurs et les gens cultivés que ses parents lui présentaient comme modèles.

Chez A. Ernaux, la honte des origines est très présente. Elle est liée à des épisodes précis de son enfance où elle s'est sentie humiliée en public. Elle cite le cas des distributions de prix à l'école. Elle explique combien elle se sentait mal à l'aise, à ce moment-là, d'avoir à montrer ses parents à des gens dont elle savait très bien qu'ils les méprisaient. En même temps, c'était une consécration pour elle. Il y avait donc une contradiction de fond : plus elle réussissait, plus elle s'exposait à l'humiliation. Cet épisode de la distribution des prix revient d'ailleurs fréquemment dans les récits des enfants qui réussissent bien à l'école.

Lorsque les parents sont des gens modestes, certaines scènes où l'enfant voit ses parents traités de haut par des gens qui ont un autre statut social sont vécues par lui de manière très violente. De là naît l'envie de rejeter ses origines, qui à son tour engendre un deuxième type de honte, lié à ce rejet : je suis immonde, pense l'enfant, puisque je hais des parents qui se donnent tant de mal pour moi.

***SH :* Pourquoi insistez-vous sur le terme de honte ?**

V.G. : La caractéristique de la honte, c'est qu'il est très difficile d'en parler. La psychanalyse s'intéresse surtout à la culpabilité, qu'elle relie à des enjeux sexuels ou narcissiques. La honte, elle, a toujours des racines sociales. Elle naît du regard des autres. La psychanalyse traite ces situations comme des fantasmes, alors qu'elles correspondent souvent à une réalité vécue. La honte est un sentiment qui s'enracine dans les normes sociales. Elle est liée à la place que l'on occupe dans une communauté sociale où il existe des dominés et des dominants.

***SH :* C'est pour cette raison que vous avez parlé de « névrose de classe » ?**

V.G. : Ce que j'ai nommé ainsi, c'est l'association d'une histoire personnelle impliquant un changement de place dans la société et de certaines manifestations : l'inhibition, le repli sur soi, le retrait social. La honte et le sentiment d'infériorité expliquent assez bien le repli sur soi. Mais cela ne signifie absolument pas que la promotion sociale détermine nécessairement ce genre de manifestations : il y a des personnes qui développent cette névrose, d'autres pas. Le conflit de loyauté peut se résoudre de multiples manières. Certains choix professionnels permettent de négocier le changement : je pense aux sociologues ou aux travailleurs sociaux, par exemple, qui sont souvent en progression par rapport à leur milieu d'origine, et trouvent dans le travail social le moyen d'être toujours fidèles à leurs origines. Francine Muel-Dreyfus a observé un peu la même chose chez des instituteurs fils de paysans (1) : elle a montré comment l'instituteur, tout en changeant de position, restait au contact de son milieu d'origine et de ses valeurs.

***SH :* Tous ces exemples sont ceux de gens qui ont connu une promotion sociale. Mais on imagine que « descendre » socialement peut être encore plus mal vécu.**

V.G. : Bien sûr, mais la régression sociale n'est pas comparable à la progression. En termes de statistiques, les chiffres sont faibles et peu significatifs. Prenons l'exemple du « raté » dans une famille bourgeoise. On le considère généralement comme un cas psychologique et le problème se résout d'une manière ou d'une autre. Parmi les enfants de médecins, de notaires ou d'ingénieurs, celui qui ne réussit pas se fait artiste ou journaliste. Ces professions marginales, qui ont un certain prestige, dissimulent en fait des situations très inégales ; de cette façon, le déclassement se voit moins. Il y a aussi des stratégies familiales d'aide pour essayer de soutenir les enfants qui ne réussissent pas bien : on leur paie des écoles spéciales, on fait jouer les relations.

Mais il y a un phénomène qui tend à devenir massif dans notre société, c'est la désinsertion. Cette forme radicale de perte de statut touche des gens de niveaux très variés, à la suite d'une perte d'emploi ou d'un autre événement de la vie personnelle : divorce, dépression, deuil.

***SH :* Le phénomène n'est-il pas trop individuel ou conjoncturel pour être comparé au mouvement général d'ascension que révèlent les enquêtes françaises ?**

V.G. : La désinsertion n'apparaît pas dans les enquêtes classiques de mobilité sociale, puisqu'elle touche principalement des chômeurs. Mais le dernier rapport du CERC – Centre d'études des revenus et des coûts (2) – montre qu'il y a en

France treize millions de personnes en situation de vulnérabilité sociale, et cinq millions d'exclus, chômeurs ou RMistes. La désinsertion est un processus qui commence avec la perte de revenu, se poursuit avec la dégradation des relations personnelles et débouche enfin sur la perte d'identité sociale. Le cas extrême d'Eric Schmidt, le preneur d'otages de l'école de Neuilly, illustre bien la rupture du contrat social. E. Schmidt a commencé par être un manager, cadre chez IBM, qui a très bien réussi puis qui a monté sa propre entreprise d'informatique. Il a employé jusqu'à cinquante personnes, il a gagné beaucoup d'argent. Puis sont venues une faillite, une seconde entreprise, une nouvelle faillite. E. Schmidt s'est retrouvé sans rien : il était devenu un «*inutile au monde*», comme dit Robert Castel (3). Sa réaction a été une révolte violente. Dans beaucoup d'autres cas, c'est la honte qui prédomine. La condition de chômeur de longue durée est vécue comme un échec personnel. Lorsque la honte se développe, la personne ne se voit plus de place dans la société. Le problème n'est plus celui des rapports de domination, mais celui de l'exclusion.

***SH :* Ce que vous dites là modifie profondément l'image qu'on peut se faire de la mobilité sociale. Finalement, il n'y aurait plus que deux places possibles : dedans ou dehors. Pourtant, il existe encore des situations très inégales à l'intérieur même de la société.**

V.G. : Oui, mais notre fonctionnement social est en train de changer. Tout le monde devient un peu mobile, et le découpage du corps social en classes devient moins pertinent. On sait que 50 % des emplois qui existeront dans dix ans n'existent pas encore : il est difficile de situer la place qu'on occupera dans un système qui bouge si rapidement. Même si les rapports hiérarchiques existent toujours dans le monde du travail, on assiste, dans l'ensemble de la société, à une sorte de brouillage de l'idée même d'appartenance des individus à une classe ou à un milieu. Il y a maintenant des gens, en général jeunes, qui ont des moments de grande réussite et se retrouvent six mois plus tard sans rien, puis acceptent un travail intermédiaire, moins valorisant, et ainsi de suite. Ils ont des carrières en dents de scie : comment dire à quel « milieu » ils appartiennent ? En fait, à plusieurs à la fois. En termes psychologiques, cela ne ressemble pas du tout à ce qu'a vécu A. Ernaux. Les enjeux de la mobilité deviennent beaucoup moins clairs : le problème n'est pas de monter ou de

descendre, mais de bien gérer cette multi-appartenance. Et ce n'est pas plus simple.
Tout cela a des conséquences pour le sociologue. Il va devenir de plus en plus difficile de faire de la statistique simple. Autrefois, on pouvait considérer que lorsqu'on était ouvrier, on avait tel niveau culturel, tel type de consommation, tel genre d'opinion, etc. On pouvait délimiter des groupes sociaux, faire des tableaux, comme par exemple celui que présente Pierre Bourdieu dans *La Distinction* : tout le monde y est classé sur l'espace des revenus et des styles de vie. Aujourd'hui, je ne suis plus sûr qu'un tableau comme celui-là rende compte de la réalité. Le sujet devient très important : c'est à chacun de s'inventer une identité sociale.

Propos recueillis par
NICOLAS JOURNET
(*Sciences Humaines*, n° 45, décembre 1994)

1. F. Muel-Dreyfus, *Le Métier d'éducateur*, éd. de Minuit, 1983.
2. S. Paugam, *Précarité et risque d'exclusion en France*, document CERC, n° 109, 1994.
3. R. Castel, « De l'indigence à l'exclusion : la désaffiliation », *Face à l'exclusion, le modèle français*, Esprit, 1991.

« *L'univers pour moi s'est retourné.* »

Ce n'est pas seulement sur des « cas » anonymes que Vincent de Gaulejac appuie les analyses publiées dans *La Névrose de classe*, mais aussi sur des textes littéraires, des autobiographies romanesques comme *Le Fils de la servante* d'August Strindberg, *Antoine Bloyé* de Paul Nizan, ou *La Place* d'Annie Ernaux. Cette dernière, fille de petits boutiquiers devenue professeur, décrit dans ses livres cette honte de son milieu d'origine. « *Que le déplacement social surdétermine les autres conflits est pour moi d'une évidence aveuglante* », écrivit-elle dans une lettre à Vincent de Gaulejac, que celui-ci a reproduite dans la deuxième édition de son livre. Extraits de *La Place* :

« *J'émigre doucement vers le monde petit-bourgeois, admise dans ces surboums dont la seule condition d'accès, mais si difficile, consiste à ne pas être cucul. Tout ce que j'aimais me semble péquenot, Luis Mariano, les romans de Marie-Anne Desmarets, Daniel Gray, le rouge à lèvres et la poupée gagnée à la foire qui étale sa robe de paillettes sur mon lit. Même les idées de mon milieu me paraissent ridicules, des préjugés, par exemple, « la police, il en faut » ou « on n'est pas un homme tant qu'on n'a pas fait son service ». L'univers pour moi s'est retourné.* »

« *Mon père est entré dans la catégorie des gens simples, ou modestes, ou braves gens. Il n'osait plus me raconter des histoires de son enfance. Je ne lui parlais plus de mes études. Sauf le latin, parce qu'il avait servi la messe, elles lui étaient incompréhensibles et il refusait de faire mine de s'y intéresser, à la différence de ma mère. Il se fâchait quand je me plaignais du travail ou je critiquais les cours. Le mot "prof" lui déplaisait ou "dirlo" : même "bouquin". Et toujours la peur ou peut-être le désir que je n'y arrive pas.* »

Dis-moi qui tu es, je te dirai ce que tu penses

Nos opinions sont très dépendantes du statut que nous occupons. A preuve, l'étude suivante. Les employés d'une usine ont été invités par des sociologues à répondre à un questionnaire portant essentiellement sur leurs attitudes et représentations à l'égard de l'entreprise, du syndicat et de leurs conditions de travail.

Le même questionnaire a été présenté à un an d'intervalle à certains de ces ouvriers devenus délégués syndicaux, et à d'autres devenus contremaîtres. Les attitudes des nouveaux contremaîtres se sont orientées dans un sens favorable à la direction : ils ont une représentation plus positive des cadres supérieurs et sont plus favorables qu'auparavant au principe du salaire au rendement. Inversement, les nouveaux représentants syndicaux considèrent les syndicats d'un œil plus favorable et soutiennent plus qu'autrefois le système d'avancement à l'ancienneté. En revanche, dans un troisième groupe composé d'ouvriers ayant conservé le même statut, aucun changement significatif d'attitude ne s'est manifesté.

Par la suite, une récession a entraîné une nouvelle modification de statuts pour certains employés. Dès lors, les contremaîtres restés contremaîtres ont gardé leurs attitudes favorables à la direction ou les ont renforcées, tandis que les contremaîtres rétrogradés ont eu tendance à revenir aux attitudes qui étaient antérieurement les leurs.

D'après Seymour Lieberman, « Les Effets des changements de rôles sur les attitudes », Henri Mendras, *Eléments de sociologie, textes*, Armand Colin, 1978.

Claude Barrois*

La psychologie du guerrier**

Contrairement à une opinion commune, le guerrier n'est pas un massacreur à la personnalité pathologique. Mais pour accomplir des actions effroyables, il doit mobiliser des ressources psychologiques et des motivations précises telles que le sacrifice personnel, la discipline, la fusion au groupe d'appartenance, le déni des sentiments.

L'expression « psychologie du guerrier » peut sembler inquiétante, notamment en raison des réductionnismes qui en découlent presque nécessairement. Le plus courant d'entre eux est de considérer le guerrier comme un déviant, un marginal, dont la vocation ne peut s'expliquer que par des dispositions proches de la pathologie. Pour notre part, nous emploierons ce terme « psychologie du guerrier », tout en ayant conscience qu'il s'agit d'une facilité de langage. Cette expression met en effet l'accent sur un système de conduites spécifique et focalisé sur des hommes concrets, singuliers. Dans ce sens, le terme de psychologie se rapproche de celui de « mentalité » (et non pas de « mœurs »), mais sans son caractère simpliste et généralisateur. En fait, c'est un terme nouveau qu'il faudrait créer : nous avons utilisé celui de « *psychanalyse du guerrier* » (1) pour désigner une psychologie approfondie du guerrier, mais qui sort des psychologies (individuelle et sociale) académiques, pour aborder des secteurs archaïques, permanents et fondamentaux de la constitution de toute société humaine. Mais ce terme lui-même est en partie critiquable.

L'inquiétante étrangeté de la vocation guerrière

Je distingue le « guerrier » du « combat-

---

* Professeur agrégé du Val-de-Grâce, psychiatre, psychanalyste. A publié *Psychanalyse du guerrier*, Hachette Pluriel, 1993.

** *Sciences Humaines*, n° 41, juillet 1994.

1. C. Barrois, *op. cit.*

tant» (homme qui prend part au combat) et du «soldat» (terme qui fait référence à un contrat entre un Etat – ou un substitut – et un citoyen, fondé sur un échange de services). Je définirai le guerrier ainsi : «*C'est un combattant exceptionnel à plusieurs titres : par la lucidité délibérée de son choix de participer à un conflit violent, par la qualité avec laquelle il remplit sa mission (qui lui a été confiée ou qu'il s'est imposée lui-même), par le respect de l'interdit de s'attaquer à des hommes désarmés ou à des êtres sans défense, par son goût pour ce type d'action.*» Selon cette définition, il serait faux de considérer tous les combattants et tous les soldats comme des guerriers. Comment la fonction de guerrier estelle possible ? Cette énigme passionnante à résoudre concerne à la fois l'acceptation *a priori* de sa propre mort et l'existence d'une institution spécialisée au sein d'une collectivité humaine.

Cet échange de la mort (donnée et reçue) explique certainement la répulsion, le refoulement, voire la censure qui porte sur le mot lui-même, jusque dans les écrits militaires. Toutes les ressources du langage sont utilisées pour gommer l'action de tuer un ennemi, évitant d'une part les termes «tuer», «faire mourir», «meurtre», «assassinat», etc., en raison de la transgression de l'interdit de tuer et, d'autre part, les expressions «mourir», «se tuer», «être mort», afin de masquer l'aveuglante vérité qui fait, de tous les hommes, des morts en puissance.

L'entrée dans la carrière de guerrier avec son engagement énigmatique et exorbitant exige davantage qu'un impératif structural ou culturel. L'histoire individuelle entretient ici un système complexe d'interactions entre son absolue singularité et sa soumission à des déterminations sociales et universelles. Pour cette raison, il s'avère impossible d'élaborer une véritable théorie explicative et prédictive. Nous nous limiterons donc à une approche descriptive, au travers de cinq points de vue : les passions guerrières, les sources de la dynamique du guerrier, l'aguerrissement, le tragique, les blessures psychiques.

Les passions guerrières

Dans les propos de tous les guerriers que nous avons rencontrés, revenaient souvent les termes d'honneur, de gloire, de passion, traduisant ce désir intense de dépassement de soi-même, d'affrontement à ce qu'il y a de plus effrayant pour tout homme : la mise en jeu de sa propre vie, avec parfois l'aspiration à laisser un nom qu'on puisse respecter. «*Mieux vaut la mort que le déshonneur*», disent tous les guerriers. C'est en ce sens que, contrairement à ce que certains imaginent, le guerrier n'est pas un combattant jouissant de sa violence meurtrière. S'attaquer à des êtres sans défense est un acte déshonorant, une tricherie inexpiable par rapport au face-à-face, à égalité, d'homme à homme, avec la mort comme horizon commun. «*L'honneur est une manière de donner sens à la vie, en assumant la mort, non comme un fait naturel inéluctable, mais comme une violence, un risque qu'il ne faut pas hésiter à affronter.*» (2) L'hon-

2. R. Jamous «De quoi parlent les fusils ?», *L'Honneur, image de soi ou don de soi : un idéal d'équivoque*, Autrement, 1991.

neur suppose l'action et le dépassement de sa propre peur. En effet, ce n'est pas le courage, mais l'action guerrière et, de ce fait, la maîtrise consciente suffisante de la peur, qui caractérisent l'intrépidité guerrière. L'honneur sauvegardé est ce qui donne au guerrier le privilège de faire partie d'une sorte d'élite : ceux qui ont payé au prix fort le droit de se sentir appartenir à cette communauté assez peu nombreuse bien séparée de celle des producteurs, des consommateurs et des politiques.

L'honneur du guerrier, son désir de dépassement, s'accompagne d'un style passionnel particulier : l'état de colère, de fureur dans l'action, mais très rarement de haine pour l'adversaire.

Enfin, l'honneur exige un ensemble imposant de devoirs dont le plus grand est celui du sacrifice éventuel de sa vie et l'oubli permanent de soi au profit des hommes dont le guerrier est responsable. Le plus difficile, pour garder son honneur, est de ne pas sombrer dans le déni, la déshumanisation de l'ennemi, qui n'est cependant plus considéré comme un *alter ego* de plein droit. Déjà existe là un clivage entre l'homme citoyen et le guerrier, clivage imposé par la paralysie de l'action qu'une relation intersubjective introduirait dans le rapport ami-ennemi.

Les sources de la dynamique guerrière

Ici encore, les déterminations ancrées dans l'histoire antérieure du sujet (3) et celles, plus larges, de la société, forment un ensemble complexe.

• **La violence fondamentale.** On constate, à l'opposé des idées reçues, que beaucoup de guerriers, en dehors des situations de combat, sont des êtres calmes, réservés, ne laissant pas deviner leur potentiel de déchaînement en guerre. Inversement, certains individus agressifs s'avèrent incapables de supporter l'atmosphère et les exigences de violence d'un combat. Il faut donc distinguer la violence, qui relève de la démesure et d'un pouvoir de rupture, de l'agressivité qui peut dériver de la violence, mais aussi de réactions aux frustrations, d'un besoin pervers d'emprise sur autrui dont on nie l'autonomie, etc. La violence fondamentale (4) est non pas une pulsion au sens psychanalytique (l'amour, la haine, le plaisir), mais une violence primitive imprégnant tous les individus à des degrés différents, et plus ou moins canalisée dans les pulsions. Cette violence fondamentale est le moteur commun à l'action du guerrier et à celle de l'Etat qui limite l'exercice de la violence personnelle des citoyens. Elle est pratiquement toujours inconsciente.

• **L'organisation sacrificielle.** Le guerrier, en faisant acte d'allégeance à sa collectivité, se voit assigner une place et des rôles précis dans l'organisation sacrificielle qui règle le fonctionnement des groupes humains organisés. L'intérêt collectif prime l'individuel, et la survie du groupe est plus précieuse que la vie de ses membres. Le guerrier est à la fois sacrificateur désigné et sacrifié potentiel. Il assume totalement, au nom de la protection des idéaux du pouvoir et de

3. E. Strauss, *Du sens des sens*, 1935 (trad. française : Millon, 1989). H. Maldiney, *Penser l'homme et sa folie*, Millon, 1991 ; *In media vita*, Comp-act, 1988.
4. J. Bergeret, *La Violence fondamentale*, Dunod, 1984.

la masse des citoyens, ce double rôle de victime réelle et d'émissaire. Certains guerriers sont d'ailleurs pleinement conscients de ce destin de victime sacrifiée.

• **L'impératif de la discipline.** Cette caractéristique majeure de la vie du guerrier est indispensable pour :
– canaliser la violence fondamentale, l'action, la colère, vers des objectifs rationnels de la mission ;
– encadrer le fonctionnement du système sacrificiel, malgré le caractère très délibéré du sacrifice guerrier ;
– marquer le fait que le guerrier en guerre vit dans des normes sociales totalement différentes, voire souvent contradictoires avec celles de la société civile ;
– réaffirmer la loi, l'ordre et la domination de la puissance politique.

La guerre, «*fait social total*» (5), justifie ce nouveau type de contrat, assorti de l'application du code pénal militaire en cas de transgression. Cette obéissance aux ordres, exigée pour les combattants, totalement consentie par le guerrier, doit être obtenue par des chefs de guerre dignes de l'obtenir : nous trouvons là, chez ces meneurs d'hommes, l'alchimie complexe du charisme, bien étudiée par Serge Moscovici (6).

• **La puissance du groupe d'appartenance.** Au nom de quoi et pour qui un guerrier est-il prêt à mourir ? Les réponses classiques (défense de la patrie, revanche, détresse, identification à un parent, etc.) ne sont pas forcément fausses pour ce qui concerne le moment initial de l'engagement du guerrier. Mais les plus fortes motivations reposent souvent sur le petit groupe entourant le guerrier. Ses camarades de combat constituent, certes, une image en réduction de la collectivité nationale, mais beaucoup plus concrète, à travers les paroles échangées, les émotions, la souffrance et la peur partagées. «*Il m'a fallu sacrément près de toute une guerre pour savoir pourquoi je me battais,* dit un soldat. *Mais c'est pour les autres, ton unité, les gars de ta compagnie, ceux de la section surtout (...) ; quand il n'en reste plus que quinze sur les trente ou davantage, tu y tiens terriblement, à ces quinze-là.*» (7)

La psychologie profonde des petits groupes naturels, éclairée par la psychanalyse, décrit et permet de comprendre la puissance d'intégration, de fusion sous forme d'esprit de corps d'une unité militaire même très réduite. Celle-ci devient une nouvelle enveloppe narcissique où l'individu se situe, trouve un renforcement de ses défenses contre la peur et préserve son identité tout en formant avec les autres un nouveau corps, dont la puissance, offensive, défensive, morale, dans le meilleur des cas, dépasse de loin celle de la simple somme de ses membres.

L'aguerrissement

Il est constitué par les différentes stratégies d'adaptation que le futur guerrier doit mettre en œuvre entre son baptême du feu et sa maturité professionnelle. Ce qui ne signifie nullement la conquête d'une maîtrise immuable, sans faille : la guerre est un tel cata-

5. M. Mauss, « Essai sur le don », rééd. dans *Sociologie et anthropologie*, Puf, « Quadrige », 1989.
6. S. Moscovici, *L'Age des foules*, Fayard, 1981.
7. B. Broadfoot, *Six war years. Memories of Canadians and Abroad*, 1974.

clysme que personne ne saurait se targuer de pouvoir s'adapter parfaitement à une ambiance aussi dure, aussi démesurée et effroyable.

Quel que soit l'état d'esprit de celui qui est encore «*un puceau de l'horreur*» (8), cet homme sera amené à adopter une ou plusieurs stratégies (successivement ou simultanément) dont certaines sont proposées par l'entraînement militaire lui-même. Citons les plus importantes :

– la croyance personnelle en une sorte de toute-puissance, une invulnérabilité, évoquant une inflation narcissique telle qu'on l'observe chez les tout jeunes enfants : «*Il ne peut rien m'arriver, à moi.*» ;

– l'annulation, l'ignorance délibérée du caractère périlleux de la situation, allant jusqu'au refuge dans le déni, voire la confusion mentale dans de rares cas ;

– les stratégies de fuite proprement dites : fuite vers l'avant, dans l'action, mais prenant alors un caractère suicidaire, pour mettre fin immédiatement à la peur par la mort elle-même, tout en respectant la discipline ; fuite vers l'arrière (désertion et abandon de poste ou variantes plus subtiles et moins dangereuses, recherche de «planques» diverses, majorations de plaintes corporelles, de séquelles de blessures minimes) ;

– le compromis aléatoire : le soldat, tenaillé par la peur, tiraillé par l'espoir insensé d'échapper au danger, tente de se réfugier dans les rêveries de toute-puissance ou, à l'inverse, met finalement ses espoirs dans la complexité étonnante des rages du combat puisqu'il existe des chances non négligeables d'échapper à la mort ou aux blessures. D'autant plus que de nombreuses affectations se situent loin de l'épicentre du danger, du front. Cependant, dans les guerres modernes, les notions de front, d'avant, d'arrière, perdent leurs contours et le danger peut venir de tous côtés.

Les deux dernières stratégies sont assez coûteuses sur le plan psychique mais garantissent certainement la meilleure évolution de l'aguerrissement. Elles ont recours à des opérations de différenciation, à l'image du clivage social instauré par la guerre.

La première consiste dans la transformation personnelle en un être qui se considère comme «*déjà mort*» (9). Il s'ampute de tout ce qui le rattache à sa vie antérieure : sentiments, amour, habitudes, recherche du plaisir, du confort, etc. Cette composante de sa personne est déniée, profondément refoulée, pour laisser place à un autre personnage, le combattant parfaitement adapté au champ de bataille et dont les seuls soucis sont : la vigilance, l'entretien des armes, de son corps, la cohésion du groupe, la discipline absolue, la concentration sur la mission, etc. Finalement, l'individu devient un guerrier professionnel, quasi machinique, évoquant certains héros de films américains. Mais le prix à payer est très lourd quand, la guerre finie, il lui faut faire l'opération inverse : récupérer la partie «clivée» civile. Cela peut échouer (aboutissant à la marginalité), ou prendre beaucoup de temps, s'accompagner de troubles psychotraumatiques différés,

8. L.-F. Céline, *Voyage au bout de la nuit*, Gallimard, 1952.
9. J. Jones, *Le Soldat reconnu*, Stock, 1978.

de difficultés sociofamiliales et surtout d'une grande souffrance.
La seconde stratégie de clivage peut succéder à une courte phase de la précédente, et en constituer une variante moins onéreuse sur le plan psychique. Elle repose sur l'isolation des émotions les plus inconciliables avec la guerre : les conduites guerrières sont assumées avec la rigueur, la maîtrise et l'élan qui sont nécessaires pour le dépassement de soi, tout en préservant la capacité, dans la mesure du possible, de retrouver facilement la sensibilité, la richesse affective, l'attachement aux proches. Ce type d'aménagement, déroutant pour l'observateur extérieur, ne réalise cependant pas la coupure catastrophique du clivage total.

Le tragique à l'intérieur

Le guerrier, pour accomplir sa mission, doit participer à des sacrifices collectifs qui sont plus proches du crime et de la souffrance que de l'offrande religieuse et de l'intercession. Il était autrefois soumis à des rituels facilitant sa réintégration dans la collectivité en paix. De nos jours, où l'appui social rituel est très affaibli, il lui appartient d'accomplir son propre parcours intérieur pour se réconcilier avec lui-même et parvenir à sortir indemne de ce voyage aux abysses.
Il se découvre plongé dans la dimension tragique après un triple constat : l'échec de l'affectivité et sa solitude fondamentale ; la bassesse humaine dans sa confrontation avec la mort ; la découverte, à travers cette mort, du non-sens. «*L'homme tragique se découvre soudain sans amour, sans valeur et sans vie.*» (10) Le tragique va ainsi déployer le champ de bataille «à l'intérieur» du guerrier. Pour ne pas sombrer dans le désespoir et la dislocation mentale, celui-ci doit assumer tous les moments du tragique, depuis la chute jusqu'à l'acceptation de l'irréconciliabilité guerrière de l'homme et de la vie. Le tragique, qui purifie les illusions les plus anciennes, devient un bienfait quand il restitue à l'homme l'instinct de vie, dans le sens où le guerrier parvient à considérer qu'«*il vaut plus que la vie et que la mort*». «*La mort, c'est une idée de civil*», disait un combattant de 14-18.

Les blessures psychiques

Le guerrier sait bien qu'il n'est pas une sorte de «superman», qu'il appartient à l'humaine condition de faillibilité et qu'il reçoit aussi des blessures psychiques (11). Depuis la fin de l'aguerrissement jusqu'aux longues périodes de méditation inconsciente, l'enfer du souvenir et le souvenir des enfers peuvent faire irruption et briser littéralement ces hommes qui ont approché de trop près la soudaine intimité de la mort et reçu l'aveuglante révélation qu'ils sont menacés de redevenir soudainement une chose parmi les choses.
De longs mois, de longues années sont souvent nécessaires pour guérir cette fracture, cette cassure interne, qui laissera toujours une cicatrice indélébile.

10. C. Rosset, *La Philosophie tragique*, Puf, 1991.
11. *Ibid.* L'appellation académique de ce trouble est «syndrome psycho-saumatique», de loin préférable, selon nous, au terme d'«état de stress post-traumatique», ou PTSD, de la nomenclature américaine DSM III R (voir *Sciences Humaines*, n° 40, juin 1994).

Identité personnelle et contraintes sociales

LA CRISE DE L'IDENTITÉ MASCULINE

ENTRETIEN AVEC ELISABETH BADINTER*

Selon Elisabeth Badinter, les hommes sont aujourd'hui confrontés à une grave crise d'identité. Dans tous les pays industrialisés se pose cette question troublante : « Qu'est-ce qu'un homme qui ne domine plus les femmes ? »

***Sciences Humaines :* Il existe une énorme production en sciences sociales sur la condition féminine, ses rôles, son statut et son évolution. La « masculinité » est loin d'avoir connu autant d'intérêt de la part des chercheurs en sciences humaines. Est-ce la raison qui vous a conduite à étudier l'identité masculine dans votre dernier livre, *XY* ?**

Elisabeth Badinter : En 1985, en terminant *L'Un est l'autre*, un essai sur la ressemblance des sexes, je faisais – en conclusion – l'hypothèse hardie de « l'homme enceint » comme stade ultime du rapprochement homme/femme. Il fallait alors forcer le trait pour montrer les possibilités totales de ressemblance (permises par la médecine) entre les sexes. Mais je ne suis pas naïve au point de croire à une totale abolition de la spécificité des sexes, même s'ils tendent à se ressembler de plus en plus. Je me suis dit qu'il fallait poursuivre l'exploration par l'étude de la spécificité sexuelle. Une des raisons qui m'a poussée à prendre l'homme comme objet d'étude était l'absence de recherches sur le sujet. On était muet sur l'homme, comme s'il s'agissait du sexe le moins problématique.

Une anecdote illustre cette carence : quand, en 1985, j'ai débuté mon travail sur la question, comme tout chercheur qui se respecte, j'ai commencé par explorer les sources bibliographiques disponibles. Sur l'ordinateur de la Bibliothèque nationale, j'ai donc appelé la rubrique «*homme*» avec un petit h. L'ordinateur m'a débité une liste de livres sur l'Homme, avec un grand H. J'ai donc reformulé ma demande avec «*identité masculine*». Rien, pas de référence... J'ai donc tapé «*mâle*». Toujours rien... Par curiosité, je suis allée explorer l'entrée «*femme*» et là, je me suis retrouvée face à une avalanche de références : des milliers de livres, articles, actes de colloques ! Cet énorme décalage signifiait bien quelque chose : l'homme était une créature hors du questionnement, sans problèmes. J'ai donc trouvé plus intéressant d'interroger cet homme sans problèmes.

** Professeur à l'Ecole polytechnique. A notamment publié* L'Un est l'autre *(1986) et* XY, de l'identité masculine *(1992), Le Livre de poche, 1994.*

SH : Comment avez-vous commencé vos recherches ? Quels étaient alors vos matériaux ?

E.B. : Je suis partie d'abord d'un questionnement très simple, de l'expérience la plus commune. Lorsque j'étais enfant, on disait aux garçons qui nous entouraient : « *Allez, sois un homme !* », « *Conduis-toi comme un homme.* » De telles remontrances étaient fréquentes. Je me suis dit que s'il fallait sans cesse rappeler cet impératif « d'être un homme », c'est que cela n'allait pas de soi. Si un garçon ne se conformait pas au modèle de virilité dominant, c'était une catastrophe.

SH : Ce premier constat, de la masculinité conçue comme une construction au cours de l'éducation, démontre-t-il que le modèle masculin n'est pas « universel », qu'il est un modèle culturel daté historiquement ?

E.B. : Si la masculinité est une construction, elle n'est donc pas universelle. Pour vérifier cette hypothèse, j'ai voulu aller voir comment cela se passait dans d'autres temps et dans d'autres lieux. J'ai donc commencé ma recherche sur la façon dont on « construisait un homme » au Moyen Age et au XVIIIe siècle, puis dans d'autres cultures, afin de souligner les différences avec notre situation présente. On observe alors que, dans certaines cultures, devenir un homme est une immense entreprise, douloureuse, terrifiante, difficile. Les anthropologues savent que, dans beaucoup de sociétés, il existe des rites très complexes d'accès au statut d'homme. Ces rites comportent une phase de rupture brutale avec la mère, une phase d'isolement et le passage d'épreuves très rudes et souvent cruelles.

SH : Cette tentative de forger une « âme » masculine virile, dominatrice, la retrouve-t-on partout ?

E.B. : Non, bien sûr, dans certaines sociétés, les modèles masculins sont différents. C'est ce qu'a montré, par exemple, l'anthropologue américaine Margaret Mead. Dans *L'Un et l'Autre Sexe*, qui date de 1948, elle a décrit une grande variété de rôles masculins et féminins dans les tribus des mers du Sud. Chez les Arapesh de Nouvelle-Guinée, les hommes sont pacifiques, sensibles, amateurs d'arts. Leurs voisins, les chasseurs de tête Mundugumor, sont au contraire vindicatifs et affichent leur virilité de façon ostentatoire. Les travaux comparatifs plus récents, comme ceux de David Gilmore (1), montrent que des tribus de Nouvelle-Guinée aux Tahitiens, des tribus samburus d'Afrique aux juifs américains, etc., les modèles culturels sont très différenciés. Ici, les hommes sont brutaux, durs, angoissés. Là, ils sont au contraire doux et tendres au point d'apparaître efféminés.

***SH :* Si l'on s'en tient à l'Occident, vous montrez que le modèle masculin patriarcal a connu des crises à certaines époques.**

E.B. : Effectivement, il y a eu une première crise de la masculinité au XVIIe siècle, en France et en Angleterre. Elle concerne un petit microcosme, celui des classes dominantes aristocratiques et bourgeoises qui vivent en milieu urbain, alors que 80 % de la population est rurale. Les valeurs viriles s'estompent au profit des valeurs de féminité et de délicatesse. Les hommes, poudrés et parfumés, portant collants et perruque, ont perdu les vertus guerrières d'autrefois. Mais c'est surtout la montée en puissance des femmes qui remet en cause les rôles traditionnels.

La France et l'Angleterre, qui sont les pays les plus libres du monde pour les femmes, ont été le théâtre de cette crise. Les femmes y ont la liberté d'aller et venir ; elles ont une véritable liberté d'accès au culturel et à la vie sociale, comme en témoigne leur rôle dans les salons. On constate que c'est dans ces pays où le mécontentement des femmes peut le mieux s'exprimer, qu'il y a crise de la masculinité. Il y a cependant dans chacun des pays des réponses différentes.

***SH :* N'est-ce pas avant tout pour des raisons sociales – la transformation de l'aristocratie guerrière en une société de cour – qu'il y a crise de la masculinité à cette époque ?**

E.B. : Ce n'est pas cela qui suscite des crises identitaires. Il y a crise de la masculinité quand les femmes entament un mouvement de protestation. La crise est une réponse à une récrimination des femmes. Ce qui suscite la crise identitaire ne vient pas d'un changement des rôles, mais d'une remise en cause du pouvoir masculin.

C'est d'ailleurs la seconde raison pour laquelle j'ai étudié l'identité masculine. En tant que féministe, j'ai pu constater que trente ans de combats pour la libération de la femme avaient sérieusement ébranlé le modèle de la virilité dominante. Un des attributs universels de la masculinité était que partout les hommes avaient le pouvoir sur les femmes. Dès lors que le féminisme remet en cause ce principe, cela entraîne

une profonde crise d'identité masculine, car les hommes perdent un des critères essentiels de leur définition.
Quand on écoute les femmes aujourd'hui, elles se plaignent de la trop lente évolution des hommes. Certaines sont même aigries et pensent que leur combat a été vain. De l'autre côté, je constate que les hommes ont le sentiment d'être bousculés, d'être pris de court. Je me suis dit que si les hommes évoluaient si doucement, en tout cas plus doucement que nous le voulions, ce n'était pas seulement une question de mauvaise volonté. Sans doute touche-t-on là un problème plus profond, un problème identitaire : qu'est-ce qu'un homme qui ne domine plus les femmes ?

***SH :* Selon vous, quels sont les signes les plus saillants de cette crise de la masculinité ?**

E.B. : Je perçois cette crise de plusieurs façons. Tout d'abord, un homme est incapable de définir ce qu'il est. Il n'a plus de modèle dominant. Deuxièmement, les femmes ne sont pas contentes du tout de ce que sont les hommes. Cela provoque un trouble chez eux. Ce mécontentement est d'ailleurs réciproque. Dans les années 70, les femmes ont commencé à dire : « On en a marre du macho », de ce modèle patriarcal. Puis cela a engendré un second modèle, le contraire du précédent, l'homme « mou » : faible, inconsistant, déstructuré, déchiré. Cette crise de la masculinité s'est largement exprimée dans la littérature scientifique sur le statut masculin durant les années 80 et qu'on appelle *Men's Studies* dans les pays anglo-saxons. J'ai largement puisé dans cette littérature pour écrire *XY*.

***SH :* On constate néanmoins qu'en France, et peut-être en Europe, la guerre des sexes est moins présente que dans les pays anglo-saxons. En conséquence, la crise de la masculinité n'y serait-elle pas moins forte ?**

E.B. : A mon sens, cette crise est générale ; elle existe des deux côtés de l'Atlantique et en Australie. Elle n'est pas encore très forte au Japon, mais les choses sont en train de changer. C'est une crise spécifique aux pays industrialisés développés. Cette crise a cependant des spécificités et des formes particulières selon les pays. Sa violence aux Etats-Unis n'a d'équivalent en Europe que dans la seule Allemagne. Une des raisons de ce parallèle vient sans doute de cet élément commun qu'est le puritanisme. Il y a en Allemagne une importance accordée à l'image maternelle, protectrice, disponible… qui est considérable. Même dans les pays latins, on ne retrouve pas cela. De plus, il y a un refus masculin d'accéder aux doléances des femmes beaucoup plus fort dans ces deux pays qu'en France. Chez nous, ce sont malgré tout des députés hommes qui ont voté les lois sur la contraception et l'avortement. Je constate que les Etats-Unis et l'Allemagne sont les pays qui font fortement obstacle à l'émancipation des femmes. Il y a refus d'une politique sociale pour les femmes. En Allemagne, on retarde actuellement les programmes de crèches, qui sont pratiquement inexistantes : seulement 8 % des couples allemands ont la possibilité de faire garder les enfants l'après-midi, et seulement 1,8 % trouvent place dans des crèches publiques. Cela explique sans doute pourquoi la natalité baisse.

Propos recueillis par
JEAN-FRANÇOIS DORTIER
(*Sciences Humaines*, n° 42, août/septembre 1994)

1. D. Gilmore, *Manhood in the making. Cultural concepts of masculinity*, Yale University Press, 1990.

Alain Braconnier*

LES ADIEUX À L'ENFANCE**

L'adolescent doit faire face à quatre ruptures majeures dans son développement : l'acceptation de la sexualité, la fin des liens de dépendance à ses parents, la projection dans l'avenir, la maîtrise de ses émotions et de ses affects.

Ils s'appellent Thomas ou Sandrine, Stéphane ou Béatrice. Agés de quatorze, dix-sept, dix-neuf ans, ils ont des sautes d'humeur qui déconcertent les parents, sont parfois intensément troublés par les modifications de leur corps et la découverte de l'autre sexe, reconsidèrent radicalement l'ensemble de leurs relations affectives. Les «ados» se découvrent et découvrent les adultes (parfois avec déception) au cours d'une période que certains auteurs qualifient de crise, mais que d'autres considèrent comme un processus normal de formation de la personnalité. Il s'agit de toute manière d'un phénomène lent, qui occupe une période allant de douze ou treize ans à dix-huit, voire vingt et un ans, et dont les étapes ont été présentées de diverses manières (1).

On peut notamment relever quatre phases :

– la première adolescence est caractérisée par le début des transformations corporelles et l'augmentation qualitative et quantitative des désirs instinctuels et pulsionnels. Le problème du jeune est alors de trouver les moyens d'accepter ce nouveau corps plutôt que de le rejeter. Pendant cette période, les relations de l'adolescent s'établissent en premier

---

* Psychiatre des hôpitaux, psychanalyste. A notamment publié *Les Adieux à l'enfance*, Calmann-Lévy, 1990, et, en collaboration avec D. Marcelli : *L'Adolescence aux mille visages*, Editions Universitaires, 1988, et *Psychopathologie de l'adolescent*, Masson, 1983 (rééd. 1992).

** *Sciences Humaines*, n° 33, novembre 1993.

1. Voir par exemple S. Tyano, « The Adolescence and Death : The Fourth Organizer of Adolescence », communication personnelle au 3e Congrès international de l'ISAP, Chicago, 1992 ; M. Vincent, « Trois positions pour l'adolescence », *Adolescence*, 6, 1, 1988.

sur des bases narcissiques (2) : c'est l'époque de la recherche de l'ami(e) idéalisé(e), à la fois confident(e) et autre soi-même, partageant avec le sujet les chagrins, peines, difficultés, amours, ambitions, enthousiasmes, etc. Cet ami(e) idéalisé(e) a déjà pu exister au cours de la préadolescence, mais il (elle) prend maintenant une place plus importante et de plus en plus compétitive avec les parents ;
– l'adolescence proprement dite, qui est l'époque du premier amour de jeunesse. La peur et l'attirance vers une relation sexuelle, ou ses équivalents, se manifestent soit sous la forme d'une association harmonieuse entre l'amour et la sexualité, soit sous la forme d'essais répétitifs. La psychanalyse interprète cette période d'accession à la satisfaction sexuelle comme le désengagement des liens libidinaux (2) et agressifs infantiles, en particulier l'élaboration définitive du conflit œdipien, qui entraîne la nécessaire synthèse de la tendresse et de l'érotisme. Cette synthèse caractérise l'adolescence, car l'enfance a construit séparément et successivement ces deux mouvements.

Tendresse ou désir

Pour Sigmund Freud (3), le développement de la vie amoureuse humaine se fait en deux phases : dans la première, «*le plus souvent déjà achevée à cinq ans*», l'enfant trouve son premier amour dans l'un des deux parents ; dans la seconde, en raison du refoulement (2), mécanisme psychologique naturel, l'enfant éprouve pour ses parents des sentiments qualifiés de «tendres», profond attachement à leur égard excluant consciemment toute ambiguïté sexuelle. Ainsi se différencient au cours de l'enfance le sentiment amoureux et l'amour tendresse. La tâche de l'adolescence sera de réunir l'état amoureux, la tendresse et le désir sexuel ;
– la fin de l'adolescence est une phase de consolidation des fonctions et des intérêts du moi (2). C'est vraiment la période de formation du caractère, au cours de laquelle l'adolescent fait peu à peu ses choix personnels, professionnels, amicaux et amoureux. Le sujet constate qu'il peut aimer qui il veut, mais ne peut pas toujours ou tout le temps être aimé par qui il veut ;
– on peut enfin décrire une dernière phase, appelée postadolescence, au cours de laquelle le sujet, entré dans le monde des adultes, reste cependant attaché à ce monde de l'enfance, voire dépendant de lui, par un certain nombre d'aspects, tout en manifestant ses orientations, ses idéaux, son caractère personnel.
L'adolescent semble parfois découvrir brusquement une «vérité» inaccessible jusque-là, par exemple qu'il peut tomber amoureux au point de ne plus penser qu'à cela, ou bien qu'il doit lui-même prendre ses responsabilités face à un choix qu'il déléguait jusqu'alors à ses parents. Mais ces découvertes subites sont en réalité l'effet d'une lente maturation. D'ailleurs, ces sauts qualitatifs ne sont pas définitivement acquis. La perlaboration – travail psychique permettant de passer de l'acceptation ou du refus purement intellectuel ou instan-

2. Voir mots clés p. 100.
3. S. Freud, *Trois Essais sur la théorie de la sexualité*, Gallimard, 1912.

tané à une conviction durable fondée sur l'expérience vécue – concerne toute la vie psychique et en particulier les périodes de grandes transformations de l'existence. L'adolescence n'est que l'une d'entre elles.

Certains auteurs ont d'ailleurs tendance à dire que le processus d'adolescence se perpétue toute la vie. Certes, il existe des « résurgences de l'adolescence », par exemple lorsque le sujet retrouve un état amoureux ou un état de dépendance à l'égard d'images parentales. Mais cela ne signifie pas pour autant que le sujet reste un adolescent toute sa vie. En revanche, il existe incontestablement des sujets qui n'entrent jamais dans l'état adulte et qui restent des adolescents à vie, par bien des aspects affectifs et comportementaux.

« Je suis moche »

Tout au long de sa lente métamorphose, l'adolescent s'efforce d'atteindre quatre objectifs essentiels : la pleine acceptation de son corps sexué (4), la rupture des liens de dépendance à ses parents, la projection dans l'avenir et la maîtrise de ses émotions et de ses affects.

• **Assumer son corps sexué.** La première caractéristique du processus d'adolescence réside dans l'image et la relation que l'adolescent établit avec son corps en transformation.

On admet facilement l'importance de ce corps sexué quand l'adolescent manifeste des comportements alimentaires destinés à compenser telle ou telle déformation physique dont il se croit affublé, pouvant parfois aller jusqu'à de véritables troubles psychologiques comme la boulimie ou l'anorexie mentale.

On n'est pas étonné d'entendre un adolescent dire qu'il n'a aucune confiance en lui car il se trouve « moche », que son corps ne lui plaît pas et ne plaît pas aux autres, en particulier à celui ou celle qu'il souhaite séduire.

Assumer ce corps sexué, c'est aussi résoudre le problème de l'identité sexuelle. A la fin de son adolescence, le sujet se déterminera clairement comme homme ou comme femme. Cette détermination peut prendre des formes hautement pathologiques comme on les rencontre dans le transsexualisme, dans lequel le sujet refuse clairement le sexe que son corps lui attribue. En revanche, l'homosexualité (dont les origines sont vraisemblablement multiples) n'a de lien avec l'image du corps sexué que chez les adolescents qui ont subi un grave échec dans une tentative hétérosexuelle.

• **Se séparer des parents et s'individualiser.** Le deuxième grand mouvement intra-psychique consiste à se détacher, et même se désengager, des comportements et des modes de relation propres à l'enfance. Il s'exprime par un désir de distanciation, parfois même par une claire séparation des personnes influentes de l'enfance. L'adolescent exprime alors son désir de voir sa chambre protégée de toute « intrusion » étrangère, en particulier parentale.

Le processus d'adolescence consiste pour une part en une « perte d'objet » au sens psychanalytique du terme, c'est-à-dire une perte des nombreuses relations d'attachement aux *imagos* (4) construites au cours de l'enfance.

4. Voir mots clés p. 100.

Au cours de l'adolescence, désignée par Peter Blos «*seconde phase de séparation individuation*» (5) (la première ayant eu lieu entre un et trois ans), le sujet doit effectuer un travail mental de «deuil» (6) du refuge maternel intériorisé psychiquement; en d'autres termes, il doit accéder à la possibilité de ne compter que sur lui-même dans le cas où ses besoins vitaux (sécurité, subsistance matérielle) seraient en danger. Les difficultés de ce «travail» expliquent certaines attitudes apparemment paradoxales de l'adolescent, qui revendique bruyamment son indépendance tout en se conduisant parfois comme un petit enfant recherchant le confort maternel ou familial.

• **Se projeter dans l'avenir.** La troisième mutation concerne la projection dans l'avenir, qui nécessite deux mouvements indissociables : la recherche d'un idéal du moi, c'est-à-dire d'une image future satisfaisante, mais aussi le déploiement vers de nouvelles relations sociales ou, en termes psychanalytiques, de nouvelles «relations d'objet».

La relation intra-psychique entre le moi (ce que le sujet pense) et l'idéal du moi (ce que le sujet souhaite être) est marquée au cours de l'enfance du sceau de la dépendance et de la soumission aux projets des parents. L'adolescent a pour tâche de renoncer à cette soumission en intégrant un idéal du moi : de passif, le sujet devient acteur. Ce nouvel idéal du moi s'appuie à la fois sur l'identification aux attentes des parents, sur l'identification aux attentes que l'adolescent attribue à ses pairs et sur l'identification directe aux «qualités» de telle ou telle personne que l'adolescent apprécie, admire ou aime.

Imitation ou identification

Cette identification n'est pas une imitation mais une véritable appropriation, le sujet désirant posséder un attribut de l'autre. Il existe une différence entre «*il imite son père*» et «*il s'identifie à son père*». Cela permet de comprendre pourquoi et comment l'adolescence est une période de transformation des projets personnels, qu'ils soient affectifs, sociaux ou intellectuels. L'orientation scolaire, universitaire ou professionnelle, enjeu important pour l'avenir de l'adolescent, est partiellement influencée par certains conflits ou retournements d'attitude de la part de l'adolescent par rapport aux projets antérieurs établis en commun avec les parents. Il ne faut donc pas négliger ces dimensions affectives et psychologiques dont on décèlera le poids parfois trop tard. Certaines décisions radicales peuvent peser très lourd sur l'avenir.

Bien que l'adolescent éprouve toujours le besoin de rester dépendant des exigences de son moi, de se sentir en sécurité et donc aimé de ses parents, le processus qu'il vit doit lui permettre de penser qu'il a maintenant un «nouvel» idéal du moi sur lequel il peut s'appuyer pour alimenter son narcissisme.

Un « bain émotionnel »

Le développement ne se fait pas toujours sans difficultés. Moses Laufer (7), psychanalyste anglais, a observé l'utilisation par certains adolescents de ce

5. P. Blos, *Les Adolescents ; essais de psychanalyse*, Stock, 1967. Voir mots clés p. 100.
6. Voir mots clés p. 100.
7. M. Laufer, *Adolescence et rupture du développement*, Puf, 1989.

qu'il appelle un «*pseudo-idéal du moi*», qui les entraîne dans une exigence imaginaire réclamant :
– une maîtrise du corps sexué comme on peut la rencontrer dans l'idéal ascétique (anorexie mentale) ;
– une maîtrise de l'agressivité comme on peut la rencontrer dans l'idéal de non-violence, de refus de compétition ou même de refus de la démarche de séduction et d'approche de l'autre sexe ;
– une maîtrise du lien de dépendance aux exigences parentales par un renversement radical amenant à des idéaux totalement opposés à ceux des parents.

Les conflits à propos du choix des amis, des choix politiques ou même des choix d'existence en sont les modes d'expression les plus fréquents.

• **Faire face aux bouleversements émotionnels.** La maîtrise de ses émotions et de ses affects est le dernier grand objectif que l'adolescent doit atteindre. En effet, l'ensemble des émotions (colère, joie, dégoût, tristesse, honte, etc.) se manifeste fréquemment et parfois bruyamment au cours de cette période. Cette caractéristique contribue fortement à faire considérer l'adolescence comme un état de crise.

Mais la particularité psychologique fondamentale du processus de l'adolescence est la confrontation du sujet à la nouveauté (de son corps, de ses pensées, de ses possibilités sociales) et par là même une interruption de ses idées et de ses actions antérieures. L'expérience émotionnelle (telle que peut la vivre chacun de nous) et l'expérience de tout adolescent ont pour caractéristique commune la confrontation à la nouveauté, ce qui fait que l'on peut qualifier cette période de véritable «bain émotionnel». Comme l'émotion, l'adolescence ne peut apparaître qu'à la suite de nouvelles expériences qu'il est nécessaire de vivre pour déterminer si elles sont agréables ou désagréables. Il en découle un sentiment d'attirance (joie, euphorie, bien-être) ou d'aversion (dégoût, anxiété, colère, dépression) en réponse aux nouveaux *stimuli* (changements corporels, pensées, représentations nouvelles).

Une caractéristique supplémentaire de l'adolescence est la diversité et la rapidité de la substitution d'une émotion à une autre. Qui n'a pas vu un(e) adolescent(e) particulièrement morose, déprimé(e), être quelques heures plus tard joyeux(se), voire euphorique ? Ou encore passer subitement du calme à la colère à la suite d'une quelconque contrariété ?

L'ennui et la timidité

L'ennui et l'inhibition anxieuse (c'est-à-dire la timidité) sont deux manifestations émotionnelles particulièrement fréquentes au cours de l'adolescence. L'ennui, qui amène les adolescents à des positions de repli, de passivité ou de malaise, peut être considéré comme un moyen de défense spécifique vis-à-vis d'une quête d'excitations qu'ils ne peuvent pas exprimer ou satisfaire (pour des raisons concrètes ou provenant du «surmoi») et qu'ils répriment ainsi au point de ressentir et manifester un état inverse. La timidité se rencontre chez des adolescents qui peuvent paradoxalement se montrer à d'autres occasions téméraires, hardis et même insolents. Elle aussi peut être considérée comme un moyen de défense spécifique vis-à-vis

Mots clés

Corps sexué : corps dont l'image et la signification concernent l'établissement de l'identité et de l'organisation sexuelle définitive.

Imago : images inconscientes, paternelle, maternelle et fraternelle, forgées précocement et qui restent inverties pulsionnellement.

Individuation : processus conduisant le sujet à se construire un sentiment d'identité qui lui permet de distinguer clairement différences et similitudes entre lui-même et autrui.

Liens libidinaux : liens établis grâce à l'énergie psychique issue des pulsions sexuelles.

Moi : instance, au sein de la personnalité, dont les fonctions principales sont l'adaptation au réel et le maintien de la cohérence interne.

Narcissisme : ensemble d'attitudes humaines dominées, selon Freud, par le désintérêt pour les autres et une image de soi-même grandiose.

Refoulement : mécanisme de défense psychologique, qui consiste dans le fait d'écarter de la conscience des représentations qui ne peuvent être que réprimées.

Sublimation : processus psychologique de dérivation des pulsions sexuelles ou agressives vers des activités sociales, intellectuelles ou culturelles.

Travail de deuil : selon Freud, processus de pensée qui s'effectue normalement dans l'esprit après la perte d'une personne ou d'une « *abstraction comme un idéal, la patrie, la liberté, etc.* ».

d'un envahissement pulsionnel trop vivement ressenti, d'ailleurs plutôt inconsciemment que consciemment.
La question est évidemment de savoir comment prendre en compte ce monde émotionnel de l'adolescent. Chacun s'accorde à dire qu'il est important que l'entourage, en particulier les parents, ne réagisse pas brusquement à l'irritabilité ou à l'agressivité de l'adolescent. Il est également important d'apaiser l'angoisse souvent sous-jacente aux attitudes tranchées de l'adolescent qui exprime alors plus un « cri » qu'une idée construite. Il est enfin capital de faire la part entre ce qui constitue un mouvement d'humeur passager (en particulier les sentiments d'impuissance, de tristesse ou même de désespoir) et un mouvement se développant pro-

gressivement, se stabilisant et se structurant sous forme de représentation négative constante de soi, de sentiment permanent d'impuissance, de fatigue, de lassitude et de perte de plaisir quelles que soient les situations. Il s'agit alors de signes manifestes d'une véritable dépression qui mérite d'être sérieusement prise en compte et traitée.

Enfin, il faut se souvenir que la fonction parentale est elle aussi paradoxale, puisqu'il s'agit d'être un refuge, de contenir et de limiter, mais aussi de permettre les expériences, de prendre les coups et d'y survivre. Dans tous les cas, le dialogue reste l'élément privilégié de la relation parents-adolescents autour duquel s'organisent ces diverses lignes de tension.

Tel père, tel fils ?

De nombreux travaux ont étudié les corrélations entre la présence de troubles mentaux chez la mère et l'apparition d'une psychopathologie chez l'enfant et l'adolescent. Mais la fonction du père est largement ignorée. Une synthèse récente sur le sujet (1) montre que 48 % des recherches n'incluent que les mères dans leur échantillon, 1 % seulement ne tiennent compte que des pères, les autres analysant l'influence des deux parents.

Or, les travaux effectués montrent que les troubles psychiatriques chez le père constituent véritablement un facteur de risque pour l'enfant et l'adolescent. Les problèmes des pères rejaillissent sur l'enfant au travers de troubles se manifestant extérieurement, tels que l'hyperactivité ou la délinquance.

Ainsi, les pères de délinquants ont plus de relations conflictuelles et de comportements dominateurs à l'égard de leur épouse et sont plus souvent névrosés ou alcooliques. En revanche, les troubles psychiatriques du père semblent ne pas avoir de retentissement notoire sur les problèmes « intérieurs » des jeunes tels que la dépression ou l'anxiété. Alors qu'il y a une forte corrélation entre les caractéristiques maternelles (dépression, peu de communication et d'affection) et la dépression de l'enfant, cela n'est pas le cas avec les caractéristiques paternelles.

JACQUES LECOMTE

1. V. Phares et B.E. Compas, « The role of fathers in child and adolescent psychopathology : make room for Daddy », *Psychological Bulletin*, mai 1992.

Colette Ysmal*

CLIVAGE DROITE/GAUCHE, MYTHE OU RÉALITÉ ?**

Le clivage droite/gauche ne serait plus pertinent pour comprendre la vie politique... Pourtant, les Français continuent à se répartir en deux ensembles. L'un composé de plusieurs droites, l'autre de plusieurs gauches.

Lorsque, dans les années 50, les spécialistes américains du comportement électoral ont voulu expliquer le vote aux élections présidentielles, ils ont insisté sur la pertinence de l'affiliation partisane comme principal déterminant du vote. Se transmettant à travers les générations, apprise par l'enfant très tôt au sein de sa famille, l'appartenance à un parti politique restait, à l'époque, très stable dans le temps et apparaissait comme le principal critère de classement des Américains en familles politiques. En Europe, et particulièrement en France où le système partisan a été de tout temps beaucoup plus instable, c'est plutôt la dimension gauche-droite qui a été utilisée. Dès 1913, André Siegfried avait montré l'existence et la permanence d'une répartition géographique des opinions de gauche et de droite et avancé la notion de « *tempéraments politiques* » (1). Après 1945, François Goguel a confirmé les analyses d'A. Siegfried (2). La comparaison de la cartographie des votes révèle en effet la pérennité de la division des territoires entre la gauche et la droite. Ainsi, la carte de Jacques Chirac au second tour de l'élection présidentielle de 1995

* Directeur de recherche au Centre d'étude de la vie politique française (Cévipof).

** *Sciences Humaines*, hors série n° 10, septembre/octobre 1995.

1. A. Siegfried, *Tableau politique de la France de l'Ouest sous la Troisième République* (1913), 2e édition, Armand Colin, 1964.
2. F. Goguel, *Géographie des élections françaises sous la Troisième et la Quatrième République*, Presses de Sciences-Po, 1970 et *Chroniques électorales*, 3 vol., Presses de Sciences-Po, 1981 et 1983.

ressemble-t-elle à celle de Valéry Giscard d'Estaing en 1974, à celle du vote « non » (soutenu par les partis de droite) au référendum de mai 1946 ou encore à celle des opposants au Front populaire en 1936.

Préférence partisane et appartenance à la gauche ou à la droite sont ainsi restées les deux critères qui permettent de mesurer les affiliations politiques. Les deux ne sont évidemment pas étrangers l'un à l'autre. Les citoyens – plus que les dirigeants ou les militants qui, surtout à droite, entendent parfois récuser la distinction entre droite et gauche (3) – sont parfaitement capables de situer les partis politiques en ces termes. Comme on le voit *figure I*, les électeurs parviennent à situer les partis politiques sur l'axe gauche-droite. Ils établissent une distinction claire entre, d'un côté, les partis de gauche et les écologistes, et, de l'autre, l'Union pour la démocratie française et le Rassemblement pour la République (l'UDF et le RPR), plus proches du Front national (FN) que des premiers. Il y a d'ailleurs une sorte de consensus sur la nature des partis politiques puisque les classements ne sont guère différents lorsque l'on passe de celui effectué par l'ensemble des personnes interrogées à celui donné par les sympathisants de chaque formation politique.

Au niveau individuel, il y a aussi une grande proximité entre la sympathie partisane des électeurs et leur situation sur l'axe gauche-droite *(voir figure I)*. De plus, la sympathie partisane comme le choix entre la gauche et la droite décrivent des univers de référence mais aussi d'exclusion. Invités, toujours en 1994, à dire pour quel parti il était fort improbable qu'ils votent, les électeurs ne transgressent guère les frontières. C'est bien en termes de proximité immédiate qu'ils se déterminent. Ainsi, seules 17 % des personnes proches du parti communiste (PC) refusent de voter pour le parti socialiste (PS), mais entre 83 % et 94 % refusent de voter pour l'UDF, le RPR et le FN ; 35 % des sympathisants socialistes ne choisiraient pas le PC mais 66 % récusent l'UDF, 78 % le RPR et 94 % le FN. A droite, les fidèles de l'UDF et du RPR sont prêts à se déplacer d'un parti à l'autre (seuls 11 % ne le feraient pas), mais plus de 90 % d'entre eux disent ne pouvoir voter en aucun cas socialiste ou communiste. Les frontières sont un peu plus poreuses avec le FN puisque 64 % des sympathisants UDF et 67 % de ceux du RPR ne pourraient pas choisir ce parti. Quant aux fidèles du FN, ils manifestent une totale allergie à la gauche mais se sentent assez proches de la droite classique, même si 41 % d'entre eux n'envisagent pas de voter pour l'UDF et 31 % pour le RPR.

L'érosion des appartenances politiques

L'apparente persistance de ces affiliations politiques semble contredire le discours ambiant sur les évolutions politiques de la France depuis le début des années 80. On peut alors se demander si l'affiliation partisane déclarée et les notions de droite et de gauche ne sont

3. Ainsi le RPR entend-il « rassembler » les Français sans distinction politique, sociale et religieuse et ne se veut ni de gauche ni de droite ; l'UDF se disait, dans les années 70, « centriste, sociale et européenne ».

FIGURE I

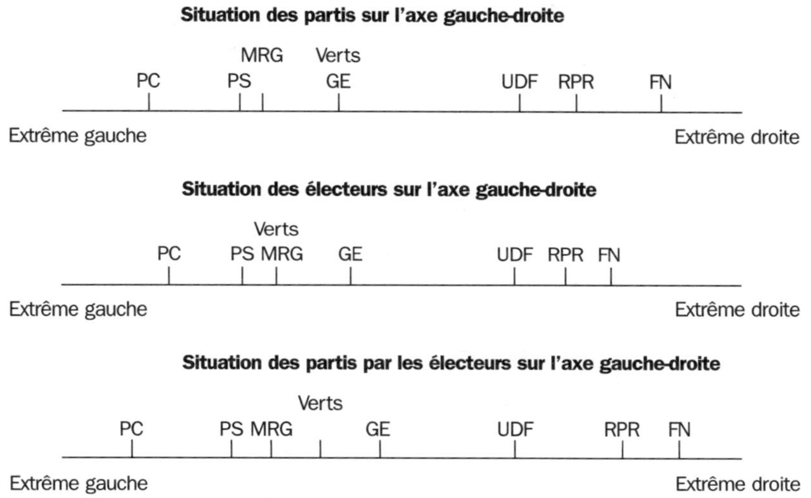

Enquête réalisée à l'occasion des élections européennes de 1994 par un ensemble de chercheurs des douze pays de l'Union européenne. L'échelle utilisée est celle de l'Eurobaromètre : une échelle en dix cases où le 1 représente l'extrême gauche, et le 10 l'extrême droite.

pas des fleurs de rhétorique héritées du passé, qui persisteraient par habitude mais qui ne recouvriraient plus grand-chose. On y serait encouragé tout d'abord par la hausse considérable, en une dizaine d'années, du nombre de personnes déclarant que gauche et droite ne permettent plus de comprendre la vie politique. Selon des sondages réalisés par la Sofres pour *Le Point*, elles étaient 55 % en avril 1991 au lieu de 33 % en mars 1981, soit une hausse de 22 points (*voir encadré page suivante*). Comme il est logique, ce sont les sympathisants des formations politiques les plus extérieures au système qui sont les plus convaincus de l'obsolescence de la distinction : 73 % des écologistes et 69 % des lepénistes l'affirment en 1991. La baisse des croyances en la vertu du partage entre la gauche et la droite est toutefois générale puisqu'elle est de 22 points chez les sympathisants communistes, de 15 points chez les socialistes, de 27 points chez les personnes proches de l'UDF et de 15 points chez celles qui se réclament du RPR. On notera tout de même que 50 % des Français qui se classent eux-mêmes à gauche sont convaincus que les notions de gauche et de droite n'expliquent plus rien alors que tradi-

Comment interroge-t-on les électeurs ?

Il y a plusieurs façons d'interroger les Français au sujet de leur classement par rapport à l'axe gauche-droite. La plus fréquemment utilisée est une question du type de celle de la Sofres : « *On classe habituellement les Français sur une échelle qui va de la gauche à la droite. Vous, personnellement, où vous classeriez-vous sur cette échelle ?* ». On tend alors aux interviewés une « carte » où est dessinée une échelle en sept cases. L'inconvénient de cette méthode est, du fait de l'utilisation d'un dessin précis, d'empêcher un éventuel refus de choisir de la personne interrogée.

L'autre formulation utilisée par la Sofres est celle-ci : « *On range parfois les Français en deux catégories : ceux qui sont de gauche et ceux qui sont de droite. Dans laquelle de ces deux catégories vous rangeriez-vous. Ceux qui sont de gauche ? Ceux qui sont de droite ?* »

Pour connaître ensuite l'opinion des Français sur la pertinence ou non du clivage droite/gauche, la question est libellée dans les termes suivants : « *Avec laquelle de ces deux opinions êtes-vous le plus d'accord ? – Les notions de droite et de gauche sont dépassées : ce n'est plus comme cela que l'on peut juger les prises de position des partis et des hommes politiques. – Les notions de droite et de gauche sont toujours valables pour comprendre les prises de position des partis et des hommes politiques.* »

Enfin, on demande aux personnes interrogées de se positionner sur des échelles correspondant aux principaux thèmes du débat politique du moment. Dans le cas, par exemple, du sondage réalisé par la Sofres en 1990 pour *Le Figaro*, quatre échelles ont été utilisées :
– l'échelle « étatisme », de 0 à 5 ; les « notes » 4 et 5 étant retenues pour désigner les partisans de l'intervention de l'Etat dans la vie économique et des nationalisations ;
– l'échelle « Etat providence », de 0 à 5 ; les notes 4 et 5 exprimant le souhait de garder la retraite à 60 ans et la Sécurité sociale, et de réduire la durée hebdomadaire de travail sans diminution de salaire ;
– l'échelle « libéralisme culturel », de 0 à 6 ; sont libéraux ceux qui ont les notes 4 à 6 : ils ne veulent pas rendre l'avortement ou le divorce plus difficiles, acceptent l'homosexualité, et sont opposés à la peine de mort ;
– l'échelle « xénophobie », de 0 à 4 ; les notes 3 et 4 désignant ceux qui acceptent que des mosquées soient construites, que

le droit de vote soit donné aux immigrés lors des élections locales, que la nationalité française soit accordée automatiquement à toute personne née en France.
Une cinquième échelle « européanisme » a été construite à partir de l'enquête Eurobaromètre de 1994. Elle va de 0 à 4, les pro-Europe correspondant aux notes 3 et 4. Ils pensent que la France a bénéficié de la construction européenne, ils seraient désolés si l'Union européenne était remise en cause et ils veulent accélérer le processus d'unification...

tionnellement ils se montraient les plus attachés à ce clivage.
On dira que ces opinions ne font qu'entériner d'une part le déclin du PC et, d'autre part, le rapprochement des programmes des partis politiques du fait de l'abandon par le PS du «socialisme à la française», et par le RPR et l'UDF de leur plate-forme ultra-libérale des années 1981-1986. Sans doute, mais il n'en reste pas moins que les Français ont de plus en plus de mal à se situer eux-mêmes en ces termes dès lors qu'on leur pose une question ouverte. Lorsqu'on leur demande, comme le fait la Sofres, de se ranger simplement dans la catégorie des «Français de gauche» ou des «Français de droite», 30 % en 1991 refusent de le faire alors qu'ils n'étaient que 20 % en 1981. Il ne faut certes pas exagérer l'importance de ces mouvements puisqu'après tout il reste, en 1991, une importante majorité (64 % dont 36 % à gauche et 28 % à droite) qui continue à se classer sans problème dans l'une ou l'autre des familles. Il n'en reste pas moins qu'il y a une érosion du sentiment d'appartenance, érosion qui, en outre, a frappé toutes les catégories sociales.
Politiquement, on retrouve là encore la montée des forces « anti-système » puisque ce sont toujours les sympathisants des écologistes et du Front national (respectivement 41 et 46 %) qui refusent de se classer. Comme, parallèlement, il y a de plus en plus de personnes qui ne peuvent pas dire de quel parti «elles se sentent le plus proches» ou qui répondent «aucun» (36 % selon l'enquête réalisée en 1994 lors des élections européennes, contre 20 % dans les années 70), il semble clair qu'il y a non pas un effondrement mais une baisse nette et continue des affiliations politiques et idéologiques.

Le brouillage des attitudes idéologiques

On peut cependant se demander ce que signifient les notions de droite et de gauche en termes de systèmes idéologiques, d'attitudes et de valeurs, et si des différences subsistent selon les affiliations partisanes. Pour ce faire, on a construit cinq échelles d'attitudes qui concernent cinq enjeux principaux du débat politique :
– l'intervention de l'Etat dans la vie économique ;

– le maintien des conquêtes sociales et de l'Etat providence ;
– le libéralisme culturel ;
– l'attitude à l'égard des immigrés ;
– la construction européenne.

Tels qu'ils sont résumés dans le *tableau I*, les résultats appellent deux observations. D'une part, sur quatre des cinq enjeux, les familles politiques apparaissent assez diversifiées et la division entre la gauche et la droite reste pertinente. D'une manière générale, les électeurs qui se réclament des partis de gauche sont plus étatistes, plus favorables à l'Etat providence, plus ouverts en matière de mœurs et moins opposés aux immigrés que ceux qui sont sympathisants des formations de droite. Les écologistes, même en 1990 à l'époque où le mouvement écologiste se voulait ni de gauche ni de droite, sont plus proches de la première que de la seconde. L'analyse des attitudes confirme la répartition spontanée des électeurs sur l'axe gauche-droite ainsi que les clivages à l'intérieur de chaque camp. Les socialistes sont un peu moins attachés aux valeurs les plus traditionnelles de la gauche (le rôle de l'Etat et les conquêtes sociales) que les communistes. Les sympathisants de l'UDF sont un peu moins libéraux sur le plan économique, mais aussi moins dérégulateurs et xénophobes et un peu plus libéraux sur le plan culturel que leurs homologues du RPR.

Il y a cependant d'importantes distorsions. Tout d'abord, les personnes proches du FN, caractérisées par leur xénophobie et leur attachement à l'ordre et à la discipline ainsi qu'aux valeurs familiales, sont sensiblement plus favorables à l'Etat et à la préservation des avantages sociaux que celles qui se reconnaissent dans le RPR ou l'UDF. Il y a bien là une forme particulière de droite plus populaire et plus extrême. Surtout, le clivage européen trouble totalement les affiliations entre droite et gauche puisque les fidèles du FN et du PC se retrouvent sur des positions semblables et que les sympathisants de l'UDF sont plus proches de ceux du PS que de ceux du RPR sur ce point.

Au total, il n'y a pas une gauche et une droite mais bien des gauches et des droites. De plus, aucune des clientèles partisanes n'est homogène puisque chacune comprend, en proportions certes différentes, des étatistes et des anti-étatistes, des partisans et des adversaires de l'Etat providence, des libéraux et des répressifs en matière de mœurs, des xénophobes et des non-racistes, et enfin des pro-Europe et des anti-Europe. Une analyse plus fouillée montrerait que dans la plupart des partis coexis-

TABLEAU I	PC	PS	Ecologistes	UDF	RPR	FN	Ensemble
Etatisme	93	59	45	40	32	53	54
Etat providence	89	66	57	42	34	56	55
Libéralisme culturel	56	59	60	43	36	35	49
Xénophobie	48	48	61	68	80	98	64
Européanisme	13	55	39	45	33	11	41

FIGURE II – **Les huit familles politiques**

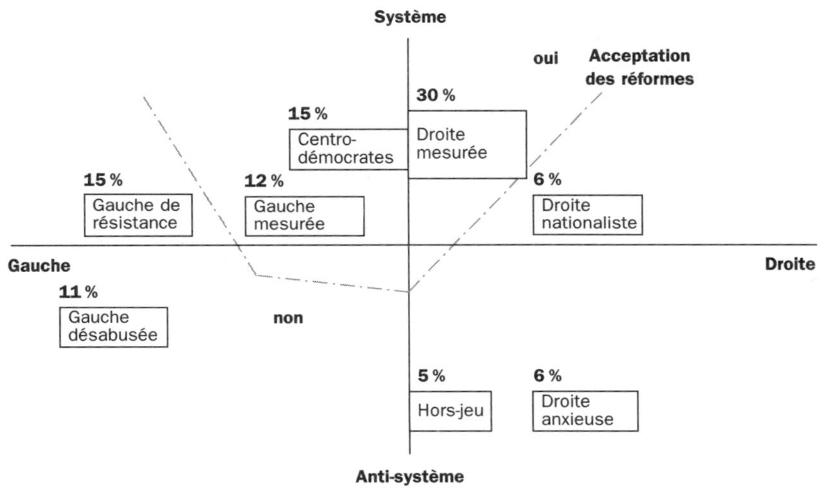

tent des « modernes » et des « archaïques » : libéraux – aux deux sens du terme –, plutôt favorables à une certaine remise en cause des avantages sociaux, pas xénophobes et très pro-Europe ; étatistes, accrochés aux conquêtes sociales, rétifs devant l'évolution des mœurs, xénophobes et anti-européens. Entre les deux, il y a évidemment des hésitants mais ils composent des groupes très minoritaires. Si l'on croise pour chaque parti l'appartenance aux groupes dominants avec la situation sur l'axe gauche-droite, on observe que les « modernes » du PS se situent plutôt au centre gauche alors que ceux de l'UDF et du RPR se mettent plutôt au centre. Se dessinerait bien alors l'esquisse d'un « groupe central » d'accord sur un certain nombre de valeurs et d'attitudes et situé entre une gauche plus traditionnelle et une droite conservatrice et peureuse dont le FN serait juste l'expression la plus exacerbée. En termes sociaux, le « groupe central » comprend plutôt des cadres supérieurs et moyens qui ont fréquenté l'enseignement supérieur et qui se situent dans la tranche d'âge des 35 à 50 ans.

Cet éclatement des familles politiques et les prémisses de reclassements futurs sont confirmés par le « Présidoscope » réalisé à l'occasion de l'élection présidentielle de 1995 par l'IFOP pour *Libération* (4) *(voir figure II)*. A partir de sept questions, une typologie permet de

4. Voir notamment *Libération* des 20 février, 14 et 28 avril 1995. L'enquête qui a permis d'établir la typologie a porté sur 1 201 personnes interrogées par téléphone.

dégager huit familles politiques qui s'organisent autour de deux axes principaux, la dimension gauche-droite et l'attitude à l'égard du système politique, auxquels s'ajoute un troisième facteur moins explicatif : l'acceptation ou non des réformes. La droite apparaît plus homogène puisqu'une famille dite de « droite mesurée » représente 30 % des électeurs et distance les autres composantes conservatrices : la « droite nationaliste » (6 %) et la « droite anxieuse » (6 %). Ce qui sépare les deux premières formes de droite est l'acceptation ou non des sacrifices personnels pour remettre l'économie sur pied et la demande de sécurité qui pousse les seconds à se replier sur la France ; ce qui distingue la droite nationale et la droite anxieuse est le degré de confiance dans le système politique et social puisque les seconds n'ont aucune confiance dans l'avenir et dans le fonctionnement de la démocratie.

En revanche, la gauche est particulièrement éclatée entre une « gauche désabusée » (11 % de l'ensemble des électeurs), une « gauche de résistance » (15 %), une « gauche mesurée » (12 %) et des « centro-démocrates » qui, comme leur nom l'indique, se situent entre le centre gauche et le centre (14 %). La première comme la deuxième sont très populaires (ouvriers et employés peu diplômés) et refusent les sacrifices sociaux ; mais la première ne croit plus guère au changement et n'a pas d'espoir en l'avenir. La troisième et la quatrième comprennent plutôt des privilégiés non concernés par le chômage ; ils sont acquis aux réformes et à une solidarité qui implique des sacrifices personnels. Ils sont très pro-Europe. Ce qui sépare la gauche mesurée des centro-démocrates est le problème de l'intervention de l'Etat dans la vie économique, acceptée par les uns et déplorée par les autres. Comme le montre le *tableau II*, l'appartenance à ces familles a une incidence certaine mais tout de même mesurée sur le vote. Seules la droite nationaliste (90 % à droite) et la droite anxieuse (80 % pour Le Pen) ont des comportements électoraux affirmés. Les autres familles se divisent plus ou moins fortement. Il est significatif que 30 % de

TABLEAU II	**Laguiller**	**Hue**	**Jospin**	**Voynet**	**Balladur**	**Chirac**	**Villiers**	**Le Pen**
Gauche désabusée	3	14	28	5	9	30	6	4
Gauche de résistance	9	24	20	4	10	19	7	8
Gauche mesurée	4	12	42	5	5	16	6	9
Centro-démocrates	5	8	22	2	28	25	7	3
Droite mesurée	3	3	19	2	26	33	6	22
Droite nationaliste	1	–	–	–	10	52	6	22
Droite anxieuse	2	–	6	–	8	4	–	80
Hors jeu	7	1	10	–	16	28	7	32
Ensemble	**4,5**	**9**	**21**	**2,5**	**17,5**	**26,5**	**6**	**13**

ceux qui sont placés dans la « gauche désabusée » puissent envisager de voter pour Jacques Chirac, soit plus que pour Robert Hue ou Lionel Jospin. De même, la gauche de résistance se divise presque à égalité entre la gauche et la droite. La gauche mesurée fait bloc derrière L. Jospin mais accorde tout de même 35 % de ses intentions de vote au camp conservateur. La droite mesurée choisit prioritairement MM. Chirac et Balladur, mais 35 % disent voter pour des candidats de gauche…

Comme toute typologie, celle-ci peut être discutée et elle n'a qu'une valeur indicative. Elle montre toutefois que derrière les notions de gauche et de droite se dissimulent des réalités très complexes. Des réalités incontestablement plus complexes que dans les années 70 au temps d'une droite au pouvoir, mais contestée, et d'une gauche qui promettait de « changer la vie ». A cette époque, les deux camps étaient incontestablement plus distincts et plus homogènes (5). Du passage de la gauche au pouvoir, de l'incapacité des gouvernements successifs à traiter le problème du chômage et de la marginalisation sociale est né un pessimisme qui tranche sur l'optimisme des Trente Glorieuses ; l'évolution du parti socialiste vers l'économie de marché a eu pour effet d'atténuer le grand clivage entre les étatistes et les libéraux ; enfin sont apparus de nouveaux enjeux (l'immigration, la sécurité, l'Europe) qui ont radicalisé les électeurs de droite et troublé ceux de gauche.

Les Français ont de plus en plus tendance à avoir les idées moins claires et à acheter sur le marché des idées politiques ou des candidats non pas au hasard mais en fonction de leur situation économique et sociale, de leur image des candidats et de leurs capacités à répondre aux attentes du moment. Toutefois, il ne convient pas d'affirmer que l'appartenance déclarée à la droite ou à la gauche ne représente plus rien ou que plus généralement les partis de gauche et de droite se ressemblent. Tout porte à croire que s'il y a chez les électeurs une demande de renouvellement du débat politique, celui-ci ne pourra se poser autrement qu'en termes novateurs… de droite et de gauche.

5. Voir J. Capdevielle *et al*, *France de gauche, vote à droite*, Presses de Sciences-Po, 1981.

Alain Bernard[*]

LE REGARD DU DROIT SUR L'IDENTITÉ[**]

Le droit privé s'appuie sur la catégorie de « personne » pour protéger l'autonomie de l'individu. L'identité est une notion aux contenus multiples, dont les critères pertinents ont varié avec l'histoire.

Le thème de l'identité traverse l'ensemble des sciences sociales et nourrit le débat public. Claude Lévi-Strauss écrit qu'il « *se situe non pas à un carrefour, mais à plusieurs. Il intéresse pratiquement toutes les disciplines, et il intéresse aussi toutes les sociétés qu'étudient les ethnologues.* » (1) Le droit consacre des « identités collectives » à travers des abstractions qu'il appelle personnes morales (Etats, syndicats, etc.) et des identités individuelles : il délivre des cartes d'identité, s'efforce d'identifier un coupable, etc.

La personnalisation de l'individu

Le droit construit la notion de personne, issue du vieux fond romain, et qui sert de réceptacle à l'individu. Historiquement, l'identité humaine serait d'abord communautaire, marquée par une participation affective à une entité collective. Si la Grèce donne, peut-être, les premiers traits de l'individu moderne, Rome fournit le mot *persona*, qui proviendrait du toscan ou de l'étrusque *persu*. Le mot désigne un étrange personnage masqué figurant sur plusieurs tombes de la région de Tarquina. Des jeux cruels figurent sur les parois dont ce personnage serait le guide et l'arbitre. Par le biais de l'acteur, la transition s'opère facilement de la scène du théâtre à celle de la vie sociale ou du droit. Cela

---

* Professeur de droit à l'université de Pau et des Pays de l'Adour.

** *Sciences Humaines*, hors série n° 15, décembre 1996/janvier 1997.

1. C. Lévi-Strauss, *L'Identité*, Puf, 1977.

ne signifie pas, pour autant, que *persona* soit devenu synonyme de vraie nature de l'individu, au sens moderne du terme. Au plan juridique, les corollaires modernes de la qualification de personne – volonté, patrimoine et responsabilité – restent étrangers à la pensée juridique romaine.

La pensée chrétienne constitue une étape décisive dans l'apparition de la personne. Une conception l'emporte alors, fondée sur l'image des personnes divines, d'un individu humain comme tout indissociable dont l'unité prend racine dans l'absolu. Le long travail des Eglises prépare la voie à la pensée cartésienne qui, paradoxe, passe par une rupture avec la pensée religieuse. *Les Méditations métaphysiques* tracent le chemin parcouru par Descartes, du désespoir enfanté par un doute radical jusqu'à la découverte d'un fait enfin incontestable : « *Il faut conclure et tenir pour constant que cette proposition : je suis, j'existe, est nécessairement vraie, toutes les fois que je la prononce, ou que je la conçois en mon esprit.* »

L'acte de connaissance se constitue en deux pôles mutuellement exclusifs : le sujet pensant et l'objet, qui est soit le monde, soit la réalité interne de l'individu.

La théorie de l'homme qui se forge à partir de cette philosophie de la connaissance exerce son influence sur les juristes dans une élaboration de la catégorie de « personne ». Dans l'ordre politique, les idéaux cardinaux de la société des individus sont l'égalité et la liberté. Le droit privé doit servir de rempart à l'individu, protéger sa sphère d'autonomie, sa liberté. Il se préoccupe aussi d'égalité, ne serait-ce que par la promulgation d'un droit unique sur tout le territoire. Avec le Code Napoléon, le monde social devient, en droit, un espace homogène et unifié. Mais, surtout, le concept juridique de personne se caractérise par deux traits : humaniste – autrement dit, anthropocentrique – et individualiste. Maître de l'univers, l'homme peut s'approprier les choses. Auteur de sa propre pensée, exprimée par la volonté, il devient capable d'accomplir des actes juridiques. Enfin, maître de ses actions, cause unique de ce qui lui arrive, il en est responsable. Il peut invoquer la notion d'autonomie de la volonté et il assume l'éthique de responsabilité, morale implicite du droit libéral.

La « personne » juridique diffère de l'individu

Mais le droit ne fournit pas de réponses à des questions qu'il n'a pas pour mission de régler. Il se présente comme une construction, usant de « qualifications », manière de constituer juridiquement la réalité pour appliquer les normes de droit. Par exemple, la catégorie juridique de « personne » ne définit pas l'être humain réel puisqu'elle compte des sujets non humains, les personnes morales. A l'inverse, à certaines périodes de l'histoire guère éloignées, des êtres humains étaient exclus de cette catégorie : les esclaves et les condamnés à « la mort civile ».

Les catégories du droit subissent l'influence de l'histoire. Les croyances religieuses, la raison philosophique et l'état des mœurs ont commandé des aménagements successifs. Relever ces influences exige un effort tout particulier. En effet, l'individualisme moderne acclimate, à propos du sujet, des conceptions radicalement neuves, mais qui nous semblent aujourd'hui naturelles. La première tâche qui s'impose consiste donc à opérer un relevé « géologique » pour tenter de dégager les grandes lignes du processus de sédimentation qui conduit à la notion de personne juridique et à son individualisation.

Par ailleurs, la difficulté de toute réflexion sur l'identité provient de ce que cette notion se construit autour de deux pôles. L'identité serait d'abord un fait de conscience subjectif, sentiment par lequel l'individu éprouve que son « moi » le distingue radicalement des autres. Mais l'identité se construit aussi dans le rapport à l'autre et émerge dans la vie sociale. Celle-là assigne aux individus des caractéristiques et façonne leurs comportements en fonction de ces attributs comme, par exemple, la distinction entre hommes et femmes. Le droit participe à ce mécanisme fixateur en assurant la permanence de certains éléments de l'identité, le patronyme par exemple, et en plaçant ces éléments hors de la volonté individuelle.

Enfin, la vie sociale semble être un théâtre où chaque acteur joue divers rôles (relatifs à l'âge, au sexe ou au métier) définis socioculturellement et qui contribuent à la perception et à la définition de soi. Malgré cette diversité des masques, ou à cause d'elle, l'individu garde la conscience de son unité. Unité reconnue par autrui et attestée par le droit. Mais, surtout, l'individu déploie des « stratégies identitaires ». Comme le souligne Hanna Malewska-Peyre, « *notre civilisation actuelle de compétition et de mass media met l'accent sur l'acquisition d'une image positive. Elle crée un marché fondé sur une sorte d'obligation de l'acquérir et de la préserver... Dans cette situation, l'image de soi devient une préoccupation absorbante pour tous.* » (2) Le droit consacre cette « quête d'image » par l'individu en la préservant des atteintes portées par autrui, à travers des notions telles que le « droit à l'image » ou le « droit à l'honneur ». L'identité apparaît donc au juriste comme une notion fonctionnelle qui permet, d'une part, l'individualisation de la personne, d'autre part, son identification.

L'individualisation de la personne

Les mécanismes juridiques relatifs à l'identité contribuent à « l'individualisation de la personne », à la constitution du sujet en individu. Car, dans la société occidentale, le rapport de l'homme à la société est très particulier. Les autres civilisations reposent sur la communauté tandis que la nôtre voit émerger une représentation nouvelle – mais devenue consubstantielle à notre être, donc invisible –, celle d'individu. Selon le mot de Tocqueville, « *l'aristocratie avait fait de tous les citoyens une longue chaîne qui remonte du paysan au roi ; la démocratie brise la chaîne et met chaque anneau à part* ».

Louis Dumont, à partir de l'étude d'une civilisation particulière, la société

2. C. Camilleri et coll., « Le processus de dévalorisation de l'identité et les stratégies identitaires », *Stratégies identitaires*, Puf, 1990.

de castes en Inde, décrit bien l'apparition de l'individu moderne (3). Dans les sociétés traditionnelles, l'homme n'a de réalité qu'en fonction du tout. Il occupe une place déterminée dans une échelle de statuts séparés et indépendants. Pour se constituer en individu, une seule possibilité s'offre à lui : s'exclure de tous les liens, vivre en ermite. A l'inverse, l'homme moderne constituerait un second modèle : l'individu qui affirme et vit son individualité, posée comme valeur, à l'intérieur même du monde, « l'individu mondain ». « *Ainsi,* écrit L. Dumont, *la perception de nous-même comme individu n'est pas innée mais apprise. En dernière analyse elle nous est prescrite, imposée par la société où nous vivons.* »
Or, la question de l'identité s'est cristallisée en institutions juridiques élaborées au moment de l'éclosion de « l'individu mondain ». Tout notre droit reposerait sur cette opposition, donnée comme allant de soi, de l'individu à la société.
Les catégories juridiques, en renfort de l'expérience commune, opposent un moi, propre et valorisé, à la société, extérieure au moi, voire hostile.
Il faut donc rappeler, dans la perspective de Norbert Elias, comment se constitue cette société des individus qui se glissent dans la catégorie juridique de « personne » (4).

La société des individus

Prendre conscience du caractère socialement et historiquement construit de la notion d'individu est une tâche difficile, observe N. Elias, et se heurte à plusieurs obstacles. D'abord à la force des mots qui construisent des couples d'oppositions perçues peu à peu comme naturelles : l'individu et la société, ou la conscience et le monde.
Ensuite, l'entreprise bouscule la pensée libérale qui valorise la liberté des individus et constitue le fondement idéologique du droit privé. Enfin, elle renverse la prétention à l'universel d'une représentation du moi propre aux sociétés occidentales modernes. Pour faire comprendre combien l'homme et son identité dépendent de sa société, N. Elias use du concept de « configuration » qui désigne les dépendances réciproques entre individus, et forme la matrice constitutive de la société. Ce concept de configuration s'applique à des formations sociales très diverses.
Selon N. Elias, la conception d'un moi autonome de la société naît à un stade particulier du mouvement de civilisation qui exige une plus grande sévérité dans le contrôle des conduites individuelles (5). Jusqu'à l'époque moderne, des mécanismes extérieurs à l'individu assuraient le contrôle des pulsions. Chez l'homme occidental, ce contrôle est transféré à un mécanisme stable d'autocontrainte qui guide sa conduite. Cette mutation opère à certaines conditions : une différenciation poussée des fonctions sociales et la monopolisation par l'Etat de la violence physique.

---

3. L. Dumont, *Homo hierarchicus, le système des castes et ses implications*, Gallimard, 1966 ; *Homo acqualis, genèse et épanouissement de l'idéologie économique*, Gallimard, 1977.
4. N. Elias, *La Société des individus*, Fayard, 1991.
5. N. Elias, *La Dynamique de l'Occident*, Calmann-Lévy, 1975 ; *La Civilisation des mœurs*, Calmann-Lévy, 1969. Voir également R. Chartier, *Les Origines culturelles de la Révolution française*, Seuil, 1990.

En effet, l'apparition d'un espace public spécialisé, l'Etat, provoque la constitution d'une sphère privée d'existence, refuge d'intimité, donc lien privilégié d'inscription du sujet. Cette coupure conduit à l'affirmation de l'irréductible originalité du moi. De plus, l'intériorisation des contraintes contribue à une construction du moi. Elle engendre une « instance », au sens de la psychologie, désignée comme conscience ou raison, siège de l'identité de l'individu.

Une notion au contenu indéterminé

La notion d'identité postule l'unité entre le moi et la personne. Malgré son caractère mouvant, le sujet garde la conscience de son unité. Autrui parie sur cette permanence, nécessaire au déroulement des relations sociales, et le droit y contribue. Pourtant, le mot d'identité ne figure pas dans le vocabulaire courant du juriste où il n'apparaît qu'associé à un autre : carte d'identité ou contrôle d'identité, par exemple. Facteur supplémentaire de complexité, lorsque l'identification d'une personne s'avère nécessaire, le droit utilise divers procédés autorisés par la multitude des identifiants possibles pour un même individu. En droit, la richesse du langage s'expliquerait par la pluralité des fonctions.

L'identité – qui vient du latin *idem*, le même – serait, du point de vue du juriste, « *ce qui fait qu'une personne est elle-même, non une autre* », et, par extension « *ce qui permet de la reconnaître, de la distinguer des autres* ». Si la liste des caractéristiques identitaires peut être très longue, le droit définit une identité à partir de quelques-uns de ces critères seulement. Mais le choix des critères pertinents varie avec l'histoire et en fonction des circonstances dans lesquelles le droit tâche d'identifier les personnes.

Au XVIIe siècle, Jean Domat distingue l'état des personnes par « *la nature* » et l'état des personnes par « *les lois civiles* ». Pour s'en tenir à la première catégorie, J. Domat consacre des développements à douze rubriques : le sexe ; la naissance et la puissance paternelle ; légitimes et bâtards ; mort-nés ; avortons ; l'enfant qui n'est pas né ; posthumes ; ceux qui naissent après la mort de leur mère ; hermaphrodites ; eunuques ; insensés ; sourds et muets et « *autres qui ont de pareilles infirmités* » comme « *les monstres qui n'ont pas forme humaine, ne sont pas réputés du nombre des personnes* ». Cette liste le montre, J. Domat retient un nombre important de référents que l'histoire et la « science » du droit n'ont pas décomptés. Ainsi, les manuels destinés aux étudiants se partagent en trois courants. Un courant restrictif enseigne que deux éléments, voire un seul, suffisent au droit pour identifier les personnes : le nom, toujours, le domicile, parfois. Un courant intermédiaire ajoute « l'état civil » comprenant la nationalité, la filiation, le mariage et le sexe. Enfin, une troisième école poursuit la tradition de J. Domat en opposant les facteurs d'ordre naturel, comme le sexe, l'âge ou la santé, et les considérations d'ordre social comme la profession, le milieu social ou le niveau de fortune.

Ainsi, aucune tradition ne vient fixer la façon académique de présenter l'ensemble du savoir juridique en matière d'identité. Le désordre du vocabulaire et le flou du contenu n'entravent pas l'essentiel : l'identification des personnes. L'indétermination de l'identité en droit s'expliquerait par la diversité de ses fonctions.

Comment le droit établit l'identité de l'individu

Selon les circonstances, le droit utilise des procédés différents et exige un nombre d'informations variable pour établir l'identité du sujet. Trois exemples permettent d'observer cette diversité : les actes d'état civil, la carte nationale d'identité et l'identification judiciaire.

Les premiers registres paroissiaux poursuivent un but de police religieuse en matière d'interdiction de mariage. Ils apparaissent au XVe siècle, et l'Etat, dans la période de montée de l'absolutisme, s'intéresse très tôt à ces registres, outils de défense de l'ordre public et de contrôle des individus à des fins administratives, militaires ou fiscales.

Aujourd'hui, les actes d'état civil, de naissance ou de décès, dressés pour chaque personne, collectent un nombre important d'informations : nom, prénom(s), domicile, sexe, profession, parenté ou alliance. Ces documents servent de preuve de l'identité à l'occasion des relations privées. Par exemple, la célébration du mariage suppose la remise par les futurs époux de la copie de l'acte de naissance.

La carte nationale d'identité permet, certes, d'établir l'identité dans les relations privées, mais elle sert surtout lors des contrôles et des vérifications d'identité dans des procédures d'interpellation menées par la police. Etablie sur présentation d'extraits authentiques d'actes d'état civil, elle reprend les éléments civils de l'identité (nom, prénom(s), date et lieu de naissance, domicile), mais porte aussi sur des identifiants différents : la taille, les signes particuliers, la signature ou la photographie du titulaire.

Dernier exemple de la variété des identifiants utilisés par le droit : l'identification judiciaire. Car le mutisme observé par un délinquant embarrasse le droit pénal : comment condamner un inconnu alors que récidive et personnalité fournissent des éléments importants d'appréciation et que la condamnation doit figurer au casier judiciaire ? La recherche même des délinquants et de la récidive explique les moyens dont se dote la police judiciaire pour identifier le coupable. Reprenant une technique romaine, les magistrats de l'Ancien Régime utilisent la marque au fer chaud. Le signalement anthropométrique, imaginé par Alphonse Bertillon, prend pour référents les éléments caractéristiques de l'individu au plan anatomique et non l'état civil. Enfin, la dactyloscopie consiste à identifier les individus grâce à leurs empreintes digitales.

Ainsi, le droit signale bien le double aspect de l'identité, à la fois fait subjectif, car la personne a l'impression que son identité est une donnée substantielle qui s'impose à elle, et fait objectif, car l'identité désigne l'ensemble des caractéristiques qui définissent le sujet et permettent son identification par autrui. Le droit confirmerait ainsi l'hypothèse défendue par George H. Mead selon laquelle la conscience de soi se construit dans les mécanismes d'interaction, la société imposant l'identité à l'individu (6). L'état civil fournit un moyen identitaire minimal à la personne, un canevas dans lequel la trajectoire de la vie peut s'inscrire. Il offre mais aussi assigne à identité, comme parfois il assigne à résidence. Au dernier jour, au dernier acte, une existence humaine pourra être lue d'un regard comme unité et comme totalité : merveilleuse fiction.

6. G.H. Mead, *L'Esprit, le Soi et la Société*, 1934 (trad. française : Puf, 1963).

Sélection bibliographique

La Disqualification sociale
Serge Paugam

Les Personnalités doubles et multiples
Jacqueline Carroy

Dans la peau d'un intouchable
Marc Boulet

Préadolescence. Théorie, recherche et clinique
Monique Bolognini, Bernard Piancherel, Rafaël Numez et Walter Bettschart (éds)

La Vie commune
Essai d'anthropologie générale
Tzvetan Todorov

Bisexualité, le dernier tabou
Rommel Mendès-Leité, Catherine Deschamps et Bruno Marcel Proth

Les Femmes ne sont pas des hommes comme les autres
Janine Mossuz-Lavau et Anne de Kervasdoué

La Disqualification sociale
Serge Paugam, Puf, coll. « Sociologies », 1991, 254 p.

Certains esprits mal tournés ont pu le souligner : les années 80 ont eu leurs nouveaux riches, mais elles ont surtout eu leurs nouveaux pauvres. Non seulement les inégalités se sont accrues, mais le problème de l'intégration et de l'exclusion l'emporte désormais sur celui de la hiérarchie sociale. Ainsi, remarquait François Dubet, à l'opposition des gens « d'en haut » aux gens « d'en bas », se substitue progressivement le clivage des groupes « dedans » et des groupes « dehors ».

Serge Paugam s'attache à analyser la condition de « nouveau pauvre ». Sa démarche est ethnographique et compréhensive. Il s'agit d'examiner le sens que les individus donnent à leurs expériences vécues. La pauvreté ne désigne pas seulement l'état d'une personne qui manque de biens matériels. Elle correspond aussi, dans une société fondée sur la compétition et sur la réussite individuelle, à un statut social dévalorisé, à une condition humiliante qui marquent en profondeur l'identité de celui qui en fait l'expérience.

Le livre s'articule sur une enquête approfondie au cours de laquelle le chercheur s'est immergé dans des populations en situation de précarité. En bon sociologue, S. Paugam cherche en préambule à construire avec rigueur son objet d'étude. Il n'existe pas de pauvreté en soi. C'est la société qui reconnaît et définit par ses institutions d'assistance « les pauvres » : ce sont les assistés. Dans cette perspective, trois catégories sont définies, en fonction du type d'intervention sociale dont les gens « bénéficient » : les fragiles (intervention sociale ponctuelle), les assistés (intervention sociale suivie) et les marginaux (situés en aval du processus d'assistance et dépourvus de statut et de pouvoir). Pour autant, ce dernier groupe, de par son importance numérique et ses caractéristiques sociologiques, ne saurait s'assimiler à la traditionnelle figure du clochard.

Les conditions sociales objectives dissemblables des trois groupes ainsi définis sont mises en évidence tout au long de l'enquête. S. Paugam cite et décortique de nombreux extraits des entretiens qu'il a eus avec les membres des populations en détresse. Il observe minutieusement leur comportement lors de leurs rapports avec les travailleurs sociaux ou les institutions sociales, ce qui lui permet d'affiner sa typologie en distinguant des assistances installées, revendiquées ou honteuses, des marginalités conjurées ou organisées. La présence constante des propos et des expériences des acteurs plonge le lecteur au cœur de la réalité sociale. On est très loin de l'habituelle langue de bois des discours publics.

Il ne faut pas s'attendre à un panorama exhaustif ou à un quelconque bilan chiffré de la pauvreté en France. Néanmoins, la méthode choisie permet au sociologue de montrer les mécanismes par lesquels se constituent des identités négatives, et de décrire les dynamiques qui régulent les rapports sociaux au sein de ces populations. Il en résulte que celles-ci, de par leur situation (humiliation, isolement, intériorisation d'un statut dévalorisé, conscience de ne plus être intégrées), ne sont pas en mesure de construire une action collective en tant que groupe spécifique. Au bout du compte, c'est la définition de la politique sociale qui est au centre du débat, ainsi que la question, fondamentale dans une démocratie, de l'égale dignité de tous les citoyens. Car, comme l'avait noté Pierre Desproges : « *Les riches forment une grande famille, un peu fermée certes, mais les pauvres, pour peu qu'on les y pousse, ne demanderaient pas mieux que d'en faire partie.* »

PHILIPPE CABIN

LES PERSONNALITÉS DOUBLES ET MULTIPLES
Jacqueline Carroy, Puf, coll. « Psychopathologie », 1993, 252 p.

Avec le thème des personnalités multiples, qui avait polarisé l'attention à la fin du XIXe siècle, Jacqueline Carroy, professeur à l'université Paris-X, poursuit l'exploration de la naissance de la psychologie qu'elle avait amorcée avec *Hypnose, Suggestion et Psychologie* (Puf, 1991). Plusieurs fils s'entremêlent dans cette passionnante étude d'épistémologie historique : le problème du dédoublement de la personnalité qui, au siècle dernier, propose son énigme au corps médical ; le « statut double » du savant, entre subjectivité et objectivité, « entre science et fiction » ; le rapport insistant d'une discipline au récit (l'histoire de cas) et au théâtre (qu'on pense aux présentations d'hystériques de Charcot, devenues un spectacle très parisien).

L'auteur met en relation les thèmes et les thèses explicites de la « science reconnue », avec ses marges effervescentes (le magnétisme, le spiritisme, l'hypnose...), à la fois objets de curiosité fascinée et de rejet. Elle confronte discours savant et récit littéraire. En montrant comment les « fondateurs » de la discipline comme Richet, Tarde, Binet, Janet et Freud sont pris dans cette polarité, à la fois docteurs Jekyll voués à la science et messieurs Hyde saisis par la fiction, J. Carroy pose le problème de la place du savant.

L'ouvrage débouche sur une interrogation : en quoi le passé exploré par cette recherche résonne-t-il dans notre actualité ? L'intérêt aujourd'hui renouvelé pour les cas de personnalités multiples est une première réponse. Mais, plus profondément, c'est le statut du discours de la psychologie et son « dédoublement » entre objectivisme et subjectivisme, entre posture expérimentale et clinique, qui est questionné dans ce retour aux sources.

EDMOND MARC LIPIANSKY

DANS LA PEAU D'UN INTOUCHABLE
Marc Boulet, Seuil, 1994, 288 p.

Pendant deux mois, Marc Boulet a vécu en Inde, fardé en Indien, en ayant adopté un des sorts les moins enviables sur cette planète : mendiant « intouchable » dans la ville de Bénarès.

En Inde, les intouchables représentent la caste la plus méprisée. Si cette « caste répertoriée » (malgré l'abolition officielle) est « intouchable », c'est que ses membres sont jugés impurs, qu'ils exercent les métiers les plus « sales », « répugnants » et « avilissants » : balayeurs, croque-morts, blanchisseurs. Beaucoup d'entre eux sont des mendiants. Comment survivre, lorsque l'on n'a ni métier, ni revenu, ni ami, ni foyer ? Les jours défilent dans l'errance. Harassantes sont les longues journées où, tôt levé, après avoir dormi quelques heures allongé à même le sol, dans un parking, il s'agit de parcourir les rues et les quais de gare pour obtenir quelques roupies. Celles-là serviront à acheter un repas frugal et de l'alcool ou des cigarettes, uniques et nécessaires luxes d'une vie hantée par la crainte de la maladie, de la police, et par un lourd désespoir.

M. Boulet fait découvrir, partager même, à travers son journal, tout le mode de vie, les croyances, les valeurs, les habitudes quotidiennes de l'Inde profonde, totalement méconnue pour un Occidental.

JEAN-FRANÇOIS DORTIER

PRÉADOLESCENCE.
THÉORIE, RECHERCHE ET CLINIQUE
Monique Bolognini, Bernard Piancherel, Rafaël Numez et Walter Bettschart (éds), ESF, 1994, 261 p.

Pourquoi ce titre de *Préadolescence*, qui peut suggérer au futur lecteur que l'ouvrage s'intéresse à la tranche d'âge 9-11 ans, plutôt qu'à la période qu'il traite, celle qui va de 11 à 15 ans ? Parce que, écrivent les éditeurs du livre dans leur introduction, ce terme fait référence aux Piaget et Inhelder de la psychologie de l'enfant. L'acceptation de ce terme est loin d'être unanime. La plupart des spécialistes préfèrent parler de « première phase » de l'adolescence, phase qui couvre à la fois les transformations pubertaires, les progrès de la pensée réflexive et le début des transformations relationnelles, par opposition à une seconde phase (15-18 ans) dominée par la construction de l'identité psychosociale. La nature des changements, les problèmes rencontrés et les moyens psychologiques disponibles font que ces deux phases méritent d'être dissociées.

Malgré ce titre un peu malheureux et des chapitres quelque peu inégaux (une observation que l'on peut faire pour la plupart des ouvrages collectifs de ce type), ce livre est indispensable car il est l'un des rares en français dont les contributions, internationales, abordent la psychologie de la prime adolescence en tant que telle, mêlant études de terrain et élaborations théoriques.

La première partie explore les aspects biologiques de la prime adolescence et ses aspects sociaux. Dans deux chapitres sur la question de l'identité, on apprend comment celle-là se forge, en particulier à travers les rapports au corps. Un corps dont, en moyenne, les adolescents ont une image (évaluée à travers le sentiment de la forme physique et de l'attrait) plutôt favorable, mais qui se forme et évolue différemment selon le sexe. Chez les filles, cette image semble se construire essentiellement sous le regard d'autrui et ne s'améliore pas avec l'âge. En revanche, chez les garçons, l'image d'un corps qui se développe « *alimente la fierté de grandir* ».

Bien sûr, le relatif bien-être de la prime adolescence peut être perturbé, en particulier par des événements indésirables ou des contextes générateurs de stress – dont le plus important est l'école –, mais l'adolescent dispose de mécanismes de défense pour les affronter (deuxième et troisième parties). Et lorsque des troubles psychiatriques, tels que les troubles des conduites émotionnelles, sociales ou alimentaires, se manifestent, c'est assez souvent qu'ils étaient déjà en germe durant l'enfance (quatrième partie).

Ainsi, les données empiriques n'indiquent pas que l'adolescence est obligatoirement une étape de crise. Elle n'est ni plus ni moins qu'une période de la vie, avec ses difficultés et ses inclinations spécifiques. En montrant cela, *Préadolescence* est un ouvrage qui concerne aussi bien les étudiants en psychologie du développement (auxquels on parle essentiellement du bébé et de l'enfant) que les parents, enseignants et autres professionnels de l'éducation.

CHANTAL PACTEAU

LA VIE COMMUNE

Essai d'anthropologie générale

Tzvetan Todorov, Seuil, 1995, 190 p.

Eminent théoricien de la littérature et des sciences du langage, Tzvetan Todorov est également l'auteur de nombreux essais sur la morale ou sur l'histoire contemporaine (1). Il s'aventure aujourd'hui sur le terrain de l'anthropologie générale : discipline ambitieuse dont le propos est de comprendre les fondements ultimes de la nature humaine.

La thèse de T. Todorov tient en une proposition simple : une des motivations principales de l'existence humaine réside dans le désir d'être « reconnu » par autrui. Quête de gloire, de prestige, d'honneurs ou simplement recherche de considération ou de respect : autant de formes différentes d'un besoin de reconnaissance qui est l'un des plus puissants ressorts de nos conduites. Il en résulte une dépendance à l'égard d'autrui, constitutive de la nature humaine. La soif de reconnaissance ne peut en effet pas se satisfaire de la vie solitaire. « *Si l'aiguillon principal de l'activité humaine n'est pas le désir de biens semblables aux biens matériels, à la satisfaction égoïste, mais l'aspiration à la gloire et aux honneurs, comment pourrait-on se passer des autres, qui sont leurs seuls pourvoyeurs possibles ?* »

Rousseau fut l'un des premiers à percevoir que la recherche de considération est l'un des ciments de la vie en groupe. « *Chacun commença à regarder les autres et à vouloir être regardé soi-même* », écrit-il dans son *Discours sur l'origine et les fondements de l'inégalité parmi les hommes*, inscrivant par là même, selon T. Todorov, « *le regard d'autrui dans la définition même de l'homme* ». Adam Smith a également compris que le besoin de reconnaissance est « *le désir le plus ardent de l'âme humaine* ». Pour l'auteur de la *Théorie des sentiments moraux*, « *Les hommes ont souvent renoncé volontairement à la vie, pour acquérir, après leur mort, une renommée dont ils ne pouvaient plus jouir.* » On retrouve chez Hegel cette même thématique. Le fameux chapitre de la *Phénoménologie de l'esprit* consacré à la dialectique du maître et de l'esclave ne décrit-il pas la lutte que les hommes se livrent entre eux pour obtenir la reconnaissance ? Celui qui deviendra le maître est celui qui est « *prêt à perdre sa vie pour gagner la renommée* ».

1. Parmi ses ouvrages récents : *Nous et les autres*, Seuil, 1989 ; *Face à l'extrême*, Seuil, 1991 ; *Les Morales de l'histoire*, Grasset, 1991 ; *Eloge du quotidien*, Adam Biro, 1993 ; *Une tragédie française*, Seuil, 1994.

Après avoir rappelé cette tradition philosophique qui fait du désir de reconnaissance un des fondements de la « vie commune », T. Todorov entreprend d'explorer plus avant les conséquences sociales, psychologiques et morales de cette thèse.

Première conséquence : si le ressort de l'existence est dans la recherche de la reconnaissance, il en résulte une incomplétude fondatrice de l'humain (il a besoin de l'autre pour exister) et son besoin n'est toujours que provisoirement satisfait. Sur le plan psychologique, l'auteur soutient que le besoin de reconnaissance est tout aussi vital que la faim ou la soif. Cette pulsion est très précoce et évolue par stades que T. Todorov essaie de retrouver.

Quelles formes et quelles directions va prendre ce désir de reconnaissance ? C'est l'objet d'une autre partie du livre. On peut obtenir du prestige par la recherche de distinctions personnelles ou, au contraire, par le fait d'appartenir à un groupe. Dans ce cas, il nous pousse à valoriser notre groupe d'appartenance et à nous conformer, à nous fondre en lui. « *Si je n'ai rien dont je puisse être fier dans ma vie à moi, je m'attache avec d'autant plus d'acharnement à prouver ou à défendre la bonne renommée de ma nation ou de ma famille religieuse.* » Mais, comme toute pulsion, le désir de reconnaissance peut être frustré. L'humiliation ou l'indifférence d'autrui en sont les sanctions principales. Face au mépris ou à l'indifférence, l'individu va avoir recours à des « *stratégies de défense ou de substitution* ». T. Todorov s'attache alors à décrire quelques-unes de ces stratégies. Ainsi, pour celui qui ne parvient pas à se faire admirer pour ses talents, il existe toujours la possibilité d'obtenir une « *reconnaissance de substitution* » par la transgression des règles. C'est le cas du cancre ou de l'extravagant qui, pour attirer les regards sur eux, adoptent une position de conflit tapageuse consistant à prendre le contre-pied des valeurs dominantes. L'idolâtrie et le fanatisme sont une autre stratégie de substitution qui consiste à accepter de vivre dans l'ombre d'une idole ou d'un groupe en escomptant recevoir une part de gloire du fait de sa proximité avec lui.

Les possibilités ne s'arrêtent pas là. Parmi les palliatifs de la recherche de prestige, il y a aussi la « *reconnaissance illusoire* » du vantard ou du mythomane qui s'inventent de faux titres de gloire ; il y a aussi l'orgueil, qui est une forme de culte solitaire de sa propre valeur lorsque l'on ne parvient pas à obtenir la reconnaissance des autres. Il y a encore la tactique de la victime qui veut attirer l'attention sur elle en étalant ses malheurs ou ses maladies…

Si la recherche des honneurs appelle le regard d'autrui, cette sollicitation s'adresse autant à des personnes réelles qu'à des « *personnages intérieurs* » qui peuplent notre esprit. T. Todorov appelle « *maître de reconnaissance* » ce « *juge intérieur qui sanctionne positivement ou négativement nos actes* ». Ce personnage imaginaire, ce peut être la conscience morale, l'ange gardien ou le surmoi. Le regard de l'autre est à ce point décisif dans nos conduites qu'il en devient une instance psychique de notre personnalité profonde.

Si la recherche de reconnaissance, de

considération est tout aussi importante dans la direction des affaires humaines que les finalités utilitaires, alors « *il n'est pas de bonheur sans les autres* ». Le livre se conclut par un « *éloge de la vie commune* » et une leçon de morale : il faut accepter qu'une part de nous-même ne puisse se réaliser qu'à travers les autres.

JEAN-FRANÇOIS DORTIER

BISEXUALITÉ, LE DERNIER TABOU
Rommel Mendès-Leité, Catherine Deschamps et Bruno Marcel Proth, Calmann-Lévy, 1996, 280 p.

Les auteurs de ce livre ont rencontré une vingtaine d'hommes dont la vie sexuelle est double, ou l'a été à un moment de leur vie, et ont abordé avec eux les sujets les plus intimes et les plus affectifs. Leurs récits témoignent du fait que certains d'entre eux ont construit une relation de couple, voire une vie de famille, tout en conservant des relations homosexuelles.

La question qui guide les auteurs à travers leurs propos est celle de l'existence d'une identité bisexuelle possible. Une logique simple voudrait sans doute qu'homosexualité et hétérosexualité soient les deux termes d'une symétrie, la bisexualité étant, en quelque sorte, le cumul des deux. Il n'en va apparemment pas ainsi dans l'esprit de tous les intéressés : la majorité d'entre eux s'attribue une identité ou une tendance homosexuelle, à laquelle s'ajoute une attirance pour une ou plusieurs personnes particulières de l'autre sexe. Certains, plutôt rares, se considèrent comme hétérosexuels, d'autres, comme équitablement bisexuels. En dépit de certains théoriciens modernes, qui proposent de considérer la bisexualité comme une « troisième voie » à part entière, le vécu des bisexuels restitué dans ce livre traduit parfois des arrangements successifs avec des préférences opposées, ou plus souvent une dissociation entre deux types de relations, plus affective d'un côté, plus sexuelle de l'autre. Cette identité introuvable explique sans doute le titre de l'ouvrage : le « dernier tabou » n'est pas celui de la morale, mais celui de la construction de la catégorie elle-même. Pendant longtemps, psychologues et psychiatres ont considéré les pratiques bisexuelles comme un état transitoire, un moment d'ambiguïté provisoire. Ce livre suggère qu'il n'en est rien, puisque les pratiques peuvent être très durables, mais qu'une identité sexuelle vraiment double ne convient pas pour autant à ceux qui la vivent. Si cette problématique est, en soi, très intéressante et clairement présentée, on peut regretter, malgré tout, que l'étude s'appuie sur un échantillon assez mince (18 interviewés), ce qui réduit l'ampleur des conclusions que l'on peut en tirer.

NICOLAS JOURNET

LES FEMMES NE SONT PAS DES HOMMES COMME LES AUTRES
Janine Mossuz-Lavau et Anne de Kervasdoué, Odile Jacob, 1997, 298 p.

Janine Mossuz-Lavau, politologue et chercheuse au CNRS, et Anne de Kervasdoué, gynécologue, ont voulu savoir comment les Françaises et les Français percevaient l'autre sexe. Après l'apaisement des luttes féministes qui avaient pendant un moment exacerbé les antagonismes, on a pu croire à une évolution vers une société androgyne, où les

valeurs masculines et féminines s'échangeraient entre les sexes.
«*Dans la France d'aujourd'hui, nos concitoyennes et nos concitoyens se sentent-ils plutôt identiques ou plutôt différents ?*», se demandent les auteurs. La réponse est contenue tout entière dans le titre : les femmes ne sont pas des hommes comme les autres.
La démarche de l'ouvrage se veut conciliatrice, démarquée de toute position militante ; il donne la parole à des femmes de tous âges, villageoises ou citadines, de tous milieux sociaux, politiques, religieux ; à des célibataires, à des mères de famille ou à des divorcées, mais aussi à des « expertes » comme Antoinette Fouque (ex-dirigeante du MLF), Françoise Gaspard (sociologue, parlementaire et ex-maire de Dreux), Elisabeth Roudinesco (psychanalyste). Les hommes sont aussi interrogés (un chapitre leur est consacré).
Pour les unes comme pour les uns, plusieurs traits différencient fondamentalement les femmes. «*Les joies de la maternité*» leur donnent un autre rapport au monde, en les ancrant dans la réalité différemment des hommes. Elles envisagent leur vie – professionnelle et privée – d'une tout autre manière, et entretiennent un autre rapport que leur compagnon à la sexualité. Elles se sentent plus fortes que les hommes face à l'adversité, force qui suscite d'ailleurs – les femmes en ont conscience – une certaine peur de la part du sexe opposé. On est somme toute assez déçu par la banalité des conclusions – à la limite du cliché – que les auteurs tirent de ces longs entretiens. Toutefois, il est un chapitre dont la lecture vaut la peine, car il évoque une particularité féminine souvent mal perçue dans les sphères masculines : les femmes détiennent «*la parole de l'intime*», à laquelle la plupart des hommes demeurent fermés. Savoir exprimer ses émotions, mettre au jour le non-dit, c'est permettre parfois de régler le conflit qui gronde, c'est aussi encourager les enfants à s'ouvrir de leurs problèmes. En se faisant «*messagères*» entre les différents membres de la famille, les femmes sont, selon les auteurs, les «*tisserandes du lien social*».

MARTINE FOURNIER

DEUXIÈME PARTIE

LE GROUPE

LES TRAVAUX FONDATEURS, comme ceux de George H. Mead ou d'Erik H. Erikson, montrent que l'identité est le fruit d'une interaction entre des mécanismes psychologiques et des facteurs sociaux. Le groupe est l'instance privilégiée dans laquelle s'exerce ce processus. Les groupes sont de nature et d'objets très divers. Edmond Marc Lipiansky rappelle la distinction entre groupes primaires (restreints, stables, fondés sur un lien communautaire, comme la famille) et les groupes secondaires (où les liens sont contractuels et fondés sur un objectif déterminé ; par exemple un parti politique, une entreprise).

Dans tous les cas, la socialisation est au cœur de la dynamique identitaire des groupes. A travers l'exemple des identités professionnelles, Claude Dubar expose le double processus de formation identitaire (double transaction) : celle-ci s'opère par l'individu lui-même, mais aussi par la reconnaissance d'autrui.

La mémoire est une autre composante de l'identité groupale. La « génération 68 », par exemple, est soudée par des souvenirs, des événements, des symboles, qui font sens et contribuent à sa cohérence (Claudine Attias-Donfut).

Anne Muxel montre comment la mémoire familiale, à travers des détails (des images, des odeurs, des émotions, des objets...), contribue à cimenter l'unité de la communauté familiale.

L'identité d'un groupe est le fruit de l'apport des individus, des rapports avec les autres groupes, de stratégies identitaires collectives et individuelles. L'exemple des ouvriers, analysé par Olivier Schwartz, l'illustre fort bien : les ouvriers ne forment pas un groupe homogène et clos. Ils sont en contact avec d'autres groupes sociaux qui imprègnent leur culture collective.

A l'instar des identités individuelles, les identités collectives sont en permanente construction et sont influencées par les mouvements qui traversent la société. Ainsi, explique Danièle Hervieu-Léger, les représentations religieuses se renouvellent, mais se construisent désormais sur des logiques plus individuelles, en retrait de l'influence des églises et des institutions. De même, les fonctions de la famille ont changé : de lieu d'éducation et de formation de la personnalité, elle devient davantage un espace d'aide à l'épanouissement personnel (François de Singly). Le constat est analogue pour la culture adolescente. D'émergence récente (voir dans la sélection bibliographique l'analyse de *L'Histoire des jeunes en Occident* ouvrage dirigé par Giovanni Levi et Jean-Claude Schmitt), le groupe social « adolescents » a créé sa propre culture et ses propres réseaux de sociabilités. Exemple : les bandes de jeunes, les taggers et autres rappers, étudiés par Michel Fize et Maryse Esterle-Hedibel. Les groupes professionnels sont eux aussi affectés par de profondes mutations. Les travaux récents de Renaud Sainsaulieu montrent les recompositions des identités au travail. Pascal Vennesson examine le cas particulier de l'armée : le métier de militaire est aujourd'hui confronté à un double phénomène de technicisation et de banalisation, qui se heurte aux représentations traditionnelles et spécifiques du métier de soldat.

En dépit de la montée de l'individualisme, on observe une persistance de sociabilités et d'identités communautaires. C'est le cas de certains milieux professionnels très structurés, par des institutions, des traditions, des valeurs : par exemple les cheminots, les informaticiens (Philippe Cabin). De même, Eric Mension-Rigau montre comment la noblesse parvient à préserver une unité et une identité fortes, grâce à des mécanismes puissants : réseaux, codes, langage, mémoire, effacement de l'individu au profit de la lignée. Si *a priori* les supporters fonctionnent aussi sur une logique communautaire, Christian Bromberger soutient que ce qui fait la force d'attraction du football, c'est sa capacité à refléter les identités, les rivalités, les imaginaires, qu'ils soient nationaux, régionaux ou locaux. Le match de football, nous explique-t-il, condense une vision cohérente du monde contemporain.

Les mécanismes de l'appartenance

CLAUDE DUBAR*

SOCIALISATION ET CONSTRUCTION IDENTITAIRE**

L'analyse des processus de socialisation au sein du monde professionnel montre comment l'identité des individus est sans cesse réajustée et renégociée. Cette construction, qui se traduit par des « formes identitaires » distinctes, s'opère au moyen d'une interaction permanente entre les représentations de soi et le regard d'autrui.

LES IDENTITÉS sont d'abord des noms servant à désigner des choses ou des personnes. Ces dernières ont des noms propres (nom de famille, prénoms, mais aussi noms de pays, de lieu…) et sont également définies par des noms communs (de métier, de techniques, de profession, de groupes…). Dire « qui je suis » ou « qui est l'autre », c'est faire un acte de catégorisation sociale. Mais c'est aussi, souvent, qualifier ce sujet, lui attribuer une valeur. Les identités ne sont donc pas seulement des catégories, ce sont aussi des propriétés, des valeurs produites par des jugements. Par exemple, dire de quelqu'un « c'est un arabe » n'a pas, aujourd'hui en France, la même connotation que de dire, pour désigner la même personne, « c'est un avocat ».

Dans les sociétés modernes, chaque personne adulte a plusieurs identités. Elle appartient à différents ensembles locaux, culturels, professionnels, politiques, correspondant à autant de statuts. Mais elle a souvent aussi un « statut principal » (par exemple sa profession ou son origine ethnique). Cette identité sociale n'est pas innée, elle résulte de la socialisation des individus. Elle n'est pas purement personnelle, elle dépend du jugement des autres.

Socialisations et identités

Chacun, dans le cours de sa vie, apprend qui il est, par le biais du regard,

* Professeur à l'université de Versailles-Saint-Quentin-en-Yvelines, directeur du Laboratoire Printemps, recherche en sociologie « Professions-institutions-temporalités ».
** Texte inédit.

puis des paroles des autres. Les identités sont d'abord des attributions par autrui. J'hérite d'un nom et d'un prénom de mes parents. Par ma naissance, j'appartiens à un milieu social, à une culture qui m'est transmise, à une (ou généralement deux) lignée(s) familiale(s), j'occupe un rang dans la famille, une position économique, etc. Enfant, je suis donc d'abord identifié(e) comme fils ou fille de, habitant tel pays ou tel quartier, appartenant à tel milieu, parlant telle langue...

L'entrée à l'école est un moment important de cette socialisation primaire (1) définie comme « acquisition et incorporation d'un monde », car les enfants y font l'expérience de ce que George H. Mead appelle l'autrui « généralisé » (2). Il ne s'agit plus d'une personne proche, familière, « significative », mais d'une collectivité, avec ses règles, ses contraintes anonymes, ses personnages dotés de rôles institutionnels. Les enfants y sont jugés, évalués par des professionnels de l'éducation. Ils sont aussi identifiés, nommés par les autres enfants. Leur identité-pour-autrui devient plus consciente, plus visible.

A partir de ses nombreuses psychanalyses d'enfants new-yorkais, notamment des ghettos noirs, Erik H. Erikson (3) constate que les enfants réagissent différemment à cette épreuve. Certains en sortent renforcés dans leur sentiment d'appartenance (la « bonté du monde ») tandis que d'autres « *n'ont de cesse d'invalider les jugements d'appartenance qu'on porte sur eux* ». Ils ne se sentent pas conformes aux identités qu'on leur prête, et surtout à « l'identité principale » qu'on leur attribue et qu'ils subissent comme un « stigmate » (4). Il y a des noms qui retentissent comme des injures. Les identités ne résultent pas seulement des actes d'attribution des autres. Elles sont aussi des revendications d'appartenances et de qualités, par et pour soi-même. Ces auto-définitions sont des identités-pour-soi, ce sont les « *histoires que chacun se raconte à lui-même sur ce qu'il est* » (5). Elles s'incarnent dans des « figures », des rôles, des métiers. Mais elles sont aussi des réactions aux paroles et aux attitudes des autres. Ces identités-là ne sont pas mécaniquement transmises par les parents, les proches ou les maîtres, elles sont construites, par chacun, à travers les expériences de son existence. D'abord rêvées, puis bricolées, remaniées au cours de l'enfance, elles deviennent des « projets de vie » (6), dans le cours de la socialisation secondaire (7), quand il s'agit de s'orienter dans les filières scolaires, de trouver sa voie, de se construire un projet professionnel et de tenter de s'insérer dans la vie active. Cette socialisation-là dépend certes des évaluations et des performances scolaires, des jugements de l'institution, mais elle résulte aussi de l'activité propre du sujet, de sa capacité à réagir, à s'adapter, à inventer des solutions, à rebondir aux échecs, à se frayer sa propre voie.

1. P. Berger et T. Luckmann, *La Construction sociale de la réalité*, Armand Colin, 1997 (nouvelle édition).
2. G.H. Mead, *L'Esprit, le Soi et la Société*, 1934 (trad. française : Puf, 1963).
3. E.H. Erikson, *Adolescence et crise. La quête d'identité*, 1968 (trad. française : Flammarion, 1972).
4. E. Goffman, *Stigmates. Les usages sociaux des handicaps*, 1963 (trad. française : éd. Minuit, 1975).
5. R.D. Laing, *Le Soi et les Autres*, 1961 (trad. française : Gallimard, 1971).
6. J. Piaget, *Six études de psychologie*, Gonthier, 1964.
7. P. Berger et T. Luckmann, *op. cit.*

Une socialisation permanente et fragile

Des recherches de plus en plus nombreuses, en France notamment, constatent des changements importants dans la socialisation de la jeunesse (8). Elle serait de moins en moins une transmission et de plus en plus une expérimentation douloureuse. La transition vers la vie adulte devient plus longue, plus difficile, plus incertaine. La montée du chômage et la précarisation des emplois, la fragilisation des couples et des familles, le désengagement de l'Etat providence ont déstabilisé les formes antérieures de socialisation. Il devient de plus en plus difficile de construire des projets professionnels, de s'insérer sur le marché du travail, de quitter le foyer familial, de garder un premier emploi presque toujours précaire. Les expériences de ruptures biographiques, de chômage et de « désaffiliation » (9), sont de plus en plus fréquentes, à tel point que la socialisation tend à devenir permanente et s'exerce désormais durant la totalité du cycle de vie.

L'hypothèse des formes identitaires

Cette évolution des modalités de la socialisation semble avoir un autre type de conséquences, comme le montre un ensemble convergent de recherches empiriques (10) : l'existence d'une pluralité de « formes identitaires » dans le champ professionnel. Les salariés confrontés aux nouvelles politiques de gestion de l'emploi (flexibilité, précarisation, mobilisation, etc.) réagissent de manière différenciée aux incitations (ou menaces…) qui leur sont adressées. On peut faire ce même constat de diversité des réactions pour les jeunes vis-à-vis de leur insertion, ou pour les chômeurs face à leur exclusion. Au sein des catégories confrontées au changement et à l'incertitude, coexistent des systèmes de croyances et de pratiques, des modes de catégorisation (du travail, de l'emploi, de la formation) et d'argumentation, des « mondes socioprofessionnels ». Ces systèmes de valeurs se traduisent par des « types de récits » (11) que l'on peut appeler des « formes identitaires ».
Prenons l'exemple du récit de Luc. Il a quitté l'école, sans diplôme, à 16 ans. Son père est ouvrier en usine, dans la région de Lens. Il a suivi des stages qu'il juge sans intérêt (« *C'était nul.* ») et a eu des contrats de travail, à durée déterminée, qui se sont traduits par des licenciements (« *Au bout, y'a rien.* »). Mais un voisin l'a pris comme « aide » sur ses « chantiers ». Il lui a « *tout appris : électricité, plomberie, peinture* ». Au point que Luc s'est fait une clientèle (au noir) et qu'il rêve de « *se mettre à son compte* », d'avoir sa propre affaire un jour (avec son voisin). Même si son père le pousse à « *avoir un vrai emploi* », et si sa copine (« *Le pire, c'est ma copine.* ») ne veut pas s'installer avec lui tant qu'il ne l'obtient pas, Luc ne renonce pas. Car pour lui, le « vrai travail », c'est d'avoir un métier à soi, quelque chose que l'on a appris

8. O. Galland, *Sociologie de la jeunesse*, Armand Colin, 1991.
9. R. Castel, *Les Métamorphoses de la question sociale. Une chronique du salariat*, Fayard, 1995.
10. C. Dubar, *La Socialisation. Construction des identités sociales et professionnelles*, Armand Colin, 1991.
11. D. Demazière et C. Dubar, *Analyser les entretiens biographiques. L'exemple des récits d'insertion*, Nathan, 1997.

par la pratique, qui permet de « *réaliser des choses* » et « *d'avoir de l'argent pour vivre* ». Cette forme identitaire (identité de métier) organise son récit centré sur le projet d'installation (« *avoir sa propre affaire* »), sur le refus de l'usine (« *pas comme mon père* ») et sur le rêve de l'autonomie professionnelle (« *être son propre patron* »).

Ces formes identitaires ne sont ni des appartenances collectives, ni des types de personnalités individuelles. Ce sont des logiques sociales, mises en évidence par les chercheurs à partir de récits biographiques au cours desquels les individus racontent leur parcours et en explicitent les logiques. Elles touchent aux définitions que les personnes donnent d'elles-mêmes et aux reconnaissances qu'elles cherchent à obtenir d'autrui. Ce sont aussi des « définitions de situation », c'est-à-dire des manières de donner un sens aux contextes qu'ils ont rencontrés, aux événements marquants de leur vie passée, aux tentatives d'anticipations de leur vie future. Une même situation (chômage, travail à temps partiel, promotion, mutation…) n'est pas catégorisée ni argumentée de la même manière par tous ceux qui la vivent. La manière de la raconter dépend du système de croyances hérité des expériences antérieures, mais aussi du type d'interactions qui la caractérise.

Les formes identitaires dans le champ professionnel

Ainsi, dans le champ professionnel, ces formes identitaires correspondent d'assez près aux « *identités au travail* » que Renaud Sainsaulieu (12) avait dégagées de ses travaux sur les modèles culturels en entreprise et qui représentaient des manières très différentes d'être (ou non) acteur dans les relations de travail. Elles recoupent aussi les « *horizons socioprofessionnels* » que Nicole Abboud (13) avait identifiés, dès les années 60, dans les discours des jeunes apprentis de la région parisienne. Elles sont proches des « *identités informelles* » de chômeurs de longue durée, négociées, selon Didier Demazière (14), entre les demandeurs d'emploi et les agents de l'ANPE. Elles s'apparentent aux « *identités sociales* » des techniciens de la sidérurgie analysées par Géraldine de Bonnafos (15) ou aux « *logiques de reconversion* » qu'Anne Lerolle (16) a décrites sur la base des histoires professionnelles racontées par des salariés licenciés pour raison économique. D'autres recherches, utilisant l'analyse d'entretiens approfondis, aboutissent à reconstituer des « logiques typiques » rejoignant ce que nous avons appelé des formes identitaires (17).

Si ces formes ne sont pas nommées de la même manière par chacun des sociologues précédents, leurs appellations sont compatibles entre elles. Ainsi, les identités du type « retrait » de R. Sainsaulieu sont parfois appelées « hors travail » et parfois « tayloriennes » ou

12. R. Sainsaulieu, *L'Identité au travail*, Presses de la FNSP, 1977.
13. N. Abboud de Maupéou, *Les Blousons bleus*, Armand Colin, 1968.
14. D. Demazière, *Le Chômage en crise ? La négociation des identités de chômeurs de longue durée*, Presses universitaires de Lille, 1992.
15. G. de Bonnafos, « Techniciens dans l'entreprise : des identités sociales différentes », Collection des études, n° 45, CEREQ, 1988.
16. A. Lerolle Flattés, « Histoires de vies professionnelles », Document de travail n° 62, CEREQ, 1991.
17. C. Dubar, *op. cit.*

« ouvrières traditionnelles », voire même « d'exclusion ». Elles apparaissent dans des discours ou des récits dans lesquels le travail est considéré comme instrumental (pour le salaire), la carrière comme linéaire et la formation comme uniquement « sur le tas ». Elles sont souvent dévalorisées, aujourd'hui, par les entreprises ralliées au modèle de la compétence (18).

Les « *identités négociatoires* » de R. Sainsaulieu ont été parfois rebaptisées « identités d'entreprise », parce qu'elles sont tendues vers la promotion interne, qu'elles impliquent un fort engagement au travail et une participation intense à la formation continue mise en œuvre par les grandes entreprises. Les « *identités fusionnelles* » sont aussi nommées « catégorielles » car elles révèlent une forte identification au groupe de ceux qui partagent le même métier, la même formation et la même organisation syndicale, parfois combattue par la direction de l'entreprise. Enfin, les « *identités affinitaires* » sont aussi des « identités de réseau » parce que la valorisation, par les individus concernés, de la mobilité sociale et de la formation diplômante, implique un réseau d'amis, de collègues ou d'anciens condisciples sur qui ils peuvent compter pour faciliter la réalisation de leurs projets personnels.

Ainsi, dans les grandes entreprises en modernisation à la fin des années 80, l'équipe du LASTREE (19) a rencontré :

– des salariés qui ne se sentaient pas concernés par les opérations de formation continue, disaient n'avoir jamais connu d'évolution professionnelle, craignaient d'être victimes des évolutions en cours, n'aspiraient qu'à durer, à leur poste, jusqu'à la retraite et valorisaient surtout des activités ou des rôles extra-professionnels (identité hors travail) ;

– des salariés qui participaient à toutes les formations, disaient rechercher les responsabilités dans l'entreprise, être curieux des évolutions de toutes sortes et désirer « monter dans la hiérarchie » (identité d'entreprise) ;

– des salariés qui se disaient méfiants à l'égard des évolutions en cours, refusant les incitations à la polyvalence, regrettant un affaiblissement des résistances syndicales et constatant le « blocage » de leur progression dans leur filière (identité catégorielle) ;

– des salariés, jeunes et diplômés en général, qui se définissaient plus par leur formation que par leur travail, se considéraient comme déclassés et envisageaient une mobilité externe, souvent avec des formations supplémentaires et l'appui de relations, si l'entreprise ne reconnaissait pas mieux leur travail (identité de réseau).

Un mécanisme identitaire : la double transaction

Les formes identitaires se construisent (mais peuvent aussi être détruites) et se reconstruisent tout au long de la vie. Elles doivent aussi se négocier avec les autres, qui doivent les reconnaître pour qu'elles existent pleinement. Faire reconnaître ses compétences est, de plus en plus souvent, une condition pour s'insérer sur le marché de l'emploi.

18. C. Dubar, « La sociologie du travail face à la qualification et à la compétence », *Sociologie du travail*, 2, 1996.

19. Laboratoire de sociologie du travail, de l'éducation et de l'emploi (CNRS/université de Lille).

Cette reconnaissance exige des transactions, souvent complexes, avec des employeurs, des collègues, des clients. Il faut souvent revoir à la baisse ses prétentions initiales. Garder son emploi nécessite, de plus en plus souvent, que l'on fasse la preuve du maintien de ses compétences ; retrouver du travail exige d'argumenter qu'on ne les a pas perdues ; améliorer sa position oblige à démontrer qu'on les a accrues.

Mais ces « *transactions relationnelles* » – particulièrement à l'œuvre dans les multiples entretiens d'insertion, d'embauche, d'évaluation, de bilan de compétence, etc. – exigent aussi des « *transactions avec soi-même* » (20), des ajustements constants et douloureux entre ses prétentions et les opportunités. Autrement dit, un travail sur soi nécessaire pour « se vendre », déterminer ce sur quoi on peut s'engager, dans l'avenir, compte tenu de ce que l'on pense avoir acquis dans le passé. Cette « *transaction biographique* » est en interférence constante avec la « *transaction relationnelle* ». On ne peut pas convaincre autrui de ses compétences si l'on n'a pas d'abord la conviction de les avoir acquises. Toute interaction avec autrui engage une mise en scène de soi.

Ainsi, parmi les récits de jeunes en insertion, plusieurs insistent sur l'importance d'« avoir un projet » et de le défendre dans les entretiens avec les employeurs qu'ils contactent ou les personnels chargés de l'insertion dans les missions locales, à l'ANPE, etc. Ceux qui pensent s'en sortir sont ceux qui ont acquis les capacités de définir et de défendre un projet professionnel à partir de leurs expériences passées ou surtout de leurs relations familiales. Ceux qui sont les plus amers sont ceux qui regrettent de n'avoir « pas de projet » ou « pas de passion », et de s'être laissés entraîner là où ils sont. La possibilité de se raconter positivement, comme acteur de son propre parcours, apparaît déterminante pour l'issue des entretiens d'embauche, de formation ou d'orientation. Les « récits de galère », organisés autour de plaintes récurrentes, ne débouchent le plus souvent que sur des attentes providentielles déconnectées de toute interaction avec des partenaires concrets (21).

Ce processus constitue une « *double transaction* », mécanisme de base de la dynamique identitaire. On peut « se construire » des identités, soit en continuité, soit en rupture avec son passé, si celui-là n'est pas ou plus valorisé par les autres. Ces modes de construction peuvent déboucher ou ne pas déboucher sur des reconnaissances d'autrui.

Ainsi se dégagent quatre « cas de figures » théoriques, qui correspondent aux quatre formes identitaires précédentes (*voir tableau ci-contre*). Les unes sont construites sur le mode de la continuité biographique (identités d'entreprise ou catégorielles), d'autres sur le mode de la rupture (identités de réseau ou hors travail) ; les unes sont reconnues par les institutions de travail (identités d'entreprise et de réseau), d'autres ont beaucoup de mal à se faire reconnaître (identités catégorielles et hors travail). Chaque forme identitaire est

20. A. Strauss, *La Trame de la négociation*, L'Harmattan, 1992.
21. D. Demazière et C. Dubar, *op. cit.*

Construction biographique et reconnaissance sociale : les quatre formes identitaires

	Continuité biographique	**Rupture biographique**
Identités reconnues par les institutions de travail	Identités d'entreprise	Identités de réseau
Identités non reconnues par les institutions de travail	Identités catégorielles	Identités « hors travail »

le produit d'une double transaction, avec les autres et avec soi-même, d'une construction biographique et d'une reconnaissance sociale.
Ce modèle est une construction idéal-typique qui cherche à rendre compte de la manière dont les individus racontent leur trajet professionnel (mais aussi personnel) dans les entretiens biographiques. Il permet de caractériser et de classer des récits et non pas des personnes. Il repose sur une conception non essentialiste de l'identité. Celle-ci n'est pas une caractéristique immuable du moi. Elle constitue un processus d'ajustement et de négociation permanent, l'appropriation d'une forme identitaire, mais aussi le passage d'une forme à une autre.
Chaque personne peut changer de forme identitaire au cours de sa vie, jongler avec plusieurs formes, selon l'interlocuteur, voire au cours d'une même conversation. Les formes identitaires représentent pourtant des moyens indispensables pour « construire des mondes », les identifier et pouvoir les négocier avec les autres dans la vie sociale. Dans une société pluraliste, et qui se veut démocratique, la reconnaissance – qui est loin d'être acquise – de toutes ces formes plurielles semble bien être le meilleur rempart contre toute entreprise totalitaire.

EDMOND MARC LIPIANSKY*

COMMENT SE FORME L'IDENTITÉ DES GROUPES**

L'identité de l'individu est en partie construite par ses groupes d'appartenance. Mais comment les groupes se forgent-ils leur propre identité ?

LE SOCIOLOGUE américain George H. Mead fut l'un des premiers à poser que la conscience de soi n'est pas une pure production individuelle, mais résulte de l'ensemble des interactions sociales dans lesquelles l'individu est impliqué (1). Selon lui, chacun perçoit son identité en adoptant le point de vue des autres et celui du groupe social auquel il appartient. Le sentiment d'identité n'est pas une donnée *a priori* de la conscience individuelle, mais le résultat d'un processus de socialisation qui intervient tout au long de l'enfance. L'acquisition du langage amène d'abord l'enfant à se désigner lui-même par son prénom, puis à dire « je ». La pratique des jeux lui apprend à tenir des rôles, à endosser des identités toutes prêtes. Ce sont les normes inculquées par la famille, l'école et les amis qui constituent les valeurs de chacun.

Le psychanalyste et anthropologue américain Erik H. Erikson a développé une perspective comparable en montrant que l'identité personnelle naît de l'interaction entre mécanismes psychologiques et facteurs sociaux (2). D'un côté, en effet, le sentiment d'identité résulte de la tendance du sujet à établir une continuité dans son expérience de lui-même. De l'autre, il est clair que le sentiment d'identité prend appui sur les

* Maître de conférences en psychologie à l'université Paris-X-Nanterre. Auteur de *Identité et Communication*, Puf, 1992.

** *Sciences Humaines*, n° 48, mars 1995.

1. G.H. *L'Esprit, le Soi et la Société*, 1934 (trad. française : Puf, 1963).
2. E.H. Erikson, *Adolescence et crise de la quête de l'identité* (trad. française : Flammarion, 1972).

identifications aux modèles proposés par les groupes primaires *(voir encadré p. 148)* auxquels le sujet appartient. L'identification est réciproque : la communauté reconnaît l'individu comme un de ses membres, et l'individu se reconnaît dans les modèles identificatoires et les prototypes valorisés par la communauté. Ils sont incarnés par les personnalités revêtues de prestige données en exemple aux membres du groupe. Ainsi, l'individu se juge lui-même à la lumière de ce qu'il découvre être la façon dont les autres le jugent par comparaison avec eux-mêmes, et par l'intermédiaire d'une typologie à leurs yeux « significative ». Dans ce processus, les communautés, en tant que groupes primaires, jouent un rôle important : c'est au sein de la famille, du village ou du quartier, du groupe de camarades, de la paroisse, etc., que la socialisation s'opère pour l'enfant.

La psychanalyse a postulé que ces identifications infantiles avaient une action durable sur la construction de la personne, dans la formation du surmoi et de l'idéal du moi (3). L'un comme l'autre procèdent par intériorisation de normes, de valeurs et d'idéaux parentaux ou sociaux. A propos de l'idéal du moi, Freud a relevé lui-même qu'« *outre son côté individuel, cet idéal a un côté social : c'est également l'idéal commun d'une famille, d'une classe, d'une nation* ».

Une totalité dynamique

Ce versant social de l'identité a intéressé également les anthropologues culturalistes. Abram Kardiner a proposé d'appeler « personnalité de base » l'ensemble stable de traits psychologiques communs aux membres d'une communauté, dont on suppose qu'il résulte de l'influence des institutions primaires sur l'enfant (soins, éducation, répression de la sexualité...) (4). Pierre Bourdieu a proposé la notion d'*habitus* pour rendre compte de « *ce système de dispositions durables et transposables qui, intégrant toutes les expériences passées, fonctionne à chaque moment comme une matrice de perceptions, d'appréciations et d'actions* » (6) ; cet *habitus* est commun aux membres d'un groupe qui ont généralement le même type d'expérience.

La psychologie du développement et la psychologie sociale se sont efforcées d'approfondir ce processus d'interaction entre les dimensions personnelles et sociales de l'identité. Pierre Tap a proposé la notion d'interstructuration du sujet et des institutions (5) ; elle rend compte des mécanismes d'identification et d'intériorisation des modèles sociaux, tout en soulignant qu'il ne s'agit pas d'une imprégnation unilatérale et mécanique de l'individu par le milieu. S'il y a socialisation de l'individu par le groupe, il y a aussi « identisation », processus par lequel le sujet se différencie, s'individualise et tend à agir par ses projets sur son entourage social.

L'identité sociale n'apparaît donc pas comme le simple reflet ou la juxtaposition dans la conscience de l'individu de ses appartenances et de ses rôles

3. Voir dans cet ouvrage, E.M. Lipiansky, « Le soi en psychanalyse », Ire partie, p. 35.
4. A. Kardiner, *L'Individu dans sa société*, Gallimard, 1969. Voir également, dans cet ouvrage, E.M. Lipiansky, « Existe-t-il une personnalité de base ? », Ire partie, p. 41.
5. P. Tap, *La Société Pygmalion*, Dunod, 1988.

sociaux : c'est une totalité dynamique, où ces différents éléments interagissent dans la complémentarité ou le conflit. Elle résulte de « stratégies identitaires » (6) par lesquelles le sujet tend à défendre son existence et sa visibilité sociale, son intégration à la communauté, en même temps qu'il se valorise et recherche sa propre cohérence.

La personnification du groupe

Si donc l'identité personnelle s'appuie sur l'intériorisation du social, réciproquement le social s'élabore aussi par projection des attributs de l'individualité au groupe. Il est courant, par exemple, que l'on personnifie la communauté. Combien de fois a-t-on entendu un homme politique affirmer : « *La France pense que..., la France ressent..., la France veut...* », projetant ainsi son opinion sur la collectivité ? Cette démarche était d'ailleurs consciente chez un écrivain comme Michelet, lorsqu'il affirmait que « *la France est une personne* ». En personnifiant la communauté, on lui attribue certaines propriétés de l'individualité humaine : unité, cohésion, continuité dans le temps, etc. Ainsi est-il courant de penser que telle ou telle communauté ethnique – les Bretons par exemple – conserve une sorte d'essence intemporelle (son « âme ») qui la rend semblable à travers les siècles. En l'occurrence, le Breton d'aujourd'hui est certainement plus proche de son voisin normand que de ses ancêtres d'il y a un siècle.

Cette personnification du groupe favorise l'identification de l'individu au groupe. La participation et l'adhésion aux qualités, à l'héritage et à la puissance politique, économique ou culturelle, du groupe flattent son narcissisme, comme Freud l'avait lui-même observé : « *Non seulement les classes privilégiées, celles qui jouissent des bienfaits de cette culture, mais encore les opprimés y peuvent participer ; le droit de mépriser ceux qui n'appartiennent pas à leur culture les dédommageant alors des préjudices qu'ils subissent à l'intérieur de leur propre groupe.* » (7)

Le mécanisme ici décrit a été largement validé par la psychologie sociale. Elle a montré qu'il y avait une tendance générale à valoriser l'*in-group* (le groupe d'appartenance) et dévaloriser l'*out-group* (celui auquel on n'appartient pas) chaque fois que cela est possible *(voir encadré p. 148)*. Cette tendance favorise l'« esprit de corps », l'adhésion à la communauté, et constitue donc un moyen important de renforcer sa cohésion et son pouvoir (on le constate aujourd'hui, par exemple, dans le fait de développer l'« identité » et la « culture » d'entreprise).

L'identité de groupe a moins alors le caractère d'une réalité objective que celui d'une représentation sociale construite, relevant du mythe et de l'idéologie. Représentation par laquelle une collectivité figure son unité par différenciation d'avec les autres. Elle constitue donc une catégorie d'identification, de classement et de distinction, qui opère par son existence même, ainsi que le souligne P. Bourdieu : « *Le pouvoir sur le groupe qu'il s'agit de porter à l'existence en tant que groupe est insépara-*

6. C. Camilleri *et al*, *Stratégies identitaires*, Puf, 1989.
7. S. Freud, *L'Avenir d'une illusion*, Puf, 1971.

blement un pouvoir de faire le groupe en lui imposant des principes de vision et de division communs, donc une vision unique de son unité et une vision identique de son unité. » (8) Il existe dans ce sens une « lutte des classements » à travers laquelle les collectivités cherchent à faire reconnaître leur identité ou à contester celles qu'on leur attribue.

Ainsi, l'affirmation de l'identité est moins la manifestation ou le reflet de l'unité culturelle et sociale d'un groupe qu'un des moyens par lesquels ce groupe cherche à construire cette unité. Ce mythe mobilisateur propose à ses membres l'image d'une totalité unifiée au-delà des diversités réelles.

L'identité n'est plus alors le fondement de l'unité d'un groupe ; elle est aussi la résultante des processus d'identification et de distinction par lesquels ce groupe cherche à fonder sa cohésion et à marquer sa position par rapport à d'autres groupes.

Rassemblement et opposition

C'est dire que toute identité se construit et se définit par rapport à d'autres identités. Cette relation est faite à la fois de mouvements d'assimilation (par lesquels le sujet – individuel ou collectif – se rend semblable aux autres) et de mouvements de différenciation (par lesquels il affirme son originalité face aux autres).

Les groupes sociaux n'existent jamais de façon isolée ; ils entretiennent des rapports avec d'autres groupes. Ce qui entraîne, certes, la prise de conscience de leur spécificité, mais aussi des échanges, des emprunts et des transformations. Les identités collectives sont des processus sociaux dynamiques, en continuelle évolution, qui se construisent par rassemblement et opposition. A côté des différences dues à l'éloignement, il y a celles, tout aussi importantes, dues à la proximité : « *Désirs de s'opposer, de se distinguer, d'être soi.* » (9) Georges Devereux a proposé d'appeler « acculturation antagoniste » le processus par lequel des groupes qui s'opposent peuvent s'influencer mutuellement *(voir encadré p. 148)*. « *Les sociétés humaines,* écrit-il, *sont parfois influencées négativement par leurs voisins. Elles résistent à l'adoption des fins du voisin, soit par l'isolement, ou bien par l'adoption des moyens et des techniques de ce même voisin, et cela pour mieux résister à l'adoption de ses fins, soit par l'élaboration de coutumes délibérément différentes de – ou en opposition avec – celles du voisin. Ainsi, alors même que la réaction aux moyens et aux techniques étrangers peut paraître positive, celle aux buts et aux fins est fréquemment négative.* » (10) Ainsi, très souvent, l'identité « se pose en s'opposant ». La violence accompagne dans certains cas l'affirmation identitaire : bandes de banlieues, groupes de supporters sportifs, communautés ethniques.

L'opposition inhérente à la constitution du groupe s'exprime par l'attribution à l'autre d'une identité négative. En effet, l'identité ne se définit pas seulement par un ensemble de traits positifs (ceux que le groupe propose comme modèles), mais aussi par des traits négatifs à tra-

8. P. Bourdieu, *Ce que parler veut dire*, Fayard, 1982.
9. C. Lévi-Strauss, *Race et histoire*, Gonthier, 1968.
10. G. Devereux, *Ethnopsychanalyse complémentariste*, Flammarion, 1972.

vers lesquels l'individu apprend par avance ce qu'il devra éviter. Ainsi, l'identité apparaît comme un système dynamique qui est le lieu d'une tension entre traits positifs et traits négatifs. Cette polarité vient souvent s'inscrire dans les relations entre identités groupales. L'identité négative projetée sur l'autre (l'ennemi, le mécréant, le Juif, l'étranger...) permet de purifier, d'unifier et de conforter la communauté, débarrassée ainsi des éléments refoulés ou jugés menaçants pour la cohésion sociale.

Tous ces mécanismes psychosociologiques servent donc à la liaison étroite entre identité personnelle et identité collective. Ils sont communs à la constitution de la plupart des groupes. Cependant, ils sont peut-être particulièrement actifs dans le cas des communautés. Celles-ci se proposent aujourd'hui comme une sorte de recours devant l'ébranlement de repères identitaires plus larges. Comme le souligne Jacques Chevallier : « *Un mouvement très général semble pousser l'individu à privilégier les groupes d'appartenance les plus proches, au détriment de solidarités plus lointaines et plus diffuses : tandis que l'identité nationale paraît de plus en plus difficile à cerner et que l'identité européenne a du mal à s'implanter, les identités locales connaissent au contraire une spectaculaire renaissance.* » (11) Un des défis de nos sociétés contemporaines est certainement de favoriser et d'organiser une articulation entre l'enracinement dans des communautés où l'individu trouve la satisfaction de besoins identitaires et affectifs, et la référence à des « associations » larges, de type contractuel, répondant à une logique de la raison.

11. J. Chevallier (dir.), *L'Identité politique*, Puf, 1994.

Communauté et groupe

La notion de **communauté** a deux significations majeures. Elle peut désigner :
– **un groupement social local** constitué de familles qui occupent un même territoire géographique et participent à une même culture. Exemples : la tribu, le village, la ville… ;
– une forme d'**association étroite** dans laquelle existent des liens fonctionnels, personnels et affectifs entre les membres. La dépendance mutuelle y est profonde. Exemples : la famille, la secte religieuse, les communautés de vie ou de production…

La notion de **groupe** est beaucoup plus floue. Un groupe peut n'être qu'une collection d'individus ayant une caractéristique commune. Ainsi, on désignera les jeunes, les cadres ou les femmes comme des exemples de groupes sociaux. En ce sens, groupe est synonyme de catégorie.
Dans un sens plus restreint, le *Grand Dictionnaire de la psychologie* (Larousse), donne deux significations au mot groupe :
– « *ensemble de personnes constitué selon un critère objectif et/ou subjectif, choisi ou imposé de l'extérieur, qui commande leurs relations (…)* » ;
– « *rassemblement d'individus fondé sur une interaction mutuelle et au sein duquel s'établissent des relations conduisant à une intégration* ».
Dans ces deux définitions, l'idée de relation est importante et fait du groupe plus qu'une catégorie. Didier Anzieu (1) distingue cinq formes de groupes : la foule, la bande, le groupement, le groupe primaire et le groupe secondaire.
La distinction entre groupes primaires et secondaires a été introduite en 1909 par le sociologue américain Charles H. Cooley. Elle est devenue classique par la suite. Le **groupe primaire** est le groupe restreint et stable caractérisé par une vie commune, des relations personnelles et intimes entre ses membres. L'exemple caractéristique est la famille. Le groupe primaire est une communauté au second sens du terme. Le **groupe secondaire** est un groupe dans lequel les liens entre les individus sont contractuels et motivés par un objectif déterminé ; les relations y sont formelles et fonctionnelles. Exemples : une entreprise, une administration, un parti, une association… Groupe secondaire est donc synonyme d'organisation. Cette distinction rejoint en partie celle entre communauté (*Gemeinschaft*) et société (*Gesellschaft*) du sociologue allemand Ferdinand Tönnies. Groupes primaires et secondaires ont en commun de présenter des structures de fonctionnement constituées par des valeurs, des normes, des règles et une répartition des rôles qui en font des institutions.

Une autre distinction, elle aussi classique, est celle entre « groupe d'appartenance » et « groupe de référence ».

Le **groupe d'appartenance** est celui dont fait effectivement partie un individu. Le **groupe de référence** est celui qui fournit à l'individu ses valeurs, ses normes et ses modèles d'attitude, d'opinion et de comportement. Ce peut être le groupe d'appartenance, mais ce peut être aussi un groupe dont l'individu ne fait pas partie, mais auquel il s'identifie (ainsi, un colonisé peut s'identifier au colonisateur et adopter ses valeurs, ses normes et ses modèles de conduite).

Acculturation et antagonisme

L'idée d'« acculturation antagoniste », telle que la définit Georges Devereux, se trouve illustrée dans un propos de l'ambassadeur du Japon au Viêt-nam, M. Kazuo Ogura. Celui-ci invitait les pays voisins du Japon à « *réévaluer l'esprit traditionnel de l'Asie qui,* ajoutait-il, *doit être à même de projeter ses valeurs universelles le plus largement possible* ».

Le Japon s'est engagé vers le milieu du XIXe siècle dans un processus d'acquisition et de développement de technologies d'origine européenne, et l'on sait avec quel succès. Le caractère « antagonique » de cette acculturation rapide est apparu au grand jour dès 1930, lorsqu'il prit la forme d'un nationalisme exacerbé puis celle d'un impérialisme militaire. Le fait qu'aujourd'hui un certain nombre de voix s'élèvent au Japon pour rappeler l'existence de valeurs asiatiques ou japonaises peut effectivement faire penser que la puissance industrielle et financière édifiée pacifiquement par ce pays depuis la guerre n'a d'autre ambition que de lui permettre de réaffirmer son identité culturelle. Cela dit, la « culture » dont il est question n'est pas celle du Japon des samouraïs, mais renvoie plutôt à celle de l'époque Edo (1616-1867), pacifique et hédoniste.

Une autre façon de montrer comment des communautés qui s'opposent peuvent s'influencer consiste à rappeler la manière dont de nombreux pays africains ont demandé l'indépendance, au nom d'une certaine spécificité culturelle et du caractère peu naturel des découpages coloniaux. Une fois indépendants, la plupart des nouveaux Etats ont campé sur leurs frontières et ont développé une idéologie de type national. Ce qui fait dire à Gérard Chaliand que la denrée culturelle la mieux exportée vers les pays colonisés a été le nationalisme.

Identité sociale et appartenance

La psychologie sociale expérimentale a exploré tout spécialement les relations entre l'identité sociale et l'affiliation au groupe (2). Les modalités d'affiliation varient : on peut distinguer

en effet les groupes d'appartenance (ceux dont le sujet fait partie) des groupes de référence (voir ci-dessus).
Les travaux de H. Tajfel et de J. Turner (3) montrent que les individus tendent à construire leur identité sociale à partir de ces deux données. Ils recherchent normalement une identité sociale positive fondée pour une large part sur les comparaisons favorables qui peuvent être effectuées entre leurs groupes d'appartenance et certains groupes de référence ; lorsque l'appartenance n'entraîne pas une valorisation positive, les individus tentent de quitter leur groupe ou de le rendre plus positif.
George W. Allport donne l'exemple d'un pasteur d'origine arménienne installé dans une petite ville des Etats-Unis. Les habitants le perçoivent comme arménien. Pourtant, pour lui, ses références sont la famille, la paroisse et la communauté dans laquelle il vit, plus que ses origines. En fait, c'est le regard des habitants qui le renvoie à son groupe d'appartenance ethnique. Aussi lui est-il difficile de se construire une identité sociale positive et consistante. La situation des Beurs en France peut être, à bien des égards, comparée à celle-là.

---

1. D. Anzieu, *La Dynamique des groupes restreints*, Puf, 1990.
2. W. Doise, *Expériences entre groupes*, Mouton, 1979.
3. H. Tajfel et J. Turner, « An integrative theory of Intergroup conflict », *The Social Psychology of Intergroup Relations*, W.G. Austin, 1979.

LA CULTURE OUVRIÈRE

ENTRETIEN AVEC OLIVIER SCHWARTZ*

Avec la diminution du nombre d'ouvriers et la disparition progressive des grands « bastions », la culture ouvrière tend à se dissoudre. D'autres formes d'identités ouvrières apparaissent pourtant.

***Sciences Humaines :* Compte tenu de l'hétérogénéité de la catégorie ouvrière, est-il pourtant pertinent de parler de « culture ouvrière » ?**

Olivier Schwartz : La notion de culture ouvrière est utile pour les sociologues du monde ouvrier ; en même temps, c'est une notion qui, effectivement, ne va pas de soi. Utile, elle l'est dans la mesure où elle oblige à se poser le problème de la spécificité des pratiques, des comportements et des modes de vie en milieu ouvrier. Ces spécificités sont d'au moins trois ordres :

– il y a tout d'abord la valorisation du travail chez les ouvriers. Même les moments de loisirs et de temps libre demeurent chez les hommes des moments d'intense activité : le bricolage et le jardinage occupent une place considérable dans l'emploi du temps des ouvriers. Les loisirs prolongent en quelque sorte le travail accompli à l'atelier ;

– il y a ensuite l'importance accordée à la famille, au foyer, aux moments de vie en commun (le repas de famille, les heures passées ensemble devant la TV, les fêtes…). Plus généralement, l'ouvrier attache beaucoup d'importance à la proximité affective avec ses proches ;

– enfin, il y a l'attachement des sociétés ouvrières traditionnelles à une claire division des tâches et du travail entre les hommes et les femmes. Ce qui se traduit par une propension à affirmer les identités masculine et féminine.

Un autre intérêt de la notion de culture ouvrière réside dans le fait qu'elle oblige à rompre avec une vision paupériste selon laquelle les ouvriers – sous prétexte qu'ils sont tenus à l'écart de la culture élitiste et plongés dans l'insécurité matérielle – seraient dépourvus des moyens de produire une culture. En fait, les ouvriers ont bel et bien une culture : elle se compose de savoirs mais aussi de valeurs. Je pense ici à des valeurs comme la dignité, la fierté, la solidarité… La solidarité en particulier est l'un des aspects les plus importants du patrimoine culturel des ouvriers. L'attachement à la solidarité se retrouve

** Maître de conférences en sociologie à l'université de Nantes. Auteur de* Le Monde privé des ouvriers, *Puf, 1990.*

aussi bien dans les organisations les plus structurées (les syndicats par exemple) que dans des formes en apparence plus modestes : les solidarités de voisinage dans les cités ouvrières, dans les corons (dans le cas des mineurs du Nord).
La dignité, la fierté et la solidarité font partie intégrante de la culture ouvrière. S'intéresser à la culture ouvrière, c'est donc être attentif à ces ressources symboliques que les ouvriers produisent pour affronter leurs conditions d'existence.

***SH :* En même temps, le thème de la culture ouvrière fait aussi, selon vous, question. Pourquoi ?**

O.S. : La notion de culture ouvrière présuppose l'idée qu'il y aurait des milieux ouvriers à l'état pur, comme s'ils vivaient à l'écart des autres milieux sociaux. Cette idée d'univers purement ouvrier correspond à certains milieux ouvriers (encore que les contacts avec les autres milieux ne soient pas absents). C'est le cas des ouvriers des grandes régions industrielles, en particulier de mono-industrie : la Lorraine avec la sidérurgie, le Nord et ses mines. On a affaire, dans ces régions, à des populations fortement ancrées dans les traditions ouvrières, et donc à des cultures ouvrières aussi « pures » que possible. Mais dans une multitude de situations, les ouvriers vivent au contact d'autres milieux sociaux qui imprègnent leur culture. C'est le cas notamment des ouvriers de milieu rural. Leurs modes de vie sont imprégnés de pratiques et de valeurs paysannes. Par ailleurs, une proportion importante d'ouvriers vivent avec des employées de bureau, des infirmières, voire des institutrices. De fait, ces ouvriers vivent en contact avec des milieux fortement tertiarisés. Il faut donc se garder de se représenter des milieux purement ouvriers.

***SH :* La dimension collective et communautaire de la culture ouvrière empêche-t-elle des pratiques individuelles ?**

O.S. : On a tendance en effet à associer les ouvriers à une représentation exagérément « communautariste » ou « collectiviste ». Certes, le collectif est une valeur ouvrière fondamentale qu'il ne s'agit pas de contester. Cependant, il y a toujours eu des pratiques et des expériences individuelles en milieu ouvrier (particulièrement chez les hommes) auxquelles les sociologues n'ont pas toujours prêté attention. Ces pratiques individuelles sont nombreuses. On peut citer en guise d'exemple :

– le jardinage, même s'il n'est pas complètement solitaire (dans les fameux jardins ouvriers, il arrive que se développe toute une sociabilité avec les locataires des jardins contigus). Cependant, le jardinage ouvrier comporte aussi des moments importants de solitude;
– le bricolage, dans la cave ou l'appentis;
– la pêche : elle se pratique ordinairement à plusieurs mais elle peut l'être aussi en solitaire ou en tout petit nombre.
Ces expériences de solitude ne sont pas nouvelles en milieu ouvrier, mais elles sont peu revendiquées ou peu verbalisées comme telles par les ouvriers. Sans doute parce que la culture ouvrière a peu l'habitude de souligner la notion de vie ou d'expérience privée. L'idée que la vie privée puisse être en soi une valeur ne participe pas de la culture ouvrière. Il s'agit donc de pratiques silencieuses qui n'apparaissent pas dans le discours collectif. Le repli sur des pratiques individuelles ou familiales s'est trouvé renforcé par le mouvement de décollectivisation du monde ouvrier. Celui-ci s'est opéré en deux temps. D'abord par l'« embourgeoisement » d'une fraction importante de la classe ouvrière dans les années 60, c'est-à-dire durant les Trente Glorieuses. Durant cette période, les ouvriers les plus aisés accèdent à la propriété, aux loisirs, et la scolarisation de leurs enfants progresse, même si les inégalités demeurent. Les ouvriers découvrent ainsi la possibilité de concentrer leur effort sur leur propre réussite et de poursuivre une ascension sociale. D'où un relâchement des liens avec les collectifs ouvriers. Au cours des années 70 et 80, la décollectivisation se poursuit, mais cette fois sous l'effet de la crise, de la désindustrialisation, du chômage de masse...
Dans quelle mesure la dimension communautariste de la culture ouvrière correspond-elle aujourd'hui encore à des réalités ? La question mérite d'être posée.

***SH :* Le déclin des forteresses ouvrières, des grandes industries, des organisations syndicales... ne remet-il pas en cause l'existence d'une « culture ouvrière » ?**

O.S. : De fait, les sites industriels qui ont fermé ou qui ont massivement licencié au cours des années 70 et 80 étaient les bastions ouvriers traditionnels : la sidérurgie dans l'Est et dans le Nord, les mines du Nord (dont la restructuration a débuté dès les années 60), les chantiers navals, les sites métallurgiques de la région parisienne et, plus récemment encore, la fermeture des usines Renault de Billancourt, forteresse ouvrière s'il en est. Or, ces pôles industriels étaient les hauts lieux de production et de reproduction de la culture ouvrière. La désindustrialisation a donc bel et bien amputé la classe ouvrière de ses pôles les plus énergiques et les plus actifs. Elle compromet la survie de la culture ouvrière et par là même de l'identité et de la conscience ouvrières.

Cependant, l'affaiblissement de la culture ouvrière et la décollectivisation ne signifient pas la fin des ouvriers. Même si la France s'est tertiarisée, il y a encore un peu plus de six millions d'ouvriers en activité, auxquels s'ajoutent un million de chômeurs. La France est encore un pays d'ouvriers. Ceux-là continuent à (re)produire des modes de vie et de culture particuliers. Gardons-nous donc de les enterrer trop vite.

Le milieu ouvrier a toujours été contrasté mais tout porte à croire qu'il s'est fortement diversifié au cours de ces dernières années. Entre l'ouvrier technicien dans une entreprise de pointe, le vieil OS travaillant sur une chaîne de production automobile, l'ouvrier exerçant dans une entreprise artisanale d'une petite commune… il existe une pluralité de comportements. En revanche, une certaine homogénéité continue d'exister quant aux valeurs évoquées précédemment (dignité, fierté, solidarité).

***SH :* Des jeunes continuent à embrasser des professions ouvrières. Que signifie pour eux être ouvrier ?**

O.S. : Au regard de la culture ouvrière, leur situation est contradictoire. D'un côté, il est difficile aujourd'hui pour les jeunes ouvriers de se reconnaître dans les formes traditionnelles de la culture ouvrière. D'abord parce que cette culture s'est considérablement affaiblie et n'a donc plus la même emprise qu'il y a quinze ou vingt ans. Un jeune ouvrier qui entre aujourd'hui en usine a beaucoup moins de chance que ses aînés de trouver des syndicats actifs et puissants qui vont l'intégrer au collectif. En outre, les jeunes ouvriers n'ont pas les mêmes valeurs que leurs anciens : ils sont plus nombreux à être passés par l'école et aspirent comme tous les autres jeunes à une vie privée, à l'épanouissement et à la réalisation personnels. Ils sont d'ailleurs tout aussi concernés que les autres catégories de jeunes par le déclin du mariage, le développement des unions libres, etc.

Ainsi, pour des raisons liées au déclin de la culture ouvrière et aux nouvelles formes d'acculturation, il est difficile aux jeunes ouvriers de se reconnaître dans les formes traditionnelles de cette culture.

D'un autre côté, confrontés à la dureté de la vie à l'usine, les jeunes ouvriers sont très vite immergés dans une expérience proprement ouvrière. Même si les anciennes formes de la culture ouvrière sont moins parlantes pour eux, les conditions de la vie ouvrière suscitent et continueront de susciter chez eux des révoltes, des protestations ou des mouvements collectifs. Ces actions les conduiront sans doute à réinvestir les formes traditionnelles de la culture ouvrière ou à inventer d'autres formes d'organisations ou d'entités sociopolitiques. Mais il est trop tôt pour le dire.

A cet égard, le mouvement de grève qui a paralysé les usines de Gec Alsthom à la fin de 1994 est significatif : les jeunes ouvriers y ont joué un rôle important ; fondé sur des revendications principalement salariales, le mouvement de grève a été particulièrement long et dur.

Propos recueillis par
SYLVAIN ALLEMAND

(*Sciences Humaines*, hors série n° 10, septembre/octobre 1995)

A lire sur le sujet...

- O. Schwartz et J.-N. Retière, *Où en est la classe ouvrière ?*, Documentation française, 1994.
- *Ouvriers, ouvrières*, Autrement, n° 126, janvier 1992.
- M. Verret, *Chevilles ouvrières*, Les éditions de l'atelier, 1995.

Les ouvriers en chiffres

6,8 millions d'ouvriers. 4,2 millions sont des ouvriers qualifiés. Ils sont artisans, chauffeurs, ou travaillent dans l'industrie, la manutention, le magasinage ou le transport ; 2,4 millions sont non qualifiés (manœuvres, OS...) ; enfin, près de 300 000 sont ouvriers agricoles. Longtemps première catégorie socioprofessionnelle, les ouvriers sont désormais devancés numériquement par les employés.

La fin des forteresses. Au cours des années 80, la proportion des ouvriers de l'industrie travaillant dans une grande entreprise (au moins 500 salariés) a fortement diminué : de près de la moitié, elle est passée en dessous de la barre des 40 %. Un ouvrier sur dix travaille désormais dans une PMI (moins de 10 salariés). Depuis le milieu des années 80, les PMI créent plus d'emplois ouvriers qu'elles n'en suppriment. A l'inverse, les « forteresses ouvrières » ont fermé ou licencié massivement. La réduction des effectifs ouvriers dans le charbonnage, la sidérurgie, les mines de fer, l'industrie du textile... a atteint un niveau supérieur à ce qu'a connu la population agricole.

Deux ouvriers sur cinq dans les services. Soit 2,4 millions de personnes : les chauffeurs, les ouvriers de la manutention, du magasinage et du transport, les cuisiniers... Au début des années 80, moins d'un tiers des ouvriers travaillaient dans le secteur tertiaire.

Peu d'ouvriers diplômés. Plus de la moitié des ouvriers sont autodidactes ou titulaires du seul certificat d'études ; moins d'un ouvrier sur vingt est titulaire du bac ou d'un diplôme d'enseignement supérieur. Les autres ont un brevet d'études, un CAP, un BEP ou un diplôme de ce niveau. La tendance est cependant à l'élévation régulière du niveau de formation des ouvriers.

Un ouvrier sur sept au chômage. Le chômage touche plus de 14 % de la population ouvrière (chiffre 1993), soit près d'un million de personnes. Cependant, les ouvriers non qualifiés sont plus durement touchés que les autres catégories ouvrières : plus d'un sur cinq est au chômage contre un sur dix pour les ouvriers qualifiés.

Des professions masculines. Les femmes représentent un cinquième des effectifs ouvriers. Elles sont davantage exposées au chômage (plus d'une ouvrière sur cinq est au chômage contre 13 % des ouvriers) et plus d'un quart d'entre elles exercent leur activité à temps partiel.

Plus d'un ouvrier sur dix est un étranger. Les travailleurs étrangers représentent plus de 12 % de la population ouvrière, soit le double de leur proportion dans la population active totale. Inversement, près de six étrangers sur dix sont ouvriers.

Sources : Insee, *Données sociales 1993*, enquête « Emploi ».

CLAUDINE ATTIAS-DONFUT*

LA GÉNÉRATION, UN PRODUIT DE L'IMAGINAIRE SOCIAL**

L'appartenance à une génération découle non pas de données biologiques, mais de processus sociaux. Elle forme une identité sociale fondamentale qui permet à l'individu de se situer dans une époque, entre prédécesseurs et successeurs.

LE MOUVEMENT INCESSANT de renouvellement de la société à travers naissances et décès ne définit pas en soi les générations. La génération est une catégorie abstraite, un produit de l'imaginaire social, qui contribue à classer et à hiérarchiser les hommes au sein de la société et à organiser le temps. Le sentiment d'appartenir à une génération particulière est fondamental, car il est à la fois appropriation de son propre temps et adaptation à son époque (1).

La vie devant soi

Tant que l'enfant baigne dans le monde des adultes, le temps de sa propre vie reste indifférencié de celui de ses parents. C'est en amorçant un processus de séparation qu'il acquiert la notion de son temps propre, distinct. En prenant conscience de sa propre durée, l'adolescent comprend la relativité de celle-là par rapport à celle des générations antérieures. Il perçoit l'horizon de sa propre vie en devenir mais aussi, plus largement, les notions de passé, de présent, de futur, de continuité et de rupture qui caractérisent les relations entre générations.

La conscience de génération se pose d'abord en s'opposant. Toute génération qui arrive à l'existence n'a pas

---

* Sociologue, directeur du Centre de recherche sur le vieillissement, Caisse nationale d'assurance vieillesse. Auteur de *Sociologie des générations ; l'empreinte du temps*, Puf, 1988, et de *Générations et Ages de la vie*, Puf, coll. « Que sais-je ? », 1991.

** *Sciences Humaines*, n° 37, mars 1994.

1. C. Attias-Donfut, *Sociologie des générations ; l'empreinte du temps*, *op. cit.*

encore de contenu. Elle ne peut se définir qu'en se différenciant de la génération précédente. Il y a des modes et des jeux, souvent éphémères, qui constituent certes des signes de ralliement, mais non des composants essentiels, comme le sont, par exemple, des valeurs et des traditions communes.

Face au défi des jeunes, la génération précédente acquiert une nouvelle conscience d'elle-même et amorce un processus de « maturescence ». Ce terme, contrairement à celui de maturité, définit un processus en cours, une phase d'évolution, voire de crise. A ce stade, le changement majeur reflète celui qui caractérise les adolescents, c'est-à-dire l'autonomie progressive des jeunes à l'égard de leurs parents. Les adultes sont alors confrontés à leur propre vieillissement.

Une autre période de l'existence prend aujourd'hui une signification nouvelle. Le milieu de la vie – entre 45 et 55 ans selon les définitions – est devenu une véritable étape à mi-parcours de la vie adulte, avec la possibilité de faire encore des projets si l'on dispose de ressources personnelles, sociales et matérielles. C'est aussi une période de redéfinition des rapports entre générations, d'une part avec les enfants qui deviennent adultes, d'autre part avec les parents, souvent encore vivants, mais dont la santé décline. « Prise en sandwich » entre les deux autres, cette génération est la plus sollicitée, celle qui rend le plus de services aux uns et aux autres. C'est plus particulièrement aux femmes de cette génération que revient ce rôle.

En résumé, une génération naît et se constitue contre la génération antérieure qui lui sert de référence/opposition. Elle prend conscience d'elle-même à l'arrivée d'une nouvelle génération qui lui donne une définition tout en la cristallisant dans son passé, en la reléguant pour en prendre la relève.

Des générations phares

Mais appartenir à une génération, c'est aussi devenir un acteur de l'histoire, s'identifier à des temps forts, à ce qui fait la marche de l'histoire. La génération permet de dépasser le vécu individuel pour se hausser au niveau d'un destin collectif. Certaines époques privilégiées produisent des générations phares, qui deviennent des repères ou des références pour celles qui les suivent.

S'identifier à ces grands acteurs de l'histoire que sont les générations porteuses de changement procède de mécanismes sociaux bien analysés au début du siècle par le sociologue Karl Mannheim (2) : l'identification se fait par adhésion à des valeurs, à des idéologies ou des à courants littéraires ou artistiques, portés par des individus et des groupes concrets, qui symbolisent la génération.

Un aspect important de l'analyse des générations consiste à repérer les transmissions profondes, cachées et souvent surprenantes, d'une génération à l'autre. Par exemple, les héritiers du nazisme, étouffés à la seconde génération, reprennent vigueur aujourd'hui au sein de la troisième génération. Réactions et contre-réactions s'expriment parfois dans l'intervalle des générations, et ce

2. K. Mannheim, *Le Problème des générations* (1928), Nathan, 1990.

Génération : de quoi parle-t-on ?

La notion de génération fait partie du sens commun. Mais elle est rattachée tantôt à l'âge, tantôt à la filiation, tantôt à l'époque, ou, confusément, à tout cela à la fois. Il est donc utile de distinguer ses différents usages.

Définition généalogique

La génération désigne à la fois un rapport de filiation et un ensemble de personnes classé selon ce rapport. Cette définition s'applique généralement à la parenté, mais peut être étendue à un ensemble plus large de personnes, d'âge indifférent, mais partageant le même degré de filiation par rapport à un autre ensemble bien identifié. Par exemple, tous les enfants de Jacob appartiennent à la même génération, même si une ou deux décennies séparent l'aîné du benjamin. En ethnologie, l'usage du terme génération est limité à ce sens.

Définition historique

La génération représente une période correspondant à la durée de renouvellement des hommes dans la vie publique. Elle est mesurée par l'espace de temps séparant l'âge du père et celui du fils, généralement évalué à trente ans. Elle peut néanmoins être plus courte (une décennie par exemple) quand elle concerne le renouvellement des idées ou des modes.

Définition démographique

Synonyme de « cohorte de naissance », la génération s'applique à un ensemble de personnes ayant le même âge.

Définition sociologique

La génération désigne un ensemble de personnes ayant à peu près le même âge, dont la principale caractéristique est d'avoir des expériences historiques communes dont elles ont tiré une vision commune du monde.

que l'on croyait définitivement passé ressurgit. N'a-t-on pas entendu cette chose incroyable sur la place Tian An Men de Pékin en 1989 : « *Mao et l'empereur Qin, c'est fini !* » ? L'empereur Qin, le premier de l'Empire chinois, c'était plus de… 2 200 ans auparavant ! Dans ce court-circuit du temps, les générations sont annulées.

La radicale nouveauté de la génération soixante-huitarde

Par rapport à d'autres événements qui ont produit des générations, la particularité du mouvement de mai 1968 a été d'exprimer la lutte d'une nouvelle génération pour son auto-affirmation face au pouvoir jugé oppressant des adultes.

Cette libération est passée par l'affranchissement à l'égard des normes sexuelles en vigueur, qui contribuaient à la domination des sexes et des générations. Des réactions analogues se sont exprimées dans divers pays à peu près à la même période. Après 68, ce modèle a été transformé : l'autoritarisme parental est devenu anachronique, de même que la soumission des femmes ou l'autocratisme scolaire ou universitaire.

Les mouvements de 68 ont été largement provoqués par le conflit de génération lui-même. A la différence des autres épisodes de l'histoire, l'originalité essentielle du phénomène soixante-huitard consiste donc en la conjonction de l'événement fondateur et de l'affirmation d'une génération. On peut, par exemple, lui opposer la génération romantique, qui a marqué un tournant dans l'histoire des idées, des arts et de la littérature : celle-là a émergé et s'est nourrie des profonds changements sociaux et culturels qui ont suivi la Révolution.

Dans les familles occidentales actuelles, les générations jouissent d'une plus grande indépendance économique et juridique. Le développement du salariat et de la protection sociale, l'évolution du droit de la famille vont dans le sens d'une individualisation croissante des membres de la famille et d'un affaiblissement des rapports d'autorité et de dépendance entre générations. Le fossé annoncé entre les générations (3) ne s'est pas produit, mais leurs liens se sont modifiés. Ils s'établissent désormais sur la base d'une plus grande liberté et de la qualité de la relation. Les relations entre générations sont très vivantes et de nombreux services s'échangent réciproquement. De plus, les transferts de patrimoine se développent avec l'extension de la propriété : aujourd'hui en France, 70 % des ménages ont hérité et/ou vont hériter. Le mode de transmission évolue également puisque l'héritage n'est plus légué seulement à la mort des parents, mais de façon progressive tout au long de la vie, sous forme d'aides diverses et de donations. En revanche, on observe une tendance à la séparation des âges à l'école, au travail, dans des formes d'habitat collectif (foyers de jeunes, maisons de retraite), dans certaines associations, amicales, certains clubs… Les échanges familiaux semblent donc compenser cette orientation et représentent un lieu privilégié d'influences réciproques entre générations.

La construction d'un passé mythique

La construction de certaines générations se réalise après coup. C'est le cas de la fameuse génération de 68, qui n'a été élaborée qu'après les événements, avec le temps de la réflexion sur ce qui s'était passé ; le temps, aussi, que les successeurs revendiquent à leur tour l'attention de la société, par exemple lors des grandes manifestations des lycéens et des étudiants en 1986.

Il y a même parfois reconstruction du passé, notamment en sélectionnant les faits. Incarnant la « génération de la Résistance », les résistants sont devenus le symbole de la jeunesse qui a vécu

3. M. Mead, *Le Fossé des générations*, Denoël-Gonthier, 1971.

l'occupation allemande. On n'a certes pas élevé au rang de génération la masse de ceux qui, à la même époque, ont collaboré. La mémoire collective préfère les occulter et ne retenir que ceux dont elle peut se glorifier. Cet exemple souligne bien le fait que l'idée de génération a aussi pour fonction de symboliser des événements par des hommes concrets, d'incarner ainsi un récit mythique ou réel, de borner le temps social de repères riches d'enseignements pour le futur.

Des mouvements de jeunes analogues à celui de mai 1968 couvent actuellement dans d'autres sociétés qui n'ont pas accompli ces transformations, telle la Chine populaire. Dans ce pays, les rapports entre générations, marqués par des survivances d'une tradition millénaire, sont caractérisés, en raison de l'évolution sociale contemporaine, par des tensions dans la famille, les universités, le monde du travail, dans la sphère intellectuelle et artistique. L'enjeu dépasse le conflit conjoncturel entre générations et concerne la redéfinition des rapports sociaux dans un processus accéléré de modernisation.

En Afrique, les formes traditionnelles de pouvoir dans les communautés villageoises obéissent au principe d'aînesse (4), selon lequel la position d'aîné, et en conséquence celle de « vieux », assure un rôle important dans la communauté (*voir encadré page suivante*). Ces formes traditionnelles ont été fortement modifiées par l'institution du pouvoir politique étatique. Par ailleurs, l'urbanisation qui se déroule dans des conditions d'extrême pauvreté tend à défaire les solidarités traditionnelles entre générations sans que des systèmes de protection sociale soient encore aptes à prendre le relais.

L'observation des sociétés non occidentales montre la transformation inéluctable des rapports entre générations qu'implique l'évolution vers la modernité. Cette question doit être pensée de façon urgente dans les programmes d'aide afin qu'elle ne constitue pas un obstacle au développement, mais qu'au contraire elle le favorise.

4. C. Meillassoux, « La conquête de l'aînesse », C. Attias-Donfut et L. Rosenmayr (dir.), *Vieillir en Afrique*, Puf, 1994.

Etre vieux en Afrique

L'Afrique au sud du Sahara présente paradoxalement la population la plus jeune du monde et le taux de croissance de la population âgée le plus fort de la planète : les plus de 60 ans sont passés de 9 millions en 1950 à 24 millions en 1990, et seraient environ 80 millions en 2025. Mais on ne peut pas transposer directement en Afrique la notion de personne âgée telle qu'elle est perçue dans les pays occidentaux.

Le troisième âge, évoquant la partition du cours de la vie en trois périodes distinctes, formation, travail, retraite, n'a pas de sens en Afrique. On peut dire qu'il n'y a pas de vieux sur ce continent, mais des « aînés ». Alors que « la vieillesse » évoque une catégorie d'âge et la catégorie sociale qui lui correspond, « l'aînesse » renvoie aux positions respectives des âges et des générations, tous les enfants issus d'une même personne faisant partie de la même génération. Age et génération sont donc deux termes qui ne se recouvrent pas. Aujourd'hui, avec l'introduction du marché et la grande mutation qui a suivi la décolonisation, le statut des aînés tend à se dégrader. Dans les sociétés africaines précoloniales, leur pouvoir était surtout fondé, non sur le savoir technique, relativement simple et largement accessible, mais sur le savoir social (1).

---

1. C. Attias-Donfut et L. Rosenmayr (dir.), *Vieillir en Afrique*, Puf, 1994. Dans cet ouvrage, des africanistes éminents analysent l'organisation des âges et le statut des personnes âgées dans une Afrique en pleine mutation.

RECOMPOSITIONS RELIGIEUSES

ENTRETIEN AVEC DANIÈLE HERVIEU-LÉGER*

Si les identités religieuses persistent, leur construction tend à s'émanciper de l'influence des grandes institutions et des dispositifs traditionnels.

***Sciences Humaines :* L'Europe, et la France en particulier, vit un mouvement de « sécularisation ». Comment caractériseriez-vous ce phénomène ?**

Danièle Hervieu-Léger : Une transformation fondamentale s'est opérée effectivement, depuis les années 50, dans la manière dont s'élaborent les identités religieuses. Celles-là se construisaient traditionnellement de façon régulée. Elles étaient imbriquées en quelque sorte dans un dispositif de croyances, de pratiques et de signes d'appartenance maîtrisés par des églises. Or, la perte de contrôle de la construction des identités religieuses constitue le fait majeur des trente dernières années. Le phénomène est général en Europe, il est également assez marqué en Amérique du Nord ou au Canada, bref dans toutes les sociétés modernes. Cela ne vaut pas pour une confession particulière, c'est un processus général qui a provoqué une sorte de disjonction des différentes dimensions de l'identité religieuse.

***SH :* Pouvez-vous préciser les modalités de ces processus de différenciation des « fonctions » de l'identité et de l'appartenance religieuse ?**

D.H.-L. : L'identité religieuse comporte quatre grandes composantes. La première est une dimension communautaire (les frontières du groupe). Elle concerne le marquage d'un groupe particulier dont on est ou dont on n'est pas, et dans lequel on entre ou l'on sort selon un certain nombre de procédures. Le groupe implique alors un mode de participation et implique des références communes qui constituent un dispositif de repérage social.

En deuxième lieu, c'est la dimension culturelle (les savoirs du groupe). L'identité religieuse implique l'assimilation d'un certain nombre de savoirs, de savoir-faire, qui sont au principe des gestes communs, de la mémoire commune. Cela s'effectue par divers biais liés au processus particulier de la transmission religieuse dans telle ou telle tradition (catéchisme, forme du culte, etc.).

* *Directeur d'études à l'Ecole des hautes études en sciences sociales. A publié* La Religion pour mémoire, *Cerf, 1993, et a dirigé* Les Identités religieuses en Europe, *La Découverte, 1996.*

Troisièmement, la dimension éthique (les valeurs du groupe) : l'identité religieuse incarne également un ensemble de valeurs, partagées par les croyants, et susceptibles de se transformer en normes de comportement.
Enfin, la dimension émotionnelle est très importante dans l'identité religieuse. A travers la communion, l'émotion de la célébration du culte ou de la prière, c'est l'actualisation d'un sentiment affectif d'être un « nous », de former quelque chose comme une âme commune, comme un esprit commun.

***SH :* Il s'agit là de « types idéaux ». Comment cela fonctionne-t-il dans la réalité ?**

D.H.-L. : On s'aperçoit que ces quatre dimensions fonctionnent en tension les unes par rapport aux autres. Par exemple, du côté du lien communautaire, c'est la singularité de l'identité religieuse qui est accentuée. Dans l'aspect éthique, au contraire, ce qui est accentué c'est l'universalité du message. Même s'il s'incarne dans une communauté, en l'occurrence le judaïsme, le livre sacré *La Tora* se trouve être eschatologiquement (pour la fin des temps) donné pour le monde entier. En ce cas précis, dans le temps de l'histoire, il est donné au peuple élu.
Le message chrétien est quant à lui destiné à l'humanité entière, mais il est porté par l'Eglise, etc. Il y a toujours une dialectique de la singularité communautaire et de l'universalité du message que porte le groupe religieux.

***SH :* En quoi la perte d'influence des Eglises modifie-t-elle les identités religieuses ?**

D.H.-L. : Historiquement, les institutions religieuses assuraient la cohabitation de ces différentes dimensions. Or, les sociétés modernes sont dominées par l'individualisme. Les identités sont de plus en plus produites à partir de l'expérience des acteurs. Chacune des quatre dimensions que j'ai mentionnées devient en tant que telle un point de fuite du religieux : un pôle de sortie de la religion. Il s'agit là d'un schéma pur. Dans la réalité, les choses ne sont pas si complètes, en premier lieu parce que l'effondrement de la régulation institutionnelle n'est jamais total. Par ailleurs, aucun individu ne circule absolument librement entre les différentes dimensions. On peut dès lors considérer que chacun de ces pôles de l'identité et de l'appartenance religieuse (communauté, culture, éthique, communion émotionnelle) tend à devenir, dans ce nouveau dispositif, le pivot possible d'une réarticulation, au moins partielle, des autres éléments.

***SH :* Pourriez-vous fournir des exemples de ces évolutions ?**

D.H.-L. : La construction des identités peut se faire, par exemple, à partir de l'émotionnel avec réintégration du communautaire. L'évolution des courants charismatiques à l'intérieur du christianisme l'atteste. Ces courants ont émergé d'une certaine façon en protestant contre un type de culture, celui de la majorité des catholiques. Ils ont privilégié fortement le plan émotionnel en faisant valoir la densité des expériences de communion. Les charismatiques recrutaient, pour l'essentiel, à l'intérieur de l'Eglise catholique elle-même. Leur dynamique a pourtant consisté, à partir de ce pôle émotionnel, à reconstruire progressivement une identité communautaire, dotée d'une structure particulière. Il existe d'autres cas de figure où la dimension communautaire prime : un certain type d'identification catholique traditionaliste existe en France aujourd'hui, en rapport direct avec la présence de l'islam, avec la montée d'un pluralisme culturel. On s'aperçoit dans ce cas que l'enjeu pour ce néo-traditionalisme est la réaffirmation de la vieille culture religieuse au bénéfice d'une identité communautaire qui est aussi une identité nationale.

Propos recueillis par
JEAN-CLAUDE RUANO-BORBALAN

(*Sciences Humaines*, hors série n° 15, décembre 1996/janvier 1997)

Les sociabilités primaires

François de Singly*

LA FABRIQUE FAMILIALE DE SOI**

Aujourd'hui, la famille est devenue un lieu d'aide à la construction de soi et au développement personnel, aussi bien dans les relations de couple que dans celles entre parents et enfants.

Dans un espace où circulent l'affection et l'amour, la famille contemporaine contribue à construire les identités personnelles de chacun de ses membres. Dans les sociétés individualistes, elle assure cette fonction centrale : celle de (tenter de) consolider en permanence le « soi » des adultes et des enfants. Contrairement à ce que le terme d'individualisme peut laisser croire, l'individu a besoin, pour devenir lui-même, du regard de personnes à qui il accorde, lui aussi, de l'importance et du sens. Ces « autruis significatifs » sont, le plus souvent, le conjoint pour son partenaire, les parents pour les enfants et réciproquement, même si d'autres proches peuvent remplir cette mission. Résolument fonctionnaliste, cette thèse, développée dans *Le Soi, le Couple et la Famille* (1), ne reprend que partiellement celle de Talcott Parsons (2) qui estimait que la famille conjugale avait

* Professeur à la faculté de sciences humaines et sociales de l'université Sorbonne-Paris-V et directeur du Centre de recherches en sociologie de la famille. Auteur notamment de *La Famille, l'état des savoirs*, La Découverte, 1991 ; *Sociologie de la famille contemporaine*, Nathan, 1993 ; *Le Soi, le Couple et la Famille*, Nathan, 1996.

** *Sciences Humaines*, hors série n° 15, décembre 1996/janvier 1997.

1. F. de Singly, *Le Soi, le Couple et la Famille*, *op. cit.*

2. Dans *Family, Socialization and Interaction Process*, Free Press, 1955, Talcott Parsons insistait sur l'utilité normative de la différenciation sexuelle des rôles – l'homme devant assurer un rôle instrumental, la femme un rôle expressif. C'est la dimension que les sociologues de la famille, à la suite d'Andrée Michel, ont retenue de cette théorie pour la discréditer. En outre, ce fonctionnalisme, comme les autres, tend, comme le souligne Norbert Elias (dans *Qu'est-ce que la sociologie ?*, Pandora, 1981), à privilégier la fonction « impersonnelle » – celle du système, de la société, de la famille – et à négliger « *le point de vue de ceux qui composent* » le système.

une double fonction : la socialisation des jeunes et la stabilisation de la personnalité adulte. Pour lui, la socialisation est « *une internalisation de la culture au sein de laquelle l'enfant grandit* ». Il n'est pas évident que la famille contemporaine puisse être définie en priorité par la mise en œuvre de ce mécanisme d'intériorisation des normes, des valeurs. Premièrement, d'autres instances se chargent aussi de cette mission. Deuxièmement, la transmission de valeurs morales d'une génération à l'autre ne constitue plus le projet central, l'individu ne devant plus justifier son action en référence aux normes des aînés. Aujourd'hui, la fonction la plus spécifique de la famille est la reconnaissance personnelle de l'enfant (et de l'adulte). De la part de ses parents, le fils ou la fille aura droit, éventuellement, à un diminutif qui – contrairement aux surnoms des périodes précédentes – rendra sensible l'affection qui lui est portée. Si cet amour est nécessaire, c'est parce qu'il est « gratuit », c'est-à-dire inconditionnel. C'est naturellement plus facile pour un parent lorsque les conditions sont favorables, comme l'exprime cette mère d'une fillette de douze ans : « *Je n'ai pas de meilleur souvenir qui me revienne. C'est l'émerveillement quotidien. Elle est fille unique, il faut le dire. Chaque matin, quand je vais la réveiller, je me dis :* "Voilà, c'est ma fille..." *Je suis assez fière. Enfin, ce n'est pas vraiment de la fierté, c'est de l'amour. Bon, je suis fière dans le sens où elle est assez mignonne physiquement et qu'elle n'est pas trop bête... Mais ce n'est pas ce qui importe. Si elle était moche et bête, j'en parlerais de la même manière.* »

Par ce souci d'aimer l'autre pour lui-même, la famille relève d'un des deux types d'institutions tels que les distingue Charles Taylor : non pas les institutions services « *dont le rapport à notre vie n'est qu'instrumental, même si le service qu'elles offrent est très important* », mais les institutions identificatrices « *dont la fréquentation est pour nous le lieu primaire de définition de valeurs importantes, et partant des pôles possibles d'identité* » (3). Alors que la modernisation engendre plutôt un glissement des institutions vers le pôle services (les syndicats ne cherchent-ils pas, pour retenir ou attirer des adhérents, à proposer des avantages immédiats ?), pour la famille, c'est le chemin inverse : elle est de plus en plus identificatrice, sans pour autant renoncer à assurer des services.

La révélation de soi

Dans la famille contemporaine, l'enfant est doué de qualités personnelles. Sans le savoir, les parents partagent certaines croyances rousseauistes. Ils ne veulent pas « créer » leur enfant, ils souhaitent produire les meilleures conditions pour que la nature de leur fille ou de leur fils puisse se développer. Ils n'ont pas à imposer, ils ont à révéler. Bruno Bettelheim (4) résume ainsi cet objectif : « *Les parents ne doivent pas s'acharner à créer l'enfant qu'ils voudraient avoir, mais au contraire à l'aider à devenir ce qu'il est en puissance, à épanouir ses potentialités.* » La dévalorisation du processus de

3. C. Taylor, « Les Institutions dans la vie nationale », *Esprit*, n° 3-4, 1994.
4. B. Bettelheim, *Pour être des parents responsables*, Robert Laffont, 1988.

transmission de la « bonne éducation », de l'autorité, est conforme à ce projet. Pour que l'enfant soit lui-même, il doit avoir des parents qui soient eux-mêmes sincères et authentiques, qui ne soient pas obsédés par un rôle à jouer. L'exigence de la révélation du soi enfantin demande de la part des parents un engagement personnel, et non un respect de règlements extérieurs. B. Bettelheim exprime bien cette ligne de conduite : « *Croire qu'il puisse exister des règles qui commandent notre comportement vis-à-vis de notre enfant, c'est compromettre la compréhension empathique qui ne peut venir que de nos propres expériences, aussi uniques que le sont, pour lui, celles de notre enfant.* » Les principes éducatifs doivent être maniés avec précaution puisqu'ils « *ignorent ce qui est personnel et nous amènent à négliger ce qui est unique chez notre enfant et dans notre relation avec lui* ». Les parents ne doivent pas, pour autant, laisser faire ! Ils conservent un rôle, celui d'éclaireurs : en effet, il est difficile de « *découvrir en quoi consiste ce soi-même* ». L'enfant ne sachant pas opérer le tri entre « *les éléments essentiels et les éléments accidentels de sa personnalité* », le père et la mère doivent lui apprendre à distinguer ces deux éléments.

Ils doivent aussi décrypter les conduites et les paroles de leur enfant. Par exemple, lorsque l'enfant « *jette son hochet hors de son berceau* », il cherche, toujours selon B. Bettelheim, à obtenir les réponses à quelques questions essentielles : « *Puis-je avoir une influence sur mon environnement objectif sans en subir des conséquences redoutables ? Puis-je affirmer ma volonté et manipuler les objets sans en souffrir ? Puis-je me débarrasser de quelque chose qui m'ennuie ? Puis-je renoncer momentanément à mes biens sans risquer de les perdre à jamais ?* » La mère ou le père fournit une réponse soit négative – en refusant de participer à ce « jeu » –, soit positive – en lui rendant le hochet et en acceptant la répétition. L'ambiguïté de l'énoncé selon lequel les parents doivent être « eux-mêmes » apparaît, puisqu'on leur demande de résister à leur premier mouvement – l'impatience – et de chercher à se mettre à la place de l'enfant. B. Bettelheim le reconnaît, notant que lorsque la mère rend le hochet, elle ne se rend pas compte que l'enfant par sa trouvaille se pose des questions importantes et qu'elle lui répond par sa propre conduite – à moins que la lecture d'ouvrages de pédagogie l'ait déjà éclairée ! D'un point de vue sociologique, il ne s'agit pas de valider ou de critiquer tel ou tel corpus psychologique (de savoir, par exemple, si B. Bettelheim a raison ou non de recommander de redonner avec calme le hochet à un bébé) ; on cherche à comprendre comment, dans une société qui exige que l'individu soit autonome et responsable, le raisonnement psychologique soutient les processus de construction des identités.

Avec son rythme, ses demandes, ses questions implicites, l'enfant est l'initiateur de la relation pédagogique : c'est en fonction de lui que les parents doivent réagir. « *Les parents acceptables doivent examiner les mobiles de leur enfant, essayer de comprendre ses pensées et ses désirs, et cela pour savoir ce qu'il espère en tirer et de quelle manière. Sur la base de cette compréhension, ils peuvent alors montrer à l'enfant, dans ses propres termes, que sa méthode ne convient pas à son but et qu'il peut l'atteindre en s'y prenant autrement.* » Cette pédagogie repose sur une triple croyance. L'enfant a la possibilité de fixer ses propres objectifs de croissance. Il a besoin d'un environnement favorable pour les atteindre. Une famille qui sera sensible à la psychologie est le meilleur cadre pour le développement de l'enfant, puisqu'elle apporte sécurité, affection et attention.

Dans la famille contemporaine, les différences entre générations s'estompent (sans être annulées). Les adultes ont, eux aussi, besoin d'autruis significatifs qui les reconnaissent en tant que personnes. L'appartenance à un groupe conjugal peut offrir des avantages que la problématique de la défense des capitaux ne peut pas appréhender aisément à elle seule. Pour Peter Berger et Hansfried Kellner (5), l'entrée dans la vie conjugale constitue un moment décisif dans la construction sociale de la réalité pour l'acteur concerné ; cet événement « *crée une sorte d'ordre dans lequel sa vie prend un sens* ». C'est le prolongement de la thèse d'Emile Durkheim selon laquelle l'intégration à un groupe domestique a des effets personnels, repérables notamment par une protection contre le suicide. Tout se passe comme si vivre avec quelqu'un de manière habituelle et relativement stable fournissait, dans les sociétés contemporaines, des satisfactions que d'autres sources, et notamment soi, peuvent difficilement garantir.

La famille, ça sert aussi aux adultes

Avec la psychologie, la littérature romanesque (et ses dérivés cinématographiques) forme un support de la diffusion des croyances dans le capital relationnel, substitut du capital moral de la période précédente (associé à la religion). Le sociologue peut en faire usage puisqu'il peut ainsi objectiver ces normes de référence. Ainsi, on peut prendre l'ensemble des romans d'Anita Brookner (6) comme illustration des besoins d'un proche, ses héroïnes vivant mal leur solitude. Ainsi dans *Regardez-moi,* Frances Hilton estime que ses amis ne suffisent pas à remplir ce qu'elle ressent comme un vide ; elle voudrait obtenir un regard amoureux. A défaut, c'est elle qui se regarde souvent : « *Quand j'ai levé les yeux, j'ai rencontré mon reflet ; petite, menue, indéniablement chic... Quelqu'un, direz-vous, sans désirs ni besoins apparents. Bien pourvue. Correctement logée. En excellente santé. Quelqu'un de nullement déclassé. Et sur qui on peut compter pour ne jamais gêner personne, ni en public ni en privé. Pour cette raison même, peut-être, sans intérêt aucun.* » Dans un autre roman, *Une amie d'Angleterre*, A. Brookner montre les insuffisances de la logique du dévouement aujourd'hui. Les parents d'une jeune femme, Heather, demandent à Rachel, une libraire qui a quelques années de plus que leur fille,

5. P. Berger et H. Kellner, « Le mariage et la construction de la réalité », *Dialogue*, n° 102, 1988.
6. Les romans d'A. Brookner évoqués dans cet article sont : *Regardez-moi*, La Découverte, 1986 ; *Une amie d'Angleterre*, La Découverte, 1988 ; *La Vie quelque part*, Belfond, 1990 ; *Mésalliance*, Belfond, 1993.

de la guider dans les débuts de sa vie d'adulte. L'amitié entre Heather et Rachel tourne mal lorsque Heather décide de se remarier avec un homme de Venise, croyant de nouveau à l'amour, alors que Rachel défend une autre conception de l'existence, plus indépendante : « *Je dois vivre selon la raison. Je ne prétends pas que cela soit facile. Je dis seulement que c'est possible... La raison, c'est de ne pas se marier toutes les cinq minutes, avec de nouvelles robes... La raison, c'est affronter les difficultés, se taire, rester discrète. C'est avoir la force de se passer de certaines choses... Oui, c'est épouvantable. Mais qui a dit que la vie n'était pas épouvantable ? Les femmes ne restent plus chez elles, vous savez, à rêver du prince charmant. Elles ne le font plus parce qu'elles ont compris qu'il n'existe pas. Je vis dans le monde réel, le monde des déceptions. Vous vivez dans le monde des illusions.* » Heather n'est pas convaincue et part pour Venise. Rachel la rejoint pour tenter de la convaincre de rentrer à Londres, mais Heather lui répond qu'elle ne désire pas faire comme elle, c'est-à-dire rater sa vie. Rachel se défend : « *Le ratage ? Je fais ce que je peux... Je suis courageuse. J'ai appris à l'être... J'ai appris à garder ma vie pour moi, à ne pas empoisonner les autres avec mes histoires. J'ai appris à ne pas m'appuyer sur le monde... J'ai appris à être seule et à faire quand même bonne figure. Et tu appelles ça un ratage ?* » Après cette scène, Rachel est abattue. Elle comprend que Heather avait raison d'avoir choisi le mariage et la maternité : « *La réalité dans toute cette affaire, c'était que soudain toutes les merveilles du monde ne signifiaient rien pour moi. Sans un visage devant le mien le monde était vide ; sans une voix autre que la mienne il était silencieux. J'ai entrevu un avenir où je mangerai toujours trop tôt, où je serai toujours la première dans des restaurants vides, après quoi j'irai me coucher trop tôt et je me lèverai trop tôt, impatiente de commencer une nouvelle journée pour qu'elle puisse se terminer vite. Je manquais de patience et d'assurance pour inventer une vie pour moi.* »

Un autre roman d'A. Brookner fait percevoir, là encore, les contours de l'individualisme contemporain. Dans *Mésalliance,* Blanche Vernon, après vingt ans de mariage, vit seule. Un soir, elle reçoit un coup de fil d'une amie. Après, elle sait que sa soirée est finie et qu'elle peut faire ce qu'elle veut : « *C'est ce qu'on appelle la liberté, de nos jours,* songea Blanche en faisant frire sa sole. *Liberté d'agir à mon gré, d'aller n'importe où, de faire n'importe quoi ; liberté face aux exigences de la famille, du mari, de l'employeur ; liberté de ne pas voir de monde ; liberté de ne jouer aucun rôle. Et j'imagine que certaines personnes en rêvent, puisque cela passe pour le bien suprême. Je suppose qu'elles le souhaitent, mais uniquement sur un plan théorique.* » Blanche exprime les limites de l'attraction d'un soi non inséré dans une relation d'interdépendance. La construction de l'identité personnelle dans les sociétés individualistes réclame donc des soutiens venant d'autres individus disponibles. La famille, critiquée pour sa rigidité institutionnelle, par l'enfermement des femmes, par l'autoritarisme de son éducation, s'est reconvertie pour offrir ces nouveaux services.

Rien n'oblige à ce que cette fonction de reconnaissance de soi soit remplie exclusivement dans un cadre familial. D'autres proches, des amis, peuvent assurer cette écoute. La famille contemporaine ne repose en priorité ni sur le principe de l'hétérosexualité ni sur le respect de normes morales.

Narcisse et Pygmalion

Le conjoint ou son équivalent, le parent, doit donc aider l'autre (le partenaire, l'enfant) à se définir lui-même. Ce travail spécifique sur soi, grâce à la médiation d'un proche, Ruth Weiss, héroïne d'A. Brookner dans *La Vie quelque part*, le réalise. C'est une femme de quarante ans, intellectuelle, seule, qui s'ennuie et qui est venue à Paris étudier à la Bibliothèque nationale. Au Louvre, elle suit un couple d'Anglais qu'elle envie, tant ils paraissent heureux. Elle les entend discuter d'un projet pour le dîner : « *Une grande souffrance l'envahit... Il lui apparut, avec une évidence qu'elle n'avait jamais aussi fortement ressentie, qu'elle menait une vie impossible. Elle était enfermée dans une prison, et elle avait ajouté à cette absence de liberté physique une routine aussi contraignante, aussi dépourvue de spontanéité que si elle lui avait été imposée par un Etat policier.* » Dans ce cas, l'autonomie qu'autorise la vie seule est illusoire puisque, à défaut de pouvoir se reposer sur une relation qui apporte la sécurité, la personne élabore un système de défense, avec des habitudes qui évitent le questionnement.

A la sortie du musée, Ruth croise de nouveau le couple dans le bus. Ce dernier engage la conversation. La jeune femme lui fait remarquer la beauté de ses cheveux alors que « *Ruth avait toujours dénigré sa chevelure, qui lui semblait trop flamboyante pour sa personnalité* ». De fil en aiguille, le couple et Ruth dînent ensemble. Et Hugh décide de prendre en main Ruth pour qu'elle aille chez le coiffeur et améliore sa présentation. Ruth est heureuse de ces attentions. Lorsqu'elle rentre chez elle le soir, elle rencontre le concierge : il lui « *adressa un signe de la main, silencieux ; depuis son arrivée, il ne l'avait encore jamais saluée. Elle en éprouva de la joie et de la reconnaissance. Cette nuit-là, elle dormit sans faire le moindre rêve.* » Ruth continue à fréquenter le jeune couple, surtout Hugh avec qui elle accepte de faire l'amour, et à dépenser beaucoup d'argent. Elle découvre que ce qu'elle a appris dans les livres est trompeur : « *Si le code moral inculqué par une littérature qu'elle commençait à remettre en question était fondé, elle aurait dû éclore et s'épanouir depuis longtemps dans son lourd manteau mal coupé et son isolement laborieux...* » Or, contre toute attente, elle était en pleine forme physique et avait bon moral tout en ayant cependant une certaine mauvaise conscience. Ruth perçoit en partie sa nouvelle vie avec les catégories anciennes, elle estime que c'est l'égoïsme qui l'a « *transformée en jeune femme prétendument sûre d'elle et séduisante... Les gens semblaient l'aimer davantage depuis qu'elle était ainsi. Le concierge, dans sa loge, la saluait matin et soir.* » A. Brookner démontre combien l'interprétation de soi par soi-même est nettement insuffisante : ce que Ruth nomme l'égoïsme ne peut s'élaborer

que par la médiation d'une autre personne qui lui sert de révélateur.
L'individu contemporain ressemble et diffère de Narcisse. Il se recherche comme ce héros, mais il a besoin d'un miroir spécifique : le regard d'autrui. Il souhaite avoir près de lui un Pygmalion, c'est-à-dire un proche qui ne le crée pas mais qui l'aide à découvrir son identité, cachée au fond de lui. C'est ce qu'exprime Hippolyte Girardot lorsqu'il dessine, pour le magazine *Elle*, le portrait de sa partenaire (7) : « *Je souhaite qu'elle me comprenne sans me juger. J'attends d'elle qu'elle me montre qu'il y a toujours en moi des zones non exploitées.* »
Bien qu'ayant leurs propres ressources en eux, les individus ne parviennent pas à les mettre en valeur sans le soutien d'un intermédiaire qui donne à penser qu'il est attentif à leurs richesses cachées. Pour reprendre un exemple de la littérature romanesque, dans *Possessions*, roman de Julia Kristeva (8), la narratrice exprime cette fonction des relations au sein de la famille : « *J'étais sûre que mon père m'avait aimée. En apparence, il n'avait cessé de s'occuper de ses propres affaires tout en exigeant de moi diverses choses ennuyeuses ou impossibles, comme faire du patin à glace ou devenir championne d'échecs. Mais il avait su, surtout, me regarder de ses yeux bleus et humides qui contemplaient comme à l'intérieur de lui un être surprenant d'intelligence, peut-être même de beauté, et méritant une infinie tendresse... J'avais conclu assez tôt que l'idole que je déchiffrais en creux dans ces yeux ébahis ne pouvait être que moi-même.* » Les regards, les conversations privées constituent les formes contemporaines de la maïeutique, les membres de la famille, les proches mettant (ou devant mettre) en œuvre cet accouchement, sinon des âmes, du moins des personnalités.

Le soi total ou fragmenté ?

Cette « grotte cachée » où se tapit « l'être profond » fascine les contemporains. Dans *Les Tyrannies de l'intimité* (9), Richard Sennett s'en inquiète et estime qu'il faudrait revaloriser les contraintes des rôles, le jeu des acteurs sociaux pour rompre avec les séductions d'une société intimiste. Cependant, on peut penser que le « soi intime » (c'est-à-dire la zone la plus profonde à laquelle l'individu se réfère, et les autres également, pour se (le) définir en tant que personne) ne fait pas disparaître le « soi statutaire » (c'est-à-dire cette zone qui comprend la définition de soi en termes de places, de rôles, de statuts, d'appartenance à des groupes), mais tente de le reléguer à une place secondaire (10). En effet, l'individu veut rester maître de son destin : choisir ce qu'il retient de l'héritage de ses parents pour devenir héritier (11), ou éventuellement du mariage pour le détourner au service de son union privée.
Les difficultés ne viennent pas de la fin (illusoire) des rôles, des places, des statuts. Elles naissent de la recherche d'un

7. *Elle*, 23 septembre 1996.
8. J. Kristeva, *Possessions*, Fayard, 1996.
9. R. Sennett, *Les Tyrannies de l'intimité*, Seuil, 1979.
10. A ce propos, se référer à F. de Singly, « Identité personnelle et identité statutaire dans la sphère privée et la sphère publique », *Archives de philosophie du droit*, 1996.
11. F. de Singly, « L'appropriation de l'héritage culturel, lien social et politique », *Familles et Ecole*, n° 35, 1996.

équilibre – jamais garanti – entre les deux parties de soi, et du travail d'unification nécessaire du fait de cette tension.

Le héros d'une nouvelle de Jane Smiley (12), Robert Miller, nous en donne une illustration. Ne sachant plus où il en est, il est pris en charge par une conseillère et soutenu par son épouse : « *Il me semble qu'elles attendent de moi que je bâtisse un nouveau tout, à la façon dont j'ai fabriqué un tout de ma famille, ma ferme, mon temps, ma bulle, une œuvre d'art, une expression totale de mon moi total.* "Non, *dis-je,* seulement à moi-même. Contentons-nous de fragments… Si cela est possible, si l'on ne cherche pas à former des touts, alors il me semble que je peux vivre… assez bien." » Désenchanté, il n'a plus le courage d'entreprendre ce travail d'unification identitaire où le soi statutaire renforce le soi intime.

12. J. Smiley, *Portrait d'après nature*, Rivages, 1993.

LA MÉMOIRE FAMILIALE

Entretien avec Anne Muxel*

La mémoire familiale est une composante essentielle de la construction de l'identité. Anne Muxel distingue trois modalités de son influence : la transmission, l'expérience affective et la « réflexivité ».

***Sciences Humaines :* Quel rôle joue la mémoire familiale dans la construction de l'identité individuelle ?**

Anne Muxel : Ce rôle me paraît tout à fait fondamental : on naît dans une famille, on s'inscrit dans une histoire en fonction d'un certain nombre de valeurs, d'expériences, d'attributs sociaux et symboliques qui vous ont été transmis par une histoire familiale lointaine (généalogique) et par celle que l'on a vécue dans son enfance avant d'acquérir son autonomie d'adulte. Cette double inscription fixe les configurations de ce que l'on appelle l'identité individuelle.

***Sciences Humaines :* Il semble que l'on puisse distinguer différentes fonctions de la mémoire familiale. En quoi consistent-elles ?**

A.M. : La première fonction que l'on peut identifier est une « fonction de transmission » : tout le folklore familial, les rituels de la table, la recette du gâteau de la grand-mère que l'on réutilise, le livre de chansons que l'on conserve, un outil avec lequel on a vu son grand-père travailler et que l'on va pendre au mur de la cuisine ; des objets qui, souvent, n'ont aucune valeur en soi mais qui ont pour fonction de préserver un héritage dont se nourrira l'identité de l'individu… Dans cette première fonction, l'identité puise ses ressources au sein d'un « nous collectif » familial, dont les référents doivent être perpétués.

La mémoire familiale va également servir l'identité par la « fonction de reviviscence », liée à l'expérience affective. C'est alors sa vie d'enfant qui est convoquée, l'expérience directe et intime de son passé dans la famille, les émotions, les sensations… La mémoire sensorielle y occupe une place très importante : les odeurs, les saveurs, les sons que l'on retrouve, les décors qui renvoient à des moments heureux, mais aussi douloureux, car la mémoire peut aussi faire revivre des souffrances. Il s'agit là de souvenirs privés dont Proust a donné

** Sociologue, chercheur au CNRS, auteur de* Individu et Mémoire familiale, *Nathan, 1996.*

une illustration célèbre en décrivant comment le goût d'une madeleine fait resurgir sa vie d'enfant à Combray… Cette seconde fonction fonde ce que l'on pourrait appeler l'identité intime de chacun.

La troisième fonction, que j'appellerai de « réflexivité », fait que l'on mobilise sa mémoire pour tirer une leçon, pour se situer par rapport à sa famille. Pour dire « *cela m'a fait souffrir, donc je ne le referai pas avec mes enfants* », ou au contraire pour garder et retransmettre à son tour… Dans ce cas, on se positionne par rapport à son passé pour mieux négocier son inscription dans le présent, son identité sociale mais aussi intime et affective. C'est une fonction de construction et d'évaluation de sa propre destinée.

***Sciences Humaines* : Vous évoquez une certaine subjectivité de la mémoire familiale, « *la façon dont le passé est convoqué pour construire l'identité sociale du sujet et servir sa situation présente* ». Comment l'oubli intervient-il dans cette configuration ?**

A.M. : On ne peut effectivement pas évoquer la mémoire familiale sans évoquer le rôle fondamental de l'oubli. Par exemple, dans la fonction de transmission, l'oubli intervient pour permettre l'intrusion de la nouveauté, l'expression de nouvelles valeurs ; en fait pour créer du changement social d'une génération à l'autre. On ne se reproduit jamais à l'identique… Même si cela peut paraître paradoxal, l'oubli est la condition d'une mémoire vivante et donc d'une transmission dans laquelle on va se poser la question de ce que l'on va garder ou pas. Dans le domaine affectif, l'oubli aura une fonction de refoulement : consciemment ou non, on ne voudra pas se souvenir de certaines choses qui font trop mal… Dans la dernière fonction, le rôle de l'oubli est central puisque l'individu opère une sorte de tri, dans lequel il négocie son passé pour élaborer son devenir.

Propos recueillis par
MARTINE FOURNIER

(*Sciences Humaines*, hors série n° 15, décembre 1996/janvier 1997)

Michel Fize*

NAISSANCE DE LA CULTURE ADOLESCENTE**

Pour gérer un « âge de la crise » inventé au XIXe siècle, la société d'aujourd'hui a perdu toute force de proposition nouvelle. Les adolescents répondent en inventant leur propre culture et leurs propres réseaux de sociabilité.

Un sociologue qui s'aventure sur le terrain de l'adolescence, étonnant ? Faut-il rappeler que sociologie et adolescence ne font traditionnellement pas « bon ménage » ? Emile Durkheim, figure de proue de la sociologie du siècle dernier, osa même proclamer la non-réalité sociologique de l'enfance et de la jeunesse (1).

Une véritable aubaine pour la psychologie qui, « s'emparant » du sujet adolescent, n'eut de cesse d'en montrer tous les excès et tous les dangers. L'interrogation sur l'adolescence se résuma longtemps en l'observation d'un âge « problématique ». L'âge ingrat, celui de la crise, était né.

Aujourd'hui, tout a changé. A la « crise » individuelle – la difficulté du passage à l'âge adulte – s'ajoute une profonde crise sociale, qui laisse sur le pavé un nombre grandissant d'adolescents. Alors, de temps à autre, les exclus se rebiffent. Pacifiquement ou violemment, c'est selon. De la puberté à l'insertion, le chemin est de plus en plus long, le parcours de plus en plus difficile. De plus en plus solitaire aussi. Tout est décidément changé au « royaume » de l'adolescence !

Le regard du sociologue s'impose car l'adolescence est, plus que jamais, un

---

* Sociologue au Centre de recherche interdisciplinaire de Vaucresson (CNRS). A publié *La Démocratie familiale*, Presses de la Renaissance, 1990 ; et *Les Bandes, l'« entre-soi » adolescent*, Epi/DDB, 1993.

** *Sciences Humaines*, n° 33, novembre 1993.

1. N'ayant pas encore reçu les marques profondes de la contrainte sociale, enfants et jeunes demeurent des êtres asociaux, « n'intéressant » pas, de ce fait, la sociologie.

regroupement, une « nouvelle classe d'âge », selon l'expression d'Edgar Morin. L'univers adolescent est d'abord constitué d'une multitude de pratiques culturelles (musique, vêtements...) (2). La « personnalité culturelle » adolescente contemporaine est immergée dans un quotidien constitué d'enjeux sociaux, de conflits et de tensions opposant des générations plus que des catégories sociales.

A longueur de journées, à longueur de rues, les adolescents vivent dans une intense sociabilité qui se joue du découpage du temps en unités strictes : temps familial, scolaire, « libre »... La division rigoureuse de l'espace n'est pas respectée non plus. Dans la ville, qui n'est pas faite pour eux, ils se livrent à une multitude d'activités que les grandes enquêtes statistiques nationales ne repèrent pas, ou fort mal (jeux, rencontres, formation de groupes). Il faut donc, par de minutieuses observations de terrain, les traquer (car ils ne se laissent pas volontiers appréhender). Le sociologue doit lui-même se transformer en errant, user jusqu'à l'abus du regard et de l'écoute, s'il veut suivre ces jeunes dans leur parcours d'errance (3). Il n'est pas seulement un assembleur de corrélations statistiques, mais aussi un « archéologue », un découvreur de sens, et d'abord du sens que les acteurs donnent à leurs conduites, à leur sociabilité.

Contrairement à une conception sociologique courante, il n'y a pas nécessairement de lien entre sociabilité et socialisation. En effet, une observation patiente des groupes d'adolescents montre que les groupes informels, « spontanés », ne jouent pas directement un rôle d'insertion sociale, voire annihilent toute volonté d'entrer dans la vie sociale.

Le relais d'une société en crise

L'accentuation de la distance entre générations (que des travaux antérieurs ont révélée) (4), l'affermissement de la culture adolescente, la prolongation sociale (et bientôt mentale) de l'adolescence pour cause de scolarité ou de chômage sont autant de raisons qui poussent les jeunes vers une sorte de « retraite sociale » et vers la construction d'intenses réseaux de sociabilités. Les adolescents instituent entre eux des rapports et des rituels (corporels, vestimentaires, langagiers) qui visent d'abord à les faire entrer, puis reconnaître, dans leur propre classe d'âge.

La sociologie américaine a montré, dès les années 40 (voir les travaux de Talcott Parsons), que le véritable « projet » adolescent était de pouvoir participer à la culture jeune et non d'endosser des rôles sociaux. Les adolescents expriment « *des façons de voir ou de penser, des modes d'expression orale ou corporelle, des manières d'être ou de sentir, des gestes et des postures, des façons d'appréhender le monde et d'aborder la vie* » (5) qui leur sont propres. En revanche, l'enracinement des jeunes dans un uni-

2. Voir M. Fize, « Musique et glisse urbaine », *Le Monde de l'Education*, 1er mars 1993.
3. C. Javeau, *La Société au jour le jour*, De Boeck-Université, 1991.
4. M. Fize, *La Démocratie familiale : histoire des relations parents-adolescents*, Presses de la Renaissance, 1990.
5. M. Absay et P. Dumoulin, « Les élèves de LEP, anatomie d'une population », *Revue française des affaires sociales*, n° 2, 1979.

vers culturel qui vient prendre le relais d'une société en crise est un phénomène nouveau. La sociabilité adolescente, cœur d'une sociologie nouvelle de l'adolescence, apparaît ainsi comme une réponse au lien social défait, au vide de sens collectif qui caractérise les sociétés post-modernes. Les adolescents recréent du lien communautaire sur un tissu social qui n'en finit pas de se déchirer. Apparaissent ainsi de toutes petites communautés (taggers, rappers, skaters, basketteurs, etc.) qui fonctionnent sur le principe de la fermeture au monde extérieur et qui sont autant de réponses à un système social qui n'insère plus, ou de plus en plus mal (ou de plus en plus tard).

Ces communautés repliées sur elles-mêmes mettent en scène une même culture et aspirent au fonctionnement démocratique. Il n'y a pas d'organisation stricte, la spontanéité est préférée au projet, la liberté à l'autorité, l'égalité de tous au commandement d'un seul. Hakim, jeune rollerskater de seize ans, proclame solennellement : « *Nous sommes tous égaux.* » Les pairs donc – qu'ils soient blancs, blacks ou beurs – sont d'abord des frères. Finie la conscience de classe sociale : on fraternise désormais sur la base du quartier, de la rue, avec ceux de son âge – toutes races, ethnies, situations sociales confondues.

« J'apprends l'amitié »

Il s'agit de partager ensemble les mêmes émotions, la même passion. Les copains se transforment parfois en coquins, dans des « bandes » de sinistre réputation (6). Mais ces rassemblements surmédiatisés restent une périphérie étroite de l'univers adolescent, lequel est d'abord constitué de groupes « sans histoire », réservoirs de fraternités et de complicités. « *Avec mes copains, j'apprends l'amitié* » déclare Khat, jeune garçon de dix-sept ans d'origine asiatique.

Dans les communautés adolescentes, seule la compétence légitime l'« autorité morale », faite de prestige et d'admiration. Se faire remarquer à tout prix, prétendre « commander » sans posséder le talent requis (être bon rapper, bon skater...), c'est se faire rejeter aussitôt.

Mais la sociabilité adolescente reste une sociabilité masculine. Dans les groupes rencontrés (rappers, skaters, rollers...), les jeunes filles sont rares, sinon absentes.

La société adolescente se veut aussi ludique et hédoniste. Comme les adultes, les « jeunes », en quête de plaisirs et de sensations, aspirent à vivre sans contraintes, recherchent l'épanouissement personnel. Mais la réalisation de ce « projet » s'avère délicate. Les adolescents se rassemblent où ils peuvent, là où l'on veut bien d'eux, car l'espace leur est compté dans la ville moderne. Il s'agit pour tous de « passer le temps », de gérer le présent immédiat – une manière d'oublier un lendemain incertain, d'esquiver un futur sans attrait.

On s'amuse pour chasser l'ennui, on se regroupe pour fuir l'isolement qui guette à chaque instant. « S'éclater », « délirer », devient alors le projet commun. La préférence va aux activités libres, spontanées, débarrassées de la tutelle adulte.

6. M. Fize, *Les Bandes : l'entre-soi adolescent*, *op. cit.*

Le langage de ceux qui n'ont rien

La société adolescente n'est pas seulement le lieu de l'apprentissage compétitif entre pairs. Elle est encore (et de plus en plus) le moyen pour toute une classe d'âge de se rappeler « au bon souvenir » de la génération aînée.

Taggers, rappers, skaters, rollers forment aujourd'hui un immense groupe social qui aspire à la reconnaissance publique. Il est déterminé à se faire entendre, au besoin par la violence, laquelle prend alors valeur de langage et d'avertissement. Langage de ceux qui n'ont plus rien, à l'adresse de ceux qui possèdent pouvoir et richesse. Avertissement lancé à une société qui ne saurait être de consommation pour les uns, d'exclusion pour les autres (7). Si l'on admet que la violence « *conclut un drame de non-communication* » (Jean Monod), il paraît urgent de retrouver la voie du dialogue, particulièrement entre jeunes et adultes, interrompu il y a plus de trente ans. La panne de la communication sociale, qui s'inscrit sur fond d'individualisme exacerbé, favorise aujourd'hui incompréhension et tensions entre groupes sociaux et entre classes d'âge. La sociabilité, qu'elle soit façon de définir l'adolescence (âge par excellence du regroupement) ou contrainte imposée aux jeunes (classe d'âge d'un point de vue sociologique), est bien l'axe majeur d'une sociologie « à temps plein » de l'adolescence.

7. M. Fize, « Adolescents de banlieue. De l'exclusion à la violence », *Migrants-Formation*, n° 92, mars 1993.

Un nécessaire changement de regard

En France, la sociologie de l'adolescence est encore... dans l'enfance. Un rapide survol historique permet de mesurer l'ampleur du problème.

Fin du XIXe - début du XXe siècle : naissances conjointes de la notion d'adolescence, de la psychologie et de la sociologie. L'adolescent est « psychologisé » et marginalisé. La sociologie est absente.

Entre-deux-guerres : naissance d'une sociologie de l'adolescence aux Etats-Unis.

Années 60 : toujours pas de véritable sociologie de l'adolescence en France, les sociologues s'intéressent surtout aux rapports de classe et aux rapports de travail. Le monde médical maintient son monopole.

Années 70 : la sociologie dite « de la jeunesse » se penche sur la déviance et sur les modes d'insertion des jeunes sur le marché du travail, mais néglige les socialisations familiale et professionnelle.

Années 80 : mise en place d'une sociologie comparative des jeunesses. Un thème fort surgit : « la galère » (voir François Dubet).

Aujourd'hui : le débat sur une véritable sociologie de l'adolescence doit être rouvert, notamment en insistant sur la sociabilité et les pratiques culturelles (sport, musique, etc.) des jeunes plutôt que sur la déviance et les problèmes d'insertion.

MARYSE ESTERLE-HEDIBEL*

LES BANDES DE JEUNES**

Les bandes de jeunes réapparaissent régulièrement à l'occasion d'événements violents : émeutes, mises à sac de magasins... Les études sociologiques permettent de comprendre l'organisation interne et les mécanismes de socialisation à l'œuvre dans le phénomène des bandes.

UNE CONSTANTE pour les jeunes des deux sexes à travers l'histoire : le besoin de se regrouper entre eux, d'échapper au contrôle familial sans pour autant endosser les responsabilités des adultes ; que ce soient les brigades du XVIe siècle, les cercles de la révolution industrielle, ou les formations plus récentes «*bases de la plupart des mouvements de jeunesse*» (1). Les jeunes se regroupent à l'âge où le groupe des pairs permet les premiers apprentissages de socialisation collective «*à la recherche de distractions communes, (avec) surtout la possibilité de discuter entre jeunes*» (2). Mais tous les jeunes qui se regroupent ne forment pas des bandes !

Qu'est-ce qu'une bande ?

La bande est un regroupement de jeunes défini par un territoire (le quartier), par une histoire commune (les jeunes se connaissent depuis l'enfance), par des leaders reconnus pour leur capacité à symboliser les désirs du groupe et pour leur intelligence dans les affrontements (physiques et verbaux) avec d'autres groupes, et enfin par des valeurs. Un langage commun (argot, et aujourd'hui formes diverses de verlan ou mots de langues étrangères) et un look particulier signent le plus souvent l'appartenance au groupe.

---

* Chercheur associée au CESDIP/CNRS. Chargée de cours à l'université d'Evry-Val-d'Essonne.

** *Sciences Humaines*, n° 5, avril 1991.

1. J.-Y. Barreyre, DEA d'anthropologie sociale sur « Les formes d'agrégation juvénile », université Sorbonne-Paris-V, 1987.

2. P. Robert et P. Lascoumes, *Les Bandes d'adolescents*, éd. Ouvrières, 1974.

La bande est un groupe fermé, exclusif, qui définit ses contours par les relations conflictuelles qu'il entretient avec le reste de la société, produites par la « montée en épingle » d'incidents mineurs : bris de vitres par des ballons, altercations... La réponse adulte spontanée porte le stigmate sur les jeunes qui transforment l'opprobre dont ils font l'objet en raison de leur comportement en motif de fierté : « *Ah, on est des vauriens ? Et bien on va être des vauriens, voilà !* » (Nordine, ex-membre de bande).

Néanmoins, la plupart des jeunes se satisfont de regroupements sporadiques ou de participation à des mouvements sportifs, culturels ou de loisirs organisés par des adultes ; ils y trouvent une valorisation dans leur cursus scolaire ou un début de vie professionnelle. Plus les jeunes sont éloignés des voies classiques d'intégration sociale, plus ils auront tendance à se regrouper en une bande qui devient alors l'unique forme de socialisation qui leur est offerte. Cela explique que l'on trouve la plupart des bandes dans les milieux dits défavorisés et que leurs membres ne suivent que de loin leurs études et ont une insertion problématique dans le monde du travail.

Même s'il existe des bandes de jeunes dans d'autres milieux socio-économiques, le marquage social est tel vis-à-vis des jeunes de milieux pauvres, qui plus est d'origine étrangère, qu'ils constituent le prototype même des « classes dangereuses » définies par François Dubet : « *L'acteur des classes dangereuses est un garçon de vingt ans, sans qualification ou ayant décroché, souvent au chômage, souvent immigré et vivant dans les grandes cités de banlieue.* » (3)

La bande : un rite de passage ?

C'est la thèse que soutiennent Herbert Bloch et A. Niederhoffer (4) qui comparent les bandes d'adolescents aux groupes de jeunes garçons dans les sociétés traditionnelles, et assimilent les rites initiatiques dans celles-ci à ceux que se donnent les jeunes des bandes dans nos sociétés. Outre que les bandes sont un type d'organisation propre aux jeunes, alors que les rites initiatiques dans les sociétés traditionnelles sont organisés par les adultes et obligatoires pour tous les jeunes garçons, les bandes actuelles ne favorisent pas en tant que tel le passage à l'âge adulte (on y trouve des adolescents très prolongés !). De plus, la bande reste figée dans un présent mythique, quand elle ne se réclame pas d'un passé idéalisé et déjà lointain ! (rebelles issus des teddy boys, rockers, etc.). Philippe Robert parle plutôt de tendance au rite, face à la disparition des rites de passage traditionnels (baccalauréat, service militaire, entrée dans la vie professionnelle, mariage) (5).

La bande est une forme de socialisation, une tentative pour des jeunes de « prendre place » dans un vide social et éducatif, une recherche de repères dans une société où rien de ce qui a été prévu ne leur convient. En ce sens, l'apparition des bandes est un reflet précieux des relations qu'entretient la société avec une partie de sa jeunesse, et de la crise relationnelle dont elles sont une expression. Il est donc difficile de comparer les

3. F. Dubet, *La Galère*, Fayard, 1987.
4. H. Bloch et A. Niederhoffer, *Les Bandes d'adolescents*, Payot, 1974.
5. P. Robert et P. Lascoumes, *op. cit.*

bandes entre elles à travers les époques : quels points communs entre les « apaches » du début du siècle, les blousons noirs des années 60 et les bandes de « rappers » d'aujourd'hui ? Leur âge, la peur qu'ils inspirent et qui favorise tous les dérapages journalistiques, leur situation de marginaux... Pour éviter des généralisations hâtives, il est indispensable d'étudier les bandes dans le contexte social dans lequel elles se développent.

Les filles dans les bandes

La bande est traditionnellement le lieu de regroupement de garçons ; certains chercheurs nient même toute possibilité de présence féminine (H. Bloch), la bande ne pouvant être qu'une structure masculine. Il semble que l'on assiste à une évolution quant à la présence des filles au sein des bandes, qui suivrait celle de la place des femmes dans la société et... celle de l'image de la femme dans l'esprit des sociologues ! Les filles dans les bandes étudiées par Jean Monod ou Philippe Robert sont « *des filles objets, moyens d'une initiation hétérosexuelle* » (6). Lorsqu'elles bénéficient d'un certain respect de la part des garçons, elles sont alors des « filles-garçons » qui « *rêvent d'être des garçons et se conduisent comme tels* » (7). Margaret Mead arrive à point à ce stade de l'analyse pour nous rappeler « *qu'il s'agisse de petites ou de grandes questions, on retrouve toujours la distinction des rôles attribués respectivement aux hommes et aux femmes* » (8). Le problème est que ces rôles varient considérablement d'une culture à l'autre et, dans le cadre d'un continuum culturel, d'une époque à l'autre... Ce qui apparaît comme usurpation du rôle masculin en 1960 est passé dans les mœurs en 1990... Patrick Louis souligne le rôle actif joué par les filles dans certaines bandes, dont la BCR, où les filles ont une influence non négligeable : « *la place des femmes a changé dans la société, elle a donc changé au sein de la bande. Elles ne comptent plus pour quantité négligeable et leur rôle ne se cantonne pas à celui de simple repos du guerrier.* » (9)

La question des bandes ethniques soulève un vaste débat lié à la place des jeunes issus de l'immigration : leur regroupement en bandes ne soulignerait-il pas la discrimination dont ils seraient l'objet ? La France serait-elle parsemée de ghettos à l'instar des Etats-Unis dont les banlieues sont présentées comme des jungles dangereuses ? (les seules évocations des quartiers du Bronx et de Harlem font frissonner). Ainsi, les uns justifient la présence de bandes par l'expression de l'ethnicité : « *Les zulus, les Beurs, les skinheads s'érigent comme les expressions guerrières de leurs communautés respectives.* » (10) Les autres au contraire soulignent que « *ce n'est pas un problème d'immigration mais de place dans la société* » et insistent sur le côté « bien français » des jeunes de banlieue (11). Force est tout de même de constater qu'il existe des bandes liées

6. *Ibid.*
7. *Ibid.*
8. M. Mead, *L'un et l'autre sexe*, Denoël/Gonthier, 1966.
9. P. Louis, *Skinheads, taggers, zulus & co*, Table ronde, 1990.
10. F. Dubet, *op. cit.*
11. A. Jazouli, « Génération made in banlieue », *Politis*, n° 116, 29 novembre 1990.

par l'ethnicité comme le soulignent Jean-Charles Lagrée (12) et Patrick Louis. J'ai moi-même étudié une bande de jeunes d'origine maghrébine qui, retournant le stigmate porté contre eux, faisait de leur ethnicité un élément de fierté... (13)

Une délinquance amateur

Il est certain que les jeunes organisés en bandes actuellement, principalement les rappers et ceux proches du mouvement zulu, comptent parmi leurs membres une majorité de jeunes originaires d'Afrique noire, des Antilles ou du Maghreb, qui sont porteurs de la carte d'identité française mais discriminés dans leurs recherches d'emploi, dans l'accès aux logements, tutoyés plus facilement... Ils le disent bien fort, ils se sentent des Français de seconde zone. Cette impression leur vient cependant autant de la couleur de leur peau que des conditions socio-économiques dans lesquelles ils vivent. L'immigration étant en France en majorité économique, l'ethnicité se superpose dans bien des cas au monde ouvrier précarisé...

Les bandes révèlent de manière caricaturale les rapports existant entre la communauté dont sont issus les jeunes et le reste de la société. Certaines bandes sont multi-ethniques, lorsque les quartiers regroupent plusieurs minorités unies par les mêmes conditions socio-économiques ; d'autres regroupent une seule ethnie lorsque l'histoire locale (meurtres racistes, heurts entre communautés) interdit les échanges entre jeunes.

On assimile trop souvent bandes et délinquance, bandes et violence. Or, la raison d'être de la bande n'est pas la délinquance, c'est le fait d'être ensemble, le groupe se reconnaissant comme tel dans une opposition à l'extérieur. Dans ces conditions et en fonction de la sous-culture du milieu dont elle est issue, la bande peut être plus ou moins violente, plus ou moins délinquante. J'ai pu suivre récemment une bande de jeunes d'origine algérienne fortement discriminés par l'ensemble du corps social au début des années 80 (14) : d'origine très modeste, dans l'incapacité d'acquérir les biens de consommation étalés au centre commercial du quartier, valorisant la force physique et les combats de rue sans repères ou garde-fous adultes qui auraient pu leur proposer d'autres voies, ils ont multiplié les délits de diverses importances. Même si le groupe de jeunes était en recherche d'une identité alternative entre celle du pays d'origine et celle du pays d'accueil, les délits faisaient écran à cette recherche et devenaient une composante de la sous-culture du groupe ; le vol étant conçu comme une simple récupération de ce qui leur revenait de droit.

De l'avis de l'ensemble des chercheurs, la délinquance des bandes, quand elle existe et malgré ses côtés spectaculaires, est une délinquance amateur : beaucoup de cambriolages échouent faute d'une préparation suffisante, les réseaux de revente d'objets volés fonctionnent laborieusement, les jeunes disposent rarement d'armes à feu. Il importe à ce

12. J.-C. Lagrée et P. Lew-Fai, *La Galère : marginalisations juvéniles et collectivités locales*, éd. du CNRS, 1985.
13. M. Esterle, *Le Social dans tous ses états*, L'Harmattan, 1990.
14. M. Esterle, « Les bandes de jeunes », DEA d'anthropologie sociale, université Sorbonne-Paris-V, 1989.

propos de faire la différence entre la bande de jeunes et le gang de malfaiteurs, composé de personnes plus âgées, liées au milieu et bien organisées.

Les zulus à toutes les sauces

Mercredi, il est 18 heures : dans un petit local géré par un animateur municipal, une quinzaine de jeunes dansent sur une chanson de NTM (*Nique ta mère*, rappers largement médiatisés)... L'un d'entre eux va bientôt répéter un morceau de sa composition sur le rythme saccadé caractéristique du rap ; il y sera question de drogue, des cités, de la vie quotidienne. La plupart des jeunes sont antillais, africains, quelques-uns beurs ; parmi eux des rappers qui composent les paroles des chansons, des taggers qui apposent leur signature stylisée sur les murs des bâtiments, des graffeurs qui eux font de véritables fresques... Il y a entre 25 à 30 jeunes, dont huit filles qui composent SCM (*Sous contrôle médical*), une des nombreuses bandes actuelles de nos banlieues, qualifiées à tort de « zulus ».

Le mouvement zulu est une association loi 1901 où n'entre pas qui veut : les interdits sont nombreux (pas de drogue et pas de violence...) et les consignes des leaders doivent être suivies à la lettre. Il existe donc beaucoup de bandes qui sont dans la mouvance du mouvement sans en faire partie, autant par refus du mouvement que par réticence des bandes elles-mêmes, peu enclines à respecter des leaders qu'elles n'ont pas choisis.

Sachant que les bandes se définissent entre autres par rapport à un même territoire, qui peut être assez restreint, on mesure les difficultés à fédérer dans un même mouvement des petits groupes éparpillés dans toute la banlieue... En revanche, les bandes étant soumises aux courants culturels qui traversent la jeunesse, il n'est pas indifférent de constater que beaucoup pratiquent les mêmes formes d'expression sans pour autant avoir de liens organiques entre elles.

Du combat de rue aux défis par la danse

Une caractéristique des bandes « rap » actuelles est leur possibilité d'expression artistique, la verbalisation des difficultés, des espoirs, des revendications des jeunes : un message passe, intelligible par les adultes. A ce titre ils se démarquent de la révolte anomique soulignée par F. Dubet dans *La Galère* ; la mise en mots, la mise en images de leurs souhaits évitent sans doute en partie le passage à l'acte délinquant auquel sont acculés des jeunes sans autre possibilité d'expression. Un jeune rapper peut montrer ses textes à un professeur de français ou à un animateur et recevoir compliments et encouragements pour sa production artistique, ce qui est autrement valorisant que de quitter l'école à seize ans sans aucun diplôme en poche, avec au cœur la rage de l'humiliation et devant soi la perspective de recherches d'emploi infructueuses !

Mais que faire de ces jeunes ?

Les bandes inquiètent et ne laissent pas indifférent : les uns veulent les éradiquer, gonflant le phénomène au gré du sentiment d'insécurité des électeurs (il en est pour parler d'« Intifada des banlieues», comme le maire de Sartrouville, cité par *Libération*, 1er février 1990). Il est à noter que les tenants des actions les plus drastiques interviennent pour exiger que l'on traite les problèmes de fond lorsque les jeunes se sont violemment manifestés...

D'autres essaient de circonscrire le phénomène en transformant les bandes de jeunes en structures associatives : «*Le pari est aujourd'hui fait que les bandes de jeunes, moyennant une institutionnalisation de leur existence, pourront faire partie en toute légitimité de la dynamique locale...*» (15)

De révélateur des dysfonctionnements sociaux, les bandes deviendraient un rouage de plus dans les plans de réhabilitation des quartiers. Mais, comme le dit Jean Hurstel : «*les jeunes ne vont pas où on leur demande d'aller... Les jeunes font rarement ce qu'on leur demande de faire.*» (16) Même en admettant qu'une bande se transforme en association, il restera toujours des rebelles à la mainmise des adultes pour former, à côté de la nouvelle institution, une bande, insaisissable, fermée, mécontente, râleuse...

15. T. Blöss, « Jeunes maghrébins des quartiers nord de Marseille », *Les Annales de la recherche urbaine*, n° 41, 4e trimestre 1988.
16. J. Hurstel, *Jeunes au bistrot, culture sur macadam*, Syros, 1984.

A lire sur le sujet...
M. Esterle-Hedibel, *La Bande, le Risque et l'Accident*, L'Harmattan, coll. « Déviance et société », 1997.

Les groupes professionnels

PHILIPPE CABIN*

LES TRIBUS PROFESSIONNELLES**

Des journalistes aux cheminots, des cadres IBM aux employés Michelin, les groupes professionnels constituent des communautés ayant leurs propres valeurs, leurs codes de conduite, leurs réseaux de socialisation.

ON PARLE aujourd'hui volontiers de « tribus modernes » pour caractériser certains groupes ou institutions : les supporters, les motards, les cheminots, les employés d'Apple, de Michelin, etc. Au-delà des libertés prises avec la terminologie, comment justifier ce surgissement ? Notre société serait-elle en proie à une tribalisation des rapports sociaux ?

Le sociologue Michel Maffesoli met l'accent sur le repli vers la « communauté émotionnelle ». L'émergence de petits groupes éphémères (musicaux, socioprofessionnels, sportifs, religieux...) révélerait l'existence d'une « ambiance » tribale (1). Cette thèse remet en cause l'idée dominante d'une individualisation des rapports sociaux, soutenue par de nombreux auteurs.

Ce vaste débat dépasse les limites de notre propos. Nous nous contenterons d'avancer une hypothèse plus modeste, qui n'exclut en rien les autres interprétations : c'est sans doute davantage l'intérêt nouveau de l'ethnologie pour les sociétés urbaines que le constat objectif d'une tribalisation qui amène à parler de tribus. Tels Montesquieu dans ses *Lettres persanes*, les ethnologues se penchent aujourd'hui sur leur propre société.

La notion de tribu désigne, en anthropologie, un groupe endogame, soudé par un ancêtre commun, des liens de

---

* Journaliste au magazine *Sciences Humaines*.

** *Sciences Humaines*, n° 33, novembre 1993.

1. M. Maffesoli, *Le Temps des tribus. Le déclin de l'individualisme dans les sociétés modernes*, Méridiens Klincksieck, 1988.

solidarité, une culture, une religion, un territoire. Plus largement, cette notion peut renvoyer à une certaine forme de rapports sociaux « communautaires » que l'on considère comme caractéristiques des sociétés traditionnelles. Cette définition renvoie à la dichotomie entre « communauté » et « société » établie par le sociologue allemand Ferdinand Tönnies (reprise par Durkheim, qui distinguait sociétés à solidarité mécanique et sociétés à solidarité organique).

Communauté et société

La communauté rassemble des personnes unies par des liens spontanés ou naturels et des objectifs communs. Les individus y sont identiques, les relations sont marquées par l'affectivité et la proximité. La société repose au contraire sur la différenciation ; les individus y ont des rôles spécifiques, les rapports humains s'établissent sur la base des intérêts individuels. L'histoire des sociétés humaines traduit clairement l'évolution du modèle communautaire vers le modèle sociétaire. Pourtant, il subsiste dans notre société des tendances au communautarisme. C'est en ce sens que la notion de tribu peut avoir des vertus interprétatives. Elle indique que chaque individu appartient à une ou plusieurs communautés de base, ayant leurs systèmes de références, de codes, de rites, de croyances.

Prenons l'exemple des informaticiens décrit par Philippe Breton (2). Ce qui fait la force et l'homogénéité de la « tribu informatique », c'est qu'elle possède une vision du monde cohérente et spécifique. Cette vision est celle d'un océan de désordre où, pour reprendre l'expression de Norbert Wiener, un des inventeurs de l'informatique, l'homme ne doit sa survie qu'à sa capacité à organiser et à faire circuler l'information dont il dispose. L'homme n'est pas armé pour faire face au désordre : l'information et son traitement rationnel sont des ressources indispensables. Pour P. Breton, les membres de la communauté informatique respectent la machine comme un être différent, ils cherchent à inventer de nouveaux rapports sociaux incluant l'ordinateur. Ceux qui ne le considèrent que comme un outil ne font pas partie de la tribu.

La solidarité et l'uniforme

D'autres tribus modernes ont fait l'objet de pénétrantes analyses : les parlementaires, les supporters, les entomologistes, les bourgeoises du XVIe arrondissement, les « sapeurs » congolais, etc. (3) Les contraintes de certaines professions déterminent le mode de vie des individus. L'homogénéité des univers de valeurs, les solidarités de corps, l'existence d'un langage spécialisé, l'uniformité des tenues vestimentaires (n'en déplaise aux défenseurs de l'idée d'une indifférenciation des modes de vie, il reste facile à distinguer, sur sa simple apparence extérieure, un publicitaire d'un professeur ou d'un ouvrier du

2. P. Breton, *La Tribu informatique*, Métailié, 1990.
3. Voir respectivement : M. Abelès, *La Vie quotidienne au Parlement européen*, Hachette, 1992 ; C. Bromberger, « Pour une ethnologie du spectacle sportif », *Vers une ethnologie du présent*, éd. de la MSH, 1992 ; Y. Delaporte, « Des insectes et des hommes », *Les Temps modernes*, janvier 1984 ; B. Le Wita, *Ni vue ni connue. Une approche ethnographique de la culture bourgeoise*, éd. de la MSH, 1988 ; J.-D. Gandoulou, *Au cœur de la sape. Mœurs et aventures de Congolais à Paris*, L'Harmattan, 1989.

bâtiment) sont constitutives de certains « milieux », et autorisent dans certains cas à parler de tribus, en distinguant cette notion de celles de clan, de lobby, de corporation.

Le chantier naval possède les attributs d'un métier où la culture technique et le théâtre que constitue le bateau sont constitutifs d'un fort sentiment communautaire. Le navire est un univers signifiant. Objet démesuré, il permet, par la simple magie de ses dimensions, une véritable plongée au cœur de la technique, tout en exposant à des risques constants de chute, d'écrasement, d'explosion : il réclame un investissement physique synonyme d'engagement total (4). On remarquera au passage que, dans les métiers dangereux, le risque que l'on brave ouvertement, et parfois au mépris des règles de sécurité, est un élément capital de la fierté professionnelle.

Etre « du métier »

Le *show-biz* est un autre exemple de milieu professionnel très différencié, et à propos duquel les clichés sont nombreux : la jungle, la vie d'artiste, etc. Comme le montrent Eliane Daphy et Marie-Françoise Raveyre, l'identité professionnelle des musiciens, quelle que soit leur fonction (sonorisateur, chanteur, instrumentaliste), se résume à une formule simple : « *Ils font le métier.* » (5)

Contrairement à une idée reçue, les producteurs de la musique se jouent de la sectorisation entre genres musicaux : un violoniste de l'orchestre de Paris peut aussi bien assurer un remplacement à l'Opéra que faire de la scène derrière un chanteur de variété ou du studio pour des publicités. La cohérence de ce système apparemment désordonné est assurée par un fonctionnement en réseau : c'est la « *grande famille des gens du métier* ».

Parmi les manifestations qui incitent à parler de tribu se trouve l'existence de signes extérieurs distinctifs : jargon, tenue vestimentaire. Les mineurs manifestent dans la rue coiffés de leur casque et de leur lampe frontale. L'outil est aussi, de longue date, un emblème que l'on arbore fièrement dans certains milieux professionnels. On repérait les terrassiers des années 20 au double-mètre qui dépassait de leur poche et à la petite cuillère qui leur servait à gratter la pelle (6).

Le lien communautaire est particulièrement puissant lorsqu'il y a identification du métier à une entreprise : c'est le cas des cheminots et de la SNCF. La SNCF fonctionne comme une institution totale. Son influence déborde le cadre de la vie professionnelle de ses agents. La tribu des cheminots est endogame. « *En épousant mon père, maman a épousé la cause du chemin de fer* », raconte Sabine, secrétaire à la SNCF et mariée à un cheminot (7). La cooptation familiale a longtemps fait partie de la politique de recrutement. Il y a un mode de vie cheminot, fait d'horaires décalés et de mobilité géographique, qui crée un sentiment de

4. J.-L. Tornatore, « Etre ouvrier de la Navale à Marseille. Technique, vice et métier », *Terrain*, n° 16, mars 1991.
5. E. Daphy et M.-F. Raveyre, « Show-bizz : la grande famille des gens du métier », *Pour*, n° 112, 1988.
6. Y. Lequin, « Le métier », P. Nora (dir), *Les Lieux de mémoire. Les France*, t. II, Gallimard, 1993.
7. Citée dans C. Kerdellant, *Les Cheminots. Génération TGV*, Critérion, 1991.

déphasage et d'appartenance à un univers autarcique. La politique sociale de la SNCF favorise la vie communautaire. L'entreprise fournit le logement, prend en charge les loisirs de ses salariés. Au sein de l'UAICF (Union artistique et intellectuelle des chemins de fer français), on ne trouve pas moins de 500 associations (de l'aquariophilie à la spéléologie ou à l'espéranto). L'Union sportive des cheminots de France regroupe 120 000 adhérents. Il existe aussi l'Association touristique des cheminots (130 000 adhérents), le Jardin du cheminot (110 000 membres). La SNCF possède ses propres médecins et assistantes sociales, sa propre Caisse de retraite. A cette prise en charge s'ajoute un ensemble de croyances et de valeurs fortes (le train, le Progrès, le service public), de rites professionnels, de médias (*La Vie du rail...*) constituant un impressionnant dispositif communautaire.

Ce cas limite autorise-t-il à utiliser le concept de tribu pour caractériser une entreprise donnée ? On a parlé d'entreprise tribale à propos des méthodes de management en vogue dans les années 80. Celles-là visaient à la mobilisation des salariés par la réunification d'une « communauté culturelle » autour d'un « projet d'entreprise » (8). Les dénonciations des abus (de langage et de pratique) et des effets pervers de ce bricolage communautaire en ont sapé l'influence.

Il existe néanmoins des entreprises possédant une forte culture et au sein desquelles la fonction identitaire est capitale. Son activation peut conférer une dimension fortement communautaire à la vie dans l'entreprise. L'ordre du Minorange initié par Bouygues institue un réseau de « compagnons » structuré autour de valeurs mêlant le métier et l'entreprise. Ce système permet aussi à la direction de court-circuiter la hiérarchie traditionnelle et d'affaiblir l'influence syndicale. Comme le montre Alain Etchegoyen, le recrutement chez Michelin met en jeu et prend en compte les valeurs fondamentales affirmées par l'entreprise. Il est pensé pour préserver « l'âme de l'entreprise » (9).

La logique familiale dans les PME

Michelin fait partie de ces entreprises dont l'histoire est liée à une famille. La logique familiale est très souvent présente et particulièrement puissante dans les PME. Ainsi cette firme artisanale de menuiserie, ayant pour tout personnel le menuisier, son fils et son épouse, qui tient la comptabilité sans être déclarée ; l'atelier se situe dans le jardin familial, le tiroir-caisse sert aussi de porte-monnaie familial (10). Comme le souligne Michel Bauer, le caractère irréel des théories économiques de l'entreprise apparaît immédiatement quand on observe comment de telles firmes sont dirigées : le raisonnement du *pater familias* inspire de nombreuses décisions et supplante celui de l'*homo economicus*. Les modes d'intégration dans l'entre-

8. P. Trompette, « Culture et projet d'entreprise : politique de management et changement social dans l'entreprise », *Journal des anthropologues*, n° 43-44, mai 1991.

9. A. Etchegoyen, *Les Entreprises ont-elles une âme ?*, François Bourin, 1990.

10. M. Bauer, « De l'*homo economicus* au *pater familias*. Le patron d'entreprise entre le travail, la famille et le marché », collectif, *Jeux de famille*, Presses du CNRS, 1991.

prise peuvent aller à l'encontre des principes économiques les plus élémentaires. L'entreprise peut constituer une source de revenu pour des membres de la famille, soit qu'il y ait rémunération sans travail, soit qu'il y ait très forte surrémunération par rapport à la tâche effectuée. A l'inverse, elle peut fonctionner selon l'économie du don : il y a apport gratuit de travail de la part des enfants, la famille maintient l'entreprise en survie artificielle. Autre aspect tribal de ce type de structure : le rêve dynastique, qui peut rendre aveugle le dirigeant. Ainsi de ce maçon dont l'entreprise employait une trentaine d'ouvriers, et qui avait trois filles : dans l'attente d'un gendre maçon, qui n'arrivera pas, il reporte indéfiniment les décisions quant à l'avenir de son entreprise, qui finira par péricliter jusqu'à ne plus compter que six employés (11).

Effets de réseaux

Les individus au travail sont insérés dans de nombreux autres réseaux et communautés. Cette multi-appartenance a des effets directs sur la vision du monde des salariés, leur comportement dans l'entreprise et le fonctionnement de l'organisation. Des monographies réalisées dans divers établissements d'un même groupe situés dans des zones géographiques éloignées ont mis en évidence le poids de l'environnement local et de l'existence d'une culture régionale ou communale. Le « parachutage » des cadres et des dirigeants dans une région est souvent mal accepté par les « gens du pays ». Le style de la gestion des hommes est influencé par la culture locale.

Outre cette emprise du local, il existe des réseaux de solidarité basés sur une appartenance ethnique, nationale ou religieuse. L'existence de solidarités communautaires a pour effet de renforcer dans l'imaginaire collectif le mythe des forces occultes (c'est par exemple le cas pour les communautés juives, protestantes, chinoises...). Il reste que les réseaux communautaires existent et que leur fonctionnement fait partie du système. Dans son étude d'un dépôt de bus à la RATP, Noëlle Gérôme note l'existence d'une amicale des Bretons et d'une amicale des Antillais (12).

La formation des cadres et des dirigeants dans les grandes écoles est aussi à l'origine d'effets de réseaux dans les entreprises. Les liens d'amitiés nés entre étudiants sur les mêmes bancs, le prestige de chaque école et les rivalités entre elles génèrent un fort sentiment d'appartenance et de solidarité chez les personnes issues de ces formations. Les associations d'anciens élèves, les stratégies développées par les écoles contribuent à renforcer ces réseaux. A la lecture de l'analyse d'Irène Bellier (13), il n'apparaît pas absurde de parler de « tribu des énarques » (*voir l'entretien avec I. Bellier p. 199*). La formation est pensée pour former une grande famille. Les manières d'être, les références, le langage des jeunes énarques témoignent d'une grande homogénéité.

11. *Ibid.*
12. N. Gérôme et A. Guiche, *Un village éclaté : le dépôt Floréal. Une étude ethnologique des pratiques culturelles dans un dépôt d'autobus*, RATP, Projet Réseau 2000 (recherche financée par le ministère de la Recherche), 1987.
13. I. Bellier, « Regard d'une ethnologue sur les énarques », *L'Homme*, janvier/mars 1992.

Le concept de réseau apparaît finalement pertinent, et complémentaire de celui de tribu, pour interpréter les phénomènes sur lesquels nous nous sommes penchés.
Ceux-là témoignent d'une activité foisonnante de la logique communautaire dans le monde de l'entreprise. Son ignorance au profit de la seule idéologie de la rationalité économique a longtemps entravé la compréhension des logiques d'entreprises.

L'ENA OU LA TRIBU DU POUVOIR

ENTRETIEN AVEC IRÈNE BELLIER*

Territoire, costume, langage : l'Ecole nationale d'administration (ENA) imprègne ses élèves de signes distinctifs.

***Sciences Humaines :* Qu'est-ce qui vous a amenée, en tant qu'ethnologue, à vous pencher sur les énarques ?**

Irène Bellier : Après avoir passé quatre ans en Amazonie pour ma thèse, j'ai eu l'occasion, de retour à Paris, de travailler à l'ENA. J'ai constaté qu'il y avait là un microcosme digne d'intérêt, sur lequel on pouvait se pencher par la méthode de l'observation participante propre à l'ethnologie. Il me semblait qu'un tel travail pourrait être riche d'enseignements sur le fonctionnement de la société française et de ses dirigeants.

***SH :* Quels sont les éléments qui autorisent à parler de « tribu des énarques » ?**

I.B. : Je n'utilise pas ce terme dans mon livre. Le mot « tribu » doit, à mon sens, être employé comme une convention permettant d'identifier à l'intérieur de la société des lieux qui fomentent de l'identité. Il est donc nécessaire de l'utiliser avec des guillemets. Si l'on consent néanmoins à employer le terme, il faut distinguer deux types de « tribus » : d'une part l'école en elle-même et les individus qui font partie de l'institution, d'autre part ce qu'on appelle parfois la « caste » des énarques, c'est-à-dire l'ensemble des individus qui sont passés par l'ENA. Cette tribu est segmentée par une logique de différenciation interne, entre les corps administratifs, les lieux d'affectation, si ce n'est par les origines sociales.

***SH :* Comment l'identité de l'énarque se forge-t-elle ?**

I.B. : Les énarques accèdent à l'école par la voie du concours ; ils n'y naissent pas. Des rituels scandent un processus de transformations entre les deux concours, d'entrée et de sortie. Le premier marque la différenciation avec l'extérieur, le second consacre la logique du classement.

Le concours est une série d'épreuves, au sens fort du terme, commençant par l'écrit, où le candidat se dépouille de tout objet personnel, et se concluant avec le Grand Oral, dans lequel le postulant est mis en situation, projeté dans son destin de haut fonctionnaire.

* *Ethnologue, chargée de recherche au CNRS. Auteur de* L'ENA comme si vous y étiez, *Seuil, 1993.*

***SH :* Vous insistez sur le rôle de l'organisation de l'espace, sur l'existence d'une grammaire sémantique (territoire, tenue vestimentaire, jargon, rituels) qui structure le groupe.**

I.B. : La question du territoire est fondamentale. Celui de l'ENA est d'abord intellectuel, constitué par l'ensemble des positions de direction auxquelles les énarques auront accès à l'issue de leur scolarité (les administrations centrales, les entreprises, les institutions européennes, les appareils politiques). C'est aussi un territoire géographique : le site de l'ENA, à Paris, rue de l'Université, au cœur de la constellation des lieux du pouvoir, reflétait une logique de la reproduction du pouvoir. A Strasbourg, on n'est plus au centre de la France, on se trouve dans un univers mouvant, une entité en formation : l'Europe. L'appareil d'Etat est en train de changer de frontières. De ce fait, la délocalisation est ressentie comme déstabilisante.
Il existe par ailleurs des signes d'identification très forts. L'entrée à l'ENA marque la transformation d'un individu en haut fonctionnaire, dont la représentation renvoie au modèle dominant de la bourgeoisie. Le costume sert à cela, de même que cette aisance naturelle dans l'élocution et le phrasé, qui distingue si bien les énarques. Si la « chose publique » est leur objet de prédilection, la façon dont les énarques ordonnent leur discours, structurent leurs pensées, correspond à l'exercice des fonctions dirigeantes ; ils doivent décider, trancher, arbitrer.

***SH :* Quel est le système de croyances et de valeurs qui fonde l'identité des énarques ?**

I.B. : C'est essentiellement l'idée de service public qui est la raison d'être des énarques. Ce qui les différencie des autres grandes écoles : « un HEC », par exemple, n'a pas ce type de préoccupations. L'intérêt général a un sens pour les énarques, et ils affirment haut et fort ce credo, même lorsqu'ils se mettent au service des entreprises.

Propos recueillis par
PHILIPPE CABIN
(*Sciences Humaines*, n° 34, novembre 1993)

A lire sur le sujet...
P. Bourdieu, *La Noblesse d'Etat ; grandes écoles et esprit de corps*, éd. de Minuit, 1989.

PASCAL VENNESSON*

ARMÉES : L'AFFIRMATION DU MÉTIER**

La « technicisation » des tâches dans l'armée exige des formations plus poussées ; la professionnalisation entraîne des changements dans les modes de vie... L'armée est-elle en train de devenir un corps professionnel identique aux autres ?

LA TRANSITION vers l'armée de volontaires annoncée par Jacques Chirac en février 1996 n'a pas été une surprise pour les sociologues. Depuis 1945 au moins, nombre d'observateurs prévoient la fin de la conscription. Ce sont plutôt la persistance de cette institution, le processus de prise de décision ayant abouti à sa suppression et la résistance des parlementaires qui constituent les véritables énigmes. Pourtant, la fin de la conscription dans le pays qui en a incarné le type idéal symbolise la transformation des identités militaires entre la fin de la guerre d'Algérie et le début des années 90. La recherche (1) a permis de mettre en relief deux grandes caractéristiques des identités militaires : leur singulière diversité et le rôle éminent des identités professionnelles.

La diversité des identités militaires

La société militaire, qui regroupe près de 300 000 personnels de carrière ou sous contrat et plus de 560 000 retraités (ayants droit et ayants cause), est fortement pourvoyeuse d'identité (2). Elle paraît découpée en clans cultivant les différences et s'identifiant à de nombreux signes : uniformes, couleurs symboliques, fanions, étendards et drapeaux.

* Chargé d'enseignement à l'Institut d'études politiques de Paris. A publié *Les Chevaliers de l'air : aviation et conflits au XXe siècle*, Presses de Sciences-Po, 1997.

** *Sciences Humaines*, hors série n° 15, décembre 1996/janvier 1997.

1. Pour étudier les changements dans la société militaire, P. Vennesson a utilisé la méthode structurelle de l'équipe Louis Dirn : voir bibliographie p. 204.

2. Chiffres 1995, qui ne comprennent ni les 206 000 appelés, ni les personnels civils du ministère de la Défense (plus de 100 000).

Les cérémonies et les rites, officiels ou non, réaffirment et consacrent les multiples identifications de ces microsociétés militaires. Certains lieux atypiques comme les écoles, et plus encore les écoles chargées de la formation initiale de l'élite militaire comme l'Ecole spéciale militaire de Saint-Cyr (armée de terre), l'Ecole de l'air (armée de l'air) et l'Ecole navale (marine), sont tournées vers la définition et l'inculcation d'identités singulières, fortement différenciées. De plus, dans une institution aussi étendue, les points de repère de l'identité n'ont jamais été uniques, ni identiques d'un pays à l'autre. Au sein de l'armée de terre française, les armes – infanterie, troupes de marine, arme blindée cavalerie, artillerie, train, génie, transmission et matériel – constituent le creuset de l'identité des personnels. En 1835 déjà, Alfred de Vigny décrivait le rôle singulier de l'armée dans les sociétés modernes : « *La vivacité de la jeunesse et la lenteur de l'âge mûr,* écrivait-il dans *Grandeur et servitude militaire*, *finissent par prendre la même allure, et c'est celle de l'arme. L'arme où l'on sert est le moule où l'on jette son caractère, où il se change et se refond pour prendre une forme générale imprimée pour toujours. L'homme s'efface sous le soldat.* » En Allemagne, les officiers définissent davantage leur identité en référence à des spécialités techniques, tandis qu'en Grande-Bretagne, le régiment demeure un pôle fédérateur. Depuis les années 60, l'institution militaire française a progressivement cessé d'être l'objet d'identifications majeures en tant que grande institution nationale. La figure du militaire comme « type social », identifié et s'identifiant comme tel, paraît s'estomper. Ce processus, qui donnait à voir une catégorie aux contours bien précis, était supposé unifier un ensemble étendu et complexe regroupant l'amiral et le simple soldat, le colonel de l'arme blindée et le matelot sans spécialité, le médecin-général et le sergent de la Légion étrangère, le pilote de chasse et le conducteur d'engin… L'identification à une « communauté d'instincts et de traditions », le primat de « l'esprit militaire », la reconnaissance et l'exaltation de « l'âme de l'armée », que le général de Gaulle évoquait dans *Le Fil de l'épée*, sont aujourd'hui incertains. A présent, différents noyaux d'identification se détachent au sein des armées. Les militaires tendent à s'identifier à des groupes et des lieux plus limités, à des familles de spécialités ou à certains sous-ensembles combattants bien déterminés, parachutistes, légionnaires, fusiliers marins commandos, pilotes de chasse. Au sein de l'armée de l'air et de la marine, le pôle technique du métier est devenu une solide voie d'identification sociale, tandis que l'appartenance à des sous-groupes déterminés, souvent combattants, devenait aussi un trait caractéristique.

Le Groupe d'intervention de la gendarmerie nationale (GIGN) est un cas exemplaire de constitution d'un groupe de faible dimension (une centaine d'hommes) qui génère sa culture propre et suscite une identification sociale profonde et relativement autonome par rapport à la société militaire au sein de laquelle il est formellement inclus. L'érosion de l'identification à l'armée comme institution fédératrice qui transmettait des valeurs similaires à tous les personnels ne signifie pas la mise en cause de l'armée comme grande catégorie. Les militaires ne cessent pas, selon l'expression spontanée, d'appartenir à l'armée. Mais la disjonction s'est accentuée entre l'inclusion objective dans la société militaire et la revendication de l'appartenance à celle-là. La multiplicité des identifications renforce la diversité de la société militaire. L'identité sociale du militaire en tant que tel en a perdu de sa force. Les caractéristiques de la profession, qu'il s'agisse des transformations récentes comme la technicisation ou de persistances comme la singularité des missions, ont un impact important sur la société militaire d'aujourd'hui.

Le primat des identités professionnelles

Les traits distinctifs du métier émergent particulièrement dans la formation des personnels, le déroulement de leur carrière et les relations professionnelles. La technicisation du métier des armes contribue à la banalisation des pratiques et des modes de vie qui sont de plus en plus proches de ceux de tous les Français. Une formation plus accomplie des militaires, l'élévation de leur niveau scolaire à l'engagement, la régularité de leur formation permanente, leur qualification impriment leurs marques aux relations professionnelles. La transformation des savoirs influence les relations sociales dans le cadre professionnel. L'augmentation tendancielle du niveau d'éducation entraîne notamment des négociations accrues, un exercice différent de l'autorité, une modification des codes de conduite et des modèles de rôle. Cette analyse confirme un phénomène plus général : le rôle éminent de l'éducation dans la compréhension du changement social. Le lieutenant-colonel de Richoufftz, officier à l'état-major au moment de la guerre du Golfe, témoigne de l'ampleur de cette dynamique professionnelle : « *La mise en service dans l'armée de terre de matériels de plus en plus performants, de systèmes d'armes sophistiqués et coûteux exige une sélection poussée du personnel militaire, une instruction spécialisée, un suivi rigoureux de la formation et de l'entraînement, un contrôle des résultats à échéances régulières (...). En dépit de ce qui est affirmé, le "tout-venant" n'a pas forcément les qualités intellectuelles ou les capacités physiques pour devenir tireur de missiles antichars, chef de pièce mortier, tireur d'élite, pilote de char, radiophoniste.* » (3)

Les recherches ont mis au jour, dans les armées des pays occidentaux, la progressive transformation du soldat en professionnel, avec le passage d'une armée de masse à une force en soi (*Force in being*) dotée d'effectifs réduits. Le corps professionnel militaire monopolise un secteur d'activité en réservant à ses membres l'accomplissement de certaines tâches, et en contrôlant le recrutement dans la profession. La reconnaissance de la qualification du travail accompli s'exprime par la régulation de la concurrence interne et par l'existence de voies de promotion à l'intérieur de la profession. La société mili-

3. E. de Richoufftz, *Encore une guerre de retard ? Enfin un officier d'active ose parler*, Albin Michel, 1992.

taire a institué des frontières à l'entrée du groupe qui lui permettent de fixer des objectifs propres à la profession.
Pourtant, les caractéristiques des soldats dans leurs relations professionnelles proviennent, au moins pour partie, des modes de vie et des pratiques importés de la société dans son ensemble. Il semble aujourd'hui pertinent de rapprocher la société militaire d'autres corps professionnels institutionnalisés : les avocats, les juges ou les médecins. La dimension professionnelle au sein des forces armées (caractéristiques des personnels, traits du métier, mutation des tâches) cohabite avec les variables « institutionnelles » – pratiques sociales liées à des normes morales particulières, identification prioritaire au rôle, discipline. Les traits du métier influencent les attributs des individus.
La profession tend à dicter ses exigences ; elle requiert des personnels mieux formés qui à leur tour renforcent la prépondérance de pratiques et d'exigences professionnelles. Elle favorise la diversification des missions qui modifient en retour les caractéristiques de la profession. Mais ces propositions ne sont pas univoques : les caractéristiques majeures du métier sont à la fois singulières (maintien de la spécificité de l'armée de terre, service national) et « banalisées » (informatisation, économisme). La formation des personnels et le déroulement de la carrière sont devenus essentiels comme pour les avocats, les juges ou les médecins. Il ne s'ensuit pas pour autant que la société militaire ressemble à une grande bureaucratie civile. La professionnalisation est synonyme de défense corporative des privilèges, d'importance des jugements internes à la profession (par les pairs), de mise en œuvre de stratégies de reproduction, de développement d'une excellence particulière... Ainsi, la professionnalisation réaffirme les propriétés distinctives de la société militaire.

A lire sur le sujet...

- P. Vennesson, « Le Triomphe du métier des armes : dynamique professionnelle et société militaire en France », *La Revue Tocqueville*, 1996, vol. XVII-1 ; « Structures et changement social dans la société militaire », OFCE-Louis Dirn, 1993.
- Louis Dirn, *La Société française en tendances*, Puf, 1990.

Appartenances professionnelles, une constante évolution

Depuis la fin des années 70, les processus de construction des identités professionnelles se sont profondément transformés. La fin de la croissance économique mais aussi les évolutions technologiques et sociales ont engendré, en même temps que les phénomènes massifs de chômage et d'exclusion, des changements dans les modes d'organisation du travail et dans la gestion des ressources humaines.

En 1977, le sociologue Renaud Sainsaulieu avait proposé quatre modèles de relations au travail présentes à l'intérieur des divers groupes socioprofessionnels : modèles « ***retiré, fusionnel, négociateur ou promotionnel*** » (1).

Ces définitions identitaires, élaborées pendant la croissance, s'appliquaient aux entreprises fonctionnant sur le modèle fordien. Vingt ans plus tard cependant, cette typologie est devenue insuffisante pour éclairer la variété des situations de travail. Dans *Les Mondes sociaux de l'entreprise*, Renaud Sainsaulieu, Isabelle Francfort, Florence Osty et Marc Uhalde rendent compte de recherches effectuées dans les entreprises à la fin des années 80. Ils proposent six nouveaux types d'identités collectives au travail.

Les formes identitaires qui dataient du temps de la croissance ont subi certaines adaptations, d'autres sont apparues. On remarque par exemple :

– « ***une permanence du "modèle réglementaire"*** », correspondant à l'ancien modèle du « *retrait* », auquel sont venus s'agréger des groupes d'exécutants déstabilisés par les changements technologiques et menacés par l'exclusion ;

– « ***un déclin du modèle communautaire*** » **:** proche de l'ancien modèle « *fusionnel* », ce modèle identitaire s'effrite en raison des restructurations et de la déqualification professionnelle que connaissent certains métiers. Il n'est plus le fait que d'une population d'ouvriers ou de cadres ayant une ancienneté importante (souvent plus de quinze ans), issus du même terroir ou du même milieu social ;

– le « ***modèle professionnel*** » (ancien modèle « *négociateur* ») s'étend aujourd'hui aux nouvelles professions du secteur industriel ayant un rapport étroit à la technologie, et alliant souvent conception et exécution des tâches (personnels de conduite de process automatisés, activités de maintenance...) ;

– dans le « ***modèle de la mobilité*** »**,** on trouve aujourd'hui des individus pour qui les phases de modernisation et les innovations constituent une opportunité favorable leur permettant une implication et une adaptation à des situations évolutives de travail. Dans un contexte où les possibilités de promotion se font plus rares, leur projet de réalisation individuelle nécessite des stratégies beaucoup plus offensives que dans l'ancien modèle d'« *identité promotionnelle* » ;

– le « *modèle professionnel de service public* » tranche radicalement avec les images traditionnelles de ritualisme et de routine de l'administration. Ces nouvelles attitudes, qui se caractérisent par l'autonomie, la responsabilité et la compétence, avaient déjà été identifiées chez les travailleurs sociaux ;

– le « *modèle entrepreneurial* » est sans doute le modèle le plus nouveau. « *Ces nouveaux chevaliers des temps modernes mettent leur compétence au service d'une organisation qui les intègre.* » Cette construction identitaire positive repose sur une alliance de valeurs traditionnelles (esprit maison, loyauté...) et de nouvelles rationalités liées aux changements dans les entreprises. Si la logique entrepreneuriale peut apporter cohérence personnelle et reconnaissance par les autres, elle peut se révéler très fragile dans un contexte hostile.

La nouvelle logique de la mobilité et l'apparition des modèles « *professionnel de service public* » et « *entrepreneurial* » mettent en évidence de nouveaux comportements. Ils montrent que le travail, en valorisant les possibilités de développement personnel des individus, prend une importance croissance dans la construction des identités contemporaines.

MARTINE FOURNIER

1. R. Sainsaulieu, *L'Identité au travail*, Presses de Sciences-Po, 1977, 2e éd., 1985.

Les nouvelles formes d'identité au travail

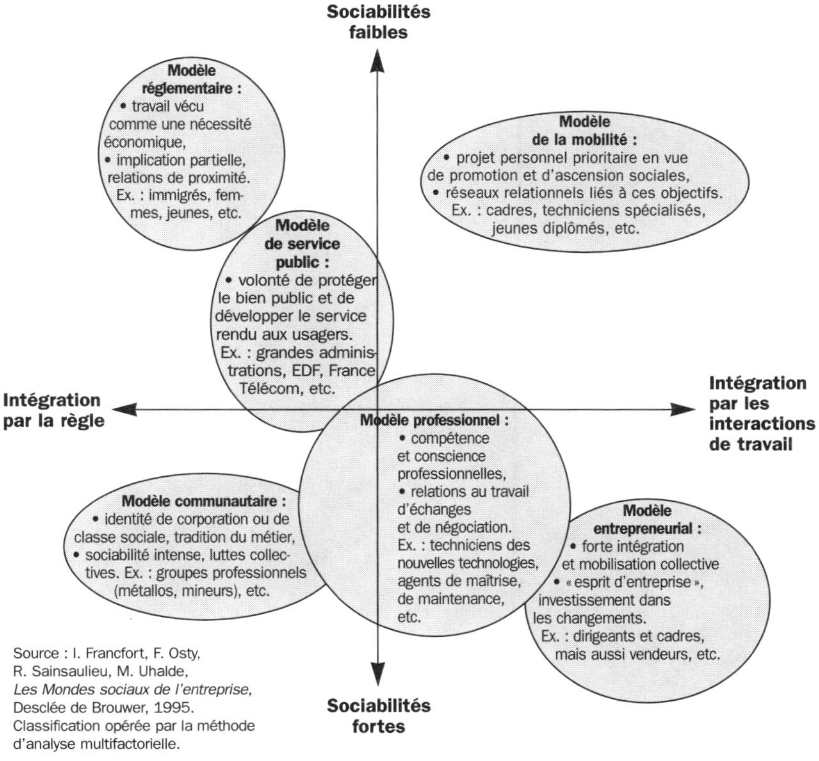

Source : I. Francfort, F. Osty, R. Sainsaulieu, M. Uhalde, *Les Mondes sociaux de l'entreprise*, Desclée de Brouwer, 1995. Classification opérée par la méthode d'analyse multifactorielle.

Axe de l'intégration collective
Par la règle : valorisation du statut, faible implication dans le travail, et atomisation des relations.
Par les interactions de travail : échanges ouverts avec la hiérarchie, implication forte, valeurs de dépassement et d'accumulation des expériences.

Axe des sociabilités
Fortes : relations intenses et sur le mode affectif avec les collègues ; esprit maison ; valeurs de solidarité et de métier.
Faibles : relations avec les collègues limitées aux échanges cognitifs obligatoires ; retrait par rapport à la vie de l'entreprise mais attachement à la trajectoire individuelle.

Les logiques communautaires

Annie Guédez*

LES COMPAGNONS : UNE PASSION COMMUNAUTAIRE**

Par ses usages, ses mythes et ses rites, le compagnonnage est presque une société secrète. Par ses valeurs et ses objectifs, c'est une association ouverte sur le monde, tournée vers la maîtrise des métiers et la promotion des compétences. Radiographie d'une société multiséculaire.

La loi française de 1884 autorisant la formation des syndicats et associations professionnelles paraît avoir sonné le glas des compagnonnages, sociétés de secours mutuel organisées par corps d'état, qui œuvraient depuis le Moyen Age à la défense matérielle et morale des ouvriers. Les Devoirs – terme générique par lesquels les groupes compagnonniques se désignent – ont considérablement décliné à la fin du XIXe siècle. Etienne Martin Saint-Léon, qui publia en 1901 un ouvrage de référence à leur sujet, se voyait comme le dernier témoin d'un mouvement moribond. Pourtant, trois associations continuent de perpétuer cette tradition en France, et rassemblent les quelque 25 000 héritiers du compagnonnage. Il s'agit de l'Association ouvrière des compagnons du tour de France, la Fédération des métiers du bâtiment et l'Union compagnonnique des Devoirs unis.

Au-delà de leur existence juridique, c'est leur signification sociologique qui nous intéresse ici. Le compagnonnage français participe en effet, selon la définition d'Albert Meister (1972), de ces «*groupements formés par entente, dont les règlements statutaires ne revendiquent de validité que pour ceux qui y entrent librement de leur chef*». C'est un niveau d'organisation sociale intermédiaire entre la cellule familiale et les pouvoirs organisés, ou, en d'autres

---

* Professeur de sociologie à l'université de Poitiers. Auteur de *Compagnonnage et Apprentissage*, Puf, 1994.
** *Sciences Humaines*, n° 48, mars 1995.

termes, un de ces « types de communalisation ou de sociation » dans lesquels Max Weber n'était pas loin de voir l'objet principal de l'investigation sociologique, et dont la multiplication depuis le XIXe siècle est pour les historiens un véritable fait de société.

Le compagnonnage n'est pas une association qui repose sur l'homogénéité de rang, d'âge, de fonction ou de sexe de ses intégrants. On y trouve surtout des hommes, mais une femme, la Mère, y joue un rôle central. Tout compagnon est un travailleur manuel, mais on y trouve aussi bien un tailleur de pierre qu'un carrossier attaché à la conception de prototypes aux usines Renault. Certains compagnons sont patrons de PME, d'autres sont architectes ou ingénieurs, d'autres encore agents de maîtrise ou ouvriers qualifiés. Les associations compagnonniques, loin d'effacer les différences, leur donnent une expression statutaire. C'est au plan des valeurs que l'unité de l'ensemble se constitue, sur un modèle proche de celui de la famille.

Une identité ouvrière

La solidarité compagnonnique repose sur trois registres de valeurs : l'identité ouvrière, le secret initiatique associé au voyage et un certain nombre de valeurs supérieures posées comme universelles (travail bien fait, fraternité et développement des connaissances). Entrer en compagnonnage, c'est en effet affirmer son appartenance au monde ouvrier, et plus précisément à celui du travail manuel artisanal. Les compagnons continuent de se recruter majoritairement dans les secteurs d'activité traditionnellement les moins mécanisés : bâtiment, métiers du bois. L'Union compagnonnique a beau tenter de s'ouvrir à de nouvelles professions manuelles (jardiniers, photographes-retoucheurs, prothésistes dentaires), les deux plus importants groupes (l'Association ouvrière et la Fédération) continuent de n'accepter que les métiers liés à la transformation des quatre matériaux de base (pierre, bois, métal, cuir). Cette orientation traditionaliste n'a pas empêché les compagnons d'évoluer vers des matériaux et des techniques modernes, mais l'esprit artisanal qui est maintenu entretient le sentiment d'appartenance à ce qu'Alain Touraine a nommé le « système professionnel », reposant sur l'« autonomie professionnelle de l'ouvrier qualifié de fabrication », opposée à la toute-puissance de l'ingénieur ou du cadre dans le système industriel.

Le compagnonnage se conçoit comme une élite ouvrière dont l'accès est très contrôlé par un certain nombre d'épreuves rituelles et techniques. On ne devient en effet compagnon qu'au terme d'un long parcours, ou tour de France. Aujourd'hui encore, les jeunes candidats aux Devoirs doivent effectuer de ville en ville un circuit de perfectionnement dans le métier auquel ils se destinent. La durée moyenne d'un tour est de cinq à sept ans, et chaque stage dans une ville dure, selon les corporations, de six mois à un an. Traditionnellement en effet, la pratique du tour est liée à l'existence d'un savoir local : jusqu'au milieu du XIXe siècle encore, chaque atelier garde ses tours de main et seul le voyage permet l'accès à une connaissance complète des procédés. En apprenant, le compagnon diffuse les méthodes qu'il acquiert.

L'apprentissage par le tour ne se limite pas à la découverte de savoirs professionnels. Pour entreprendre le voyage, le jeune compagnon a dû apporter la preuve de sa compétence, montrer qu'il était digne de la qualification qu'il attend au terme du parcours. Or, cette qualification est aussi culturelle et morale. La fin du tour sanctionne son entrée dans l'âge d'homme. Abandonnant les siens et son milieu d'origine, le « passant » (1) apprend à conquérir son autonomie. Conçu sur le modèle de la famille, chaque Devoir prend le relais des parents pour aider le stagiaire à trouver un lieu d'embauche où sera garanti un travail formateur. Il assure aussi l'accueil en fin de journée. En quittant l'atelier ou l'entreprise, l'itinérant rejoint d'autres itinérants chez la Mère, dans l'une de ces maisons qui ont remplacé les anciennes auberges. Vivre et couvert y sont assurés ; il s'y perfectionne aux cours du soir animés par les « anciens » installés dans la ville ; il y noue avec ceux de son âge des liens cimentés par des valeurs et des symboles communs ; il y connaît, s'il en est jugé digne, l'initiation et franchit les rites de passage (adoption, réception) qui marqueront son entrée dans le monde des « compagnons reçus » ; il y exécute son « chef-d'œuvre », ce travail par lequel il témoigne de son habileté. Mais en même temps, il lui faut entrer seul en contact avec d'autres, ne serait-ce que sur son lieu de travail ou pour obtenir tout au long du voyage les renseignements dont il a besoin. Et la certitude qu'il a de devoir bientôt quitter la ville où il vient d'arriver le contraint à fuir toute forme d'ancrage. Ainsi se retrouvent en permanence associées la nécessité de se construire soi-même dans l'errance et la garantie d'un soutien d'une communauté d'accueil.

Le métier contre l'aliénation

Trois valeurs fondamentales orientent l'action et cimentent l'idéologie des compagnons : travail, fraternité, transmission du savoir.

Aux yeux des compagnons, le travail est d'abord affaire de nécessité, non de choix. Astreint pour vivre à travailler, le compagnon fait sienne une image du travail construite à la fois sur la résignation et l'ambition, sur la patience et la volonté de transformer le monde. Il tente d'ennoblir son activité pratique en se soumettant le plus parfaitement possible à sa loi. Le « métier », né de l'expérience et du savoir, empêche l'ouvrier de se « prolétariser », donc de s'aliéner. Au regard du compagnon, en effet, le prolétaire est la figure par excellence de l'ouvrier devenu étranger à lui-même. Le compagnon se définit comme un « homme de métier », un « œuvrier » : par un travail devenu métier, il dépasse les contraintes de la matière, celles aussi imposées par le patron ou par l'organisation. Sachant travailler, et ayant appris à aimer ses propres gestes, l'homme de métier ne saurait s'employer à n'importe quelles conditions. D'où la prédilection du compagnon pour le travail manuel, qui permet à l'homme de

1. Passants : apprentis compagnons qui effectuent le tour de France.

maintenir intact le contrôle de son activité productrice. Evitant le « travail en miettes », l'activité manuelle permet au compagnon de voir la concrétisation de ses efforts dans une œuvre finie. Elle favorise dans le groupe l'émergence de liens communautaires : ce n'est pas la place dans la chaîne de production qui hiérarchise les rapports sociaux, mais seulement la manière de produire. D'où aussi l'exigence d'une formation « complète », « totale » de l'homme qui prenne en charge à la fois la main, l'esprit et le cœur, d'un « enseignement intégral » donc, dont la base est professionnelle mais qui inclut aussi une instruction intellectuelle, morale et culturelle.

Le compagnonnage moderne continue de pratiquer des formes d'entraide quasi familiales, qui contiennent certaines de celles que systématisera le syndicalisme : assistance morale et financière aux malades, soutien pécuniaire des grévistes et des chômeurs, accompagnement des morts.

Tout un emboîtement minutieux de rôles structurent les solidarités compagnonniques. Les appellations de « frère », dont les compagnons usent entre eux, le qualificatif conservé de « Mère » pour celle qui tient la maison des compagnons font plus que témoigner d'un esprit familial. Ils renvoient à des droits, des devoirs, des comportements spécifiques, explicitement définis et régis par des règles. Par son appartenance à son association de compagnons, l'ouvrier entretient avec les autres membres du groupe des rapports fondés à la fois sur des sentiments et sur des obligations.

La continuité d'une éthique

Comme le groupe familial, le compagnonnage a une fonction d'éducation et de transmission de savoir. La pérennité de la communauté est garantie par l'héritage de rites, de croyances, de valeurs, de modèles, de techniques que les anciens doivent, au sens le plus fort du terme, confier aux nouveaux venus. Dans chaque maison de compagnons, véritable marquage territorial de la communauté, s'organisent des cours et des réunions où les sédentaires initient les « passants » aux principes fondamentaux de la connaissance compagnonnique, dans le souci de les aider à se perfectionner et de les épauler jusqu'à la conception du chef-d'œuvre.

Professionnelle, la transmission est aussi spirituelle et éthique. Plus que d'ancestrales recettes, plus que des savoir-faire connus d'eux seuls, les anciens lèguent un système de valeurs et un imaginaire exprimé notamment par la répétition des mythes fondateurs et d'une histoire magnifiant la continuité d'un « esprit » compagnonnique. La transmission est ainsi un processus de reproduction à la fois technique, culturel et social. Fondée sur une parole personnalisée, protégée dans son intégrité par le fait qu'elle est assurée auprès de ceux-là

A lire sur le sujet...

- E. Coornaërt, *Les Compagnonnages en France, du Moyen Age à nos jours*, 1966.
- G. Friedmann, *Où va le travail humain ?*, Gallimard, 1950.
- A. Guédez, *Compagnonnage et Apprentissage*, Puf, 1994.
- E. Martin Saint-Léon, *Le Compagnonnage, son histoire, ses coutumes, ses règlements et ses rites* (1901), rééd. Librairie du compagnonnage, 1983.
- A. Touraine, *La Conscience ouvrière*, Seuil, 1966.

seuls qui la méritent, la transmission sauvegarde l'ordre compagnonnique, préserve la tradition, prépare l'avenir. Un éditorial du journal *Compagnon du Devoir* le rappelait en janvier 1994 : « *Si le compagnonnage est parvenu à l'an 2000 (…) c'est qu'il représente une force, qu'il traduit des valeurs transmises de génération en génération, c'est qu'il est animé d'un idéal, d'un esprit transmis de maître à disciple.* » Transmettre, c'est ainsi, selon une formule que Mircea Eliane appliquait à la récitation mythique, vouloir se « *guérir de l'œuvre du temps* » et inscrire la communauté compagnonnique dans la longue durée.

Rites et mythes du compagnonnage

Le mouvement du compagnonnage n'a jamais formé une structure unique ou solidaire. Il est apparu, semble-t-il dès le VIIIe siècle, divisé en trois sociétés : celle des « Enfants de Salomon » (tailleurs de pierre, serruriers, charpentiers), celle des « Enfants de Maître Jacques » (tailleurs de pierre, menuisiers et serruriers), et celle des « Enfants du père Soubise » (charpentiers, couvreurs et plâtriers). Chacune de ces sociétés avait ses rites et ses secrets, et pouvait parfaitement entrer en concurrence avec les autres sur le marché du travail, de sorte que les rivalités étaient fréquentes. Durant les guerres de Religion, les « Enfants de Soubise » restèrent très proches des catholiques et les deux autres sociétés des protestants. Parmi les batailles sanglantes entre compagnons, celle de la Crau (1730) est restée célèbre.

Le compagnonnage français a connu un remaniement important en 1941. Dissous, puis regroupé sous la bannière de l'Association ouvrière des compagnons du Devoir du tour de France, le compagnonnage acquiert une existence légale et, pendant quatre ans, est ouvertement soutenu par le gouvernement de Vichy. Ce parrainage discutable lui vaudra d'éclater à nouveau à la Libération en trois branches : l'Association ouvrière, la Fédération compagnonnique et l'Union, qui ont le statut d'associations de formation professionnelle. La Fédération compagnonnique et l'Association ouvrière pratiquent régulièrement le tour de France, alors que l'Union n'en fait plus un préalable indispensable à l'initiation.

Les sociétés de compagnons s'inscrivent dans une tradition mythique, rituelle et symbolique qui a des racines communes avec la franc-maçonnerie : le récit fondateur est celui du temple de Salomon et de son architecte, auxquels tous les mouvements de compagnons se rattachent de manières différentes.

Le vocabulaire professionnel, les dénominations, les gestes et les signes de reconnaissance des compagnons font appel à un cryptage symbolique systématique.

La vie des compagnons comporte plusieurs rites de passage : l'« adoption » pour l'apprenti, puis la « réception » ou initiation du compagnon, la « finition » pour les compagnons amenés à exercer des responsabilités. Il existe des rites collectifs, comme la « chaîne d'alliance », et des rites funéraires particuliers. Certains de ces rites, et surtout l'initiation, sont considérés comme secrets : leur contenu ne doit même pas être révélé aux plus proches parents du compagnon. La plupart des sociétés n'admettent pas les femmes, sauf une : la Mère, en général l'épouse d'un compagnon, chargée de tenir la maison des « passants », ou « cayenne », qui subit une initiation, porte des insignes qu'elle ne devra quitter qu'à sa mort. Toutes ces pratiques, ces règles particulières, ces savoirs cryptés ont pu faire passer les sociétés de compagnons pour des sectes religieuses. Les compagnons rejettent totalement cette idée et font valoir que leurs valeurs sont celles de la liberté et de l'autonomie individuelle.

NICOLAS JOURNET

Qui sont les communautariens ?

En anglais, le terme *community* désigne toutes les formes de groupements familiaux, amicaux ou locaux qui existent dans la société moderne. Aux Etats-Unis, le courant des communautariens propose de restaurer les « *communities* » pour corriger les défauts du libéralisme. Son influence se fait sentir aujourd'hui auprès des hommes politiques européens.

Aux Etats-Unis, il y a déjà plusieurs années, le mouvement « communautarien » a commencé à faire parler de lui hors des campus universitaires. Ce n'est ni un parti, ni une école, mais un réseau d'intellectuels partageant certaines convictions, s'exprimant à travers une revue trimestrielle, *The Responsive Community*, et un assez grand nombre d'ouvrages aujourd'hui très renommés. Un de leurs grands succès, sans aucun doute, est d'avoir, pour certains, été lus et cités par des hommes politiques aussi importants que Bill Clinton, Tony Blair ou, plus récemment encore, Jacques Delors.

Qui sont les communautariens et que veulent-ils ? Alasdair MacIntyre, Charles Taylor et Michael Sandel sont tous trois professeurs de philosophie, respectivement à l'université Notre-Dame (Indiana), McGill (Montréal) et Harvard. Amitaï Etzioni, lui, est sociologue à l'université George-Washington. Avec quelques autres, ils adressent le même reproche aux sociétés modernes : celui de laisser se dissoudre les liens sociaux, de laisser se perdre l'identité, de permettre l'égoïsme, d'amener à un juridisme excessif. Leurs critiques touchent aussi aux injustices du laisser-faire économique. Ils s'opposent aux partisans de la libre entreprise tout comme à ceux de l'Etat providence. Les communautariens remettent en question le fondement même de la pensée libérale moderne. L'erreur selon eux est de vouloir construire la société à partir d'un individu supposé libre, rationnel et calculateur. En réalité, disent-ils, l'homme est toujours le produit d'une culture, d'un milieu, et a besoin de s'inscrire dans une communauté. Le modèle qu'on lui propose aujourd'hui valorise l'autonomie, mais néglige la responsabilité sociale. Pour remédier à ces inconvénients, ils proposent de rendre vie et pouvoir aux communautés « organiques » de la société. A. Etzioni en cite trois : la famille, la communauté locale, la société dans son ensemble. Mais la liste n'est pas close, car les communautariens n'entendent rien exclure : ni la culture, ni la religion, ni l'identité ethnique. A. Etzioni les définit comme des gens « *intéressés de promouvoir un nouvel ordre moral et social qui s'appuierait sur des communautés ressuscitées* ». L'objectif, entre autres aspects, est de restaurer des familles stables, des liens de voisinage forts et de faire échec à la misère comme à la délinquance.

Déroutants, parce que difficilement localisables sur l'échiquier politique (certains s'avouent « conservateurs », d'autres sont d'anciens « radicaux »), les communautariens appartiennent en fait à deux espèces. Les « durs » (Sandel, Taylor, Lasch, MacIntyre) ne craignent pas d'affirmer qu'aujourd'hui l'individu a moins besoin de liberté que d'une place bien définie dans la société et de quelques certitudes dans son esprit. De tels propos éveillent évidemment des soupçons d'autoritarisme. Les communautariens « doux » comme Etzioni considèrent, eux, qu'il n'y a aucune contradiction entre les droits des communautés et ceux des individus.

Récemment, par exemple, A. Etzioni affirmait que ses idées offraient toutes les garanties contre « *le puritanisme et l'oppression* ». Cependant, comme le faisait remarquer un critique, s'il est assez facile de brosser un tableau idyllique de la communauté de village d'autrefois, il est douteux de redonner du pouvoir aux communautés locales sans que des conflits et des désaccords surgissent entre les individus. Il paraît difficile de défendre avec la même vigueur le consensus public, les droits des minorités et les libertés individuelles.

NICOLAS JOURNET

A lire sur le sujet...

La littérature des communautariens est très abondante, mais peu traduite en français. On trouvera cependant :

• A. MacIntyre, *Quelle justice, quelle rationalité ?*, Puf, 1993. Son ouvrage principal, *After Virtue. A Study In Moral Theory*, 1981, est paru chez le même éditeur en 1997 sous le titre *Après la vertu*.
• C. Taylor, *Malaise de la modernité*, Cerf, 1993, et *Multiculturalisme, différence et démocratie*, Aubier, 1994.
• C. Mouffe, « Le Libéralisme américain et ses critiques », *Esprit*, mars 1987.
• « Communauté ? », revue *Krisis*, n° 16, juin 1994.
• « Un gourou pour Delors », *Courrier International*, n° 211, 17 au 23 novembre 1994 (dossier sur Amitaï Etzioni).

Christian Bromberger[*]

FOOTBALL : LA PASSION PARTISANE[**]

Le match de football, avec ses clubs, ses supporters et la foule des spectateurs ordinaires, suscite une gamme d'identifications infiniment variées. Il génère aussi une représentation symbolique des valeurs qui façonnent les sociétés contemporaines.

Faut-il souligner que les compétitions sportives, et en particulier celles mettant face à face des équipes, offrent un terrain privilégié à la célébration des appartenances et à l'exaspération des antagonismes collectifs ? Le cas du football, devenu en un peu plus d'un siècle (la codification de ses règles remonte à 1863) un des rares référents communs d'une culture mondiale masculine, est à cet égard remarquable. Des championnats régionaux et corporatifs au Championnat du monde (en passant par les coupes et championnats continentaux et intercontinentaux), chaque confrontation fournit aux spectateurs un support à la symbolisation d'une des facettes (locale, professionnelle, régionale, nationale…) de leur identité. Le sentiment d'appartenance se construit ici, comme en d'autres circonstances, dans un rapport d'opposition plus ou moins virulent avec l'autre. Aussi toute rencontre entre villes, communautés, régions, nations rivales, prend-elle la tournure d'une guerre ritualisée où ne manquent ni les appels à la mobilisation communautaire, ni l'insistance emphatique sur les différends hérités de l'histoire, ni les emblèmes belliqueux (les étendards et les panoplies des supporters).

Le florilège de ces confrontations vives est particulièrement dense à l'échelle de

* Professeur d'ethnologie à l'Université de Provence, directeur de l'Institut d'ethnologie méditerranéenne et comparative. A publié, avec la collaboration de A. Hayot et de J.-M. Mariottini, *Le Match de football. Ethnologie d'une passion partisane à Marseille, Naples et Turin*, éd. de la Maison des sciences de l'homme, 1995.

** *Sciences Humaines*, hors série n° 15, décembre 1996/janvier 1997.

l'Europe : tantôt s'y exacerbent des clivages religieux (on pense aux derbies opposant, en Grande-Bretagne, clubs catholiques et protestants d'une même localité : le Celtic contre les Rangers à Glasgow ; les Bleus d'Everton contre les Rouges de Liverpool) ; tantôt s'y expriment des aspirations « nationalitaires » (par exemple, en Espagne, le FC Barcelone symbolise la revendication autochtone des Catalans face aux clubs castillans) ; tantôt s'y cristallise le sentiment d'être victime d'une histoire mal écrite (ainsi les matchs opposant des métropoles méridionales déprimées, Marseille, Naples, à leurs rivales du nord apparaissent-ils comme des occasions de revanche).

Mais constater que ces compétitions sportives consacrent et exaspèrent des allégeances territoriales, et en particulier des loyautés nationales et nationalistes, c'est dire à la fois pas assez et trop.

L'affirmation des identités collectives

Pas assez, car le football n'est pas seulement une « machine » à classer les appartenances. Exécuté ici et là à partir d'une même partition de base mais selon des modalités diverses, il « dit » aussi les singularités locales et joue à ce titre un rôle « performatif » dans l'affirmation des identités.

L'adhésion à un club n'est, en effet, pas perçue et conçue par les partisans comme un signe arbitraire d'une commune appartenance mais comme le symbole motivé d'un mode spécifique d'existence collective qu'incarnent le style de jeu et la composition de l'équipe. Le style local ou national que l'on revendique ne correspond pas toujours, loin s'en faut, à la pratique réelle des joueurs mais plutôt à l'image stéréotypée, enracinée dans la durée, qu'une collectivité se donne d'elle-même et qu'elle souhaite donner aux autres. Non pas tant à la façon dont les hommes jouent et vivent, mais à la manière dont ils se plaisent à raconter le jeu de leur équipe et leur existence. Ainsi le jeu à la brésilienne, valorisant l'esquive, s'offre, selon le sociologue Da Matta, comme l'illustration de la règle d'or d'un univers social où il faut avant tout savoir s'en sortir avec dissimulation et élégance. Le style de la *Squadra azzurra* apparaît comme la métaphore expressive de l'*italian way of life,* alliance de la générosité dans l'effort des *braccianti del catenaccio* (les hommes de peine du verrou défensif) et du génie créatif des *artisti del contropiede* (les artistes de la contre-attaque), etc. On retrouve la même intensité de contrastes à l'échelle nationale : alors que la vaillance laborieuse constitue la dominante stylistique de l'équipe stéphanoise de la grande époque (celle des succès des années 70), le goût pour le panache, l'efficacité spectaculaire, la virtuosité caractérisent la « manière » de l'Olympique de Marseille, illustrée par la devise du club : « *Droit au but* ». En Italie, les oppositions entre les styles de la Juventus de Turin (une émanation de la Fiat) et de l'équipe de Naples sont particulièrement nettes. Le *Juventus stile* est conforme à la devise du club, symbolisée par les trois S (*semplicità, serietà, sobrietà :* « simplicité, sérieux, sobriété ») ; il est fait de rigueur tout industrielle, de discipline et de bienséance, des valeurs dont le respect peut entraîner des connivences inattendues. Togliatti, l'ancien secrétaire général du parti communiste italien, était *juventino* et assistait parfois aux matchs à côté d'Agnelli, président de la Fiat et du club. A l'inverse, le style que l'on prise à Naples est modelé par le sens du spectacle et de la culture scénique, par le fantasque et par le goût pour le numéro ludique... Chaque grande équipe fabrique ainsi du singulier à partir du général, « indigénise » le langage universel de la confrontation. Pour le jeune supporter, découvrir progressivement les propriétés du style local est une manière d'éducation sentimentale aux valeurs qui façonnent sa ville ou sa région.

La composition de l'équipe offre une autre métaphore expressive de cette identité collective. Voilà bien d'ailleurs un paradoxe. De clubs fortunés on attend qu'ils recrutent les meilleurs sur des critères exclusivement sportifs. Or, sous des choix qui semblent dictés par la seule recherche de l'efficacité, se profilent des conceptions plus profondes de l'identité. Bornons-nous ici à citer quelques chiffres symptomatiques de ces choix paradoxaux. De 1945 à 1974, l'équipe de Reims, qui a dominé le football français à la fin des années 50 et symbolisait la France profonde, comptait en moyenne 7 % d'étrangers dans ses effectifs ; Saint-Etienne, le club phare des années 70, 12,3 % ; l'Olympique de Marseille, pendant la même période, 18 %. Ne faut-il pas voir, dans ce dernier pourcentage, la trace d'une histoire façonnée par de puissants mouvements migratoires, l'image du cosmopolitisme caractéristique de la cité ? L'équipe apparaît souvent ainsi comme le reflet de la population dont elle est le porte-étendard. Par exemple, la Juventus de Turin compte régulièrement dans ses rangs de grandes vedettes internationales – à l'image du rayonnement universel de la Fiat qui la soutient et la modèle – et des joueurs originaires du Mezzogiorno – comme le sont de nombreux ouvriers de l'entreprise. Bref, l'équipe symbolise, à travers son style et sa composition, l'affirmation motivée et enthousiaste d'une commune appartenance.

La diversité des supporters au sein du stade

Derrière le consensus qui unit les spectateurs autour des mêmes couleurs se profilent cependant des oppositions entre groupes conscients de leur singularité. Ainsi, les clubs de supporters soutenant une même équipe ne constituent nullement une collectivité harmonieuse et soudée, mais reflètent chacun un univers social particulier et se livrent une farouche concurrence pour imposer leur hégémonie dans le stade. Chaque secteur des gradins forme, en fait, une sorte de territoire où s'ancre une identité particulière qui s'exprime, plutôt qu'elle ne se dissout, dans l'effervescence collective. Ainsi, les virages des gradins, jadis appelés populaires mais que l'on devrait aujourd'hui rebaptiser juvéniles, car s'y agrègent les 15-25 ans, sont le théâtre de rivalités entre groupes d'origines locales, sociales, voire idéologiques bien tranchées. Cette hétérogénéité du public et de ses processus identificatoires aux quatre coins du stade s'affirme encore quand on analyse les préférences pour tel ou tel joueur. Les goûts se modulent en fonction de l'appartenance sociale, du style de vie et de comportement des différentes catégories de spectateurs. En 1987, les deux vedettes préférées par les Marseillais étaient le goal camerounais Joseph-Antoine Bell, réputé pour ses « sorties » spectaculaires, et Alain Giresse, prisé pour ses qualités d'organisateur talentueux. Leur cote de popularité dans le stade était, pour ainsi dire, inverse. Les supporters de Bell étaient surtout des jeunes issus des quartiers défavorisés du nord de la cité, parmi lesquels on comptait une bonne proportion de fils d'immigrés ; les supporters de Giresse, ce petit patron sur le terrain, avaient un profil opposé : ils étaient, en majorité, âgés de plus de quarante ans, appartenaient aux classes moyennes ou supérieures, résidaient plutôt dans les quartiers sud... Ainsi, les vedettes apparaissent comme des figures emblématiques des identités sociales, ces représentations étant rendues possibles par la diversité des qualités (force, finesse, abnégation, prise de risque, discipline, solidarité, etc.) que met en scène ce sport collectif.

De ces remarques, retenons deux leçons. D'une part, l'intensité des passions locales que suscitent les matches de football et dont témoigne, entre autre, la ferveur juvénile, souligne un des paradoxes majeurs de notre temps : c'est au moment où les identités des collectivités et des régions s'étiolent qu'elles s'affichent et se proclament avec le plus de virulence dans les stades. Au fond, jamais un Napolitain n'a été plus proche par ses pratiques d'un Turinois, et rarement sans doute se sont-ils sentis aussi différents. Pas plus ici qu'ailleurs, les sentiments d'appartenance ne sont de simples calques de spécificités culturelles.

D'autre part, de tels processus identitaires – qui mettent en jeu l'individu avec son trajet singulier, des groupes et des réseaux sociaux qui forment une foule structurée, la conscience d'une appartenance et d'une « mentalité » collectives, celles d'une ville, d'une entreprise... – nécessitent une analyse à échelles multiples, faute de quoi l'arbre (la foule unanime) risque de masquer la forêt (la variété des processus identificatoires).

Le football comme vision du monde

La clef des identités, multiples et enchevêtrées, est-elle cependant suffisante pour rendre compte de l'intérêt des spectateurs pour un match de football ? Faire de l'exaltation des appartenances l'unique moteur de ces passions c'est, avons-nous avancé, trop dire.

D'une part – et plus souvent en Italie qu'en France –, on ne soutient pas nécessairement le club de sa ville, de l'entreprise où l'on travaille, etc. L'affinité partisane peut faire l'objet d'un choix indépendant de l'insertion locale ou professionnelle (on s'identifiera à telle équipe pour son style, son prestige, pour des raisons idéologiques, par tradition familiale...).

D'autre part et surtout, prendre parti pour une équipe, c'est sans doute affirmer bruyamment une identité, mais aussi se donner les moyens de faire fonctionner à plein l'émotion que l'on recherche. Quoi de plus insipide, en effet, qu'une rencontre sans « enjeu », où l'on ne se sent pas soi-même acteur, où l'on ne passe pas du « ils » au « nous » ! On admirera peut-être la qualité technique du jeu, mais l'on n'éprouvera pas le piment dramatique d'un spectacle qui ne devient véritablement intéressant que si l'on est, peu ou prou, partisan. Une telle constatation invite à relativiser – mais non à gommer – la portée sémantique des slogans « identitaires » qui résonnent dans les stades. Quand les supporters milanais traitent les Napolitains d'« Africains », l'insulte n'est pas anodine et traduit la crispation des relations entre le Nord et le Sud dont témoignent les succès électoraux des ligues septentrionales. Mais on ne prendra pas entièrement le mot au pied de la lettre en se rappelant que ces mêmes Milanais soutinrent avec enthousiasme, lors du *Mondiale* 1990, l'équipe du Cameroun contre celle de l'Argentine, qui comptait dans ses rangs un joueur… napolitain (en l'occurrence Maradona). Certes, le registre de ces imprécations est lourd de sens et témoigne des peurs et des haines « identitaires » qui travaillent le corps social et trouvent dans les stades, un des rares espaces où l'expression des valeurs proscrites est tolérée, un écho amplifié. Mais de tels exemples démontrent aussi la logique de la partisanerie, qui consiste à faire usage de tout stigmate disponible pour disqualifier l'adversaire, quitte à inverser le sens de la stigmatisation pour les besoins de la disqualification.

Enfin, à se focaliser exclusivement sur les identités – fussent-elles construites, négociées, mouvantes, comme le rappellent avec insistance les sciences sociales depuis une vingtaine d'années – on risque de passer à côté des propriétés structurelles du jeu qui sont sans doute au principe de son immense popularité. Si le match de football fascine, ce n'est pas seulement en raison de sa singulière capacité mobilisatrice et démonstrative des appartenances, c'est aussi parce qu'il condense, à la façon d'un drame caricatural, une vision cohérente du monde contemporain.

Comme les autres sports, le football exalte le mérite des vedettes, la performance, la compétition entre égaux ; par là même, il affiche avec éclat que dans nos sociétés, idéalement au moins, n'importe qui peut devenir quelqu'un, que les statuts ne s'acquièrent pas à la naissance mais se conquièrent au fil de l'existence. Il valorise aussi le travail d'équipe, la solidarité, la division des tâches entre joueurs, la planification collective, à l'image du monde industriel dont il est historiquement le produit. Mais il souligne également le rôle, pour parvenir au succès, de la chance, de la tricherie, d'une justice – celle de l'arbitre – plus ou moins discutable. Le match symbolise ainsi des ressorts contradictoires de la réussite individuelle et collective dans le monde contemporain.

Jetant un pont entre le singulier et l'universel, ce « jeu profond » incarne aussi bien les valeurs générales qui façonnent notre époque que les identités – réelles et imaginaires – des collectivités qui s'affrontent.

Eric Mension-Rigau*

ÊTRE NOBLE AUJOURD'HUI...**

Un nom, des titres et certaines règles de vie scrupuleusement respectées, tels sont les caractères constitutifs d'un groupe social très particulier : les nobles.

La noblesse se définit par référence à un régime, la monarchie, et à un type de société, celle des trois ordres de l'Ancien Régime, qui sont aujourd'hui révolus. Pourtant, deux siècles après la Révolution qui supprima les privilèges, plus d'un siècle après l'instauration définitive de la République en France, la noblesse continue d'exister. La volonté de plus en plus largement partagée de mieux connaître le passé, le désir de retrouver des racines, la grande révision idéologique ouverte par l'effondrement du communisme et la restitution de châteaux à leurs anciens propriétaires dans les pays d'Europe de l'Est confèrent à la noblesse, groupe social pourtant ultra-minoritaire, une visibilité nouvelle. Que représente réellement la noblesse en France à l'aube du XXIe siècle ? Comment parvient-elle à maintenir son identité ? Quels sont les signes distinctifs d'appartenance à la galaxie aristocratique ? Autant de questions que suscite l'étonnant regain d'intérêt manifesté par les médias à l'égard de la noblesse.

Un privilège semble lui rester acquis : la familiarité avec les ancêtres, même lointains, sans équivalent dans les autres milieux sociaux. Des modes de sociabilité spécifiques permettent à ses membres d'entretenir des liens familiaux étendus à une très large parentèle.

* Maître de conférences en histoire contemporaine à l'université Paris-IV. Auteur de *Aristocrates et Grands Bourgeois. Education, traditions, valeurs*, Plon, 1994, rééd. Perrin, 1997, et de *L'Enfance au château. L'éducation familiale des élites au XXe siècle*, Rivages, 1990.

** *Sciences Humaines*, hors série n° 10, septembre/octobre 1995.

Leurs valeurs, leurs comportements, leur langage obéissent à des codes dont la maîtrise est signe immédiat d'appartenance au groupe.

Etre noble, c'est d'abord porter un nom

C'est le nom – parfois doté d'une prononciation historique différente de la prononciation attendue par l'écriture (par exemple Broglie/bro-ye, Maupéou/maupou...) – qui détermine la noblesse, et non la particule, même si en France la plupart des familles nobles ont un nom comportant une particule. Celle-ci n'a jamais impliqué la noblesse et quelques familles de noblesse d'Ancien Régime et, plus souvent, de noblesse d'Empire, en sont dépourvues. Beaucoup moins important que l'ancienneté et l'illustration du nom, le titre est l'autre grand symbole de la noblesse. Encore aujourd'hui, il peut figurer sur les actes d'état civil et sur les cartes d'identité et les passeports, à condition d'avoir été régulièrement enregistré au ministère de la Justice (un droit de sceau de 2 000 francs est exigé et un nouvel enregistrement doit être effectué à chaque génération).

Précisons que même dans les familles de vraie et ancienne noblesse, nombre de titres de baron, de comte, et surtout de marquis, ne sont que des « titres de courtoisie », c'est-à-dire autrefois portés à la cour lors de la présentation au roi et à la famille royale, toute personne reçue à la cour l'étant « *sous un titre, généralement celui de comte, même si elle n'en possédait pas de régulier* » (1). Ces titres qui n'étaient pas réguliers ont pour la plupart été légitimés au XIXe siècle, sous la Restauration et la monarchie de Juillet. Aujourd'hui, pour marquer que l'ancienneté du patronyme importe beaucoup plus que le titre, certaines familles imitent les Anglais et suppriment les titres de courtoisie des cadets.

L'attention prêtée par les nobles à l'usage régulier des titres signale leur attachement à des règles historiques héritées de l'Ancien Régime en même temps que leur volonté de souligner la spécificité de leur groupe. Aussi sont-ils attentifs à relever et à corriger avec précision les erreurs qu'ils entendent ou lisent. La consultation du *Second Ordre* (2), qui dresse la liste des « vrais nobles », ou du *Dictionnaire des vanités* (3), qui dresse celle des « faux nobles », leur permet des vérifications dont ils ne se privent pas.

Le souci de protéger les noms et les titres incite les familles de noblesse authentique à adhérer à l'Association de la noblesse française, fondée en 1932 et reconnue d'utilité publique le 29 juillet 1967, qui regroupait, en 1995, 2 147 familles, soit un peu moins des deux tiers des familles nobles françaises (3 500 familles environ dont un peu plus de 400 ont été anoblies au XIXe siècle). Elle comporte une « commission des preuves », exerce un contrôle très attentif des titres des nouveaux entrants et suit de très près les publications de modifications de noms qui paraissent au *Journal officiel*.

1. P. du Puy de Clinchamps, *La Noblesse*, Puf, 1962.
2. Publié anonymement en 1947 et diffusé confidentiellement.
3. T. I, Documentation sociale contemporaine, cahier n° 1, 1970 ; t. II, SEC, 1972.

La généalogie, clé de voûte de l'identité

Au sommet de la noblesse se trouve « la noblesse immémoriale », appelée aussi « noblesse d'extraction » qui rassemble les familles dont « *on ne voit point la source* », comme disait madame de Sévigné, ayant toujours été tenues pour nobles sans que l'on puisse trouver trace qu'aucun souverain leur ait jamais accordé la noblesse. Elles-mêmes sont divisées en deux groupes, la « noblesse féodale » qui regroupe les familles connues à partir du XIe siècle et la « noblesse chevaleresque » qui regroupe les familles dont la noblesse est prouvée avant le XIVe siècle. 1 408 familles (4) subsistent aujourd'hui parmi lesquelles les plus anciennes – et les plus prestigieuses – sont les Mortemart, les d'Harcourt et les La Rochefoucauld.

L'attitude des familles au cours des révolutions successives depuis 1789 a, pendant longtemps, suscité des clivages. L'acquisition de biens nationaux pendant la période révolutionnaire, le ralliement à l'Empire ou à la branche cadette des Bourbons (les Orléans) après 1830 ont, au début du XXe siècle encore, constitué des facteurs de division, même si, dès la Restauration, une fusion s'effectua rapidement entre la haute noblesse d'Ancien Régime et la noblesse d'Empire, issue des maréchaux de Napoléon. En outre, encore aujourd'hui, une ligne de partage essentielle passe entre les familles nobles qui vivent toute l'année en province et la haute société parisienne. Certaines familles, en effet, ont une notabilité qui dépasse le cadre national, en raison du rôle qu'elles ont pu jouer dans l'histoire de France et aussi, parfois, de leur fortune. A l'opposé, la noblesse provinciale, éprise de discrétion, se méfie, voire se moque, de la haute aristocratie « très lancée », qui fréquente des milieux « plus mélangés ».

Fondée sur un patrimoine de références ancestrales, la généalogie est la clé de voûte de l'édifice familial. L'identité de l'individu noble est déterminée par sa place dans un lignage et dans une parentèle. Héritier de sang, il est le « maillon » d'une longue chaîne qui s'étire dans le temps et qu'il a mission de prolonger.

A la place du mot « famille », on utilise volontiers le mot « maison » dont la tonalité généalogique et héraldique connote à la fois l'idée de lignée et d'illustration ancestrale. C'est une manière de souligner l'existence d'un tronc commun, matérialisé dans le *Bottin mondain* par un tiret et un triangle encadrant la liste des membres d'une même famille, à partir duquel se constituent les ramifications de la parenté. Vitale pour assurer la continuité familiale, visible dans les intérieurs par la présence de « souvenirs de famille » (et en particulier de portraits dont l'abondance permet à tous les membres de la parenté d'en posséder toujours au moins un), la mémoire de la lignée est aussi entretenue par une intense sociabilité familiale.

Usages de la parenté et « capital social »

L'individu noble fait partie d'un vaste ensemble familial, fondé sur la filiation, qui l'enserre dans le réseau complexe des cousinages et des alliances. Dans la

4. D. et M. Frémy, *Quid*, Laffont, 1995.

conversation courante, des expressions très fréquentes comme « *Untel est très, nous sommes parents par les, nous sommes alliés de famille et avons les mêmes cousins.* » marquent le souci de rappeler les lignages, les ramifications, les cousinages : en même temps que « *fils de* » ou « *petit-fils de* », le noble est toujours « *frère de* » ou « *cousin de* », c'est-à-dire inscrit dans un clan qui regroupe tous ceux qui portent le nom ou descendent de ceux qui l'ont porté.

Deux phénomènes actuellement en pleine expansion, les associations de famille (qui ont pour but d'éviter la dispersion des souvenirs et des archives) et les rassemblements familiaux, soulignent la volonté de prolonger la mémoire des liens de parenté, même lorsqu'ils sont lointains. Les rassemblements sont organisés pour célébrer des anniversaires : bicentenaires de la mort d'aïeux martyrs de la Révolution, « millénaires » de certaines familles de la noblesse de chevalerie… Les Sabran célébrèrent le leur en 1960 au château d'Ansouis, dans le Luberon ; les d'Harcourt le leur en 1966 au château du Champ-de-Bataille ; les d'Ussel étaient 280 lors du week-end de la Pentecôte en mai 1989 au château de Neuvic-d'Ussel, en Corrèze ; les descendants La Rochejaquelein, 1 300, le 22 août 1989, au château de Clisson à Boismé dans les Deux-Sèvres ; les d'Aboville 1 140 (tous descendants d'un aïeul ayant eu 11 enfants dans les années qui suivirent la Révolution), le 20 juin 1992 au château de Rouville, à Malesherbes dans le Loiret. Ces événements sont l'occasion de discours qui exaltent la famille et soulignent sa pérennité. Rédigés par le chef de famille, son doyen ou un membre de la famille à la personnalité affirmée, ces discours, d'une tonalité familialiste, célèbrent le désir d'unité et de continuité. L'individu noble se doit dès lors de cultiver « l'esprit de famille » qui comporte trois obligations fondamentales.

Il suppose d'abord la reconnaissance d'une hiérarchie familiale fondée sur le droit d'aînesse et la primogéniture masculine. A sa tête se trouve « le chef du nom et des armes », qui ne porte jamais son prénom après son titre, à la différence des cadets (la pratique est justifiée par le fait qu'en France, à la différence de l'Angleterre, tous les fils portent un titre qui est parfois le même que l'aîné : seule l'omission du prénom après le titre permet alors de distinguer l'aîné), et qui est le seul à signer de son nom, sans porter son prénom ni l'initiale de son prénom. En second lieu, l'esprit de famille impose l'adhésion à un code moral identique qui inspire les mêmes avis sur certains sujets importants, tels que le mariage ou la transmission de la propriété familiale. Enfin, il implique l'entraide des membres de la famille, c'est-à-dire le devoir de recevoir la cousine pauvre ou de soutenir les membres de la famille qui connaissent des difficultés de tous ordres. En contrepartie de l'abandon à son profit, par ses frères et sœurs, d'une partie de leur héritage qui lui permet de conserver le château, le chef de famille a la responsabilité de veiller à la cohésion du groupe, notamment en réunissant les neveux et les cousins.

L'héritage des relations, facilité par la fréquentation dès la prime jeunesse de personnes ayant des fonctions importantes (diplomates, hauts fonctionnaires, officiers, hommes politiques, savants, écrivains, conférenciers, artistes...) avec lesquelles existent des liens de parenté ou une tradition d'amitié familiale, est peut-être ce que les jeunes générations considèrent comme le bien le plus important et le plus utile. Comme le capital économique s'est parfois largement réduit et que l'entrée dans le monde du travail est devenue inévitable, le réseau de relations constitue un atout de poids, conférant une réelle « assise » qui peut être précieuse pour la recherche ou l'exercice d'une activité professionnelle, dans les métiers de relations publiques notamment : les occasions de « dîners en ville, l'entregent, les très bonnes relations » un peu partout rendent plus aisé un arrivisme élégant. C'est pourquoi les jeunes générations se donnent parfois de la peine pour organiser des dîners, créer ou maintenir des relations qui pourront être utiles à leurs enfants.

Valeurs et codes distinctifs

Dans la vie quotidienne, la pratique d'un certain code, avec ses singularités, est une manière de signifier l'appartenance sociale. Celle-là apparaît dans le respect de certains usages de la politesse. Au premier rang, le baisemain, manière obligée de saluer « une femme du monde ». Ne s'étant jamais répandu dans la petite bourgeoisie, il reste aujourd'hui la principale distinction de la politesse aristocratique, spécifiquement française car il n'existe pas dans les pays anglo-saxons. Dans la conversation comme dans la correspondance, certains impairs trahissent la non-appartenance au groupe : par exemple dire « *les de x* » et non « *les x* ». La signature est également caractéristique : une femme mariée signe de son nom d'épouse toujours précédé – et jamais suivi – de son nom de jeune fille, sans indiquer son prénom ni, en général, mettre de trait d'union entre les deux noms. Dans le langage courant, la complicité familière des messages, le recours aux diminutifs (« *le cercle* » pour le Jockey Club, « *le livre* » pour le *Bottin mondain*...), l'utilisation d'un code (« *un dîner assis* » pour un dîner servi, « *un dîner de dimanche soir* » pour un repas simple par allusion au fait qu'il s'agissait autrefois d'un repas qui n'était pas servi par les domestiques en congé le dimanche soir, « *donner un verre* » pour organiser un petit cocktail...), le bannissement de certaines expressions censées « *faire petit-bourgeois* », un certain usage de la grossièreté empreint de rusticité caractérisent le comportement aristocratique.

Enfin, le cosmopolitisme est un autre signe distinctif de la noblesse. Comparée aux autres aristocraties d'Europe, l'aristocratie française apparaît certes, dans son ensemble, relativement repliée sur elle-même : les alliances matrimoniales avec les étrangers sont assez rares et, jusqu'à une date récente, n'étaient pratiquées que dans quelques grandes familles, comme les d'Arenberg, les Croÿ, les Ligne, les Faucigny-Lucinge... L'importance du « marché matrimonial » noble français, et surtout le refus de contracter des alliances avec des familles protestantes (or la quasi-totalité de la noblesse anglaise et hollandaise est protestante ainsi qu'une partie importante de la noblesse allemande) expliquent en partie ce relatif manque d'ouverture internationale. Mais l'idée d'appartenir à une même société, par-delà les frontières, est ancienne. L'anglophilie a été depuis le XIXe siècle un trait caractéristique d'un grand nombre de ces familles. On faisait appel à des nurses anglaises, réputées pour leur compétence en matière de soins et d'éducation de la prime enfance. En outre, régnait l'idée que l'Angleterre était le pays de l'élégance, dans le domaine vestimentaire notamment, et du sport. S'y ajoute probablement une composante politique : le parlementarisme anglais a servi de modèle au courant orléaniste.

Dans le contexte d'aujourd'hui, marqué par la multiplication des échanges et la mondialisation des modes de vie, où la connaissance de l'anglais n'est plus un privilège, cette anglophilie est moins distinctive qu'autrefois. Mais persiste la conscience d'un cosmopolitisme aristocratique, fondé sur des liens de parenté et des valeurs partagées. En témoignent les rapprochements des associations nationales de la noblesse ou de certains clubs au recrutement presque exclusivement aristocratique. Le Jockey Club, fondé en 1834, est associé au cercle de la Caccia (Rome), au Knickerbocker Club (New York), au Nuevo Club (Madrid), au Jockey Club d'Autriche, au Turf Club de Lisbonne, au New Club d'Edimbourg, au Pacific Union Club de San Francisco et au Cercle du Parc de Bruxelles. En 1959, à l'initiative de l'Association de la noblesse française, la plus ancienne et la plus active des associations de noblesse en Europe, a été créée une association internationale, la CILANE (Commission d'information et de liaison des associations de noblesse d'Europe), qui compte actuellement des représentants des associations de la noblesse de neuf pays – France, Belgique, Allemagne (Association des Chevaliers teutoniques), Suède, Italie, Suisse (Association des familles), Espagne, Portugal, Russie. Cette organisation s'efforce, par des échanges et des colloques, de multiplier les contacts entre les noblesses des différents pays et de mettre en valeur les ramifications européennes des familles et leur esprit cosmopolite.

Si les conditions de vie des nobles ont considérablement changé au cours du XXe siècle, et surtout depuis la Seconde Guerre mondiale, deux facteurs de solidité continuent cependant à souder les familles. Le premier est le sens de la relativité de l'individu, considéré seulement comme le maillon d'une chaîne, une cellule liée à d'autres par une parenté, un même nom, des ancêtres communs. Le second est le poids du principe collectif selon lequel aucune transmission n'est possible sans une éducation familiale, en conformité avec les valeurs du groupe.

SÉLECTION BIBLIOGRAPHIQUE

LA SOCIALISATION
Construction des identités sociales et professionnelles
Claude Dubar

LA TRIBU SACRÉE
Ethnologie des prêtres
Pascal Dibie

NOMADES EN FRANCE
Daniel Bizeul

NOUS, ON N'EN PARLE PAS
Les vivants et les morts chez les Manouches
Patrick Williams

« TERRE D'ASILE, TERRE D'EXIL : L'EUROPE TSIGANE »
Revue *Ethnies*

LA PLACE DES FEMMES
Les enjeux de l'identité et de l'égalité au regard des sciences sociales
Collectif

LE MATCH DE FOOTBALL
Ethnologie d'une passion partisane à Marseille, Naples et Turin
Christian Bromberger, avec la collaboration d'Alain Hayot et de Jean-Marc Mariottini

GRANDES FORTUNES
Dynasties familiales et formes de richesse en France
Michel Pinçon et Monique Pinçon-Charlot

VOTES JUIFS
Itinéraires migratoires, religieux et politiques
Sylvie Strudel

HISTOIRE DES JEUNES EN OCCIDENT
Sous la direction de Giovanni Levi et de Jean-Claude Schmitt

LA SOCIALISATION

Construction des identités sociales et professionnelles

Claude Dubar, Armand Colin, coll. « U », 1991, 278 p.

Point de rencontre de la biologie, de la psychologie et de la sociologie, l'étude de la socialisation est au cœur tant de la pensée théorique en sciences humaines que de la réalité sociale de l'Europe de cette fin de XXe siècle. La socialisation est classiquement définie comme « *le processus au cours duquel se développent la participation sociale et la personnalité dans sa dimension inter-humaine* » (Roger Mucchielli). Elle façonne l'identité, la conscience de soi dans la société, qui est au cœur de l'équilibre affectif de tout être humain. Mais la socialisation ne finit pas avec l'enfance. Quand on sait, par exemple, les ravages psychiques que peut entraîner chez un individu la perte de son emploi, on comprend que la socialisation se prolonge chez l'adulte dans et par son travail.

Ce livre est un très bon manuel. Il présente d'abord un large et complet examen des théories de la socialisation en sciences humaines (Piaget, Durkheim, Mead, Erikson, les culturalistes…) en essayant de proposer à chaque fois une analyse synthétique.

La deuxième partie présente les grandes lignes de la sociologie du travail, axées sur la socialisation par l'emploi et la formation professionnelle (spécialité de l'auteur). La psychologie n'est pas en reste car l'identité professionnelle se construit dans la relation et non pas seulement dans la fonction.

La troisième partie, plus concrète (et qu'on aurait aimé voir davantage développée) propose une analyse des très nombreuses situations de la vie professionnelle, y compris le chômage.

LAURENT MUCCHIELLI

LA TRIBU SACRÉE

Ethnologie des prêtres

Pascal Dibie, Grasset, 1993, 300 p.

« *Qui sont ces êtres morts à nous pour notre survie, ces orants par qui passe le Mystère, ces tisseurs de paroles, ces proches, ces familiers, ces intimes silhouettes qui hantent nos rues, nos consciences et ponctuent notre vie ?* » Qui sont ces prêtres catholiques de moins en moins nombreux, que la plupart des citadins croisent sans les reconnaître, sans s'en préoccuper même ? Pascal Dibie dresse le portrait de cette « tribu » en reprenant essentiellement la vision que les manuels ecclésiastiques en ont donnée. L'enquête s'est révélée difficile, car décrire et comprendre en ethnologue les prêtres de l'Eglise catholique n'est pas permis par la hiérarchie, qui tente de fournir elle-même le seul discours autorisé.

Cependant, fort de son appartenance à la culture chrétienne, P. Dibie offre du comportement des curés une vision kaléidoscopique, faite de va-et-vient parfois déroutants. Il ne s'intéresse pas à la transcendance, mais aux hommes vivants, au « métier » de prêtre.

Dans une longue partie inaugurale consacrée à l'intimité du prêtre, P. Dibie bâtit la description d'un prêtre « idéal », celle que fournissent les trois manuels de formation des séminaristes les plus lus au cours des XIXe et XXe siècles. Ce prêtre « virtuel », probablement proche de la réalité, était en permanence sou-

mis à une tentation démoniaque multiforme, en particulier sexuelle, que l'autorité s'attachait à extirper. L'essentiel des prescriptions consistait à fournir des mises en garde afin de bien se lever, bien prier, bien officier, bien manger, bien se coucher.
P. Dibie montre, en contrepoint, combien la vie et les préoccupations des actuels ministres du culte catholique ont pu changer. Ces derniers sont confrontés au modernisme et jouent souvent en premier lieu un rôle social auprès de communautés particulières : « *En réalité, ils vivent comme vous et moi cette fin de* XX*e siècle et n'échappent guère aux modes et aux séductions communes.* »
Après un long détour historique, l'ouvrage dans sa troisième partie précise les rites de la messe et la formation des séminaires. Là se mesurent précisément l'ancrage traditionnel de deux mille ans de christianisme et la dimension de foi, d'abandon et d'obéissance qui guide la vie de ces hommes.
La dernière partie interroge le présent et l'avenir : quelle place peuvent avoir les prêtres dans une société pour ainsi dire complètement sécularisée ? On ordonne en France moins de cent cinquante prêtres par an. Un nombre croissant de communautés catholiques, de plus en plus squelettiques, n'ont plus de curé. Par ailleurs, l'Eglise, par l'activité médiatique de son pape, agit directement sur chaque catholique et délivre un message, des symboles dans lesquels les curés ne se reconnaissent pas toujours. Comment se résoudront ces contradictions ?

JEAN-CLAUDE RUANO-BORBALAN

NOMADES EN FRANCE
Daniel Bizeul, L'Harmattan, coll. « Logiques sociales », 1993, 286 p.

NOUS, ON N'EN PARLE PAS
Les vivants et les morts
chez les Manouches
Patrick Williams, éditions de la Maison des sciences de l'homme, 1994, 108 p.

« TERRE D'ASILE, TERRE D'EXIL : L'EUROPE TSIGANE »
***Ethnies*, n° 15, 1993, 160 p.**

Qui sont ces étranges passants groupés autour d'un feu ? Des magiciens en exil ou des sans-domicile-fixe ? Les survivants d'une légende ou des gibiers de criminologues ? Ces gens-là, écrit Patrick Williams, « *nous ne voulons pas les voir* ». Ou bien, lorsque nous les voyons, c'est qu'ils sont déjà de trop. Nomades, Gitans, Romanichels, « gens du voyage » ? Comment faut-il les appeler ? Dans *Nomades en France*, Daniel Bizeul, sociologue, met froidement les choses à plat : ce sont, dit-il, des « voyageurs » à l'identité floue et au nombre incertain (entre 100 000 et 300 000 en France, disent les recensements). Chez eux, il a surtout vu des riches qui rejettent des pauvres, des familles qui s'isolent, des enfants qui s'égayent, des femmes qui s'émancipent et des mariages sans règles. Que reste-t-il des Tsiganes d'antan ? Un mode de vie, une « mentalité », un fond d'insoumission. Le reste est survivance minoritaire confortée par les « *folkloristes et linguistes du* XIX*e siècle* ». N'est-ce pas trop simple ? A taper si fort sur le clou socio-économique, D. Bizeul semble vouloir couvrir un silence : celui de gens qui ne disent pas leur nom, parlent une langue « argotisée » et cachent leurs bribes de coutumes. Or ce silence, P. Williams, lui, l'explique très bien. Il en fait même le principal sujet de son livre sur les Manouches du Massif central, qu'il fréquente depuis plus de vingt-cinq ans. Avec un peu d'impatience, sûrement, car d'eux-mêmes il n'a recueilli de déclarations ni sur leurs mœurs, ni sur leur histoire, ni sur leur Inde légendaire. P. Williams a donc observé et vécu : il a vu comment, à la mort de l'un des leurs, ses compagnons brûlent ou détruisent roulotte et bagages, puis taisent son nom et déclarent le lieu *mullo*. Chiens, objets, enfants, aliments : tout peut être *mullo*, et chaque survivant porte le deuil d'une manière différente. De là naît une intuition : parler d'eux-mêmes comme groupe, ce serait, pour les Manouches, parler de leurs morts, car leurs morts sont le groupe. Or, des morts, on ne parle pas. « *Le silence et l'absence sont pour eux*, écrit P. Williams, *une façon de faire exister les choses.* » Ainsi habitent-ils le monde des *gadjés* (non-tsiganes) en y laissant des vides : ces places où, pour cause de deuil, on ne revient jamais. Sans poèmes, sans musique et sans cérémonie, le mutisme rituel des Manouches de l'Allier prend, dans le récit de P. Williams, la dimension d'une révélation. Fragments de conversations, récits, fables suffisent à donner du sens aux errances d'une troupe d'innocents chasseurs de hérissons nommés Morsela, Tchavolo, Nini, amateurs de prairies grasses et d'oseraies sauvages, qui parfois prennent un « coup de sang » ou noient leur crainte de l'avenir dans l'alcool. Mais toujours sous le regard des morts : « *Celui qui cesse de boire du vin ou de manger du hérisson, du lapin, de chanter telle chanson parce que son père ou son frère est mort, il civilise le vin, le hérisson, le lapin, la chanson.* » Hors du commun, le livre de P. Williams transfigure son objet : d'indigent et précaire, le mode de vie des Manouches devient une culture à la beauté singulière. Trop singulière, peut-être, car son mutisme inquiète. Un numéro de la revue *Ethnies*, paru en 1993, soulève une autre question : celle de la place, dans l'Europe d'aujourd'hui, de ce peuple tsigane (rom, gitan, etc.) de 7 millions d'âmes, atteint il y a cinquante ans par la persécution nazie (500 000 morts), et qui se voit confronté à de nouvelles menaces en Yougoslavie, en Roumanie et en Pologne. Ses déplacements préoccupent la CEE, qui, par le biais du conseil de Strasbourg, invite les nomades à fournir des « *informations objectives sur leur identité culturelle et sociale* » (résolution 249, mars 1993). Sorte de réponse anticipée, le Mouvement confédéral tsigane, créé en 1991, a repris à son compte les projets culturels et linguistiques de l'Union romani, mais aussi d'autres (d'assistance, d'éducation, de santé, d'information) et celui d'une représentation politique internationale. En 1992, la branche française du mouvement a lancé le premier numéro du *Tambour tsigane*. Est-ce la fin du silence ?

NICOLAS JOURNET

LA PLACE DES FEMMES

Les enjeux de l'identité et de l'égalité au regard des sciences sociales

Collectif, Ephesia/La Découverte, 1995, 740 p.

En mars 1995, à Paris, se tenait un colloque préparatoire à la 4e Conférence mondiale de Pékin sur les femmes. *La Place des femmes* réunit une centaine de textes, soit l'ensemble des contributions venues de dix-huit pays différents. Cet état des lieux des recherches en sciences humaines s'organise autour de deux thèmes centraux : « identité » et « égalité et différences » des sexes.

La première partie regroupe des comptes rendus de recherches sur la construction des identités féminine et masculine. Ainsi, pour l'anthropologue Aline Tauzin, dans la société arabe traditionnelle, la femme est avant tout considérée pour sa fonction de reproduction. C'est à ce titre qu'il lui revient d'assurer la transmission du nom, du statut et des biens de son mari (selon les règles de la patrilinéarité). L'homme exerce donc un « *strict contrôle de la sexualité féminine* ». Dans la pensée islamique, elle est représentée comme insatiable et dangereuse pour l'homme que désirs et passions éloignent du divin. Le féminin occupe ainsi le pôle de la jouissance sans limites et de la « *subversion au divin* », opposé au pôle masculin de la soumission à Allah et du contrôle des pulsions. Cette représentation des « genres » explique les pratiques de ségrégation des sexes, de l'enfermement des femmes et du port du voile.

La seconde partie est centrée sur le thème « égalité et différences des sexes » dans les domaines de l'éducation, du travail, du politique, de la vie privée. Si, en principe, la différence n'implique pas l'inégalité, en pratique elle est la norme. Ainsi Catherine Marry, sociologue au CNRS, le démontre en s'appuyant sur les scolarités supérieures des filles en France. La proportion des filles à l'Université atteignait 3,3 % en 1900, 25 % en 1930, 44 % en 1968, et 55 % en 1993. En dépit de cette évolution, demeure l'existence d'un domaine masculin (sciences et techniques où les filles sont sous-représentées) et d'un domaine féminin, celui des études littéraires et « tertiaires ». A cette situation, trois explications possibles :

– les filles, ayant intériorisé leur position de dominées, s'auto-excluent des filières scientifiques et techniques et s'orientent vers des filières « *objectivement moins rentables socialement* » ;

– les filles anticipent un avenir probable où elles devront concilier vies professionnelle et familiale ;

– enfin, elles sont moins intéressées par les « *valeurs scolaires et sociales qui attribuent une place centrale aux mathématiques, à la compétition et aux fonctions d'encadrement hiérarchique* ».

Cet ouvrage, par sa diversité et l'étendue des questions traitées, servira de référence en la matière.

MARIE FAGOT

LE MATCH DE FOOTBALL

Ethnologie d'une passion partisane à Marseille, Naples et Turin

Christian Bromberger, avec la collaboration d'Alain Hayot et de Jean-Marc Mariottini, éd. de la Maison des sciences de l'homme, 1995, 408 p.

Au terme de six ans d'enquête dans les stades les plus « chauds » du football français et italien, Christian Bromberger se demande comment une telle passion a pu se développer. Dans sa réponse, il invoque d'abord la situation des villes : Marseille et Naples sont, chacune à leur manière, des cités « victimes », des parias, des « seules contre tous ». Il est ensuite question des spectateurs qui, contrairement à une idée reçue, ne sont pas tous des ouvriers, mais se « recrutent » dans toutes les couches de la population masculine locale. Enfin, il y a surtout les clubs de supporters, chargés d'organiser l'enthousiasme, parfois la haine, mais surtout la parodie et la fête. Un *tifosi*, rappelle C. Bromberger, est littéralement un malade du typhus, un « agité », un « fiévreux » : à Naples, pendant la saison, la fièvre du supporter commence le mardi et ne s'achève que le samedi, parfois très tard en cas de victoire. Etre supporter est une véritable occupation qui s'exprime sur le stade par des chants et des gestes biens connus, mais aussi par de véritables chorégraphies préparées à l'avance, auxquelles C. Bromberger a la bonne idée de nous faire assister.

Comment expliquer l'engouement, non seulement des jeunes clubistes, mais du public en général pour son équipe locale ? Il y a d'abord l'invention d'une identité esthétique : une sorte de continuité vécue entre le style d'une équipe et la culture locale (la « filouterie » brésilienne, le « sérieux » turinois, le « fantasque » marseillais). Il y a ensuite l'excitation de l'incertitude : gagner un match relève toujours de l'exploit. Le stade est une arène démocratique, où l'on se bat à armes égales, mais l'issue d'un match est trop incertaine pour qu'on la laisse au hasard. D'où ce mélange d'esprit de compétition et de tricherie. Enfin, il y a le combat : pour C. Bromberger, le football est foncièrement une passion « partisane », c'est-à-dire une guerre euphémisée. Les descriptions qu'il donne du folklore partisan (funérailles parodiques de l'adversaire, insultes sexuelles, menaces) ont de quoi donner le frisson mais, selon C. Bromberger, ces manifestations relèvent normalement de la « théâtralité ». Théoriquement développée chez les Latins, elle semble faire défaut à certains Britanniques, qui passent à l'acte. Le football doit-il être considéré comme une forme de religion moderne ? Sur ce point, C. Bromberger est plutôt réservé : il trouve plus d'exemples où des saints sont appelés au secours des footballeurs que de footballeurs invoqués pour protéger leur ville…

Le match de football est finalement, selon C. Bromberger, trop sérieux pour n'être qu'un simple spectacle, mais trop gratuit et incertain pour atteindre au rituel. C'est quelque chose « entre les deux » qui condense des valeurs de notre temps, particularisme et universalisme.

NICOLAS JOURNET

GRANDES FORTUNES

Dynasties familiales et formes de richesse en France

Michel Pinçon et Monique Pinçon-Charlot, Payot, 1996, 376 p.

Mademoiselle Ribouleau est propriétaire de nombreux logements et boutiques, de terres agricoles et de divers placements financiers pour une valeur totale évaluée à plus de 220 millions de francs. Elle s'est acquittée en 1994 de 3 millions au seul titre de l'impôt de solidarité sur la fortune. Une telle richesse ne saurait pourtant être intelligible à la seule lumière de ces chiffres, si considérables soient-ils. Car la grande fortune est indissociable de ses dimensions sociales, culturelles et symboliques. Les « grandes familles » (aristocratie et grande bourgeoisie ancienne) forment un monde à part, fait de pratiques, de codes, de rites, de lieux, d'objets et de systèmes de représentations. Le château familial, le vignoble dans le Bordelais, les courses à Deauville, les rallyes ne sont pas que des clichés : ils témoignent d'une culture et d'une sociabilité propres à un groupe social, objet des fantasmes et des convoitises du commun des mortels.

Les grandes familles constituent une véritable confrérie, qui doit préserver sa cohésion et sa perpétuation. La cooptation et l'endogamie sociale limitent l'extension des réseaux de sociabilité, comme en témoigne l'exemple de la bourgeoisie bordelaise. Et gare à celui qui s'écarte du chemin. Christel Badesen a épousé un fils de la bourgeoisie du Nord et non pas un héritier de la société bordelaise. Comme toute jeune fille bien née, elle était invitée partout : soirées mondaines, robes longues, châteaux. « *(…) Quand j'ai annoncé mes fiançailles avec quelqu'un qui ne faisait pas partie de notre tribu,* explique-t-elle, *je n'ai plus reçu un carton d'invitation.* » En fait, ce genre d'« incidents » est peu fréquent, parce que prévenu par de nombreux dispositifs de contrôle, qui font que les occasions de sortir du groupe sont rares. Les rallyes sont destinés à organiser les rencontres entre jeunes gens du même milieu. Les soirées mondaines, les courses hippiques, les vernissages, les premières, les écoles privées de prestige, les manifestations de charité, les pratiques sportives (polo, plaisance, golf) sont autant de lieux dûment organisés afin de préserver l'entre-soi. Ainsi, constatent Michel Pinçon et Monique Pinçon-Charlot, on retrouve les mêmes personnes dans les grands cercles parisiens : Conseil de l'Union interalliée, Jockey Club, Automobile Club, Cercle du Bois de Boulogne, Polo de Paris. Celles-là fréquentent également le golf de Saint-Cloud, le Yacht-Club de France, la Maison de la chasse et de la nature, le Cercle de Deauville. Ces cénacles sont des lieux de formation et d'entretien d'un réseau de relations, d'un capital social. Ils sont soigneusement consignés dans des répertoires (annuaires des clubs, *Bottin mondain*…) qui permettent d'identifier les personnes « socialement utiles ».

Le souci de l'entre-soi s'inscrit de manière très directe dans le rapport à l'espace et au territoire. La répartition géographique des grandes fortunes montre leur extrême concentration, au niveau national, mais aussi au niveau du quartier (par exemple, pour la région parisienne, les XVIe, VIIe, VIIIe arrondissements, Neuilly…). Les lieux de villégiature n'échappent pas à cette logique : bassin d'Arcachon pour la bourgeoisie bordelaise, Deauville pour les Parisiens, Monte-Carlo, certaines stations de ski comme Gstaadt ou Saint-Moritz…

Mais il ne suffit pas d'avoir une demeure magnifique, encore faut-il avoir un bon voisinage. Les auteurs montrent que cette concentration dans l'espace est le fruit de stratégies territoriales concertées. Contrairement à la représentation commune associant grande bourgeoisie et individualisme, il y a du collectivisme dans la gestion des grandes familles. Ainsi, l'invention du lotissement par les classes dominantes au XIXe siècle correspond à ce souci de collectivisation de la propriété individuelle, qui perdure aujourd'hui. Exemple de ces pratiques paradoxales : la commune très chic du Vésinet, dans la banlieue parisienne, créée en 1875 à partir d'un lotissement, et dans laquelle, selon M. Pinçon et M. Pinçon-Charlot, la confusion est totale entre le lotissement et la municipalité, la gestion concertée permettant d'assurer l'homogénéité de l'urbanisme et de la population. Il suffit de se promener au Vésinet pour constater la réussite de l'entreprise.

Le rapport au territoire s'appuie donc sur une logique de réseaux et de contrôle. Les réseaux s'étendent au-delà des frontières, et le cosmopolitisme est une autre composante essentielle du mode de vie grand bourgeois. En premier lieu parce que l'on possède souvent plusieurs « pied-à-terre » : l'appartement parisien, le château en province, le yacht, le chalet en Autriche, la ou les résidence(s) à Monaco, à New York… Surtout parce qu'historiquement, la haute société a vocation à nouer des liens avec celles qui, à l'étranger, lui sont homologues. Ce « cosmopolitisme clanique » s'exerce lui aussi dans des lieux spécifiques : palaces, écoles et collèges internationaux… L'apprentissage précoce de plusieurs langues étrangères, les voyages et l'entretien des réseaux de relations contribuent à forger un « capital cosmopolite » qui confère au grand bourgeois un privilège que ne possède pas le voyageur ordinaire : celui d'être chez lui à l'étranger.

Un rapport à l'espace, mais aussi un rapport au temps : les grandes familles se distinguent des nouveaux riches par l'ancienneté de leur fortune. Les supports du patrimoine rappellent sans arrêt ce poids de l'histoire : le château familial, avec ses objets d'arts, ses meubles, ses portraits des ancêtres, offre une mise en scène de la saga familiale. Tout est conçu pour servir de support à la mémoire. Ainsi, soulignent M. Pinçon et M. Pinçon-Charlot à propos du château de Fraisse, somptueuse propriété de la famille des Monstiers située près d'Angoulême, la valeur de cette demeure « *ne réside pas dans une apparente magnificence mais dans le temps qui s'y est cristallisé* ». Si beaucoup de familles persistent, en dépit de toute rationalité économique, à entretenir ces fiefs qui leur coûtent cher, c'est que leur valeur est d'ordre symbolique.

S'inscrire dans une lignée. Cette inscription du patrimoine dans la durée signifie aussi une chose fondamentale, qui détermine la relation à l'argent et à l'héritage : la fortune n'est pas attribuée à l'individu, mais à la lignée. « *Nous ne sommes jamais propriétaires, nous ne sommes que locataires, mais nous sommes responsables de ces biens* », déclare le marquis des Monstiers. Dès le début de son éducation, le grand bourgeois ou l'aristocrate sait, à travers l'omniprésence des ancêtres, qu'il n'est qu'un dépositaire. Tout ce travail social de construction explique que, contrairement à ce qu'on observe souvent dans les autres catégories sociales, l'héritage n'est en aucun cas ressenti comme une usurpation, précisément parce que l'héritier est préparé à le recevoir, et parce

qu'il est destiné à le transmettre : héritage et transmission sont indissociablement liés.
L'individu s'efface donc derrière la famille, qui est au centre de toutes les relations. Cette dénégation de l'individualité s'exprime dans les manières d'être et de communiquer : la courtoisie et la retenue, fréquentes dans les vieilles familles bourgeoises et aristocratiques, s'opposent à l'arrogance et à l'ostentation des nouveaux riches. Les stratégies de défense des grandes familles sont d'ailleurs en premier lieu dirigées contre la concurrence de ces nouveaux venus en provenance du monde industriel, commercial ou médiatique. La description faite dans le livre de l'histoire et de l'évolution de Deauville, aujourd'hui envahie par les véhicules 4 x 4 et les bolides rutilants (expression même de la vulgarité « nouveau riche » aux yeux des grandes familles), l'illustre parfaitement.
Car, au-delà des stratégies et de la conscience du groupe, ce qui en fait le ciment, ce sont aussi les comportements quotidiens et les univers de représentation dans lesquels ils s'inscrivent. M. Pinçon et M. Pinçon-Charlot dépeignent, avec force détails, tous les aspects du mode de vie grand bourgeois, et en montrent la cohérence. Ils s'appuient pour ce faire sur les travaux de Norbert Elias sur la société de cour, et surtout sur les analyses de Pierre Bourdieu, notamment pour montrer comment se forment et s'expriment la distinction et le « bon goût ».

La distinction par la culture. La familiarité « naturelle » avec la culture est au cœur de la construction identitaire et de la sociabilité. Mais elle s'opère sur les objets culturels légitimes et socialement utiles. Ainsi, par exemple, un sort très particulier est réservé à la lecture. Certes, la présence d'une belle et grande bibliothèque est fréquente dans les appartements de la haute société, mais la pratique de la lecture est en revanche très variable. Les auteurs font l'hypothèse que ce paradoxe est dû au fait que la lecture est une pratique solitaire, et donc peu mondaine : or, selon eux, le rapport des grands bourgeois à la culture est d'essence mondaine. La distinction s'exprime dans tous les domaines, de la consommation courante (vêtements, alimentation) aux pratiques linguistiques (choix des prénoms, formules de politesse), en passant par les règles de savoir-vivre (le baisemain par exemple).
Au-delà de la description des pratiques et des représentations de l'univers de la grande bourgeoisie, un des principaux apports de cet ouvrage est de montrer en quoi la notion de patrimoine est multiforme. Les aristocrates et les grands bourgeois possèdent un capital économique et financier. Mais, à travers un mode de vie et l'entretien de réseaux de sociabilité, ce patrimoine exprime toutes ses dimensions. Réseaux de relations, cosmopolitisme, culture, bonnes manières, compétences sociales en font aussi partie.
Ainsi, les aspects économiques, sociaux, culturels et symboliques du patrimoine sont étroitement mêlés et s'auto-entretiennent car, comme le soulignent M. Pinçon et M. Pinçon-Charlot, « *L'argent donne du talent.* »

PHILIPPE CABIN

VOTES JUIFS
Itinéraires migratoires, religieux et politiques
Sylvie Strudel, Presses de Sciences-Po, 1996, 376 p.

Les électeurs juifs votent traditionnellement à gauche. Ce fait a été établi de longue date par de nombreuses études, pour la plupart anglo-saxonnes. Plusieurs explications ont été avancées : la convergence entre les valeurs traditionnelles du judaïsme et celles des partis de gauche (théorie des valeurs) ; la frustration engendrée chez les Juifs par le décalage existant entre leur réussite économique et leur non-reconnaissance sociale liée à leur statut de minorité (théorie du statut paradoxal) ; le souci des Juifs de s'adapter aux normes politiques dominantes de la société à laquelle ils appartiennent (théorie de l'accommodation) ; enfin, pour ce qui concerne tout spécialement les Juifs européens, l'absence de réelle alternative politique, du fait de l'avènement d'« *une droite nationale chrétienne et traditionaliste* » en réaction contre le processus de sécularisation et de démocratisation intervenu en Europe depuis le XVIIIe siècle auquel les Juifs durent leur émancipation (théorie de l'universalisme).

En France, les enquêtes statistiques consacrées au comportement électoral des Juifs sont à la fois plus récentes et peu nombreuses. Elles confirment néanmoins la forte politisation des Juifs et leur propension à voter en faveur de candidats de gauche, du moins lors des élections intervenues dans les années 78-84. Au-delà de cette période, en est-il cependant encore ainsi ? Aujourd'hui, les électeurs juifs se différencient-ils toujours autant des autres électeurs, catholiques, protestants, musulmans... ? C'est justement pour répondre à ces questions que l'auteur a entrepris une nouvelle enquête, à Sarcelles, à l'occasion des élections présidentielles de 1988 et de 1995. Le choix de Sarcelles n'est pas fortuit : cette ville de la banlieue nord de Paris comprend une forte proportion de Juifs (entre 15 et 20 % de la population). Issus de sondages de sorties des urnes et d'entretiens, les résultats révèlent, entre autres choses, un rapprochement entre Juifs et catholiques, en même temps qu'une nette différenciation des comportements électoraux parmi les Juifs eux-mêmes, selon leur pratique religieuse, leur trajet migratoire, leur statut social, etc. S'il est encore trop tôt pour valider définitivement l'usage au pluriel de l'expression « vote juif », c'est bien une nouvelle perspective que Sylvie Strudel offre à la sociologie électorale des religions.

SYLVAIN ALLEMAND

HISTOIRE DES JEUNES EN OCCIDENT
Sous la direction de Giovanni Levi et de Jean-Claude Schmitt, Seuil, 1996.
Tome I : *De l'Antiquité à l'époque moderne*, 376 p.
Tome II : *L'Epoque contemporaine*, 407 p.

« *Quiconque fera de nuit un tapage indécent par ses cris et ses chants, ou tendra des cordes, ou posera des obstacles dans les rues ; quiconque démontera les roues de charrettes pour les cacher ou les jeter dans la fontaine, celui-là sera mis au cachot un jour et une nuit, et devra payer à ses victimes une amende de dix schil-*

lings. » (édit de la ville de Soleure, Rhénanie, 1493). On trouve bien d'autres exemples des « vilenies nocturnes » perpétrées par les jeunes dans les archives judiciaires des XVe et XVIe siècles : saccage, bris ou dissimulation de fenêtres, de portes et de bancs, tonneaux roulés à grand bruit dans les ruelles ; lancer de pierres ou de boules de neige contre portes et fenêtres ; serrures enduites d'excréments humains ; arbres fruitiers coupés...

Ces charivaris ne sont en général que faiblement réprimés. « *De toute évidence, il n'était pas dans l'intérêt des conseillers de transformer en criminels leurs propres rejetons pour des délits mineurs : on était conscient que la jeunesse avait besoin d'espaces de liberté.* » (1) Pourtant, l'espace de liberté évoqué par Norbert Schindler n'apparaît pas comme une donnée constante dans cette *Histoire des jeunes en Occident.*

En deux volumes, cet ouvrage nous propose dix-sept contributions allant de l'Antiquité grecque à l'Amérique des années 50. Et, comme le précisent Giovanni Levi et Jean-Claude Schmitt, chaque historien est intervenu avec sa propre connaissance d'un terrain qui lui était spécifique, en fonction des sources et des problématiques explorées dans ses travaux antérieurs. Ce n'est donc pas une histoire linéaire et généralisante qui nous est proposée, mais des histoires de la jeunesse dans les sociétés occidentales. La différence des points de vue confère à l'ouvrage son caractère de recherche expérimentale, invitant à d'autres travaux sur le sujet.

En effet, si le thème de la jeunesse est devenu récurrent dans les travaux d'anthropologie, de psychologie et de sociologie, il n'a été jusqu'à présent que peu investi par les historiens. Les travaux de Philippe Ariès (2) avaient jusqu'à présent fait autorité dans ce domaine, en suggérant que, entre féodalité et industrialisation, on passait directement de l'enfance à l'âge adulte. Le point de vue adopté ici est tout autre, puisqu'il souligne au contraire la spécificité d'un âge situé « *entre les marges mouvantes de la dépendance enfantine et de l'autonomie des adultes* ».

Des rites de passage. Si les limites démographiques que l'on peut attribuer à la notion de jeunesse sont variables selon les époques et les milieux, c'est plutôt comme construction sociale et culturelle qu'il faut percevoir la jeunesse. Un âge de la vie dont les modalités d'entrée et de sortie s'apparentent souvent à des rituels d'initiation. Ainsi, dans l'Antiquité grecque, la formation des jeunes gens, particulièrement à Sparte et en Crète, se compose de gymnastique, de chasse, d'équitation, mais aussi d'expériences érotiques masculines où les enfants doivent se soumettre aux exigences de leurs valeureux aînés dans une mise en scène où l'adolescent est rapté par son « amant » (3).

Au Moyen Age, le terme de *juventus* renvoie à des réalités différentes : celle des clercs qui, en faisant leur vœu d'entrée au monastère, vivront leur jeunesse dans la période du noviciat, mais aussi

1. N. Schindler, « Les gardiens du désordre : rites culturels de la jeunesse à l'aube des Temps modernes », tome I.
2. P. Ariès, *L'Enfant et la vie familiale sous l'Ancien Régime*, Seuil, 1973.
3. A. Schnapp, « L'image des jeunes gens dans la cité grecque », tome I.

celle des jeunes nobles dont le rituel d'entrée dans la chevalerie est très codifié par la cérémonie de l'adoubement (4).

A partir du milieu du XVIIIe siècle, les concepts d'adolescence et de jeunesse se précisent avec les progrès de la biologie et de la médecine, mais également sous l'influence des philosophes et des pédagogues. Jean-Jacques Rousseau est un des premiers à avoir défini dans *L'Emile* cette crise pubertaire de l'identité sexuelle.

Alors que, pour les périodes antérieures, les documents nous renseignent surtout sur les élites de la société, la période contemporaine livre un éventail élargi de données. Au XIXe siècle, les rites de passage se transforment avec les mutations des sociétés qui s'urbanisent et s'industrialisent. Dans son article, Michèle Perrot (5) présente la première communion comme un rite d'entrée important dans la jeunesse (même si les croyances s'affaiblissent). Avec l'extension de la scolarisation dans les classes populaires, le certificat d'études est devenu lui aussi un rite de passage pour l'écolier qui entre dans le monde du travail. En outre, la famille joue un rôle important dans la France du XIXe siècle. C'est souvent grâce à elle que le jeune ouvrier a pu obtenir une « bonne place » ou le legs d'un métier par tradition familiale, mais il lui doit aussi sa paye et le devoir de s'occuper de ses parents si nécessaire. Il s'en émancipera par le mariage : aimer et s'établir, c'est conquérir son indépendance... A partir de 1818, la conscription marque elle aussi l'entrée dans la vie d'homme. Les conscrits fêtent bruyamment l'événement et, en affichant « bon pour les filles » sur leur cocarde, ils attestent de leur virilité.

Est-il besoin de mentionner que, depuis l'Antiquité, la jeunesse est avant tout pensée au masculin ? En Grèce comme en Italie, la cité est « *un club d'hommes* ». Rome est souvent évoquée comme « *une cité des pères* » (6) : leur toute-puissance prolonge d'ailleurs l'état de jeunesse des fils jusqu'à des âges avancés et seule la mort du père, autre rite de passage qui perdure encore dans certaines sociétés, pourra y mettre fin. Dans la société christianisée, le seul destin des filles sera pendant longtemps le mariage ou le couvent, ce dernier représentant pour elles un état d'enfermement beaucoup plus grand que pour les jeunes moines. Si, encore au XIXe siècle, le féminin colore l'enfance (les petits garçons sont habillés en filles), tout se diversifie à l'adolescence. M. Perrot décrit la condition des petites ouvrières et des fillettes vouées à la domesticité : « *Au bout du compte, ce qui frappe, c'est l'aspect disciplinaire et moral du travail des filles, la place qu'occupe le corps, la hantise de la sexualité, la force des contrôles. Ce qui les distingue décidément de leurs frères, c'est l'absence de liberté.* » Si les « grisettes », les « lorettes » et autres petites mains qui peuplent le monde des villes excitent le désir et la convoitise des jeunes bourgeois, surtout dans la littérature de l'époque, il

4. C. Marchello-Nizia, « Chevalerie et courtoisie », et M. Pastoureau, « Les emblèmes de la jeunesse : attributs et mises en scène des jeunes dans l'image médiévale », tome I.

5. M. Perrot, « La jeunesse ouvrière : de l'atelier à l'usine », tome II.

6. A. Fraschetti, « Jeunesses romaines », tome I.

est un thème qui revient comme une obsession dans l'éducation des filles : garder leur virginité pour celui qui les épousera.

De toutes ces contributions sur l'histoire des jeunes, émerge un modèle sous-jacent selon lequel la jeune fille doit se tenir « à sa place ». Certes, des contre-exemples ont toujours existé. Mais en Grèce, la femme chasseresse était inévitablement promise à un sort funeste, et l'on connaît la destinée de Jeanne d'Arc... En fait, pour le sexe féminin, les transformations de l'âge doivent être vécues à l'abri des regards et elles sont bien souvent intériorisées.

Une jeunesse dangereuse ? En décrivant une fête traditionnelle dans un village de la montagne Noire languedocienne, autour de 1960, Daniel Fabre explique que, lorsque la fête s'échauffe, « *les filles s'écartent d'elles-mêmes au moment où l'on atteint le cœur de la nuit, le noyau scatologique de l'obscène, l'instant de la vraie violence (...). Tout porte à croire que, pour les garçons, ce fossé infranchissable délimite le territoire où leur identité virile se fonde et s'affirme.* » (7)

Selon cet auteur, cette observation quasi contemporaine permet de mettre en évidence « *les traits récurrents de ce qu'il convient de nommer la jeunesse* » dans les sociétés modernes et contemporaines. Il existerait bien une culture juvénile que l'on peut retrouver aussi bien dans la description des charivaris de la fin du Moyen Age que dans les autres manifestations des fêtes de jeunesse. « *Gardiens du désordre* », « *jeunes ribauds, scélérats et dissolus de mauvaise vie* » (8) et, dans tous les cas, « *maîtres de la nuit* », les jeunes sont en charge d'un certain nombre de fonctions dans la société. Selon D. Fabre, l'une d'entre elles apparaît lorsqu'on considère que les victimes des vols, des chahuts, des brimades les plus graves ne sont jamais choisies au hasard : « *En ébranlant la porte d'une veuve encore jeune et dévote d'apparence, toute de noir vêtue mais dont on sait qu'elle reçoit en catimini le vieux célibataire, en maculant d'œufs pourris les volets pimpants du mari de la Bovary locale, (...) en inventant mille niches pour tourmenter un misanthrope...* », les jeunes se font « *les agents du plus strict contrôle social, les voix de l'ordre, les défenseurs tatillons des valeurs communes* ». N. Schindler, dans la description des charivaris, évoque également ce contrôle social qui, pour lui, engendrera, à terme, « *la conformité bourgeoise* ».

Une seconde dimension de ces rites est décrite, toujours par D. Fabre, comme « *l'exploration dangereuse des marges, des limites dont on voudrait qu'elles séparent fermement les polarités opposées qui servent à penser le monde : le sauvage et le policé, le masculin et le féminin, les vivants et les morts...* » C'est en jetant dans la procession d'un clergé trop sévère des peaux de bêtes en putréfaction, en arborant des masques de la mort dans les carnavals, en organisant des cérémonies nocturnes dans les cimetières, en chahutant les filles, que les jeunes, dans des phases d'inversion ou de subversion, rappor-

7. D. Fabre, « Faire la jeunesse au village », tome II.
8. E. Crouzet-Pavan, « Une fleur du mal ? Les jeunes dans l'Italie médiévale (XIIe-XVe siècles) », tome I.

tent un savoir qui les grandit, les transforme et leur permet ensuite d'intégrer la société des adultes.
C'est pourquoi le statut de la jeunesse est ambigu : elle est à la fois contestation et pérennisation. Elle incarne la violence, représente un danger, en même temps qu'elle fascine... A l'époque médiévale, la littérature courtoise exaltait la jeunesse des courageux chevaliers, alors que les clercs mettaient en garde contre son manque de discernement et les tentations juvéniles. L'ambivalence de ces modèles se retrouve à toutes les époques et, comme l'évoquent les auteurs dans leur introduction, est toujours présente de nos jours : « *Alors que la publicité exalte les valeurs juvéniles (beauté, énergie, liberté...), en réalité les jeunes inspirent plutôt la peur et le trouble aux défenseurs de l'ordre et aux tenants des conventions.* » C'est pourquoi, depuis l'Antiquité, les sociétés ont inventé des moyens de contrôle pour canaliser leur jeunesse. Rites initiatiques contraignants, institutions réglées par une discipline stricte... Cependant, ces systèmes de mise sous tutelle se fissurent à la fin du Moyen Age, avec le développement des sociétés urbaines où se multiplient carnavals, charivaris, qui prennent au fil du temps des allures de contestation de l'ordre établi. Pour Sergio Luzzatto (9), c'est à partir de la Révolution française que la jeunesse perd définitivement « *le rôle de facteur de cohésion sociale qu'elle détenait dans les sociétés traditionnelles* ». Tout au long du XIXe siècle, les pays d'Europe nous offrent l'image d'une jeunesse tourmentée et rebelle, qui devient péril permanent pour l'ordre politique et social. Dans sa contribution (10), Jean-Claude Caron analyse les enjeux de l'éducation pendant cette période. Pour former à une citoyenneté conforme à la bonne marche de ces nouvelles sociétés industrielles, les Etats organisent l'enseignement primaire, secondaire et féminin, en tentant de soustraire les jeunes à une influence familiale trop prégnante et néfaste, et à la mainmise de l'Eglise et des valeurs qu'elle professe. Mais il faudra distinguer l'éducation reçue par les élites ayant accès à un enseignement secondaire, « *creuset où se forment les fils d'une bourgeoisie conquérante* », de celle des jeunes ouvriers qui, eux, ne bénéficient pas de « *ce temps de latence et de formation qui autorise une sociabilité propre et éventuellement une expression autonome.* » (11) Et c'est particulièrement de la jeunesse ouvrière, dont on redoute « *l'errance, le libertinage et l'esprit frondeur* », que l'on prend peur.
La sacralisation des jeunes. C'est en fait le XXe siècle qui ébauche une image résolument positive des jeunes. Pour Luisa Passerini (12), la jeunesse est désormais perçue comme une « métaphore » : métaphore du pouvoir, que l'auteur étudie à travers l'embrigadement des jeunes dans l'Italie fasciste des années 30 ; métaphore du changement social dans l'Amérique des années 50 avec l'apparition, sur le mar-

9. S. Luzzatto, « Jeunes révoltés et révolutionnaires (1789-1917) », tome II.
10. J.-C. Caron, « Les jeunes à l'école : collégiens et lycéens en France et en Europe (fin VIIIe-fin XIXe siècle) », tome II.
11. M. Perrot, *op. cit.*
12. L. Passerini, « La jeunesse comme métaphore du changement social. Deux débats sur les jeunes : l'Italie fasciste, l'Amérique des années 50 », tome II.

ché de la consommation, d'une nouvelle classe : les *teenagers.*

Mais, pour N. Schindler, la sacralisation excessive des jeunes, «*qui caractérise le rêve de l'éternelle jeunesse du monde adulte*», est «*une utopie lugubre de ceux qui ont vieilli, et menace d'enfermer la véritable jeunesse dans un ghetto à la fois culturel et industriel*» en lui retirant son ambivalence profonde, qui lui permettait «*de tendre aux adultes le miroir de l'ironie, avant de devenir sérieuse*».

En fin de compte, ce volumineux ouvrage nous livre des contributions passionnantes par leur variété et la qualité des travaux exposés. La nouveauté d'un sujet qui n'avait encore jamais été si amplement traité par les historiens, à laquelle s'ajoute la présentation d'études iconographiques, lui confère son originalité et une place de choix dans les publications d'histoire culturelle.

MARTINE FOURNIER

TROISIÈME PARTIE

LA SOCIÉTÉ

LA SOCIÉTÉ ÉLABORE des rôles et des valeurs qui sont autant de codes de conduite et de cadres identitaires. Lorsque des individus changent de société, ils doivent affronter les contradictions entre leur ancienne société et leur société d'accueil. Carmel Camilleri appelle « stratégies identitaires » les pratiques très diverses qu'il observe en la matière chez les populations immigrées. Certains privilégient une culture en occultant l'autre, d'autres « bricolent », en prenant dans l'une et l'autre cultures les éléments qui leur conviennent.

Plus généralement, la question de l'immigration est en France au centre des débats politiques et sociaux, et les représentations sur l'identité très souvent brandies par les acteurs de ces débats. Pour Michel Wieviorka, la question en France est celle de la gestion démocratique d'une diversité culturelle dont il pense qu'elle va s'accroître. L'intégration est un processus lent, nous rappelle Pierre Milza. Dans le passé, l'intégration en France de populations d'origines très diverses (Espagnols, Italiens, Portugais, Polonais...) ne s'est pas faite sans heurts et a pris plus de temps qu'on ne le pense aujourd'hui. Le modèle français de l'intégration, analysé par Gérard Noiriel, a malgré tout réussi à intégrer les vagues successives d'immigration, et fait partie intégrante de l'identité nationale. L'examen des données statistiques auquel procède Laurent Mucchielli montre que les immigrés adoptent progressivement les modèles culturels français (en termes de logement, de scolarisation, de conduites familiales, de religion...).

Les constructions identitaires réelles diffèrent donc des stéréotypes. Jean-François Dortier montre que les Japonais, loin de vouloir envahir l'Occident, sont fascinés par la culture occidentale et rivalisent pour en adopter les normes et les pratiques.

Au niveau de la société, la nation reste le cadre d'identification le plus signifiant et le plus puissant. Dominique Schnapper montre que l'identité nationale française, comme toutes les identités, est un processus, et non une essence. Ce qui fait sa force, c'est qu'elle est profondément intériorisée par l'individu, et qu'elle s'exprime dans toutes sortes de registres : une mémoire collective, un langage, un type de rationalité, des pratiques alimentaires, un certain rapport à l'autorité, etc. C'est pour cela que la citoyenneté reste nationale et que la création d'une citoyenneté européenne ne pourra se faire qu'avec celle, très longue, de valeurs, de normes, d'un sentiment partagé.

La mémoire collective se construit sur la base de récits mythiques : Suzanne

Citron révèle comment l'« histoire de France » est le fruit de reconstructions successives qui, parfois fort loin de la plausible réalité historique, vont donner sens et cohérence à l'idée de la nation et de son destin (ainsi, ce n'est qu'à partir du XVIe siècle que les Gaulois sont considérés comme « nos ancêtres »).
Qu'elle soit nationale, régionale, partisane, l'identité est un des phénomènes déterminants des comportements politiques : pour les citoyens, mais surtout, comme le souligne Jacques Chevallier, pour les acteurs politiques, qui utilisent l'identité comme ressource argumentaire. Les réflexions de Jean-François Bayart confirment cette observation. Il conteste la vision culturaliste et voit derrière les affirmations identitaires des stratégies politiques et de l'imaginaire.

L'ethnie est un autre échelon de formation identitaire, porté récemment au devant de la scène à la faveur de divers conflits (voir le texte de François Thual). L'emploi du terme d'ethnie a donné lieu à toutes les simplifications et à toutes les outrances. Les analyses menées par des chercheurs comme Elikia M'bokolo permettent de comprendre comment le concept d'ethnie est le fruit de reconstructions opérées le plus souvent par des acteurs extérieurs aux groupes concernés (dans le cas des pays africains, par les ethnographes notamment). Ainsi, en Afrique, l'ethnicité est avant tout la matérialisation d'une situation historique. Illustration de cette proposition, les Sahraoui, pour qui, au moment de la décolonisation, la logique territoriale prend le pas sur la logique temporelle (généalogique) comme référent identitaire principal (texte de Sophie Caratini).

Les reconfigurations de tous ordres (territoriales, sociales, technologiques, politiques...) auxquelles sont soumises nos sociétés génèrent de nouveaux référents identitaires. L'exemple de l'Ile-de-France, analysé par Vincent Scardigli et Roland Tourreau, illustre la richesse d'une identité à la fois incertaine, composite, et pourtant relativement cohérente et révélatrice d'un modèle de vie en société.
A un autre niveau, l'espace de la Méditerranée est en pleine recomposition. Jean-Robert Henry nous montre que le face-à-face avec l'Europe est au cœur de cette redéfinition identitaire. Enfin, Jacques Lévy examine les prémisses d'une société civile mondiale, qui serait le fruit du processus de mondialisation. Cette identité mondiale est embryonnaire. Elle a besoin pour se développer, selon J. Lévy, de la création d'un espace juridique et politique.

Identités et diversité des cultures

CARMEL CAMILLERI*

LES STRATÉGIES IDENTITAIRES DES IMMIGRÉS**

La construction de l'identité n'est pas chose facile pour les immigrés. Ils adoptent divers types de comportements en réaction à la remise en cause de leurs valeurs personnelles et de leur culture d'origine.

POUR TOUS LES THÉORICIENS actuels, l'identité n'est pas une donnée, mais une dynamique, une incessante série d'opérations pour maintenir ou corriger un moi où l'on accepte de se situer et que l'on valorise. C'est une configuration à deux faces indissociables, intégrant à la fois l'ensemble des valeurs du monde où nous nous installons et la promotion de notre valeur individuelle, ce dernier aspect correspondant à ce qu'on peut appeler la dimension « ontologique » de l'identité.

Il n'est rien de plus collectif que l'identité personnelle !

Mais nous ne menons pas ces opérations en toute autonomie (1). Nous les effectuons au sein d'un environnement social qui édifie, lui-même, une configuration de réalité et de valeurs parallèle à celle que nous construisons. L'écart éventuel entre ces deux séries d'opérations, celles que fabrique la société et celles que nous aspirons à élaborer, est vécu comme une mise en question de notre construction personnelle. D'où le déploiement de conduites permettant de réduire ou d'annuler cet écart : là est la source générale de production des « stratégies » identitaires,

* Décédé en 1997, Carmel Camilleri était Professeur émérite de psychologie culturelle à l'université Paris-V. Il a notamment publié (avec Geneviève Vinsonneau) *Psychologie et culture : concepts et méthodes*, Armand Colin, 1996, et *Différence et cultures en Europe*, Editions du Conseil de l'Europe, 1995.

** *Sciences Humaines*, hors série n° 15, décembre 1996/janvier 1997.

1. Pour une présentation complète, voir C. Camilleri et G. Vinsonneau, *Psychologie et culture : concepts et méthodes, op. cit.*

par lesquelles chacun vise à restaurer l'image d'un monde et d'un moi qu'il accepte à l'intérieur de ce monde. Cette notion de stratégie affirme non seulement que mon « moi » se fabrique, mais aussi qu'il se fabrique à plusieurs, en compagnie des individus qui constituent mon univers : il n'est rien de plus collectif que l'identité personnelle. Ce souci du rôle de l'autre dans la constitution de soi répond à la dimension « pragmatique » ou « instrumentale » de l'identité. L'articulation de ces deux dimensions – ontologique et pragmatique, souvent antagonistes, d'où jaillissent les stratégies pour les accommoder – est un axe majeur de leur interprétation.

La notion de stratégie identitaire a acquis une place éminente dans la psychologie culturelle, car les situations d'hétérogénéité des cultures en un même lieu produisent un effet de grossissement sur les processus en jeu. Elles multiplient la quantité et la variété des stratégies identitaires. Nous voilà donc transportés dans le champ privilégié des discordances culturelles. Et, du fait du mélange croissant des groupes sociaux contemporains, les immigrés sont au centre des observations et des interprétations actuelles. Nous envisagerons successivement les stratégies visant à maintenir une identité ontologique (destinées à répondre à la mise en question du sens des choses et de la valeur personnelle), puis les stratégies visant à maintenir une identité pragmatique (en réponse à la mise en question de l'ancienne culture par la nouvelle société).

Comment réagissent les individus ou/et les groupes victimes d'une dévalorisation, d'une atteinte à l'image habituellement positive qu'ils se font ou essaient de se faire d'eux-mêmes ? (2) Un premier groupe de réactions consiste à éviter la mise en question. Ce qui peut se faire de différentes façons :

– on peut se définir d'une manière permettant de ne pas se considérer comme étant la cible de la dépréciation. C'est le cas lorsque certains immigrés se déclarent Berbères, non pour affirmer leur différence, mais pour nier leur qualité d'Algériens. Une autre attitude permettant, entre autres, d'échapper à la cible stigmatisée, est l'« assimilation », qui consiste, en abandonnant ses références propres, à adopter entièrement la culture de l'étranger ;

– on peut également occulter le stigmatiseur, ce qui s'obtient en s'isolant dans l'univers d'origine et peut aboutir à la séparation. Les intégristes et les fondamentalistes en fournissent actuellement une spectaculaire illustration. Des formes atténuées de cette stratégie, très répandues chez les immigrés, consistent à minimiser, à ignorer, à refouler les jugements dépréciateurs. Par exemple : « *Il y a des copains qui me disent* "sale bougnoule", *mais c'est pour rigoler.* » ;

– on peut enfin s'échapper hors du couple stigmatiseur/stigmatisé et des valeurs qui le régissent, ce qui va dans le sens de la marginalisation. Celle-là peut s'effectuer dans un sens négatif si le sujet rejoint un groupe marginal, y compris délinquant, ou dans une direc-

2. H. Malewska-Peyre, « Le processus de dévalorisation de l'identité et les stratégies identitaires », I. Taboada-Léonetti, « Stratégies identitaires et minorités : le point de vue du sociologue », collectif, *Stratégies identitaires*, Puf, 1990.

tion positive lorsque, par exemple, il rejoint un espace « transculturel », parfois « européen », où les problèmes d'acculturation et les normes dépréciatrices seraient transcendés.
Un deuxième groupe de réactions consiste à affronter activement la dévalorisation, ce qui peut se faire de deux manières différentes :
– on peut s'attaquer au stigmatiseur et à ses jugements en essayant de les neutraliser, par le ridicule, par la dépréciation de sa personne, par l'argumentation ou par d'autres moyens ;
– on peut également user de l'« identité polémique » par une surafﬁrmation de soi, notamment en valorisant le trait stigmatisé par l'adversaire. Cette stratégie bien connue est utilisée par les Noirs lorsqu'ils proclament que « *Black is beautiful.* »
Le troisième et dernier groupe de réactions consiste à faire un compromis avec la dévalorisation, ce qui se reconnaît, par exemple, dans ce que j'appelle l'« identité critique » : on accepte certains jugements négatifs et on en rejette d'autres. C'est une attitude favorable à l'intégration, stratégie qui consiste à adopter des traits de l'étranger tout en conservant un certain nombre de références de la culture d'origine.

Quand le sens de son appartenance est mis en question

Après avoir examiné les stratégies adoptées en réaction à la mise en question de la valeur personnelle de l'individu, abordons maintenant celles utilisées lorsque le sujet ou le groupe souffre d'une contradiction entre des prescriptions contradictoires, les unes provenant de la culture d'origine, les autres issues de la culture du pays d'accueil (3).
Un premier groupe de sujets résout le problème en évitant de mettre en regard les termes de la contradiction :
– parmi eux, certains s'enferment dans le code qu'ils privilégient en pratiquant l'« isolation », ce qui peut se faire de manière explicite ou déguisée. Dans ce dernier cas, l'individu adopte des comportements en accord avec la culture d'accueil, tout en refusant intérieurement celle-là ;
– d'autres, ouverts au pragmatisme et à l'intégration, se coulent dans toutes les situations en pratiquant une alternance successive des codes, sans confronter ceux-là les uns aux autres. Par exemple, ils se comportent en Maghrébins au milieu des Maghrébins et en Occidentaux au milieu des Occidentaux.
Dans un second groupe, des traits des deux codes sont simultanément joints, ce qui ouvre aussi la voie à l'intégration. La plupart des personnes qui agissent ainsi usent de comportements surprenants, au regard des exigences de la « logique rationnelle ». Cette « cécité logique » est généralement due à des « arrangements » plus ou moins élaborés avec soi-même. Les individus ont des possibilités étonnantes de se couper d'eux-mêmes, de se morceler et de se cloisonner afin d'ignorer ce qui les dérange, notamment les contradictions. Par exemple, le jeune adoptera le code moderniste pour s'accorder des libertés

3. C. Camilleri, « Identité et gestion de la disparité culturelle : essai d'une typologie », dans *Stratégies identitaires, op. cit.*

et choisir son épouse, mais utilisera le code traditionnel comme époux et comme père, parce qu'il est plus avantageux sur ces points. C'est la stratégie de maximisation des avantages. Ils élaborent ainsi des identités « bricolées » que j'ai appelées « syncrétiques ».

Face à cette majorité, un autre sous-groupe tente de synthétiser les éléments culturels opposés dans une logique rationnelle, en usant de deux types d'argumentations stratégiques (4) :

– dans la première orientation, certains suppriment la contradiction en se réappropriant des représentations étrangères, par exemple l'égalité des sexes, soit dans le contenu formel du code originel, soit dans l'« esprit » de celui-là. Cet esprit, l'individu prétend alors le dégager des textes fondateurs (ici, le *Coran*), ou bien se propose de le retrouver et de le manifester par une conduite personnelle novatrice dans son affrontement des conflits (« l'esprit aux dépens de la lettre »). Il peut également affirmer que la représentation étrangère peut se déduire de la représentation originelle : on affirmera ainsi que la conception moderne de la femme, bien loin de s'opposer à ses rôles traditionnels d'épouse et de mère, permet au contraire de mieux les accomplir ;

– la seconde orientation apparaît dans la tendance massive à élaborer des compromis que l'on veut justifier rationnellement. A cette fin, une stratégie maîtresse est la dissociation, qui consiste à supprimer la contradiction entre les éléments culturels en séparant nettement ces derniers. Par exemple, on critique telle conduite traditionnelle des parents, tout en continuant à respecter leur personne, selon le code traditionnel, parce que « ce n'est pas de leur faute ». Ou bien, on adhère à une valeur relevant d'un code et on se conduit selon le code opposé en argumentant la légitimité d'une séparation entre le principe et son application dans des conditions déterminées (« *Je suis pour l'égalité des sexes, mais ce n'est pas possible avec les femmes de chez nous.* »).

A l'issue de ce survol, on peut se demander pourquoi certains individus adoptent telle stratégie, et d'autres telle autre. Les « syncrétiques » ont tendance à considérer les représentations-valeurs (culture, religion, etc.) comme étant à leur service personnel, tandis que les autres leur reconnaissent une réalité transcendante, souvent jusqu'à les sacraliser.

Respecter la culture d'origine ou s'en servir

C'est évidemment parmi ces derniers que se recrutent les individus qui valorisent l'identité ontologique (promotion des sens et des valeurs) au point, parfois, de s'isoler avec leur système pour le soustraire à la contestation. Mais c'est aussi parmi eux que se situent les sujets qui recherchent la cohérence logique entre la pensée et le comportement.

Analyser ces stratégies identitaires selon une approche interactionniste conduit à interpréter celle-là à travers les relations entretenues entre la personnalité individuelle et l'environnement variable dans lequel cette dernière est située. Cette conception permet de substituer la réalité aux mythifications courantes.

4. *Ibid.*

Une telle approche permet de comprendre que, contrairement à des vues répandues, les immigrés fassent preuve d'une réelle souplesse (5) : dans le même groupe les positions sont diverses, changeantes, évolutives.
Ils peuvent certes rejeter la société d'installation, mais aussi se montrer parfaitement capables d'y participer à tous les degrés et selon tous les modes, depuis l'intégration « à géométrie variable » jusqu'à la fusion complète. Cela est possible car leur identité est un dynamisme apte aux adaptations parfois les plus étonnantes.
Contrairement aux mystifications racistes, nous ne sommes pas condamnés à l'impasse à laquelle est censée nous mener l'incontournable « nature » des protagonistes, mais nous pouvons dénouer les « nœuds identitaires » malencontreusement créés par les interactions déficientes.
Les identités fixes, que les groupes de toute nature (nationaux, régionaux, ethniques, d'immigration...) se jettent à la figure pour se qualifier les uns les autres ne sont que des problèmes figés, par l'effet des circonstances, par le développement autonome des mythes, ou par la volonté de les entretenir.

5. M. Tribalat, *Faire France : une grande enquête sur les immigrés et leurs enfants*, La Découverte, 1995.

MULTICULTURALISME ET DÉMOCRATIE

ENTRETIEN AVEC MICHEL WIEVIORKA*

Pour Michel Wieviorka, la diversification culturelle de la société française va se poursuivre. L'enjeu politique est donc d'inventer des modalités démocratiques de gestion et de traitement de ces différences.

***Sciences Humaines :* En France, on met souvent en relation l'identité nationale avec l'existence de communautés d'immigrés. Quels sont, selon vous, les problèmes de l'intégration ?**

Michel Wieviorka : Lorsque l'on réfléchit en termes proprement sociologiques, la question est de savoir concrètement ce qu'il en est de ces phénomènes de communautés et d'identités. Là, d'immenses surprises nous attendent. Ainsi, nous nous apercevons que des groupes qui fonctionnent sur un mode communautaire sont peu présents dans le débat public.

Par exemple, les communautés d'origine asiatique ne sont pas spécialement jugées comme inquiétantes. Le monde portugais en France ne pose pas de problèmes majeurs alors qu'il est bien structuré sur un mode communautaire. Inversement, le monde arabo-musulman suscite beaucoup d'inquiétudes et de fantasmes. Ce monde est dans certains cas structuré sur un mode très communautaire ; c'est le cas en particulier de certains groupes turcs. Mais, pour les populations originaires d'Afrique du Nord, on parle beaucoup de communautés pour décrire des phénomènes qui relèvent plutôt de la désorganisation urbaine et de la frustration que vivent un certain nombre de jeunes de ne pas pouvoir s'intégrer dans la société française.

A propos de ces populations issues de l'immigration maghrébine, les situations sont très diversifiées. Les Français en ont peur car ils réduisent souvent la communauté musulmane à un islamisme terroriste. Par exemple, on associe couramment, dans l'imaginaire collectif, la violence dans les banlieues et l'islamisme… En réalité, les enquêtes montrent que les émeutes, les violences, je dirais même les incivilités, tout ce qui fait si peur aux Français, ne sont pas liées à une affirmation quelconque de l'islam mais bien davantage à l'expérience de populations poussées dans la pauvreté, le chômage, et pour qui l'islam n'est certainement pas un repère très important.

* *Sociologue, directeur d'études à l'Ecole des hautes études en sciences sociales, directeur du CADIS (Centre d'analyse et d'intervention sociologiques). Coauteur d'*Une société fragmentée*, La Découverte, 1996.*

***SH :* En définitive, que va-t-il se passer pour les immigrés maghrébins qui ne vivent pas sur le mode communautaire ? Va-t-on assister, comme pour les immigrations précédentes (Italiens, Polonais...), à une intégration par étapes, sur trois générations ?**

M.W. : Ces populations que vous évoquez sont dans une situation de grande crise économique ; elles sont les premières victimes de la pauvreté et du chômage. Pour celles qui viennent des anciennes colonies françaises, s'ajoute une dimension du retour du « refoulé colonial ». Cette situation est totalement différente de celle des immigrés polonais ou italiens de l'entre-deux-guerres, évitons donc de nous référer à ce modèle.

Par ailleurs, ces populations maghrébines se sont massivement intégrées à la France. Les jeunes qui en sont issus sont même souvent bien plus modernes culturellement que les jeunes Français avec qui ils cohabitent dans les banlieues, dans les quartiers en difficulté. Notamment, les jeunes immigrés évitent l'enfermement dans un provincialisme français qui tourne parfois à la marginalisation culturelle.

Par conséquent, s'ils doivent moins bien s'intégrer, ce ne sera pas par l'effet d'un mécanisme quasiment automatique du type : troisième génération voulant retrouver les racines que la deuxième aurait occultées. Cela sera beaucoup plus sous l'effet de cette combinaison entre discrimination raciale et exclusion sociale.

***SH :* Quel est, selon vous, l'impact du discours populiste d'exclusion sur les populations immigrées ?**

M.W. : Ce discours populiste ou national-populiste fonctionne à bien des égards comme une prophétie autocréatrice. Robert K. Merton avait étudié ces phénomènes à propos des Noirs dans l'industrie, dans les villes du nord des Etats-Unis. Il a très bien montré comment, à force de dire que les Noirs étaient des gens qui ne s'intégreraient jamais aux syndicats, des briseurs de grèves, etc., ils ont été poussés à devenir ainsi. Si vous dites à un jeune « *avec ton faciès, tu n'entreras pas dans cette boîte de nuit, tu n'auras pas de travail* » ou « *tu n'auras pas accès à un logement social...* », on le rend différent. Je crois que la stratégie des discours populistes, c'est de refuser une intégration qui est déjà en train de se faire (et de façon parfois spectaculaire), et donc de combiner racisme et exclusion sociale, pour pousser dans la différence des gens qui, très souvent, ne demandent qu'une chose, s'intégrer.

***SH* : La société française peut-elle devenir multiculturelle en évitant de se fragmenter ?**

M.W. : En réalité, je crois que la diversification culturelle va continuer, que la poussée des identités particulières en matière ethnique, de religion, de sexe, etc., va se développer. C'est un phénomène que l'on observe dans beaucoup d'autres sociétés et dont les sources me semblent si fortes que je ne vois pas ce processus s'arrêter. Dès lors, la question devient : est-ce que cette diversification culturelle va se solder par une fragmentation politique ? Autrement dit, notre pays va-t-il être emporté par ces bouleversements, ou bien va-t-il être capable – ce que je souhaite – d'inventer les modalités de gestion, de traitement politique des différences culturelles ?

Le mot fragmentation renvoie donc plutôt à une inquiétude, tout en faisant allusion à deux phénomènes : d'une part, le déploiement des identités culturelles et, d'autre part, la façon dont nous allons ou non, dans ce pays comme dans d'autres, être capables de vivre et de fonctionner démocratiquement avec nos différences.

Propos recueillis par
JEAN-CLAUDE RUANO-BORBALAN

(*Sciences Humaines*, hors série n° 15, décembre 1996/janvier 1997)

Laurent Mucchielli*

LA FRANCE INTÈGRE TOUJOURS SES IMMIGRÉS**

De nombreux travaux historiques, démographiques et sociologiques ont porté, ces dix dernières années, sur le thème de l'immigration. Ces recherches montrent comment la France continue, malgré la xénophobie et les banlieues difficiles, à bien intégrer ses immigrés.

L'INTÉGRATION DES IMMIGRÉS est au cœur de débats politiques qui agitent la France de façon continue depuis la fin du XIXe siècle. La question centrale est celle de l'identité nationale, et la représentation sociale qui sous-tend les débats est l'opposition dedans/dehors ; nous/eux ; Français/étrangers.

En fait, la catégorie statistique « étrangers » regroupe arbitrairement des populations aux origines et aux cultures les plus diverses. Mais la catégorie « Français » est tout autant problématique. D'une part, on sous-estime la diversité régionale des cultures. Elle tend certes à disparaître, mais il en reste de nombreux indices sociologiques dans les comportements (notamment familiaux) et dans les attitudes (croyances religieuses et vote). D'autre part, l'assimilation des « immigrés » aux « étrangers » amène souvent des confusions. Un immigré (4,2 millions recensés en 1990) est une personne née à l'étranger résidant en France, et qui peut avoir acquis la nationalité française (1,3 million en 1990). Un étranger (3,6 millions recensés en 1990) se définit par le fait qu'il ne possède pas la nationalité française : certains étrangers peuvent donc être nés en France (0,7 million en 1990).

La société française a toujours intégré les immigrés : « *La France est un pays d'immigration qui s'ignore. Notre inconscience du processus d'intégration des populations d'origine étrangère tient à*

* Chercheur au CNRS/CESDIP.

** *Sciences Humaines*, n° 69, février 1997.

l'existence d'une idéologie nationale unitaire», écrit Dominique Schnapper (1). Gérard Noiriel, quant à lui, a montré que la présence de ces populations est si profondément liée au développement industriel du pays qu'aujourd'hui près d'un Français sur trois a de lointaines ascendances étrangères (2). Après des Italiens, des Belges, des Russes, des Polonais, des Espagnols, des Portugais, sont venus des Maghrébins. Depuis une quinzaine d'années, ce sont des Turcs, des Asiatiques et des Africains qui arrivent en nombre. Chacune de ces vagues d'immigration a suscité xénophobie et violences, à trois grands moments de crise économique qu'a connus la société française : les années 1880-1890, les années 1930 et les années 1980.

A chaque génération, idéologues, politiciens… et opinion publique posent *grosso modo* les mêmes questions sur l'immigration, sans tirer les enseignements de la période précédente. Il y a reconduction de la même représentation sociale de l'étranger, avec de simples changements de contenus.

On peut pourtant tenter de s'émanciper des idées reçues et de se faire une opinion plus objective en énumérant un certain nombre de questions essentielles pour lesquelles il existe des données statistiques permettant de mesurer des pratiques et d'évaluer des opinions.

La vie professionnelle

Appelée pour soutenir le développement industriel, la population active étrangère était traditionnellement ouvrière et généralement non qualifiée. Depuis le choc pétrolier de 1973 et les restructurations massives de l'industrie de 1983, elle subit donc de plein fouet et plus que toute autre le déclin des effectifs ouvriers et le chômage de longue durée. La population étrangère a supporté à peu près un tiers des pertes d'emploi dans l'industrie française. Dans certains secteurs comme la construction automobile, les ouvriers spécialisés immigrés ont représenté à eux seuls 42 % des licenciements, et même 51,5 % pour le bâtiment et travaux publics. Les étrangers ont ainsi joué «un rôle d'amortisseur de la crise». Cela explique que la proportion de chômeurs soit deux fois plus élevée chez les étrangers que chez les Français. Mais comment expliquer que les Maghrébins et les Turcs connaissent des taux de chômage deux fois supérieurs à ceux des Espagnols et des Portugais ? Une des réponses principales est à présent reconnue par l'administration depuis une enquête de l'Inspection générale des affaires sociales, « L'insertion des jeunes immigrés dans l'entreprise », publiée en 1992. Il s'agit des pratiques discriminatoires à l'embauche (3). Cette discrimination induit logiquement un sentiment d'injustice qui produit peut-être à son tour une méfiance accrue et un investissement moindre face à la perspective d'embauche. Au total, il est clair que le fait d'être étranger, et tout particulièrement maghrébin, turc ou africain, constitue objectivement à la fois un handicap face à l'embauche et

1. D. Schnapper, *La France de l'intégration. Sociologie de la nation en 1990*, Gallimard, 1991.
2. G. Noiriel, *Le Creuset français. Histoire de l'immigration. XIXe-XXe siècles*, Seuil, 1988.
3. M. Lemoine, « Les difficultés d'insertion professionnelle des jeunes étrangers ou d'origine étrangère », *Revue française des affaires sociales*, 46, hors série, 1992.

Immigration : les origines d'une représentation sociale dévalorisante

G. Noiriel a montré que le mot « immigration » était une invention de la fin du XIXe siècle. Les années 1880 sont en effet marquées par une grave crise économique qui génère un chômage massif et déclenche chez les ouvriers français de nombreuses réactions xénophobes. Les travailleurs immigrés d'alors sont essentiellement les Italiens qui deviennent les boucs émissaires de la crise et subissent de nombreuses violences. Or, au même moment, la IIIe République fait de l'immigration un débat politique avec la mise sur pied du premier code de la nationalité en 1889, accompagnée notamment de la création de la carte d'identité. A la fin des années 1880, il y a, d'une part, le racisme populaire qui s'alimente à la source du déclassement social provoqué par le chômage et, d'autre part, la possibilité de traduction politique d'une « question immigrée » qui naît de la réglementation de la situation administrative des étrangers. Tout est réuni pour donner sens à une représentation sociale dévalorisante de l'immigré qui, un siècle après, nourrit encore de nombreux discours.

un risque supplémentaire de licenciement. Le chômage de précarité chez les adultes et de non-insertion chez les jeunes compromet ainsi la perspective d'une bonne insertion économique et sociale des immigrés.

Mais ce premier phénomène ne doit pas en masquer un second (4). La structure de la population active étrangère se rapproche lentement mais sûrement de celle de la population active française. Elle se féminise, se renouvelle et se diversifie en direction des services. Depuis quinze ans, on observe ainsi le développement des professions intermédiaires, des artisans-commerçants, des employés et même des cadres et des professions libérales. Pour toutes ces catégories, l'évolution des actifs d'origines sud-européenne et maghrébine est très largement comparable. Les artisans-commerçants connaissent même chez les actifs étrangers des taux de croissance supérieurs à ceux des actifs français. Ces chiffres traduisent le dynamisme bien connu du commerce d'alimentation et de la restauration qui est un peu aux Maghrébins ce que l'artisanat fut jadis aux immigrés italiens, et qui est aussi l'équivalent de la restauration (généralement à bon marché) pour les immigrés sud-asiatiques (5). A bien des

4. Voir les synthèses de C.-V. Marie, « L'immigration en France dans les années 90 : nouvelle donne pour l'emploi et nouveaux enjeux de société », *Sociologie du travail*, n° 2, 1994 ; et L. Mucchielli, « L'évolution de la vie professionnelle des étrangers », *Chroniques des tendances de la société française, Revue de l'OFCE*, n° 60, 1997.
5. E. Ma Mung et G. Simon, *Commerçants maghrébins et asiatiques en France*, Masson, 1990.

égards, le travail indépendant apparaît donc comme une voie importante dans le processus d'intégration et d'ascension sociales des étrangers en France. Enfin, le dernier indice majeur de l'intégration professionnelle est l'évolution rapide de la situation professionnelle des femmes d'origine étrangère. En 1973, les Portugaises n'étaient que 30,7 % à travailler, elles sont aujourd'hui plus du double (64,4 %). De même, le taux d'activité des femmes maghrébines a quadruplé en vingt ans, passant de 8,4 % à 36,6 %, dépassant notamment celui des Italiennes. Les femmes étrangères adoptent donc de plus en plus le mode de vie des femmes françaises. Cela traduit des changements importants dans les stéréotypes masculins et féminins et dans les rapports familiaux.

Le logement

La question du logement est au cœur du problème de l'intégration des immigrés. La concentration des immigrés dans des logements précaires et dans les HLM est en effet un indicateur de leur marginalisation économique et sociale en même temps qu'un facteur important du racisme des populations françaises environnantes. D'un côté, dans la mesure où la population d'immigrés compte plus d'ouvriers et plus de chômeurs que la population française dans son ensemble, il est logique qu'elle se concentre davantage dans les logements les moins chers. Mais, d'un autre côté, les statistiques témoignent d'une évolution qui se fait par paliers successifs (6). Entre 1970 et 1990, la plupart des immigrés d'origines espagnole, portugaise et maghrébine sont ainsi massivement passés de l'habitat précaire (meublés, garnis et autres logements de fortune) aux HLM. En revanche, l'étape suivante, qui est l'accession à la propriété individuelle indépendante, caractérise pour l'instant surtout les Portugais, les Espagnols et les Asiatiques du Sud-Est. Les populations maghrébines, noires africaines et turques demeurent encore principalement locataires en HLM. Il y a là en effet un problème nouveau : tandis que les HLM étaient conçus comme un progrès social dans les années 60 et comme une étape vers l'acquisition de la propriété indépendante pour les ouvriers, la crise a bloqué ce processus, opérant un tri entre ceux qui ont eu les moyens de quitter les HLM pour un habitat pavillonnaire et ceux (souvent chômeurs) qui y sont restés, « piégés ». C'est à ce moment-là que s'est enclenché dans certaines cités un processus de « ghettoïsation ».

Les résultats scolaires

La réussite scolaire est un élément déterminant de l'intégration. Comment les enfants d'immigrés réussissent-ils à l'école ? Au moment où on les observe, ils ont certes, en moyenne générale, des résultats inférieurs à ceux des enfants de parents français. Mais on sait que les évaluations globales de ce genre n'ont guère de signification. Tout d'abord, les résultats des enfants étrangers ne sont pas homogènes. De manière générale, les Maghrébins réussissent mieux que la plupart des autres immigrés en fran-

6. P. Simon, « Les immigrés et le logement : une singularité qui s'atténue », *Données sociales 1996*, Insee, 1996.

Les étrangers en France : une population stable

Après une forte croissance dans les années 20 puis dans les années 1950-1975, la part des immigrés dans l'ensemble de la population française est stable aux environs de 7 % (soit 4,2 millions de personnes au recensement de 1990). Cela dément donc l'idée qu'il y aurait de plus en plus d'immigrés en France. Par ailleurs, l'origine géographique de ces populations est très diverse. Si l'on s'en tient seulement aux 3,6 millions d'étrangers (qui n'ont pas acquis la nationalité française), 42 % sont d'origine européenne, 39 % d'origine maghrébine, 12 % d'origine asiatique et moins de 7 % originaires d'Afrique noire. Si l'on élargit le comptage aux immigrés (qui ont acquis au cours de leur vie la nationalité française), il faut alors ajouter 1,3 million de personnes. Et, parmi eux, ce sont près de 70 % qui sont d'origine européenne. Dans les deux cas, contrairement à une autre idée reçue, les plus nombreux sont donc d'origine européenne.

Evolution de la part des étrangers en % dans l'ensemble de la population présente sur le territoire français

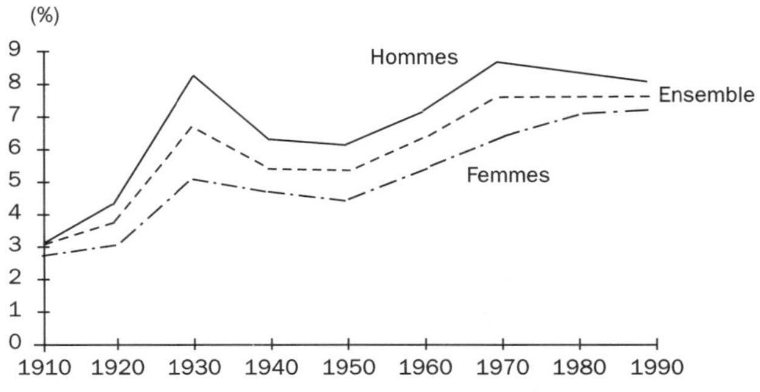

çais, tandis que les Asiatiques sont globalement meilleurs en mathématiques. Et, surtout, une étude comparative récente montre que les facteurs déterminants de la réussite sont avant tout l'ancienneté de la présence en France (donc la maîtrise de la langue), l'origine sociale et le niveau de diplôme des parents (en particulier de la mère) (7). Ainsi, ce que les comparaisons montrent, c'est que, à situations familiale et sociale identiques, les enfants étrangers réussissent quasiment de la même manière à l'école et au collège que les

7. L.-A. Vallet et J.-P. Caille, « Niveau en français et en mathématiques des élèves étrangers ou issus de l'immigration », *Economie et statistique*, 3, 1996.

enfants français (l'égalité est atteinte partout chez les filles ; chez les garçons, elle ne l'est qu'en mathématiques, une petite différence subsistant en français). Les comparaisons montrent aussi que la différence globale entre les performances des deux populations d'enfants est moins importante que certaines différences qui existent parmi des enfants français : entre les enfants d'ouvriers et ceux de cadres, entre les enfants de mère sans diplôme et ceux de mère bachelière, entre les enfants de famille nombreuse et ceux de famille à deux enfants.

Famille et fécondité

La fécondité est considérée traditionnellement par les démographes comme un indicateur sûr d'assimilation sociale et culturelle. Et, globalement, tandis que les femmes étrangères avaient en moyenne 3,2 enfants en 1981, elles n'en ont plus que 2,8 dix ans plus tard. Cette évolution est d'autant plus significative que la proportion de femmes originaires de pays à forte fécondité (Afrique du Nord et Afrique noire) s'est élevée au détriment des femmes originaires de pays européens. Dans le même temps, l'âge moyen à la maternité s'est également élevé et se trouve très proche de celui des Françaises. Par ailleurs, l'enquête Insee-Ined coordonnée par Michèle Tribalat (8) fait apparaître que des phénomènes comme la polygamie ou le mariage entre consanguins sont tout à fait marginaux sauf pour les Turcs (où un mariage sur trois se fait entre consanguins) et pour une seule ethnie africaine (qui pratique majoritairement la polygamie).

Pour les populations d'immigration ancienne, l'enquête indique au contraire une fréquence insoupçonnée d'unions libres et de mariages mixtes. Ainsi, 60 % des Espagnols, 34 % des Portugais, 32 % des Algériens, 31 % des Africains noirs et 26 % des Asiatiques du Sud-Est entrés célibataires en France vivent déjà avec un conjoint français. Et, comparant ces données avec la situation que connaissent les autres pays d'Europe et les Etats-Unis, Emmanuel Todd a montré à quel point ces véritables premiers grands mélanges entre populations soulignent la force du modèle français d'intégration (9).

La culture

Certes, les populations étrangères présentent souvent des différences dans les pratiques religieuses, les codes de conduite, les rapports d'autorité dans la famille. Toutefois, ces différences ne sont ni aussi profondes, ni surtout aussi incompatibles avec la culture française que ne le voudrait le sens commun. Par définition, les enfants issus de l'immigration et devenus français se trouvent dans une situation ambivalente. Vis-à-vis de leurs parents et du point de vue de leur construction identitaire personnelle, le rejet de l'ancienne culture serait en effet vécu comme une trahison et la solution inverse comme un échec. C'est pourquoi, la plupart du temps, les enfants d'immigrés « bricolent » en réalité des identités intermédiaires qui leur permettent de gérer l'assimilation en

8. M. Tribalat, *Faire France. Une enquête sur les immigrés et leurs enfants*, La Découverte, 1995 ; M. Tribalat (éd.), *De l'immigration à l'assimilation*, La Découverte-Ined, 1996.
9. E. Todd, *Le Destin des immigrés*, Seuil, 1994.

Vers la formation de ghettos ?

Les banlieues déshéritées ne peuvent pas être assimilées aux ghettos des centres-villes américains. Il n'y a pas d'homogénéité ethnique, et des politiques publiques demeurent. Y aurait-il, cependant, une logique d'exclusion communautaire ?
Appelés pour fournir des bras à l'industrie française, les étrangers ont été massivement concentrés près des grandes villes, dans les années 60 : ils représentent aujourd'hui 14 % de la population générale dans l'agglomération parisienne, en moyenne 8 % dans les agglomérations lyonnaise et marseillaise, contre seulement 1,7 % dans les communes rurales. Les taux les plus élevés sont atteints, d'une part, dans des villes comme Roubaix (21 %) qui étaient dans les années 60 et 70 des villes ouvrières dominées par une activité industrielle peu qualifiée (ici le textile) ; d'autre part, dans les banlieues de ces grandes agglomérations où les étrangers représentent parfois entre 25 et 50 % de la population totale. Les études menées sur les cités en difficulté de la région parisienne montrent une proportion élevée de familles nombreuses et de familles monoparentales, une forte proportion d'enfants en échec scolaire, un taux de chômage plus élevé que la moyenne, une pauvreté plus importante. Ajoutons à cela l'exiguïté et parfois l'insalubrité des logements.

La tendance aux regroupements nationaux, qui renforce encore l'étiquetage des individus, et la dégradation des liens entre les différentes populations cohabitantes ont fait des HLM le symbole d'un échec souvent perçu comme définitif (1). Dans ces conditions, l'ethnicité et/ou la religion fonctionnent souvent chez les jeunes comme une rationalisation de l'échec et un refuge identitaire agressif. Par exemple, le quartier La Villeneuve, à Grenoble, a été construit après 1968 par une municipalité de gauche volontariste, soucieuse d'animation culturelle, de soutien scolaire et de dynamisme social. Vingt ans plus tard, il est devenu un quartier difficile, où la population immigrée a plus que doublé, où le taux de chômage atteint des records, où la délinquance est endémique (2).

Au total, on ne peut pas parler véritablement de « ghetto » dans la société française car, d'une part, la politique d'attribution des logements HLM maintient partiellement (et de plus en plus difficilement) une répartition des nationalités représentées qui empêche l'homogénéisation nationale ou ethnique de ces quartiers. D'autre part, les politiques publiques ne sont pas totalement absentes ou inefficaces, ainsi qu'en témoigne la réussite relative des Zones d'éducation prioritaire. Cependant, il est clair que, depuis la crise économique, on est entré pour certains endroits dans une logique de ghettoïsation. Comme le dit Alain Touraine : « *Le* melting pot *américain de la grande époque favorisait l'intégration sociale tout en empêchant l'intégration culturelle. En France, il y a aujourd'hui une assimilation culturelle qui se conjugue avec une forte dose de non-intégration sociale. La question est alors de savoir si cette non-intégration sociale va finir par produire une non-assimilation culturelle.* » (3) Aujourd'hui comme hier, le ghetto est bien le seul véritable problème. Et un ghetto ne se définit pas par les caractéristiques ethniques ou culturelles des personnes qui l'habitent, mais par la situation d'exclusion socio-économique dans laquelle ces personnes sont placées.

1. J.-F. Laé, *Entre le faubourg et les HLM : l'éclipse du pauvre*, Iresco, 1991.
2. F. Dubet et D. Lapeyronnie, *Les Quartiers d'exil*, Seuil, 1992.
3. A. Touraine, « Face à l'exclusion », *Esprit*, n° 169, 1991.

évitant les déchirements (10). Par exemple, les jeunes Beurs déclarent majoritairement d'une part qu'ils connaissent l'arabe et le parlent souvent lorsqu'ils s'adressent à leurs parents, d'autre part qu'ils considèrent que le français est leur « langue maternelle » et la seule qu'ils parleront à leurs enfants (11). Globalement, la langue française s'impose donc majoritairement dès la seconde génération ; elle ne reste un peu parlée que dans les situations d'échec scolaire précoce ou quand la famille a décidé un retour prochain au pays (12). De même, dans les années 80, au moment où ils tentaient de s'exprimer politiquement dans des mouvements comme SOS racisme et France Plus, 88 % des jeunes d'origine maghrébine déclaraient souhaiter fortement s'intégrer et ils étaient même plus nombreux que les immigrés d'origine européenne à vouloir abandonner l'éducation traditionnelle de leur pays d'origine (13). Perçus parfois comme des affirmations communautaires, ces mouvements étaient au contraire de remarquables tentatives d'intégration par les moyens politiques français traditionnels (14).

Morale et stéréotypes sociaux

Une enquête d'Anne Muxel apporte de nombreux éléments sur les attitudes morales et sociales des jeunes issus de l'immigration, ainsi que des éléments de

10. F. Dubet et D. Lapeyronnie, *op. cit.* ; C. Camilleri *et al*, *Les Stratégies identitaires*, Puf, 1990.
11. A. Zehraoui, « Processus différentiels d'intégration au sein des familles algériennes en France », *Revue française de sociologie*, n° 2, 1996.
12. F. Héran, « L'unification linguistique de la France », *Population et sociétés*, n° 285, 1993.
13. A. Muxel, « Les attitudes sociopolitiques des jeunes issus de l'immigration maghrébine en région parisienne », *Revue française de science politique*, n° 6, 1988.
14. D. Lapeyronnie, « Assimilation, mobilisation et action collective chez les jeunes de la seconde génération de l'immigration maghrébine », *Revue française de sociologie*, n° 2, 1987.

comparaison également très instructifs aussi bien avec les Français de souche qu'avec les immigrés de culture catholique. Elle révèle que les jeunes musulmans ont globalement intériorisé les modèles familiaux libéraux ainsi que l'égalité entre hommes et femmes : l'union libre (par opposition au mariage) ne les choque pas beaucoup plus que les jeunes immigrés catholiques, et – contrairement à un stéréotype répandu – la domination masculine en famille leur semble plus souvent choquante qu'aux jeunes Français de souche. Inversement, il apparaît nettement que les jeunes de culture d'origine musulmane sont davantage conservateurs pour tout ce qui touche à la sexualité : l'avortement, l'homosexualité. Et le fait que les parents se montrent nus devant leurs enfants les choque beaucoup plus souvent que les jeunes Français de souche. La morale religieuse semble ici déterminante puisque la nudité choque également beaucoup les jeunes d'origine immigrée catholiques. De façon générale, les jeunes d'origine musulmane sont du reste plus croyants que les jeunes Français. Mais il est important de noter que les filles sont plus ouvertes que les garçons.

Les pratiques religieuses

Le contexte international ainsi que l'arrivée des jeunes immigrés sur la scène politique dans les années 80 ont amené les chercheurs à s'interroger sur l'existence d'un islam français. En quinze ans, environ un millier de mosquées et de salles de prières, et quelque 600 associations islamiques se sont constituées. En 1987, Gilles Kepel entérinait ainsi la « naissance d'une religion en France » et Bruno Etienne s'interrogeait sur l'« islamisme radical » (15). Toutefois, derrière ces titres accrocheurs, ces auteurs soulignaient surtout le fait que la constitution d'un pôle islamiste radical n'était nullement représentative des pratiques et des convictions des jeunes musulmans. En réalité, malgré l'activité des premières associations islamiques, seuls 4 % de musulmans se rendaient à la mosquée et dans les divers autres lieux de culte en 1985, soit moins que les catholiques se rendant à la messe. De même, si les jeunes issus de culture musulmane sont globalement plus attachés à la religion, l'écart qui les sépare des autres jeunes n'est pas très grand et s'estompe totalement lorsqu'ils ne sont pas pratiquants. La plupart des musulmans pratiquent un islam individuel qu'ils revendiquent comme une morale personnelle. Au reste, la pratique des prières et la lecture des textes sont en baisse tendancielle. De nombreuses règles ne sont plus observées. Et même si le mouvement associatif continue à se développer, les enquêtes réalisées dans la décennie 1985-1995 n'ont pas remis en cause ces analyses (16). Ainsi, une monographie de Hervé Vieillard-Baron sur une ville de banlieue parisienne réputée difficile (Sarcelles) montre que, pour une communauté d'environ 4 000 Maghrébins, seuls 200 adultes fréquentent régulièrement la mosquée et quelque 150 enfants l'école coranique. Au

15. B. Etienne, *L'Islamisme radical*, Hachette, 1987, *La France et l'Islam*, Hachette, 1988 ; G. Kepel, *Les Banlieues de l'Islam. Naissance d'une religion en France*, Seuil, 1987.
16. J. Césari, *Etre musulman en France*, Karthala, 1994.

total, il s'agit donc d'environ 10 % de cette population (17). En définitive, la religiosité se rencontre massivement sur quelques rites ostentatoires comme le ramadan. Elle ne constitue donc pas en tant que telle un obstacle à l'assimilation culturelle.

L'intégration est un processus historique qui se déroule toujours sur plusieurs générations et qui ne rencontre aucun obstacle majeur tant que les populations concernées (quelle que soit leur origine) ont les moyens socio-économiques de s'y impliquer, c'est-à-dire de pouvoir acquérir par le travail le minimum de moyens nécessaires pour réussir leur installation et préparer décemment l'avenir de leurs enfants. L'intégration est en effet une « *vertu de la longue durée* » selon l'heureuse expression de l'historien Pierre Milza. Après avoir assimilé des populations provenant des quatre coins de l'Europe depuis le XIXe siècle, la France a bien assimilé les enfants des populations maghrébines arrivées depuis les années 50. La persistance d'une xénophobie latente à l'égard des Maghrébins est ainsi d'autant plus surprenante que les seules difficultés culturelles d'assimilation concernent aujourd'hui une partie des populations qui sont arrivées en France beaucoup plus récemment (de Turquie, d'Afrique noire, d'Asie du Sud-Est). Ce sont elles qui entrent de plein fouet dans le processus d'« acculturation », c'est-à-dire dans le choc des pratiques culturelles, des valeurs et des croyances. Mais, pour le reste, la surmédiatisation des accès de violence des jeunes des cités les plus déshéritées fausse complètement la réalité d'une intégration massive mais silencieuse des enfants issus de l'immigration.

17. H. Vieillard-Baron, « De l'exil aux logiques d'enracinement : l'exemple de Sarcelles », G. Ferréol (éd.), *Intégration et Exclusion dans la société française contemporaine*, Presses universitaires de Lille, 1992.

LES MÉCANISMES DE L'INTÉGRATION

ENTRETIEN AVEC PIERRE MILZA*

L'intégration des vagues successives d'immigration en France s'est toujours déroulée selon un processus de maturation lent et progressif.

***Sciences Humaines :* L'immigration est un phénomène mal connu, qui suscite vite des passions et des arguments idéologiques. La vision spontanée est que les Français d'origine étrangère ou les étrangers résidant en France sont aujourd'hui plutôt des Maghrébins. Qu'en est-il réellement ?**

Pierre Milza : On sait de manière fiable que 20 % de la population française, par ascendance paternelle ou maternelle, possède une origine étrangère (10 à 12 millions de personnes). Evidemment, si l'on remonte au-delà de trois générations, les proportions seraient plus importantes, surtout si l'on tient compte des changements de noms du XIXe siècle.

Si l'on reprend les flux de migrations vers la France, on constate qu'avant les années 70 l'immigration était principalement européenne : au XIXe siècle les Belges, les Italiens du début du siècle jusque dans les années 60, les Polonais à partir des années 20, puis les Espagnols et les Portugais dans les années 60 et 70. Il est vrai qu'à partir des années 70, l'immigration extra-européenne devient plus importante.

Principalement depuis cette période, les immigrés sont d'origines africaine et maghrébine. Cependant, même si actuellement les Algériens ou les Français d'origine algérienne sont les plus nombreux des étrangers résidant en France, loin devant les Marocains ou les Tunisiens, l'ensemble des Maghrébins n'est numériquement pas très loin des Portugais.

***SH :* Comment s'effectue l'intégration des populations immigrées ?**

P.M. : L'intégration peut être définie comme le fait qu'une population dans un milieu donné ne pose plus de problèmes, ni à elle-même, ni à cet environnement. La grande erreur est de vouloir comparer un phénomène très récent, c'est-à-dire l'intégration ou la non-intégration de populations maghrébines et africaines, avec des processus réalisés il y a très longtemps et très lentement. On constate alors que l'assimilation, l'intégration des populations européennes immigrées à partir du XIXe siècle, qui paraît aujourd'hui complète, n'a pas été aisée.

** Historien, directeur du Centre d'histoire de l'Europe du XXe siècle (Fondation nationale des sciences politiques).*

On a très longtemps vécu en France, mais également en Belgique, au Luxembourg, sur un modèle théorique universaliste qui postule le primat du sol et une conception particulière de la nationalité. Ce n'est pas le cas en Italie ou en Allemagne. Le modèle français suppose une adhésion individuelle à la nation. Dans le débat sur la nationalité, beaucoup ont essayé de montrer que l'adhésion est plutôt une lente maturation, une lente acculturation, et non pas un acte impulsif de quelqu'un qui, un beau jour, frappe à la porte d'un commissariat de police en déclarant vouloir être français. La grande erreur de la modification de la loi sur la nationalité opérée en 1993 a été d'imposer à des jeunes, souvent en état de déstructuration personnelle, d'avoir ou non conscience de la République et de la nation française. Cela ne s'est jamais réalisé comme cela. Le lent processus de maturation et d'intégration s'effectuait au travers de l'école, où d'ailleurs le contact avec les autres jouait autant que la leçon d'histoire ou d'instruction civique. Il s'effectuait aussi lors du service militaire, dans le travail industriel et les associations, à l'église ou au parti communiste, etc.

En résumé, l'adhésion volontaire a peut-être été vraie pour quelques adultes, réfugiés politiques cultivés et conscients, mais pour les jeunes des cités industrielles des années 50 ou des banlieues actuelles, cela ne fonctionne pas.

Le modèle individuel et universaliste français est censé s'opposer à une intégration « à l'américaine » où la communauté s'intègre d'abord dans le tissu social, puis, à la deuxième ou troisième génération, le fils d'immigré devient citoyen américain. En réalité, la situation française a toujours été intermédiaire. L'intégration pour les Italiens, les Polonais, les Portugais, etc., est passée par des micro-communautés. A Nogent-sur-Marne pour les Italiens, par exemple, un noyau communautaire majoritairement originaire d'une seule région s'installe : durant une période, la moitié de la population italienne était originaire d'un seul village de la région de Plaisance. Entre le pôle de départ et le pôle d'accueil s'établissent des liens permanents. A l'arrivée, le noyau communautaire villageois se reconstitue partiellement dans la zone d'accueil. C'est en fait cette micro-communauté qui s'intègre, tout en conservant longtemps sa langue, ses pratiques culinaires et religieuses. Ce petit milieu fonctionne bien et conserve une grande cohésion. Il ne pose pas de problème à l'environnement puisque la micro-communauté exerce un contrôle social fort sur les individus. Dès lors, ce milieu s'intègre globalement à la société française et à la deuxième génération les individus peuvent sans heurts être assimilés.

***SH :* Les immigrations antérieures ont connu une bonne intégration. Cependant, nombreux sont ceux qui disent : « *D'accord, cela fut possible pour des immigrations d'Européens, chrétiens – "des gens comme nous" –, mais il existe avec les Africains et les Maghrébins des barrières culturelles et religieuses si fortes que ce processus d'intégration/assimilation n'est plus possible.* » Qu'en pensez-vous ?**

P.M. : Cette question, essentielle, touche à la fois le cœur et l'esprit, et l'on a envie de répondre de manière militante : cela s'est toujours passé comme ça, et cela continuera. On pourrait me rétorquer que l'historien n'est pas fondé à supposer l'avenir sous le prétexte d'une certaine récurrence des phénomènes. Je dirais, à l'inverse, que l'on n'a pas le droit de supposer que cela ne va pas se passer comme cela s'est toujours passé. Au contraire, la régularité historique vaut présomption de la continuation de l'intégration. Il faut aller plus loin. Il existe effectivement une plus ou moins grande capacité d'intégration, d'accoutumance et d'acculturation de certaines populations et d'individus en fonction de l'adhésion à un certain nombre de valeurs de civilisation. Néanmoins, il faut constater que les arguments de l'irréductible différence ont été appliqués systématiquement aux autres populations étrangères et aux vagues d'immigration antérieures. Avec la même virulence, la même assurance, on a estimé du XIXe siècle aux années 40 que les Juifs par exemple étaient inassimilables. De même, l'Espagnol qui arrive dans les camps du Vernet ou d'Argelès en 1939 est considéré comme un Moujik avec le couteau entre les dents. On dit dans les journaux de l'époque qu'il est inassimilable : le rejet de l'autre est un phénomène constant dans toutes les sociétés.

Qu'oppose-t-on à la possibilité d'assimilation ? La couleur de peau n'est pas chez les Français un argument très prégnant, mais la religion (musulmane en l'occurrence), le mode de vie sont souvent vécus comme une différence insurmontable. Or que constate-t-on ? Si la France était, comme au XVIIe siècle, totalement christianisée et que la population immigrée maghrébine était totalement islamisée, il y aurait peut-être, même sur le long terme, des difficultés d'intégration. Mais cela est aux antipodes de la réalité. La France est largement déchristianisée et les populations maghrébine ou africaine, y compris à la première génération, sont de moins en moins islamisées. L'enquête de l'Ined menée par Michèle Tribalat montre que plus de 50 % des immigrés maghrébins de la première génération ne fréquentent pas la mosquée et plus de 75 % à la seconde génération. Ce n'est donc pas un obstacle, sauf peut-être pour quelques dizaines de milliers d'intégristes trouvant refuge dans l'islam dur.

Aujourd'hui, la proximité culturelle, vestimentaire ou de mode de vie, est plus grande entre des jeunes issus de l'immigration et les jeunes Français qu'entre un paysan piémontais et les Français dans les années 30.

***SH :* En se plaçant de l'autre côté, du point de vue des micro-communautés, des individus immigrés, comment se vivent l'acculturation et l'intégration ?**

P.M. : Des problèmes ont existé, là où justement n'existaient pas de réseaux communautaires. Dans les zones de grande déstructuration, les ghettos urbains par exemple. Les bidonvilles de Châtillon, de Montrouge pour les Italiens avant la guerre, de Champigny, de Nanterre pour les Portugais ou les Maghrébins. Là, l'intégration fut difficile. Avant 1974, de nombreux étrangers repartaient.

Désormais, les gens mal intégrés ne repartent pas, tout simplement parce qu'ils n'ont pas le droit de revenir. On a cru qu'en bloquant le processus migratoire on favorisait l'intégration alors qu'en fait on la paralysait.

La plupart du temps cependant, l'intégration n'a guère posé de problèmes. Pour une immigration relativement ancienne, les gens avaient une triple appartenance : le pays d'origine, le pays d'accueil, mais surtout la région d'origine. Les Piémontais, entre autres, ne parlaient pas nécessairement italien, et l'on parlait français entre individus venant de différentes régions. Pour les individus de la seconde génération, les processus d'identité, de référence culturelle, sont singulièrement divers et complexes : selon qu'on a subi ou non une scolarisation dans le pays d'origine ou non, selon la région d'accueil (le Sud-Ouest a fort bien assimilé les Italiens), selon qu'on se marie ou non avec un Français ou une Française.

Globalement, les immigrés ont un problème d'identité : pour les immigrés de la première génération, après une longue période d'occultation, de deuil de la culture d'origine jusque vers 40 ou 50 ans, on constate un retour à l'identité initiale.

Pour la seconde génération, le rejet de la culture d'origine domine. La troisième génération, parfois, souhaite renouer un peu avec l'identité de ses aïeux.

Propos recueillis par
JEAN-CLAUDE RUANO-BORBALAN
(*Sciences Humaines*, hors série n° 10, septembre/octobre 1995)

A lire sur le sujet...
- P. Milza, *Le Paris des étrangers depuis 1945*, Publications de la Sorbonne, 1994.
- M. Tribalat, *Faire France, une enquête sur les immigrés et leurs enfants*, La Découverte, 1995.

Jean-François Dortier*

FAUT-IL AVOIR PEUR DES JAPONAIS ?**

Contrairement à tous les clichés, la réussite économique du Japon ne s'effectue pas sans bouleverser profondément sa culture et son système de valeurs. La fascination qu'exerce l'Occident sur le Japon serait même l'un des moteurs essentiels de ce processus « d'acculturation volontaire ».

Les Japonais sont-ils en train de racheter l'Amérique ? C'est la crainte née aux Etats-Unis depuis quelques années à la suite de l'acquisition, par des capitaux nippons, de firmes américaines hautement symboliques comme le Rockfeller Center, la CBS Records, la Columbia Pictures ou les studios Universal. Cette vague d'achats a provoqué une réaction de rejet aux accents xénophobes. Des articles de presse, des émissions télévisées, des livres best-sellers comme celui de Martin Wolf (*Le Complot japonais*) annoncent avec effroi la conquête sournoise et systématique de l'Amérique par les nouveaux samouraïs de la finance. Expression de ce « péril jaune » nouvelle manière, il existe même aux Etats-Unis un courant de pensée dit « révisionniste » qui « *dénonce les incidences négatives de la culture japonaise sur les relations nippo-américaines, en particulier dans le domaine économique* » (1). Ces théoriciens « culturalistes » inspirent le mouvement du *Japan bashing* (« donner une raclée aux Japonais »). En France, l'inquiétude face à l'expansionnisme japonais est moins violente et radicale. Cependant, l'acquisition par une société nipponne du tiers du Forum des Halles ou du célèbre tableau de Van Gogh *Les Tournesols* a été ressentie comme une spoliation du patrimoine national.

---

* Rédacteur en chef du magazine *Sciences Humaines*.
** *Sciences Humaines*, n° 24, janvier 1993.
1. M. Ishizuka, « La spécificité américaine a bon dos », *Courrier international*, « Le Japon par lui-même », octobre 1992.

La conquête économique n'est pas une conquête culturelle

L'inquiétude à l'égard du Japon est fondée sur quelques solides clichés. De nature foncièrement impérialiste, le peuple nippon se venge sur le terrain économique de l'échec militaire de la Seconde Guerre mondiale. Selon le schéma impérial, la conquête financière du monde impliquera ensuite l'asservissement culturel. Le centre du monde se déplaçant en Asie, il faut réagir à ce nouvel impérialisme en limitant les importations de produits, comme les Japonais le font eux-mêmes sans vergogne. La culture nippone, fondée sur la soumission au groupe, l'éthique guerrière et la fierté nationale, serait radicalement étrangère à nos valeurs et à nos coutumes occidentales. Il est donc nécessaire de construire en Europe un solide pôle économique et culturel capable de résister à cette nouvelle invasion.

Les Japonais sont-ils des Occidentaux ?

Et si cette image d'une culture japonaise centrée sur elle-même, envahissant sournoisement l'univers culturel occidental, était radicalement fausse ? Si, loin de se traduire par une domination culturelle, la conquête économique du Japon impliquait au contraire une occidentalisation complète de son mode de vie et de ses valeurs ?

De fait, les analyses des spécialistes sur les mutations de la culture japonaise vont à l'encontre des clichés :

– si les Japonais réussissent à s'implanter économiquement en Occident, c'est parce qu'ils en ont adopté et intégré les normes culturelles ;

– fascinés par la culture occidentale, ce sont les Japonais qui sont conquis culturellement et qui se soumettent à une « acculturation (2) volontaire » ;

– les réactions « néo-traditionalistes » qui se manifestent au Japon sont une réaction minoritaire d'arrière-garde face au processus de modernisation qui trouble en profondeur l'identité culturelle japonaise.

Dans sa passionnante enquête, *Les Japonais sont-ils des Occidentaux ?* (3), Toshiaki Kozakaï, chercheur en psychologie sociale à l'EHESS, prend à contre-pied toutes les idées reçues sur la modernité japonaise. Il décrit la véritable fascination qu'exerce l'Occident sur les habitants de l'archipel. Tous les sondages l'attestent : lorsqu'on demande aux Japonais quel peuple étranger leur est le plus sympathique, leurs préférences vont nettement aux Occidentaux. Les Allemands sont vus comme « *studieux, disciplinés, intelligents* », les Anglais sont « *gentils* » et les Français « *raffinés* ». A l'opposé, les autres Asiatiques suscitent le mépris ; les Coréens sont jugés « *violents, rusés et menteurs* », les Hindous « *pauvres et superstitieux* ». Quant aux Africains, ils sont déclarés « *pauvres, primitifs, sauvages et fainéants* ». Les résultats des enquêtes antérieures confirment la stabilité de ces perceptions.

Dans un sondage de 1966, les Occidentaux étaient déjà considérés comme « *polis* » (Anglais), « *rationnels* » (Allemands), « *artistes* » (Français), « *aima-*

2. Voir mots clés p. 285.
3. T. Kozakaï, *Les Japonais sont-ils des Occidentaux ?*, L'Harmattan, 1991.

bles » (Américains), alors que les non-Occidentaux avaient droit aux qualificatifs de « *superstitieux* » (Hindous), « *influençables* » (Indonésiens), « *fainéants* » (Philippins), « *sales* » (Coréens), « *impulsifs* » (Noirs). Parmi les peuples occidentaux, les Américains bénéficient de l'image la plus positive et ce, dès le début des années 50, soit cinq ans après Hiroshima ! T. Kozakaï rapporte une enquête de 1951 où « *les Américains se voient attribuer les images les plus positives ; ils sont les plus généreux, les plus civilisés et les plus gentils* ». Loin de susciter rancœur et désir de vengeance, la victoire de l'ennemi américain a suscité un complexe d'infériorité et a renforcé l'admiration pour l'Occident. Dans l'esprit de la population, les Américains ont vaincu parce qu'ils étaient supérieurs. De plus, la reconstruction opérée sous l'égide américaine va imposer aux Japonais la réforme agraire et la démocratisation des institutions politiques.

Comme le note Jean-Marie Bouissou, « *tout ce qui vient des vainqueurs va susciter force et progrès. Le grand GI blond devient l'idéal des jeunes filles. Le vocabulaire se peuple de termes tels que* pure-boy *(play-boy),* garu-frendo *(girl-friend),* apâto *(appartment) et bien sûr,* demokurashiit. *La jeunesse urbaine adopte avec enthousiasme le base-ball, le jazz, le Coca-Cola et le baiser sur la bouche. La culture japonaise ne se défera jamais de cette emprise.* » (4)

Dans l'imaginaire nippon, cette vision flatteuse de l'Occident ne cessera, jusqu'à aujourd'hui, de se renforcer. La présence très fréquente d'Occidentaux dans les publicités télévisées japonaises manifeste cette dépendance psychologique soulignée par le sociologue Jean-François Sabouret : « *Pourquoi des blondes aux yeux bleus pour vendre des savonnettes à des brunes aux yeux noirs ? Il ne me semble pas qu'en France on ait recours à un tel usage de l'étranger pour développer le marché de la consommation intérieure. Quel sens ce phénomène peut-il bien recouvrir ? Le statut des étrangers des publicités peut-il nous apprendre quelque chose de l'inconscient collectif du Japon de cette fin du XX*[e] *siècle, des désirs de masse et des manipulations de celle-ci ?* » (5)

Si les Occidentaux sont aussi présents dans les images de la publicité, c'est qu'ils expriment, selon T. Kozakaï, un idéal de beauté et un modèle de consommation. Pour les Japonais, en effet, la beauté physique est occidentale. Les mannequins, les héros de bandes dessinées, les jeunes premiers de cinéma ressemblent le plus souvent à des Occidentaux. L'homme est grand, son visage carré et ses yeux ne sont pas bridés. Quant à la femme idéale, grande, blonde aux yeux bleus, elle tient plus de la poupée Barbie que de la geisha.

L'utilisation de marques et de normes occidentales pour les produits de consommation est d'autant plus remarquable que les produits occidentaux pénètrent peu le marché japonais. Consommer et vivre à l'occidentale est un signe de distinction.

Les voitures, les motos, les ordinateurs

4. J.-M. Bouissou, *Le Japon depuis 1945*, Armand Colin, 1992.

5. J.-F. Sabouret, « La science nipponne et l'âme américaine », A. Berque (dir.), *Le Japon et son double*, Masson, 1987.

et les chaînes hi-fi japonaises s'exportent facilement à l'étranger parce que ces produits ressemblent en tout point aux modèles américains ou européens. Comme le souligne le géographe Jacques Lévy : « *Les Japonais sont en train d'inventer la "voiture mondiale", alliant les critères de robustesse et de sécurité nord-américains aux exigences européennes de compacité et de sophistication technique et esthétique. La rivale de Mercedes et de BMW, Lexus, est japonaise et elle a commencé sa carrière aux Etats-Unis.* » (6)
Les succès commerciaux du Japon ne signifient pas une colonisation culturelle, mais sont au contraire la conséquence de l'adoption des normes des clients occidentaux. En effet, sur le marché intérieur japonais, « *les chaînes hi-fi, les ordinateurs, les voitures portent des noms occidentaux ou des inscriptions en langues occidentales.* (...) *Les voitures nipponnes s'appellent Century, Blue Bird, Fair Lady, Charmant, Crown, Civic, Galant...* » (7)
L'importation du modèle culturel occidental se manifeste également dans d'autres domaines tels que le langage, les rites sociaux et les normes administratives. Le vocabulaire japonais utilise plus de 12 % de mots étrangers (par comparaison, la présence de mots étrangers dans la langue française est de 5 %). A la différence des Français, les Japonais n'ont jamais résisté à cette invasion linguistique. Au contraire, il s'est même trouvé au début du siècle des intellectuels pour proposer la disparition pure et simple du japonais au profit de l'anglais ou du français ! (8)
L'attrait récent pour les cérémonies de mariage selon le rite chrétien souligne encore cette occidentalisation des esprits et des comportements, puisque 20 % des Japonais s'unissent aujourd'hui de cette manière. La croyance religieuse y est pour peu de chose. Ce sont la cérémonie de la messe et la longue robe blanche de la mariée qui suscitent l'intérêt. Dans leur grande majorité, les Japonais restent bouddhistes et shintoïstes (9). Il n'est pas rare aujourd'hui de voir des couples effectuer deux cérémonies dans la même journée, « *d'abord à la shintoïste pour faire plaisir à leurs parents traditionalistes, et ensuite à la chrétienne pour satisfaire leur propre désir* » (10). Bien d'autres signes révélateurs pourraient être évoqués, comme le passage du calendrier impérial actuel au calendrier chrétien (11).
C'est sans doute dans le domaine des arts et des idées que l'occidentalisation volontaire est la plus évidente. En est témoin le beau livre dirigé par J.-F. Sabouret, *Invitation à la culture japonaise*, véritable panorama sur l'état des arts et des idées au Japon. « *Depuis l'ère Meiji* (12), *la plupart des intellectuels se sont donnés pour mission de faire connaître et de traduire les écrits de l'Occident.* » La philosophie japonaise contemporaine est en effet profondément imprégnée de Descartes et Kant, de Sartre et Camus. Mais c'est dans la musique et la création picturale que l'Occident est le plus présent. Dès la fin

6. J. Lévy, « Japon, la chouette et le dauphin », *Espace/temps*, 1992.
7. T. Kozakaï, *op. cit.*
8. *Ibid.*
9. Voir mots clés p. 285.
10. T. Kozakaï, *op. cit.*
11. *Courrier international*, octobre 1992.
12. Voir mots clés p. 285.

du siècle dernier, les Japonais se sont passionnés pour la musique classique européenne. Bach, Mozart, Beethoven, Debussy font là-bas l'objet d'un véritable culte. « *La seule ville de Tokyo compte une dizaine d'orchestres symphoniques professionnels et autant de concerts quotidiens, et les interprètes japonais trustent les récompenses dans les concours internationaux.* » A l'époque Meiji, la musique classique fut introduite au sein de l'éducation publique, rompant résolument avec la musique folklorique traditionnelle. En matière de musique moderne, le jazz, le rock et la pop music règnent en maîtres absolus.

Il ne faut pas seulement voir dans le rachat de grandes œuvres des peintres impressionnistes européens (Degas, Van Gogh) le caprice de richissimes financiers. Cela montre aussi tout l'intérêt que les habitants de l'archipel portent à l'art occidental. L'essor de la haute couture et du design industriel, directement inspirés par le modèle occidental, en est aussi le témoin.

L'acculturation volontaire

Toutes les observations convergent donc : loin d'être menaçante pour la culture occidentale, la conquête économique des Japonais s'accompagne d'une occidentalisation de leur propre culture. Tout se passe comme si les flux culturels suivaient un chemin inverse à celui des marchandises.

Le plus remarquable dans ce processus d'adhésion aux normes culturelles occidentales est qu'il soit totalement spontané. T. Kozakaï parle à ce propos d'«acculturation volontaire» : « *Ce ne sont pas les Occidentaux qui ont influencé les Japonais, mais les Japonais eux-mêmes qui se sont influencés autour d'un objet qui est l'Occident.* » Isolés pendant plusieurs siècles du reste du monde, les Japonais se sont ouverts à l'Occident et la modernité de leur plein gré. L'archipel n'a jamais connu de conquête coloniale. La présence étrangère y est encore aujourd'hui très limitée et on connaît les difficultés pour y faire pénétrer des marchandises venues de l'extérieur.

Selon T. Kozakaï, les Japonais se sont forgé une image idéale de l'étranger qu'ils ont cherché à copier tout en préservant leur identité. Cet auteur décrit ce phénomène original d'acculturation à partir du modèle de Lazarsfeld et Katz (13). Selon ce schéma, toute influence culturelle ne s'impose jamais directement à une population sans passer par le « filtre » des valeurs et des relais locaux.

Est-ce pour autant une destruction de leur culture ? Certainement pas. Dès le début de l'ère Meiji, les Japonais ont conçu leur modernisation à travers le principe du *Wakon-yosai* (« esprit japonais, savoir occidental »). Il s'agit d'une formule syncrétique « *exprimant tout ensemble le maintien de l'antique tradition spirituelle japonaise et l'emprunt à l'Occident d'éléments matériels* » (14).

Cette volonté de maintenir l'identité nationale japonaise a des racines profondes. Elle a inspiré toute la politique militariste de l'entre-deux-guerres. Le manuel à l'usage des écoliers, *Principes*

13. Voir mots clés p. 285.
14. J.-F. Sabouret, *Invitation à la culture japonaise*, La Découverte, 1991.

fondamentaux de l'âme nationale, vantait alors les mérites des valeurs traditionnelles du samouraï : obéissance, zèle, honneur, héroïsme, esprit de sacrifice, rejet de l'individualisme et du matérialisme occidental tout en intégrant ses techniques.

Un courant intellectuel « néo-traditionaliste » a ressurgi dans les années 80 appelant les Japonais à ne pas « *brader notre héritage culturel* » (Yûjirô Shinoda, 1980). Quelques titres comme *Le Japon sans complexe* de Shintarô Ishihara (1989), *Japon, sois un Etat !* de Ikutarô Shimizu (1980) ont été des *best-sellers*. La période où Nakasone était au pouvoir (1982-1987) a reflété l'affirmation politique de ce néo-traditionalisme. Le drapeau et l'hymne national ont été réintroduits à l'école et quelques managers ont vanté à l'époque les mérites de l'éthique samouraï appliquée à l'économie.

Cette résistance est cependant minoritaire et traduit les tiraillements de la société japonaise prise entre la modernisation et le maintien de son identité. Les réactions fondamentalistes sont plus les effets de changements que le signe de l'inertie. J.-M. Bouissou note que, peu après que la réintroduction de l'hymne national et du drapeau dans les écoles par le gouvernement, le ministère de l'Intérieur fit venir des milliers de professeurs anglo-saxons dans les lycées, ainsi que des stagiaires étrangers dans les administrations. Aujourd'hui, des universités américaines sont créées dans les campus jusqu'en province. Les écoles de langues se multiplient, comme les services d'accueil et de conseil pour les étrangers… En 1990, « *Le mariage du second prince héritier, de retour d'Oxford, avec la fille d'un professeur d'université éduquée en Australie et aux Etats-Unis, témoigne de cette évolution vers l'internationalisation (*kokusai-kai*) du Japon.* » (15)

La société nipponne vit aujourd'hui une métamorphose qui n'est pas exempte de déchirements. Les mœurs, les modes de vie, les mentalités, l'imaginaire des Japonais se transforment au même rythme que les nôtres. Le développement du consumérisme, le déclin de l'ardeur au travail, l'essor de l'individualisme et le goût pour les loisirs sont attestés de toutes parts (16). Ces signes marquent-ils la fin de la spécificité culturelle japonaise et sa définitive occidentalisation ? Ils sont en tout cas le signe de l'accession à la consommation de masse. Mais, pour T. Kozakaï, modernisation ne signifie pas occidentalisation. Ni le schéma d'un Japon statique, rivé sur son identité traditionnelle, ni celui de l'acculturation ne sont justes. On assiste plutôt à un phénomène d'hybridation et de création d'une sous-culture originale de la modernité. La société japonaise n'est pas cette fourmilière besogneuse, uniquement préoccupée de rentabilité, imaginée par les Occidentaux. La culture japonaise ne se réduit pas aux arts martiaux, ni à l'art floral, ni à celui du théâtre nô. C'est une culture vivante, donc pétrie de contradictions. Dans leur dossier sur « Le Japon par lui-même » (17), H. Suzuki et K. Yatabe nous offrent une belle

15. J.-M. Bouissou, *op. cit.*
16. *Courrier international*, octobre 1992.
17. *Ibid.*

conclusion : « *La société nippone traîne avec elle le poids de l'histoire mais elle est également en continuelle mutation. (...) Nous invitons le lecteur français à goûter, au-delà des stéréotypes et des préjugés, la diversité de la société japonaise, où se construit désormais une bonne part de notre modernité.* »

Mots clés

Acculturation : modification d'une culture au contact d'une autre. On utilise souvent ce terme dans le cas d'une culture qui perd de sa propre substance sous l'influence de l'autre (voir *Sciences Humaines*, n° 16 : « La rencontre des cultures »).

Modèle de Lazarsfeld et Katz : les sociologues Paul Lazarsfeld (1901-1976) et Elihu Katz (né en 1927) ont étudié l'influence des médias sur l'opinion. Ils en ont tiré un modèle général selon lequel l'impact des médias sur la population est toujours sélectif parce que « filtré » d'une double manière :
– les gens reçoivent des informations de leur milieu d'appartenance, où interviennent des leaders qui influencent l'opinion en décryptant les messages des médias ;
– les spectateurs filtrent les messages en sélectionnant les informations en fonction de leur préférence idéologique.
T. Kozakaï, dans *Les Japonais sont-ils des Occidentaux ?*, utilise ce schéma pour interpréter les relations interculturelles entre le Japon et l'Occident.

Ere Meiji : période clé de la modernisation du Japon durant le règne de l'empereur Mutsu-Hito qui gouverna sous le nom de Meiji Tennô (Meiji = époque des lumières) de 1868 à 1912. L'ère Meiji correspond à une véritable « *révolution par le haut* » (J. Cheneau). Durant son règne, Meiji Tennô abolit le régime féodal (*shogunat*) et met en place un Etat centralisé. Il crée une armée et une école sur le modèle occidental, bâtit une infrastructure industrielle et ouvre largement le pays à la culture et aux techniques occidentales.

Shintoïsme : religion spécifique au Japon qui compte officiellement 112 millions de pratiquants. Dérivant des religions primitives (animistes), le shintoïsme est fondé sur le culte des dieux locaux (*Kami*) et des forces de la nature. Il ne contient pas de préceptes moraux, mais propose des rites destinés à s'attirer les faveurs des « *Kami* ». Shintoïsme et bouddhisme ne sont pas contradictoires : sur 124 millions d'habitants, 112 se réclament du shintoïsme et 90 du bouddhisme !

La nation comme cadre identitaire

LA TYRANNIE DU NATIONAL

ENTRETIEN AVEC GÉRARD NOIRIEL*

Pour Gérard Noiriel, le modèle français de l'immigration est indissociable d'un mouvement historique global qui associe immigration, construction de l'Etat nation, et avènements de la démocratie et de l'Etat providence.

Sciences Humaines : **Des ouvriers au droit de la nationalité en passant par l'immigration, vous semblez poursuivre un questionnement fondamental et une construction de l'histoire autour de la problématique de l'intégration et de l'identité nationale.**

Gérard Noiriel : Je n'avais pas conscience de cette unité au départ. Quand j'ai fait ma thèse sur l'histoire de la Lorraine sidérurgique avec Madeleine Rebérioux, je me situais dans la perspective de l'histoire économique et sociale labroussienne qui ne se préoccupait guère des questions d'immigration ou d'identité nationale. En travaillant sur la région de Longwy, qu'on appelle « le pays des trois frontières », j'ai pris conscience de l'importance de ces problèmes. Pour être honnête, si je me suis lancé là-dedans, c'est aussi pour des raisons personnelles. L'histoire de l'immigration me semblait un créneau « plus porteur » que l'histoire ouvrière qui avait déjà été bien défrichée par la génération précédente. Mon désir de comprendre l'importance que peut avoir la « frontière » dans la vie quotidienne des gens s'explique aussi par des facteurs biographiques (j'ai passé mon enfance en Alsace, sans être alsacien d'origine, j'étais donc pour les gens du pays un « Français de l'intérieur » ; ce qui n'était pas un titre de gloire je peux vous l'assurer !).

** Professeur d'histoire sociale à l'Ecole normale supérieure. A notamment publié :* Le Creuset français. Histoire de l'immigration XIXe-XXe siècles, *Seuil, 1988 ;* La Tyrannie du national. Le droit d'asile en Europe, 1793-1993, *Calmann-Lévy, 1991.*

SH : **Vous êtes non seulement dans un champ nouveau, mais aussi à contre-courant de l'historiographie traditionnelle puisque vous étudiez en quelque sorte la face cachée de notre histoire nationale. Vous remettez en cause la version officielle de la création de la France.**

G.N. : Les historiens que j'ai le plus admirés (Braudel, Labrousse, Vidal Naquet, Rebérioux) ont toujours eu le souci de mettre la recherche historique au service du présent. C'est une tradition qui se perd, mais je reste fidèle à cette conception de l'histoire héritée de Marc Bloch qui demeure pour moi un modèle. Je cherche toujours à situer mes objets de recherche par rapport au monde dans lequel je vis, pour mieux le comprendre. Quand je me suis rendu compte du décalage énorme qui existait entre l'importance qu'avait eue l'immigration pour l'histoire de la société française depuis un siècle (la population française est l'une de celles qui, dans le monde entier, ont été les plus renouvelées au XXe siècle par l'immigration ; plus même qu'aux Etats-Unis) et le peu d'intérêt que les historiens ont accordé à ce problème, j'ai cherché des explications. Il y en a deux qui me sont apparues essentielles : l'une concerne le rôle joué par les historiens français dans la politique de commémoration de la Révolution française (du fait que les immigrés n'entraient pas dans cette mémoire officielle, ils n'avaient pas d'existence historique). L'autre raison se situe à un niveau plus théorique. Elle tient au rôle que jouent dans l'historiographie française certains concepts, comme celui d'« enracinement », visant à expliquer les « permanences » ou les « traditions » de la société française. En dépit de l'admiration que j'ai pour l'œuvre de Braudel, je ne pouvais le suivre dans son dernier livre sur *L'Identité de la France* qui accorde une place beaucoup trop grande à la terre et à l'enracinement, alors que dans les sociétés contemporaines, comme l'avait vu Durkheim, c'est l'institutionnalisation des faits sociaux qui explique les permanences les plus importantes.

***SH :* Pouvez-vous à présent nous présenter le cadre et les principaux enjeux de l'histoire de l'immigration en France ?**

G.N. : La première chose à souligner, c'est que la France jusqu'à la Révolution est un pays d'émigration et non pas d'immigration. La France est alors le pays le plus peuplé d'Europe, il y a des quartiers français un peu partout et très peu d'étrangers en France. Mais la situation se retourne complètement au XIXe siècle. A cela plusieurs raisons que les démographes ont entrevues, mais avec une logique qui leur est propre et qui n'est parfois pas apte à rendre compte des causes exactes d'un phénomène historique. Pour eux, le problème est alors le recul de la natalité. Ce n'est pas faux puisque la France passe au XIXe siècle de la première à la cinquième place dans la hiérarchie des pays européens les plus peuplés. Mais il faut expliquer ce phénomène, d'autant plus que c'est la même raison qui, on va le voir, explique le modèle français d'immigration. Cette raison c'est la capacité de résistance à la révolution industrielle dont ont fait preuve les classes populaires en France.

Les paysans se sont accrochés à leur lopin de terre puis à leur droit de vote. C'est cette résistance de la petite propriété qui, comme l'avait très bien vu M. Bloch, nous différencie historiquement de l'Angleterre. Et c'est cette hantise de la dissolution de leur lopin de terre qui explique le malthusianisme des paysans français. Il en a résulté une sorte de blocage de l'industrialisation française, et l'immigration va constituer la solution principale pour débloquer la situation. Dès la fin du XIXe siècle, l'immigration peuple 15 % de la classe ouvrière. C'est seulement alors que se produit le *boom* industriel français : entre 1900 et 1930.

***SH :* Peut-on parler de modèle français de l'immigration ?**

G.N. : Absolument. Les Etats-Unis ou l'Australie avaient des modèles de peuplement, la France invente le modèle moderne d'immigration. On va chercher des travailleurs étrangers qui ne seront pas citoyens, car on leur demandera des choses qu'on ne peut pas demander aux citoyens nationaux. On emploiera aussi des méthodes de fixation (retrait du passeport, etc.) qu'on ne pouvait pas se permettre avec des citoyens.

***SH :* Il y a donc une dialectique qui associe étroitement le développement industriel et le processus législatif ?**

G.N. : Oui. C'est pourquoi il ne faut pas parler d'immigration des origines à nos jours, cela introduit une confusion regrettable. Bien sûr, il y a toujours des migrations. Mais l'immigration proprement dite ne peut exister qu'à partir d'un Etat nation ayant des frontières bien définies, une législation rigoureuse, une définition de la nationalité. Or, ce n'est qu'à la fin du XIXe siècle, avec la loi de 1889, qu'on saura qui est français et qui ne l'est pas (*voir encadré page suivante*). Avant cette loi, les juristes étaient incapables de dire qui était français et qui ne l'était pas, le droit français de la nationalité permettait aux enfants de la deuxième génération de décliner la nationalité française et il y avait le système de la petite et de la grande nationalités. De fait, tous les enfants d'étrangers étaient à moitié français et à moitié étrangers, revendiquant leur statut d'étrangers pour échapper au service militaire. La fin du XIXe siècle est donc un moment décisif de rationalisation du droit et de bureaucratie de la société, c'est ce que j'ai surtout étudié dans un de mes livres (*La Tyrannie du national*) à partir du droit d'asile.

La loi de 1889 fonde le droit moderne de la nationalité

La loi de 1889 est fondamentale. Elle pose les bases du droit actuel de la nationalité. En gros, jusque-là, les enfants d'étrangers vivant en France pouvaient refuser la nationalité française à leur majorité ; ils le faisaient pratiquement tous pour échapper à un service militaire qui pouvait durer jusqu'à sept ans. On avait ainsi des groupes d'individus qui vivaient en France depuis souvent près d'un siècle, qui déclinaient la nationalité française tout en bénéficiant des avantages de la domiciliation locale.
Dans les années 1880, on assiste à une vaste campagne xénophobe et ce problème est soulevé immédiatement. Tout cela aboutit à la loi de 1889 qui pose les bases d'un nouveau système : désormais, les enfants nés en France de parents étrangers seront automatiquement français à l'âge de 18 ans, et les enfants nés en France de parents étrangers nés eux aussi en France seront considérés comme français dès la naissance. La France mettait ainsi en place un système de droit de la nationalité qui combinait le droit du sang et le droit du sol.

Globalement, on doit donc lier, dans un même grand mouvement social, l'immigration, la construction de l'Etat nation, le triomphe de la démocratie et le passage de l'Etat libéral à l'Etat providence. Les historiens devraient expliquer comment on a inculqué jusqu'au fond des campagnes, chez des gens qui ne parlaient pas tous le français, cette idée abstraite de national. Je crois que le droit social est le facteur décisif. Toutes les grandes lois sociales républicaines ont un article introductif qui précise qu'elles ne s'appliquent qu'aux nationaux. Alors que, par exemple, la loi de 1850 sur les sociétés de secours mutuel ne disait rien de tel. Pour accéder aux bureaux de bienfaisance, il fallait avoir simplement un certain nombre d'années de présence dans la commune, un Belge qui habitait et travaillait à Roubaix depuis quelques années était pris en charge alors qu'un Français débarquant de Marseille ne l'était pas. C'est cette logique du droit social qui explique la nationalisation de la société, c'est capital. De cette irruption brutale de l'immigration moderne, le langage nous donne une preuve supplémentaire : les mots « immigré » et « immigration » sont pratiquement inexistants avant les années 1880.

***SH :* N'y a-t-il pas aussi un pendant politique à cette question nationale ? Tant que le suffrage universel n'existe pas, il n'est peut-être pas nécessaire de définir la nationalité ?**

G.N. : Il est clair que le suffrage dit universel (en fait national et masculin jusqu'en 1945) pose de manière urgente la question de la nationalité. On le voit très bien surgir dans les débats parlementaires en 1848, et la première réforme du droit de la nationalité arrive en 1849. On peut donc dire que dès que la citoyenneté se développe et qu'il y a un intérêt particulier à être citoyen, se pose le problème de l'identification nationale. Globalement, on est passé d'une identité fondée sur l'interconnaissance et sur la coutume à une identité fondée sur le papier.

***SH :* Quels liens faites-vous entre l'irruption de l'immigration et la montée du racisme en France à la fin du XIXe siècle ?**

G.N. : Le racisme a toujours existé, mais la nouveauté à la fin du XIXe siècle, c'est que le racisme acquiert désormais une base nationale. Aux images fragmentées et diversifiées de l'étranger qu'on avait dans les sociétés locales succèdent des images centralisées, fabriquées par les organes de l'Etat et diffusées notamment par la grande presse. C'est la naissance des stéréotypes modernes sur les Juifs, sur les étrangers, sur ce qu'on appelait alors les « métèques ». Il y a actuellement une histoire politique du racisme, mais il manque une socio-histoire, une histoire sociale du racisme. Cela demanderait une analyse fine des producteurs de ces images et de leur réception. En tout cas, il y a incontestablement un tournant à la fin du XIXe siècle. Tout se passe très vite, en vingt ans tous les stéréotypes repris encore aujourd'hui par une certaine droite se mettent en place. Tout le discours sur la non-intégration date de cette époque. Les politiciens qui aujourd'hui manipulent ces stéréotypes n'ont rien inventé.

***SH :* Un mot à présent du droit d'asile qui fait l'objet de votre livre *La Tyrannie du national* et qui se situe en quelque sorte dans la continuité du programme annoncé dans *Le Creuset français*.**

G.N. : Le droit d'asile est un excellent exemple des contradictions actuelles de nos démocraties politiques. Le droit d'asile illustre les idéaux de la philosophie des Lumières, c'est une idée européenne qui s'est concrétisée en 1793 avec la Convention. Sous la monarchie de Juillet, la société n'est pas

encore structurée sur une base nationale. L'ambassadeur de France à Varsovie pouvait donner à des réfugiés polonais un passeport français. Or, aujourd'hui, cela est impensable car le passeport, c'est la souveraineté de l'Etat. Dès lors que le lien juridique qui nous relie à l'Etat s'est mis en place, le réfugié, persécuté dans son Etat d'origine, n'avait plus aucun moyen d'obtenir la protection d'un autre. La solution se trouvait alors au niveau du droit international : le premier Haut Commissariat aux réfugiés politiques se met en place dans le cadre de la Société des Nations en 1920. Et puis ce sera surtout la convention de Genève de 1951. Mais jamais le droit international n'est parvenu à triompher vraiment de la souveraineté des Etats. Aujourd'hui, la France a une politique en matière d'asile plus restrictive que dans les périodes passées.
Au plan méthodologique, ce qui m'intéresse dans le droit d'asile c'est qu'il se situe à la frontière de trois disciplines : l'histoire, la sociologie et la science politique. Comment se crée la catégorie « réfugié politique », comment elle s'institutionnalise ? Et surtout, à partir du moment où elle est institutionnalisée et où elle a produit théoriquement un certain nombre d'ayants droit, comment se pose le problème de la preuve ? Il faut prouver qu'on a bien le droit à la protection, ce qui, pour quelqu'un qui est persécuté, est une contradiction dans les termes. Comment donner la preuve de sa persécution ? C'est très difficile. Je pense qu'il y a là un exemple de ce qu'on pourrait faire avec d'autres catégories de personnes. Il y a de belles thèses à faire pour les étudiants qui s'orienteraient vers des secteurs nouveaux de ce genre, plutôt que de reprendre les sentiers battus de l'histoire politique, de l'histoire du droit ou de l'histoire des relations internationales telles qu'on les étudie d'habitude. Il y a là un champ immense de problèmes qui sont de toute première importance pour comprendre la société française et pour comprendre l'Europe. Les juristes ont un monopole de fait sur ces questions alors qu'ils ne possèdent pas les problématiques et les méthodes permettant d'en tirer les enseignements sur le fonctionnement profond de la société. Pour l'historien, il y a un bagage de notions juridiques à assimiler, c'est vrai. Mais les juristes ne se posent pas suffisamment le problème de la construction et de la réception sociales de la loi. Ils raisonnent comme si une loi, dès lors qu'elle est votée, entrait automatiquement dans les faits. C'est une vue erronée ! Il faut arrêter d'aligner les alinéas du code

civil comme s'ils reflétaient automatiquement des comportements. Il existe bien une sociologie juridique, mais hélas trop peu développée.

SH : **Pour prolonger une réflexion de méthodologie, vous pourriez à présent nous dire ce qu'il faut entendre par « *une approche subjectiviste du social* ».**

G.N. : Merci de me donner l'occasion de dire que le titre de l'article auquel vous faites allusion incombe entièrement à la rédaction des *Annales*, je n'ai jamais défendu une approche « subjectiviste » du social. Mon titre était « Histoire et sociologie : un enjeu du tournant critique », ce qui était plus clair ! Je voulais expliciter les rapports entre l'histoire et la sociologie. Je défends l'idée qu'on ne peut plus définir l'histoire sociale en disant que le social est une portion du réel comme si on pouvait découper le réel en tranches : la tranche sociale, la tranche culturelle, la tranche politique, etc.

Les conséquences de cette expérience ont été négatives sur la recherche, empêchant notamment la construction d'une histoire sociale du politique. Pour moi, la seule identité crédible de l'histoire sociale est son lien avec la sociologie, de même que l'histoire économique est une branche de l'histoire qui a des liens privilégiés avec l'économie, la démographie historique avec la démographie, etc. On est arrivé aujourd'hui à une crise d'interdisciplinarité : en gros, être « interdisciplinaire » aujourd'hui, c'est n'être spécialiste de rien, alors que la véritable interdisciplinarité est une alliance de spécialistes sur des objets de recherche précis. La véritable interdisciplinarité se crée dans l'étude des objets scientifiques et nulle part ailleurs. Les historiens n'ont que faire des débats que les philosophes veulent leur opposer. Ça a été un peu le drame en histoire : d'un côté on avait des gens complètement enfermés qui s'horrifiaient dès qu'on prononçait le mot de philosophie, et de l'autre on avait des gens beaucoup plus ouverts mais qui ont été trop influencés par l'épistémologie à la Popper : qu'est-ce qu'une science ? Est-ce que l'histoire est une science ?, etc. M. Bloch, dans *L'Apologie pour le métier d'historien*, demandait qu'on arrête ces faux débats et qu'on réfléchisse sur des pratiques réelles. Aujourd'hui, il faut construire des domaines de l'histoire qui soient des articulations de pratiques, avec des gens qui ont la même formation. L'interdisciplinarité est un leurre dangereux qui ne peut créer que des difficultés de carrière à ceux qui la pratiquent. Il faut, dans l'état actuel des institutions de recherche et d'enseignement en France, que les jeunes s'en méfient et qu'ils s'ancrent dans une discipline. C'est ensuite à l'intérieur de la discipline qu'il faut s'ouvrir. Le progrès se situe là où l'on est à l'écoute des autres : c'est-à-dire à la frontière. Et c'est difficile, car on est confronté à des problèmes de « traduction » : il faut faire passer dans le langage de sa propre discipline ce qu'on a appris ailleurs. Il y a un gros travail d'adaptation à faire et on ne peut correctement et utilement le faire que si on est centré sur une pratique et un objet.

***SH* : Est-ce que sociologues et historiens travaillent vraiment ensemble ?**

G.N. : Il y a heureusement des lieux, notamment l'Ecole des hautes études en sciences sociales, mais pas seulement, où historiens et sociologues travaillent ensemble. Mais je crois malgré tout que les rapports entre l'histoire et la sociologie ne sont pas en France ce qu'ils devraient être. Ces querelles de la fin du XIXe siècle nous ont fait, par rapport à des pays comme l'Allemagne, prendre un retard certain. Ce schéma sociologie/histoire est encore assimilé au schéma théorie/pratique. Il est vrai que la sociologie a tendance à construire des modèles et que ce n'est pas le but de l'histoire, mais quand il y en a qui sont pertinents, l'histoire doit s'en servir. Dans mon travail sur l'histoire de l'immigration, j'ai largement utilisé les analyses factorielles que font les sociologues. Mais je pense que la modélisation, si elle peut être un outil, n'est pas un objectif pour les historiens.

On peut regretter que la recherche historique soit restée dominée par l'empirisme ; mais je crois que c'est la position de la discipline dans la société et dans l'institution universitaire qui explique cette constance. Il ne sert donc à rien de la dénoncer. Quand on veut vraiment changer les choses, il faut partir de la réalité telle qu'elle est et non telle qu'on voudrait qu'elle soit.

Propos recueillis par
Jean-Claude Ruano-Borbalan et Laurent Mucchielli
(*Sciences Humaines*, n° 21, octobre 1992)

Dominique Schnapper*

EXISTE-T-IL UNE IDENTITÉ FRANÇAISE ?**

Le recul des identités nationales est un fait à la fois souhaité et redouté dans l'Europe d'aujourd'hui. Comment s'exprime-t-il en France ? L'esprit patriotique n'est plus au premier plan, mais la notion de mémoire nationale n'en a pris que plus de poids.

Depuis la fin de la Seconde Guerre mondiale, la nation comme forme politique s'est objectivement affaiblie. La mondialisation de l'économie et la construction de l'Europe ont progressivement diminué la souveraineté des gouvernements nationaux. Le civisme et la prééminence proclamée de la citoyenneté nationale sur les autres appartenances et les autres identités semblent appartenir au passé. La décentralisation, le pouvoir accru des pouvoirs locaux et les expressions de l'attachement des populations à différentes formes de « terroirs » remettent en question la place accordée par les individus aux exigences liées à l'identité nationale. Les auteurs des livres d'instruction civique ne pourraient plus aujourd'hui écrire avec une belle simplicité, comme ils le faisaient dans les années 1880, que « *La France est la plus juste, la plus libre, la plus humaine des patries.* » Que signifie aujourd'hui le fait d'être français ? Pour répondre à cette question, il importe de clarifier quelques ambiguïtés. L'identité nationale, comme toutes les identités, est un processus, non un état. Elle n'est pas donnée une fois pour toutes. Elle se construit et se modifie avec le temps. La « France éternelle » est un mythe : pas plus que les autres nations, la France n'a existé de toute éternité. On n'était pas français au XVIIe siècle comme on l'était au XIXe siè-

---

* Sociologue, directeur d'études à l'Ecole des hautes études en sciences sociales. Auteur de *La Communauté des citoyens, sur l'idée moderne de nation*, Gallimard, 1994.

** *Sciences Humaines*, hors série n° 10, septembre/octobre 1995.

cle et comme on peut l'être aujourd'hui. En comparant l'identité nationale d'aujourd'hui à celle d'un passé souvent mythifié, on risque de tomber dans l'anachronisme.
L'idée même de nation est née en Europe. Chaque nation y est le produit d'une histoire séculaire. Aujourd'hui, l'identité nationale n'a pas disparu, mais elle s'est transformée. Bien que l'on ait beaucoup annoncé et souhaité, depuis quelques décennies, la nécessité de dépasser l'Etat nation, la nation reste une dimension privilégiée de l'identité collective, où s'exprime la continuité de la mémoire historique ; elle reste aussi, au moins pour l'instant, le lieu de l'expression et des pratiques démocratiques. C'est une donnée qu'il ne faut pas négliger si l'on veut construire une véritable Europe politique.

Identité et mémoire historique

La socialisation des individus est aussi un apprentissage d'une tradition nationale particulière. La nation est une collectivité politique qui est le produit d'une histoire commune, longue de plusieurs siècles, et d'une culture savante qui a façonné les modes de perception et les représentations sociales. Bien sûr, comme Montesquieu, tout Français doit reconnaître que : «*Je suis nécessairement homme et je ne suis français que par hasard.*» Mais l'individu devient lui-même en devenant membre de l'entité politique et culturelle particulière où ce hasard l'a fait naître. Il construit son identité personnelle, mais cette dernière est indissolublement liée à des identités collectives, y compris l'identité nationale. Le sentiment national naît de l'intériorisation des valeurs et des modèles singuliers de la nation dans laquelle l'individu est né : une fois socialisé, il trouve sa nation à l'intérieur de lui-même.
Les appartenances les plus profondes ou les plus vivantes ne sont pas nécessairement celles qui s'expriment le plus. L'identité nationale est à ce point intériorisée que l'individu n'en prend souvent conscience que par la rencontre, pacifique ou violente, avec l'autre, au cours des échanges commerciaux, des déplacements touristiques, des manifestations sportives ou des guerres. L'identité nationale, vécue, à l'instar de toute identité, comme évidente, allant de soi, surgit à la conscience claire quand elle se confronte à d'autres identités.
Elle n'a cependant jamais été exclusive. Même pendant la grande période des nationalismes européens, avant la Première Guerre mondiale, lorsque les expressions passionnées du patriotisme dominaient l'opinion, les références à des identités préexistantes, régionales (corse, bretonne, galloise, écossaise...) ou autres (juive, arménienne ou russe, par exemple), n'ont pas été effacées. Les identités nationales, relativement récentes, se trouvaient donc confrontées à d'autres appartenances religieuses, culturelles ou ethniques.
Cependant, il était admis que les exigences liées au patriotisme devaient primer sur les autres. Les citoyens devaient être prêts à «mourir pour la patrie». Le départ sans révolte des paysans et des ouvriers pour participer à la guerre, en 1914, fut une « divine surprise » pour les gouvernants de l'époque, qui craignaient qu'à la suite de la diffusion des doctrines socialistes d'inspiration inter-

nationaliste, les solidarités de classes fussent plus intensément ressenties que le patriotisme.

On peut se demander aujourd'hui si les Français seraient prêts à « mourir pour la patrie ». Seule la véritable épreuve permettrait de répondre à cette question. Mais le slogan fort répandu du début des années 80 « *Plutôt rouges que morts !* » ne révélait pas une grande passion pour défendre les valeurs que les nations démocratiques prétendaient incarner face au monde communiste. Beaucoup de citoyens des démocraties occidentales ne semblent plus admettre que les guerres fassent des morts. Il semble que l'adhésion à la nation ait, de ce point de vue, changé. Avant d'être une organisation politique susceptible d'obtenir éventuellement le sacrifice de ses membres, elle est devenue une communauté de mémoire historique et de culture, lieu des pratiques de la démocratie. Avant tout, c'est désormais un « lieu de mémoire » (1).

Etre français, aujourd'hui, c'est partager les mêmes souvenirs glorieux, qui vont de l'épopée napoléonienne à travers l'Europe aux taxis de la Marne ou à la Résistance. C'est aussi avoir connu les mêmes sacrifices : le sang versé pour la même cause unit les combattants. Les noms des morts tombés pendant les guerres du XXe siècle sont inscrits sur les monuments de tous les villages de France. C'est aussi partager les mêmes hontes ou les mêmes interrogations sur la collaboration pendant les années de l'Occupation, les mêmes doutes sur l'engagement militaire en Algérie. Pas plus qu'à leur passé personnel, les citoyens n'échappent pas à leur passé collectif, même s'ils s'efforcent de le refouler. L'écho que rencontrent régulièrement les ouvrages historiques ou polémiques consacrés au régime de Vichy et à l'attitude des Français célèbres ou inconnus pendant cette période le démontre. De jeunes Allemands, nés après la guerre et n'ayant connu que l'Etat de droit et la démocratie de la République fédérale, s'interrogent aujourd'hui avec angoisse sur ce que furent les comportements de leurs parents pendant le temps du régime nazi. Aucun Européen ne peut être entièrement étranger à ce qu'on peut appeler le « syndrome d'Auschwitz » : comment a-t-on pu appliquer la rationalité technique, inventée pour maîtriser la nature au service de l'homme, pour détruire avec efficacité des peuples entiers ?

Un rapport particulier à la langue

Les citoyens d'un même pays sont socialisés par les mêmes institutions. L'éducation commune crée entre eux des liens spécifiques. Avoir été formé dans la même langue et par le même système d'enseignement, qui diffuse, outre les connaissances, un système de valeurs et de normes, conduit à partager non seulement un mode d'expression, mais aussi une même vision du monde. Il n'est pas indifférent de s'être interrogé sur le destin humain pendant son adolescence en lisant Racine ou Shakespeare. A travers la fameuse « clarté rhétorique française », que nos amis allemands ou anglo-saxons compren-

1. P. Nora (dir.), *Les Lieux de mémoire*, Gallimard, 8 vol., 1984-1993.

nent mal et jugent souvent superficielle (puisque, disent-ils, la réalité humaine est, de fait, toujours complexe et ambiguë), c'est tout un mode de perception et de compréhension qui s'exprime. Les Français entretiennent un rapport fort à leur langue. Ce n'est pas le cas des Hollandais, par exemple : dans leurs colonies, ils n'ont jamais ressenti le besoin d'enseigner le néerlandais aux indigènes.

La culture savante n'est pas seule en cause. L'identité nationale s'affirme aussi quotidiennement par un style particulier de la vie en commun et des relations entre les individus. On ne saurait sous-estimer le rôle des habitudes alimentaires dans la construction de l'identité nationale. Dans tous les pays, le retour à des formes culinaires traditionnelles a accompagné les mouvements de revendications identitaires, régionales ou nationales. Chez les enfants des immigrés, devenus citoyens du pays d'immigration, participant activement à la vie collective, c'est par le maintien des pratiques alimentaires que se manifeste une dernière forme de fidélité au pays d'origine de leurs parents. En Suisse, où l'on soumet le candidat à la naturalisation à des questions destinées à tester sa véritable « assimilation », on l'interroge aussi sur des recettes de cuisine traditionnelles, considérées comme une dimension essentielle de l'« helvétude ». L'ensemble des pratiques culinaires, des goûts et des dégoûts alimentaires, étroitement liés à la socialisation familiale, est aussi national : les Anglais nous désignent par dérision comme des mangeurs de grenouilles. Le contenu de la cuisine n'est pas seul en question. L'importance qui est accordée en France aux échanges de nourriture et d'alcool pour entretenir, dans tous les milieux, les relations – à l'intérieur de la famille et en dehors d'elle – surprend souvent les étrangers.

Le style des échanges avec les autres, plus ou moins cérémonieux ou familier, chaleureux ou réservé, superficiel ou approfondi, n'apparaît pas moins propre à chaque société nationale. Appeler par son prénom, tutoyer, utiliser des titres nobiliaires ou universitaires, adopter des formules de politesse, laisser passer devant soi les femmes, les enfants ou les personnes âgées, s'asseoir à côté du chauffeur, etc. : ces comportements de la vie quotidienne renvoient à une tradition et à un système tacite de valeurs collectives. Nos voisins européens nous trouvent souvent hostiles aux étrangers, voire amateurs de propos racistes. Mais il s'avère aussi que la France a intégré, depuis deux siècles, une population étrangère nombreuse, sans pour autant sombrer dans l'obsession des conflits ethniques et du racisme. Les formes des échanges quotidiens et le rapport particulier entre les discours et les conduites expliquent sans doute cette apparente contradiction.

Le style du rapport à l'autorité n'est pas moins spécifique. Contrairement aux citoyens des démocraties nordiques, les Français prennent plaisir à violer quotidiennement les règles de la vie commune. Nous ne respectons pas le code de la route, nous essayons de resquiller dans les files d'attente et d'échapper au fisc. Nous nous efforçons d'obtenir des passe-droits et des privilèges petits ou grands qui nous permettent d'échapper au lot commun et, en dépit de notre passion proclamée pour l'égalité, d'affirmer ainsi notre statut social. Nous prenons spontanément partie pour les fraudeurs contre les représentants de l'autorité de l'Etat et de la loi, pour Guignol contre le gendarme qui le poursuit au nom de la loi. Ces comportements, étrangers au civisme des Britanniques par exemple, les choquent.

Tous ces traits ne sont pas indépendants de la mémoire historique dans laquelle nombre de héros nationaux (Vercingétorix, Jeanne d'Arc ou les Révolutionnaires) furent d'abord des révoltés soit contre des puissances étrangères, soit contre l'ordre imposé par la monarchie absolue.

Le lieu des pratiques démocratiques

Malgré la diffusion du modèle marchand et utilitariste des relations interpersonnelles, lié au développement de l'activité économique, le style des relations entre les hommes reste étroitement marqué, en France, par la mémoire nationale. Si les citoyens modernes sont réticents devant les sacrifices militaires, ils n'ont rien perdu de leurs passions nationales. Contrôlées dans la vie politique, elles s'expriment surtout à l'occasion des grands événements sportifs, dont la coupe du monde de football donne un exemple privilégié. Toutes les sociétés démocratiques sont fondées sur le principe de la citoyenneté. Mais il s'applique de manière différente dans chacune des nations européennes. La démocratie britannique est née de l'idée de protéger les libertés par la création de contre-pouvoirs issus de la représentation politique des principales forces sociales. Elle continue à prendre en compte l'expression collective des ordres, des corps et des classes qui représentent, en Grande-Bretagne, l'expression naturelle des libertés publiques. En France, en revanche, l'idée de la citoyenneté individuelle, proclamée avec éclat à la face du monde par les Révolutionnaires, continue à inspirer directement la vie publique. Les hommes politiques invoquent volontiers le « pacte républicain », et les sociologues le « modèle républicain », c'est-à-dire un mode d'intégration politique fondé sur le principe affirmé de la citoyenneté individuelle et sur une laïcité sourcilleuse (2).

L'histoire du renversement de la monarchie par la Révolution n'explique pas à elle seule cette forme prise par la démocratie en France. La France a été pendant ces deux derniers siècles le seul grand pays d'immigration de l'Europe (3). L'intégration des immigrés, comme celle de l'ensemble de la population, s'est faite autour d'un projet politique, né des valeurs républicaines (4). Cette politique d'assimilation (comme on l'appelait jusque vers 1970) n'impliquait pas la suppression de toutes les spécificités des populations. Ce n'est d'ailleurs ni possible, ni souhaitable. La démocratie repose sur la distinction entre le privé, domaine de la liberté de l'individu, et le public, lieu de l'unité de tous les citoyens. Dans sa vie privée, chacun peut utiliser sa langue, rester fidèle à

2. D. Schnapper, *La France de l'intégration. Sociologie de la nation en 1990*, Gallimard, 1991.
3. G. Noiriel, *Le Creuset français*, Seuil, 1988.
4. J. Costa-Lascoux, *De l'immigré au citoyen*, La Documentation française, 1992.

La passion du patrimoine

Les Français montrent un engouement croissant pour leur patrimoine national. Selon un sondage Louis Harris d'août 1993, 80 % d'entre eux aiment visiter les sites qui s'y rattachent, 77 % s'en disent fiers et 61 % déclarent y « *retrouver leurs racines* ». Que mettent-ils derrière le mot « patrimoine » ? D'abord, pour tout le monde, les châteaux, les églises et les maisons de style. Ensuite, ce sont les sites archéologiques (97 %) et les œuvres d'art anciennes (95 %). Mais beaucoup y incluent également des sites naturels (78 %), des chansons et des métiers (65 %). Certains, enfin, y placent des constructions et des objets modernes : architecture contemporaine, usines, puits de mines (45 %). Le patrimoine ne comprend donc pas que des monuments historiques.

L'autre aspect de l'évolution est que ce patrimoine est de plus en plus souvent considéré comme un bien collectif qui doit être accessible à tous : 55 % des interrogés sont hostiles à ce qu'on y loge des activités commerciales, et 18 % seulement pensent que les sites doivent être rentabilisés d'une manière ou d'une autre. Gilles Corman, l'analyste du sondage, n'estime pas que cet intérêt croissant (également constaté dans d'autres pays en Europe) soit le signe d'une crispation passéiste ou d'un « vieillissement intellectuel ». D'autres interprétations se présentent : réconciliation politique, apaisement du rapport à l'histoire et à l'identité nationale, occupation de l'espace cultuel laissé libre par la religion. On notera par ailleurs que le phénomène est plus inscrit dans les valeurs que dans la pratique : le Français visite en moyenne un monument par an...

Nicolas Journet

une culture particulière ou pratiquer sa religion comme il le souhaite, à condition que ces pratiques ne menacent pas l'ordre public. Mais cette politique impliquait que toutes les particularités fussent maintenues dans l'ordre du privé et que les individus se conformassent à la logique française dans l'ordre du public. Il n'y avait pas de place pour reconnaître des « communautés » particulières, issues de l'immigration. La politique dite d'assimilation n'a jamais interdit le multiculturalisme dans l'ordre de la vie personnelle et sociale, mais elle interdisait qu'il se manifeste dans la vie publique.

L'organisation de l'école publique, en particulier, ne tient pas compte des spécificités régionales, nationales ou religieuses des élèves : elle les traite uniformément et également comme de futurs citoyens en leur donnant le même enseignement jusque dans chaque village. Dans la conception française, l'Ecole, c'est l'école du citoyen. D'où cette laïcité passionnée que les conflits passés entre la République et l'Eglise et la nécessité d'intégrer, outre les enfants de toutes les provinces et de toutes les origines sociales, des enfants étrangers d'origines très variées, permettent d'expliquer. Cette tradition a imprégné toute la vie publique française. Alors qu'en Grande-Bretagne, on débat continûment des relations entre les races, en France l'évocation de l'origine étrangère ou de l'appartenance raciale d'un individu fait scandale. Toute argumentation en ce sens remet en cause le modèle français d'intégration nationale et les valeurs politiques qui le légitiment : l'égalité civile et politique de tous les citoyens, quelles que soient leurs origines, quelles que soient les inégalités économiques et sociales et les différences ethniques ou religieuses qui les séparent.

Les instruments concrets de la vie publique ne sont pas non plus les mêmes d'un pays à l'autre, qu'il s'agisse du mode de scrutin, de l'organisation du travail ou des rituels parlementaires. Il a été impossible de trouver un mode de scrutin unique pour les élections européennes. Les Français s'indigneraient si l'on prétendait leur imposer le scrutin majoritaire à un tour, grâce auquel les Britanniques assurent la stabilité de la représentation parlementaire et éliminent régulièrement les partis intermédiaires. Les Français, qui n'ont jamais cessé de discuter de la réintroduction de la « proportionnelle », y verraient une injustice insupportable. La manière dont le discours de la reine d'Angleterre et celui du Président de la République français sont respectivement lus à Westminster et à l'Assemblée nationale, la place des députés sur les bancs ou dans l'hémicycle, le style de l'éloquence et des débats ne sont pas de simples détails : dans chaque pays, ils incarnent les pratiques démocratiques et symbolisent une tradition parlementaire singulière (5).

Que le président veuille aussi être un écrivain ou exprime ses goûts littéraires dans une émission de télévision consacrée à la culture est une spécificité française. Tocqueville déplorait déjà le rôle central que les hommes de lettres avaient joué depuis la Révolution. C'est à leur influence qu'il attribuait le caractère théorique et abstrait des débats publics, l'ambition ou la prétention à l'universel des hommes politiques et le mépris qu'ils nourrissent pour les problèmes concrets, la faveur qu'ils accordent à l'idée abstraite de la Liberté plutôt qu'aux pratiques quotidiennes des libertés, selon le modèle britannique. Encore n'a-t-il pas connu l'affaire Dreyfus, qui reste le modèle inégalé d'un immense et passionné conflit de principes, traduisant bien une manière française de faire de la politique. On a justement remarqué que la stratégie des socialistes après 1983 avait été différente de la politique suivie par les grandes démocraties social-démocrates (Suède, Autriche, Allemagne). Au lieu de négocier des compromis avec les syndicats, ils en ont appelé à l'opinion publique tout entière. Ils ont eu une manière idéologique de se convertir au pragmatisme de la social-démocratie.

5. P. Rosanvallon, *Le Sacre du citoyen*, Gallimard, 1993.

Quelles que soient ses variantes locales, seule la nation politique a, jusqu'à présent, pu répondre à l'aspiration démocratique des hommes à voir reconnue l'égale dignité de tous. La « communauté des citoyens » a été et reste une communauté nationale, même lors de l'élection des députés européens, où les candidats, les enjeux et les sanctions sont nationaux. Les campagnes électorales européennes sont des prolongements et des instruments de la vie politique nationale. La nation continue à être le lieu de l'exercice de la démocratie et de la volonté politique. Etre français, c'est encore être citoyen selon certaines normes et certaines traditions (6). Rien ne s'oppose à ce qu'il existe un jour une communauté des citoyens européens. Mais il faudra construire un domaine politique – avec ses règles, ses institutions et ses enjeux compris et acceptés par tous. Les citoyens des différentes nations devront avoir le sentiment qu'ils participent « réellement », au niveau européen, au choix des gouvernants, aux débats qui se déroulent dans les institutions européennes sur leur avenir, aux grands choix que font les hommes politiques. On ne construira cette communauté qu'en créant des valeurs et des pratiques politiques au niveau européen. Mais on ne saurait négliger, dans cet effort, de tenir compte du lien qui a toujours existé et qui existe encore entre nation et démocratie. On ne construira pas l'Europe contre les traditions et les sentiments nationaux, mais à partir d'eux.

6. D. Schnapper, *La Communauté des citoyens. Sur l'idée moderne de nation, op. cit.*

Les Européens se sentent-ils... européens ?

Insensiblement, la construction européenne exerce une influence croissante dans la vie quotidienne des Français, des Anglais, des Danois... Au point que certains vont jusqu'à parler d'une « européanisation » des individus, de l'émergence d'un « *homo europeus* » (1). Si, pour de nombreuses catégories socioprofessionnelles, la construction européenne n'a encore guère eu d'incidences directes, il n'en est pas de même de celles qui ont bénéficié de politiques sectorielles : les agriculteurs (Politique agricole commune), les pêcheurs (Europe bleue) ; dans une moindre mesure les mineurs et les sidérurgistes (Europe du charbon et de l'acier)... Depuis la création de l'Union économique et monétaire, de plus en plus de secteurs économiques et de métiers sont visés : à travers la multiplication des labels, l'instauration de l'Europe sociale, la création des comités d'entreprise européens. Qu'il soit pro ou anti-Maastricht, le ressortissant anglais, français, danois... qui se déplace sur le Vieux Continent se voit désormais rappeler son appartenance à un même espace, l'Union européenne : par la mention de sa citoyenneté européenne sur son passeport et son permis de conduire (prévue par le traité de Maastricht), par la suppression des panneaux de douane, par les douze étoiles sur fond bleu azuréen...
Plusieurs évolutions concourent par ailleurs à étendre le processus d'européanisation dans le domaine culturel des loisirs : l'extension des programmes d'échanges d'étudiants et d'enseignants (programmes Erasmus, Tempus...), la création de médias tournés vers l'Europe (Euronews, Arte...), la multiplication des compétitions sportives européennes...

Un faible sentiment d'appartenance

Cette européanisation est-elle à même de contribuer à renforcer le sentiment d'appartenance à l'Europe ? Les résultats des enquêtes réalisées auprès des ressortissants européens sont à cet égard formels : si, d'après les eurobaromètres, les Européens expriment une confiance relativement stable dans les institutions communautaires, ils sont encore loin de se sentir européens. En France, les enquêtes effectuées depuis le milieu des années 80 par l'Observatoire interrégional du politique montrent ainsi que, pour une très large majorité de personnes interrogées, l'Europe apparaît encore comme une réalité lointaine. L'identification à cette dernière passe après les identités locale et nationale. En Angleterre, le sentiment d'appartenance est encore des plus fragiles : au début des années 90 (2), seuls un quart des sujets de Sa Majesté se proclament européens.

Une nouvelle composante de l'identité

Autant dire que l'identité européenne semble avoir encore du chemin à faire avant de parvenir à supplanter les identités nationales comme d'autres identités, locales notamment. Mais est-ce en ces termes qu'il faut poser le débat ? Dans *Penser l'Europe* (3), Edgar Morin soulignait les risques qu'il peut y avoir à définir l'identité européenne en opposition à toutes autres formes d'identité. « *L'identité européenne, comme toute identité, ne peut être qu'une composante dans une poly-identité* », écrivait-il, suggérant par là l'idée que selon les circonstances de sa vie quotidienne, familiale, professionnelle, etc., un même individu pourra tour à tour se sentir français, breton (ou corse, ou bourguignon...), européen sans qu'aucune de ces échelles d'identification ne soit exclusive des autres.

SYLVAIN ALLEMAND

1. G. Courty et G. Devin, *L'Europe politique*, La Découverte, 1996.
2. Selon un sondage Gallup-BBC (*Le Monde*, 10 décembre 1992).
3. E. Morin, *Penser l'Europe*, Gallimard, 1987.

L'IDENTITÉ POLITIQUE : UN ENJEU DE POUVOIR

ENTRETIEN AVEC JACQUES CHEVALLIER*

L'identité doit être au cœur de l'analyse du politique. Elle constitue en effet une ressource abondamment mobilisée par les acteurs politiques.

***Sciences Humaines :* Les politologues s'intéressent de plus en plus à l'identité. Vous avez vous-même dirigé un séminaire dont les travaux ont été publiés dans un ouvrage intitulé *L'Identité politique* (1). En quoi celle-là se distingue-t-elle des identités religieuses, professionnelles, culturelles... ?**

Jacques Chevallier : La question de l'identité a en effet surtout retenu l'attention des historiens, des psychologues ou encore des sociologues. Les premiers se sont notamment intéressés à la manière dont s'étaient élaborées les identités nationales ; les psychologues ont mis au jour les phénomènes de subjectivation. Enfin, des sociologues du travail comme Renaud Sainsaulieu ont montré comment la confrontation avec le processus productif entraîne la formation de véritables identités professionnelles... La question de l'identité est cependant à mon avis centrale pour les politologues, compte tenu de la notion intrinsèquement politique des phénomènes identitaires : ce qui se joue dans l'identité, ce sont en effet la construction du lien social, les processus d'intégration sociale, les rapports de domination et de pouvoir. Dès lors, non seulement il est vain de chercher à isoler dans l'identité ce qui relève spécifiquement du politique, mais encore la question de l'identité doit-elle être considérée comme politique par essence.

***SH :* Quelles dimensions, dans les phénomènes identitaires, intéressent plus particulièrement les politologues ?**

J.C. : Les rapports de force et de domination, en un mot des rapports de pouvoir que les phénomènes identitaires mettent en jeu. L'identité, qu'elle soit locale, régionale ou nationale, se présente en effet comme une ressource que les acteurs politiques et sociaux vont s'efforcer d'exploiter dans le cadre des stratégies de pouvoir. C'est ainsi que, par exemple, les efforts déployés en France par les responsables régionaux pour

* Professeur à l'université Paris-II-Panthéon-Assas.

renforcer le sentiment d'appartenance des habitants à leur région s'inscrivent dans le cadre d'une stratégie volontariste cherchant à améliorer la position des régions dans le système politico-administratif. Plus généralement encore, le thème de l'identité se présente comme une ressource idéologique, dont les discours politiques font largement usage : l'invocation d'une identité érigée en valeur suprême joue comme argument d'autorité dans le débat politique.

Ainsi, la résurgence de la thématique de l'idéologie nationale en France, dans les années 80, a été directement liée aux polémiques sur la place des immigrés dans la société française. La défense d'une identité nationale prétendument menacée contribue alors à légitimer le discours dénonçant le nombre excessif d'étrangers et le trop grand laxisme du droit de la nationalité. Ainsi, en traitant de l'identité, les politologues retrouvent la question du pouvoir qui est au cœur de leur discipline.

Propos recueillis par
SYLVAIN ALLEMAND

(*Sciences Humaines*, hors série n° 15, décembre 1996/janvier 1997)

1. J. Chevallier (éd.), *L'Identité politique*, Puf, 1994.

L'identité politique

La constitution des communautés politiques nécessite de fortes définitions identitaires. C'est traditionnellement la nation qui a été étudiée dans cette perspective. Aujourd'hui, l'identité nationale est remise en cause par les affirmations régionales ou communautaires.

Les régions se revendiquent

En France, la création des Régions dans les années 60 et bien plus encore la politique de décentralisation initiée au début des années 80 ont entraîné des revendications identitaires renouvelées. L'identité régionale est un enjeu politique majeur, qu'attestent les nombreux livres régionalistes des nouveaux « comtes » que sont les présidents des exécutifs régionaux. Dans les années 90, ces revendications identitaires régionales se sont d'ailleurs trouvées elles-mêmes interrogées par l'émergence de politiques d'aménagement rural ou urbain également porteuses de revendications identitaires.

Ces multiples quêtes de définition identitaire, toutes considérées comme légitimes, se focalisent de manière récurrente sur la cohérence ou sur la cohésion de telle ou telle collectivité territoriale, particulièrement régionale. Dans ce cas, il faut en effet que les populations qui n'y étaient pas habituées, qui se définissaient prioritairement du point de vue de la nation, de leur département, de leur métier, de leur famille ou de l'individu, acquièrent une nouvelle dimension de l'appartenance. Comme pour la constitution de l'identité nationale durant les siècles précédents, la question est en premier lieu de s'ancrer dans une histoire commune, de définir un savoir-vivre ensemble dont le présent hériterait du passé que porterait le territoire.

Cette dimension est au cœur des actions de communication des Régions. De fait, la quête identitaire régionale passe, pour les responsables politiques, par un « réinvestissement généalogique » dans le passé historique des régions. Ce n'est pas toujours aisé, tant le découpage régional décidé par l'Etat fut souvent artificiel : Pays de la Loire, Rhône-Alpes, Provence-Alpes-Côte d'Azur, etc. De plus, l'action des villes ou des départements qui possèdent une antériorité historique et sont plus proches des citoyens freine l'émergence du sentiment d'appartenance régionale.

De nombreuses enquêtes montrent cependant que les efforts consentis par les exécutifs régionaux durant les dernières décennies ont porté leurs fruits : les citoyens perçoivent de plus en plus l'échelle régionale. La grande vague de scolarisation et de construction des lycées, à partir de 1986, a par exemple fourni une excellente vitrine à l'action régionale. Les attentes des habitants se déplacent. Là où l'on faisait confiance à l'Etat providence (formation, emploi, santé...), on considère aujourd'hui plus volontiers que la proximité régionale est mieux à même de cerner les problèmes. En temps d'incertitudes et de mutations, les échelons proches bénéficient de la faveur, ils rassurent : le sentiment d'appartenance évolue en faveur de lieux concrets (la commune) au détriment d'entités plus abstraites (la France).

L'évolution du sentiment d'appartenance : 1986-1992.
Auxquels de ces lieux avez-vous le sentiment d'appartenir ?

	1986	1992	Evolution 1986-92
Commune	33 %	42 %	+ 9
France	45 %	33 %	– 12
Région	11 %	13 %	+ 2
Département	5 %	9 %	+ 4
NSP	6 %	3 %	– 3

Source : Elisabeth Dupoirier et H.D. Schajer, « L'Identité régionale, problèmes théoriques », *L'Identité politique*, CURAPP/Puf, 1994.

Les militants se reconnaissent

Les formes de l'appartenance politique ont été initialement étudiées en France à propos du parti communiste. Rapidement, les chercheurs ont étendu le concept d'« identité totale » aux partis à très forte structuration identitaire interne (extrême gauche, extrême droite). Les militants sont dans ces cas conduits à faire corps avec leur mouvement politique. Ce dernier fonctionnant comme une « institution totale » selon le mot du sociologue américain Erving Goffman, c'est-à-dire un système d'organisation permettant à l'individu de ne jamais avoir à sortir du réseau pour quelque activité que ce soit (des vacances à la mutuelle, en passant par les spectacles et bien sûr le parti).

Cette institution s'accompagne d'un ensemble idéologique, de normes et de comportements dont l'aboutissement « idéal » est la totale absence de pensée divergente et la culpabilisation. Si certains chercheurs pensent que tous les partis politiques fonctionnent comme des institutions totales, plus ou moins ouvertes et achevées, seuls le parti communiste et le fascisme, au plan historique, en relèvent explicitement.

Comment s'est construite l'identité française

La France, une et indivisible, est une construction mentale, un mythe mobilisateur. C'est pourtant, dans la définition de l'Etat nation, l'identité majeure, celle qui prime sur toutes les autres en termes d'allégeance. En effet, entre l'Etat et ses citoyens, aucun intermédiaire ne peut normalement s'opposer à l'expression de la volonté nationale édictée par l'Assemblée nationale et les lois de la République au nom d'une appartenance territoriale ou communautaire. Construite par l'histoire, l'identité nationale n'est que l'une des formes des identités politiques ou culturelles auxquelles se réfère un individu. Reflets de luttes et de débats, elle résulte d'une construction sociale. Ce n'est qu'à partir des XIIe et XIIIe siècles que les promoteurs de la monarchie ont commencé à parler de « France ». L'identité nationale a émergé ensuite au travers d'un long processus d'agrégation territoriale, puis de création de l'Etat. Il a par exemple fallu une force idéologique et militaire extraordinaire à la Révolution française pour combattre le fédéralisme. Et, on le sait, ce n'est qu'avec l'école primaire au XIXe siècle et la fin de la paysannerie au XXe siècle que les terroirs et les particularismes linguistiques ont pratiquement pris fin.

SYLVAIN ALLEMAND

Suzanne Citron*

LE MYTHE DE LA NATION FRANÇAISE**

L'histoire de la France et de ceux qui l'ont faite a été longtemps complètement mythifiée jusque dans les livres d'histoire qu'on donnait aux enfants à l'école. Cette façon de se représenter l'histoire de notre pays ne peut se comprendre qu'en analysant le discours des historiens eux-mêmes depuis le Moyen Age.

On oppose traditionnellement deux conceptions de la nation : d'une part la nation « allemande », d'essence culturelle et linguistique, d'autre part la nation « française », fondée sur une démarche volontariste et politique, formulée par Ernest Renan dans sa célèbre conférence de 1871 intitulée « Qu'est-ce que la nation ? ».

Mais, en ressassant les propos d'E. Renan, on en gomme le caractère circonstanciel (il polémiquait avec un historien allemand au sujet de l'annexion de l'Alsace-Lorraine). Et, surtout, on passe complètement sous silence la polysémie du mot.

On se refuse, de surcroît, à envisager l'hypothèse d'éléments mythiques dans la représentation française de la nation.

L'incertitude du mot « nation »

Historiquement, plusieurs sens très différents se sont superposés.

La nation ethnique et culturelle. L'usage ancien du mot (*nascion* en langue d'oïl franco-normande) porte la marque d'une culture à la fois biblique et gréco-latine. Dans *La Bible*, « *les nations sur la Terre* » ont essaimé après le Déluge. En latin, le mot *natio* dérive d'une racine, *gen*, que l'on trouve aussi dans le grec *genos*. Elle exprime l'idée de naissance, de famille, de parenté, de tribu, de peuple. La nation au sens primitif a

* Historienne, auteur de *L'Histoire de France autrement*, Ed. ouvrières, 1995 (rééd. 1995) et du *Mythe national, l'histoire de France en question*, Ed. ouvrières/éd. de l'Atelier, 1987 (rééd. 1991).

** *Sciences Humaines*, n° 24, janvier 1993.

donc le sens que l'on donne aujourd'hui au mot « ethnie ». Ce premier sens, ethnique et culturel, restera en usage jusqu'à la Révolution française : en France en 1789, on se réfère encore à la « nation » juive, à la « nation » provençale.

La nation Etat monarchique. Avec la construction des grands Etats monarchiques, la définition se transforme progressivement : « *Tous les habitants d'un même Etat, d'un même pays qui vivent sous les mêmes lois et usent de la même langue* », dit le *Dictionnaire de l'Académie* (1694). Remarquons qu'en France cette définition réduit alors la « nation » à la mince couche d'une élite francophone, aristocrate et bourgeoise, dans un pays multilingue !

La nation entité souveraine. C'est seulement au XVIIIe siècle que l'Europe des Lumières autonomise la nation par rapport à sa réduction au pouvoir royal. La nation se confond alors avec la « patrie ». Pendant la campagne pour les états généraux, le parti du changement est indifféremment appelé parti « patriote » ou parti « national ».

L'Etat nation. En proclamant l'Assemblée nationale, la Révolution transfère vers les représentants de la « nation » la souveraineté jusque-là condensée dans la personne du roi. La Révolution française inscrit ainsi avec fracas dans le processus historique un nouveau concept politique, « *la nation source exclusive de la souveraineté* ». Cette affirmation nouvelle entraîne la confusion entre l'Etat et la nation, ouvrant l'ère explosive des « Etats nations ». Cependant, le concept primitif de « nation culturelle » n'est pas aboli. Aujourd'hui, les deux sens se superposent et ce que l'on appelle le « mouvement des nationalités » désigne l'aspiration d'une nation culturelle à devenir un Etat souverain.

Ce tour d'horizon a permis de marquer le caractère récent du mot « nation ». Il faut à présent déconstruire l'histoire de cette « nation » française.

Les historiens : artisans du mythe national

Avant la Révolution française, des « abrégés d'histoire de France » retraçaient les faits et gestes des trois dynasties des rois de France : l'histoire débutait avec Clovis qui descendait de Pharamond, la deuxième dynastie était celle du glorieux Charlemagne, la troisième commençait avec Hugues Capet. Remontons donc à ces « origines ».

Entre le VIe et le Xe siècle, en divers chancelleries et monastères, des Annales ecclésiastiques et royales, des Histoires des Francs avaient été rédigées qui évoquaient les souverains du grand royaume des Francs créé par Clovis puis étendu par Charlemagne.

Ces textes disparates furent rassemblés à partir du XIe siècle par les moines de Fleury, puis par ceux de Saint-Denis, qui mirent leur diligence et leur astuce au service des premiers Capétiens.

Au milieu du XIIe siècle, les moines de Saint-Denis en avaient réalisé une grande compilation en latin. Vers 1274, le moine Primat reprit ces différents textes et les traduisit en langue vulgaire de Paris (la langue du roi). Ainsi naquirent les *Grandes Chroniques de France* qui présentaient les Capétiens comme les héritiers de Clovis et de Charlemagne.

Les grandes chroniques des rois de France

Les *Grandes Chroniques de France* ont diffusé auprès d'un public de lettrés (ecclésiastiques, seigneurs, bourgeois) deux notions clés inspirées par les anciens textes :
– l'origine troyenne des rois. Les Francs descendent de fugitifs échappés des ruines de l'illustre ville de Troie. Ces « Troyens » ont traversé l'Europe et se sont installés aux portes de l'Empire romain. Des héros légendaires, Francion, Pharamond, assurent aux rois de France un passé merveilleux ;
– le mythe du baptême-sacre de Clovis (avec la colombe qui apporte du ciel l'ampoule contenant l'huile sainte). Il est « authentifié » par l'archevêque de Reims, Hincmar, dans ses écrits de la fin du IXe siècle. L'onction royale, par la vertu du saint chrême, fait des Carolingiens les véritables successeurs du glorieux Clovis. La légende de la sainte ampoule, dans laquelle le niveau de l'huile miraculeuse ne baisse jamais, deviendra l'un des fondements de la religion royale autour des Capétiens. Elle assure à ces usurpateurs la continuité mystique de la royauté.

Le culte des ancêtres gaulois

Aux XVe-XVIe siècles, le mythe de l'origine troyenne est ébranlé par la (re)découverte des Gaulois évoquée dans les textes de César, Strabon, Tite-Live. Aux XVIIe-XVIIIe siècles, les ancêtres troyens sont relayés par des ancêtres gaulois non moins fabuleux. Dans un contexte culturel où la question des origines de l'humanité est exclusivement pensée en termes bibliques, les Gaulois vont être associés aux origines de l'humanité après le Déluge. En 1552, Guillaume Postel publie l'*Histoire mémorable des expéditions depuis le Déluge faictes par les Gauloys ou Francoys* : Gomer, fils de Japhet, fils aîné de Noé, est le premier roi des Gaulois. Pour l'abbé dom Jacques Martin, au milieu du XVIIIe siècle, les Gaulois, peuple venu « d'ailleurs », c'est-à-dire du lieu de la création des hommes par Dieu, initiateurs de tous les autres, incarnent le mythe du commencement absolu.

En ce même XVIIIe siècle, des querelles idéologiques opposent les partisans des Francs, ancêtres de la noblesse (privilégiée par droit de conquête) et les supporters, au nom du tiers état, des Gaulois, peuple vaincu. L'abbé Sieyes, dans *Qu'est-ce que le tiers état ?*, fustige les prétentions des nobles et invite ces « étrangers » à retourner « *dans les forêts de Franconie* ». La Révolution marque ainsi le triomphe des Gaulois sur les Francs. Il est d'ailleurs un moment question de changer le nom de « France ».

Par ailleurs, un mouvement de recherches provoqué par l'hypothèse d'une pseudo-langue gauloise s'est développé. Ces travaux, qui amalgament Celtes, Gaulois et Bretons, débouchent au XIXe siècle sur un courant d'érudition, la « celtomanie ». En 1828, Amédée Thierry publie l'*Histoire des Gaulois depuis les temps les plus reculés jusqu'à l'entière soumission de la Gaule à la domination romaine*. Les Gaulois, « *race de laquelle descendent les dix-neuf vingtièmes d'entre nous* », sortent ainsi de la légende et entrent dans « l'histoire ». Ils permettent d'ethniciser la nation (alors encore majoritairement multilingue) en suggérant que les Français descendent d'un « peuple » gaulois. En 1875, les illustrations de l'*Histoire de France populaire* de Henri Martin les banalisent comme ancêtres robustes et chevelus. Dans les manuels scolaires, Vercingétorix devient le premier héros d'une chaîne de défenseurs de la « nation ».

La France : une personne extra-historique

Les révolutionnaires avaient voulu « régénérer » la France en abolissant le passé ; les historiens libéraux puis républicains intègrent l'histoire léguée par la monarchie dans leur récit de la « nation ». Comment expliquer ce paradoxe inattendu ? Dès le début de la Révolution, la nation-souverain est présentée comme une essence, une réalité originelle, extérieure à la matière vivante de l'histoire qu'elle précède et qu'elle enveloppe : « *La nation existe avant tout, elle est l'origine de tout* », avait écrit Sieyes. Les révolutionnaires, en outre, inventent la nation territoriale, ils spatialisent l'image de la France, l'identifiant à la Gaule de César.

Le schéma de l'histoire nationale s'élabore donc au XIXe siècle. L'histoire de France « commence » avec une Gaule « déjà là » avant la conquête romaine. La période « gallo-romaine » (expression inaugurée par Michelet en 1823) est suivie des « invasions germaniques » et de la conquête de « la Gaule » par les Francs. Vient ensuite l'histoire monarchique. Pour Augustin Thierry, frère d'Amédée, « *L'avènement de la troisième race (les Capétiens) dans notre histoire nationale, c'est la substitution d'une royauté nationale au gouvernement fondé sur la conquête.* » Et Michelet reprend l'idée, dans son *Histoire de France*, qu'après « *la domination des Allemands, commence au X*^e^ *siècle, à l'avènement des Capets, la vaste révélation de la France* ».

Ainsi la France, dont la figure territoriale est pré-inscrite dans une Gaule sans commencement, est une personne extra-historique qui assiste à sa propre édification historique. Ce schéma sera officialisé et étoffé par les universitaires de la IIIe République, Ernest Lavisse, Camille Jullian… Trame des constructions savantes comme des vulgarisations scolaires, il devient le support mental sur lequel s'édifie, à partir des années 1880 et jusqu'à la Seconde Guerre mondiale, la « mémoire collective » des Français. Or, ce collage d'une « Gaule-France » récemment conceptualisée et d'une historiographie royale rajeunie, c'est l'histoire d'un appareil d'Etat adossé à un mythe d'origine.

Renoncer au mythe national ?

La question est posée. Mais la réponse n'est pas simple car l'on se heurte à de multiples résistances au sens psychanalytique. Il ne faut pas, diront certains, déstabiliser une collectivité française déjà fragilisée en démontant les subterfuges d'une histoire jusque-là comprise comme « vraie ». De toute façon, ajouteront quelques autres, les mythes sont inévitables, nécessaires à l'existence de la « nation ».

L'élan qui sous-tendait les universitaires de la IIIe République dans leurs recherches et leur mise en ordre du passé fut, sans aucun doute, une quête passionnée de l'identité nationale, conduisant parfois certains à des délires nationalistes. On rêverait cependant qu'un souci parallèle, mais actualisé, suscite chez les historiens-chercheurs d'aujourd'hui le désir et le besoin de mener une réflexion collective et critique sur la grande synthèse historique forgée par leurs illustres prédécesseurs, et que leurs propres travaux ont pratiquement mise en lambeaux.

A lire sur le sujet…

- Actes du colloque « Nos ancêtres les Gaulois », Clermont-Ferrand, 1982.
- Actes du colloque « Camille Jullian, l'histoire de la Gaule et le nationalisme français », Presses universitaires de Lyon, 1988.
- C. Beaune, *Naissance de la nation France*, Gallimard, 1985.
- H.I. Marrou, *De la connaissance historique*, Points Seuil, 1975.
- P. Nora (dir.), *Les Lieux de mémoire*, tome I : *La Nation* (articles de B. Guénée, C. Beaune et J. Le Goff), Gallimard, 1986.
- K.F. Werner, *Histoire de France*, tome I : *Les Origines*, Fayard, 1984.

Charlemagne, un héros de l'histoire nationale

Amusons-nous un moment à retrouver la figure que les livres d'histoire de l'école républicaine traçaient de Charlemagne jusque dans les années 70.

L'empereur puissant, sage, vertueux et simple
Un manuel de cours élémentaire édité en 1955 écrit : « *Sa figure était sérieuse et noble, et elle commandait le respect à tout le monde ; il était bienveillant et gai et parlait d'une voix douce (...). L'empereur Charlemagne était un homme simple, qui n'aimait pas les grandes cérémonies et ne faisait pas d'embarras (...). Il réunissait tous les ans des évêques et des chefs francs. Il causait avec eux de tout ce qui se passait dans son empire. Il voulait savoir si les peuples étaient sages et tranquilles (...). Quand l'empereur Charlemagne avait entendu les évêques et les chefs, il décidait de ce qu'il fallait faire pour corriger tout ce qui était mal dans l'empire. Ses ordres étaient portés dans tous les pays et tout le monde lui obéissait.* »

Le précurseur du juste instituteur de la République
Ernest Lavisse est l'initiateur d'un récit repris en chaîne par des générations de manuels pendant près de cent ans ! C'est l'histoire de la visite de Charlemagne dans l'école qui était dans sa maison : « *Les élèves riches avaient de mauvaises notes, parce qu'ils avaient mal fait leur travail. Les enfants pauvres, au contraire, avaient été bien notés parce qu'ils avaient bien travaillé. Alors Charlemagne a fait mettre d'un côté les enfants pauvres, et de l'autre les enfants riches. Il a fait de grands compliments aux enfants pauvres. Il leur a dit que s'ils continuaient, il leur donnerait de bonnes places quand ils seraient grands. Aux enfants riches il dit :* "Ah ! vous croyez que, parce que vous êtes riches, vous n'avez pas besoin de travailler ? Vous vous trompez. Si vous ne travaillez pas mieux, je ne vous donnerai rien." *Voilà pour la morale des enfants !* »

Ethnies et conflits identitaires

ELIKIA M'BOKOLO*

LES ETHNIES EXISTENT-ELLES ?**

Qu'est-ce qu'une ethnie ? Même si elle passe pour une tradition immémoriale, l'ethnie n'est pas en Afrique un legs obscur du passé, mais une ressource politique, religieuse ou culturelle que chaque époque a pu exploiter à sa façon.

LES RÉCENTS MASSACRES au Rwanda ont fait renaître une image classique de l'Afrique : celle d'un continent déchiré par des antagonismes profonds, séculaires, irraisonnés, en un mot « ethniques ». Mais qu'est-ce qu'une ethnie ? En l'occurrence, un mot porté sur une carte d'identité, sans signification ni religieuse, ni linguistique, ni culturelle. Souvent, lorsque l'on dit ethnie, on imagine une tribu avec son chef, son village, ses morts à venger. Mais les dénominations ethniques en Afrique ne correspondent qu'exceptionnellement à un passé communautaire de ce type. Le plus souvent, l'ethnie est née sur le passage de l'ethnologue et de l'administrateur des colonies. Le contenu même de la notion a varié au fur et à mesure qu'évoluaient leurs points de vue. A la fin du siècle, l'anthropologie physique s'était passionnée pour l'identification de grands types raciaux dans les populations africaines : Bantou, Nilotique, Pygmoïde, etc. Dans un premier temps, considérant que les groupes qu'ils observaient étaient fondés sur la parenté, donc la descendance commune, beaucoup d'ethnographes ont assimilé l'ethnie à un groupe racial. Aujourd'hui, bien que ce point de vue soit abandonné par les scientifiques, on continue parfois à faire comme si ces différences physiques étaient des attributs ethniques, c'est-à-dire associés à des groupes culturels ou linguistiques. Même si les

* Directeur d'études à l'Ecole des hautes études en sciences sociales. Auteur de *L'Afrique noire, histoire et civilisations*, Hatier-Aupelf, 1992.
** *Sciences Humaines*, n° 48, mars 1995.

Africains scolarisés dans les écoles coloniales continuent d'affirmer que les Tutsi sont grands et les Hutu petits, il faut savoir qu'individuellement, la probabilité de se tromper est élevée.

Le regard « tribaliste » des Européens

Dans un deuxième temps, on a traité les ethnies comme des équivalents primitifs de la nation. Cela supposait que les groupes ethniques, caractérisés par une certaine homogénéité culturelle ou linguistique, étaient souverains sur un territoire donné. C'est ce que voulait dire le concept anglais de «*tribe*». Dans certains cas, les ethnographes sont parvenus à délimiter les contours géographiques d'un groupe ethnique. Mais, dans la plupart des cas, c'était impossible car les gens étaient très mélangés, voire parlaient la même langue tout en ayant des activités et des coutumes différentes, ou l'inverse.

Les ethnographes ont souvent résolu ce problème en attribuant le territoire à l'ethnie considérée comme majoritaire ou dominante. Bien que la réalité, sur le terrain, fût beaucoup plus complexe, cette vision s'est maintenue au-delà des indépendances. Jusque vers 1980, le regard des Européens sur l'Afrique est resté très «tribaliste». Par exemple, les guerres du Katanga (1) et du Biafra (1) ont été perçues comme des conflits tribaux. On a fait le reproche aux gouvernements de ces pays de ne pas respecter les identités ethniques. Mais les autorités mises en cause n'ont jamais accepté cela : pour elles, il s'agissait d'un problème de souveraineté nationale, de frontières issues de la colonisation. Les responsables nigérians ont eu l'occasion d'ironiser en remarquant que les Ecossais ou les Gallois étaient plus proches de la définition de l'ethnie que les Biafrais.

Aujourd'hui, l'image courante de l'ethnie est qu'il s'agit d'une réalité fondée sur des traditions archaïques : derrière les dénominations ethniques, on imagine des groupes partageant des traits hérités du passé, comme la langue, des coutumes et des croyances, mais surtout dérivant leur identité collective de l'idée d'une origine commune. Cette notion d'origine commune, historique ou mythique, a été beaucoup mise en avant par les ethnographes. Il est vrai que, si l'on fait une démarche volontaire d'enquête, on peut faire ressurgir ces récits et reconstruire l'unité d'un groupe autour d'une origine commune oubliée, et éventuellement revendiquée. Beaucoup d'exemples montrent que l'on a appelé ethnie en Afrique des petits groupes venus d'horizons divers, qui se rencontrent un jour et, en s'associant contre d'autres, se sont construits une origine mythique et un sentiment d'appartenance commune. Prenons le cas des Téké, que l'on trouve au Congo, au Zaïre et au Gabon. L'ethnographie classique leur attribue un mythe d'origine commun et une langue unique. En fait, l'observation montre que les Téké qui vivent près des fleuves ont des usages bien différents de ceux des Téké des plateaux. Quant à leur origine mythique, une colline appelée Amaya Mokini, on s'aperçoit que sa localisation est variable selon les régions. Il serait donc vain de

1. Voir mots clés p. 328.

vouloir situer le « pays d'origine » des Téké et de vouloir fonder leur unité sur cette origine. L'importance accordée à cette notion est souvent le reflet direct de l'intérêt de l'ethnographe pour le sujet. La notion d'origine commune est rarement dominante dans le vécu des Africains. Souvent, elle est enfouie dans l'oubli, et n'est réactivée que lorsque la situation du moment le demande. Dans d'autres cas, elle est présente, mais elle n'est pas ethnique. En Afrique de l'Ouest, il existe de grands ensembles islamisés comme les Malinké ou les Haoussa, qui se sont dotés de mythes fondateurs d'inspiration religieuse et universelle.

Quel contenu donner à l'ethnie dans ces conditions ? Dans certains cas, le sentiment d'une différence renvoie à des usages sociaux : règles de mariage, interdits alimentaires, pratiques funéraires, etc., qui peuvent jouer un rôle très important dans le vécu des gens. Dans d'autres cas, c'est la langue qui fait la différence. Il y a même des cas où les gens diffèrent par la langue mais s'attribuent une origine commune. Par exemple, en Angola, au Zaïre et au Congo, les Kongo parlent des langues différentes. Mais ils se rattachent tous à un Etat précolonial prestigieux, conquis par les Portugais et christianisé, dont la capitale, Mbanza Kongo, est devenue un lieu mythique. Enfin, il y a les cas fréquents où la dénomination ethnique s'applique à ce qu'en Europe on nommerait un groupe socioprofessionnel : pêcheurs, commerçants, bijoutiers, potiers, etc. Dans ce domaine, la responsabilité de leur désignation comme ethnie incombe un peu moins aux ethnographes qu'aux administrateurs de l'époque coloniale. Dans beaucoup de pays, en effet, ils ont été déroutés par la mosaïque communautaire qu'ils découvraient. Ils ont imaginé que ces fonctions différentes correspondaient à des « races » ou à des ethnies différentes. Dans un souci de clarification et de rationalisation du travail, ils ont cherché à trouver une utilité particulière à tous les groupements humains qu'ils observaient. Cela a abouti à classer les groupes en plus ou moins grands ou petits, forts ou malingres, intelligents ou simples, dociles ou agressifs, et donc plus ou moins aptes à telle ou telle fonction : production, commerce, service, armée. Aujourd'hui encore, on dit par exemple que les Dioula sont des commerçants, que les Bamiléké du Cameroun sont plutôt des entrepreneurs, etc. C'est vrai, mais à un détail près : les gens ne sont pas Bamiléké ou Dioula avant d'être entrepreneurs ou commerçants. C'est parce qu'ils entrent dans le réseau et en adoptent la langue, les usages et la religion qu'ils méritent d'être appelés ceci ou cela. On est donc loin de l'image héréditaire et fermée de l'ethnie, d'autant moins pertinente dans ce cas que ces groupes professionnels sont fonctionnellement dépendants des autres, vivant de services échangés et partageant le même espace politique.

Que reste-t-il après cela de la notion d'ethnie ? Si l'on s'efforce d'appliquer aux dénominations ethniques, telles qu'elles sont pratiquées en Afrique, l'ensemble des critères retenus par les observateurs (territoire ou origine communs, unité de culture et de langue, endogamie, vocation professionnelle), on en trouverait très peu qui satisfassent à la définition. Même les Nuer (2), immortalisés par l'ethnographe britannique Edward Evans-Pritchard, partagent leur territoire avec d'autres. Si l'on était un brin cynique, on dirait que le groupe ethnique, c'est celui auquel un ethnographe a consacré un livre.

Ethnie et politique

Est-ce à dire que l'ethnicité est un phénomène introuvable, un simple produit du regard que porte le reste du monde sur l'Afrique ? La réponse la plus mesurée que l'on puisse apporter à cette question exige, d'abord, de se débarrasser d'une idée. L'ethnicité n'est certainement pas, dans l'Afrique contemporaine et passée, le résidu d'une obscure tradition tribale, mais la matérialisation, sans cesse mouvante, d'une situation historique d'où la politique n'est jamais absente.

Les définitions les mieux appropriées de l'ethnie renvoient en effet à des situations politiques. Dans l'histoire précoloniale de l'Afrique, les dénominations ethniques s'appliquaient soit aux sujets d'un Etat, soit aux populations non intégrées aux Etats mais situées dans leur périphérie immédiate. Par exemple, les Bambara, une des ethnies les plus célèbres de l'Afrique occidentale, tirent leur nom (qui signifie « les païens ») de la proximité avec les Etats musulmans du Mali. On retrouve là une définition analogue à celle des *ethnê* de l'antiquité grecque : des populations culturellement proches, mais ne jouissant pas de tous les droits des citoyens. Certains royaumes, comme celui des Mossi, étaient très homogènes et le sont restés. Mais il y eut aussi en Afrique des empires multiethniques, où le pouvoir central laissa en place les groupes locaux, tout en les soumettant au tribut, comme au Monomotapa et à Gao (2). Dans d'autres cas, il les soumettait à l'esclavage. Celui-ci était aussi un moyen d'assimilation. Le Dahomey se constitua par assimilation de populations variées, qui reçurent le statut de citoyens. Mais, autour d'elles, les populations voisines faisaient l'objet de razzias négrières. Beaucoup d'ethnonymes repris lors de la colonisation étaient directement issus de ces situations.

Les processus d'assimilation interrompus par la colonisation sont également représentés. Le royaume Ashanti du Ghana, par exemple, était organisé en trois cercles, avec, au centre, les pays d'incorporation ancienne, administrés directement, puis un deuxième cercle des pays conquis relativement récemment, en cours d'assimilation. Enfin, un troisième cercle, de conquête récente, était administré indirectement et les populations laissées à leurs coutumes. Lorsque la colonisation britannique s'instaura, les populations du centre héritèrent du nom d'Ashanti, celles du deuxième cercle se divisèrent de nouveau en groupes ethniques alliés aux Ashanti, et celles du troisième exprimèrent ouvertement leur hostilité aux Ashanti qu'ils considéraient comme des conquérants et des ennemis. Ces ethnies étaient donc, au moment de la colonisation, le reflet moderne d'une histoire politique. On peut dire la même chose de celles de l'Afrique du Sud. Au début

2. Voir mots clés p. 328.

du siècle dernier y sont apparus des Etats qui ont complètement bouleversé le paysage national, en fondant de nouvelles divisions, qui sont devenues nos ethnies d'aujourd'hui : les Zoulou, les Xhosa, les Sotho.

L'histoire continue

A travers les mécanismes que nous avons décrits plus haut, la période coloniale en Afrique a produit une image figée et parfois artificielle des ethnies, dont les effets, nous le verrons, ne sont pas épuisés. Mais l'histoire ne s'est pas arrêtée là. Les indépendances et la période qui a suivi ont vu se remettre en marche les mécanismes politiques, culturels et sociaux de production, de consolidation ou, au contraire, de dissolution de l'ethnie.

Du point de vue même des Africains, l'ethnicité a pu prendre un caractère positif lorsque la lutte pour l'indépendance a fait émerger des groupes ethniques. L'exemple le plus intéressant est celui du Kenya. Les Kikuyu y sont apparus d'abord comme un groupe dépossédé de ses terres par les Anglais et immortalisé par le livre d'un ethnologue nommé Jomo Kenyatta. Cet ethnologue était lui-même un Kikuyu, ce qui donnait un cachet d'authenticité à ses dires. Ensuite, les Kikuyu firent la guerre aux Anglais avec, à leur tête, le même Jomo Kenyatta. Ce groupe s'est alors constitué en ethnie, et on a vu les autres composantes de la société kenyane se structurer en fonction de cette donne et conclure des alliances « ethniques » avec les Kikuyu.

Au lendemain des indépendances, le courant politique dominant était cependant peu favorable à l'ethnicité. Au cours des années 60 et 70, la référence à l'ethnie comme identité ou comme mode d'organisation politique était vue comme un archaïsme qui s'opposait à la formation d'Etats nations. Lors des guerres régionales que l'on a connues en Afrique, au Katanga, en Erythrée, au Biafra, l'opinion africaine a majoritairement soutenu les Etats contre les séparatistes. Le caractère ethnique des conflits était soit nié, soit condamné. Mais le fait est que, dans tous ces cas, la majorité des Africains a reconnu la légitimité de la violence de l'Etat.

Ethnicité contre Etat national

Aujourd'hui, changement considérable, l'ethnicité et même le régionalisme reviennent à la mode dans certains pays d'Afrique. Depuis le début des années 80, des voix d'intellectuels et d'hommes politiques s'élèvent pour dire : renonçons à l'Etat national et faisons revivre l'ethnie. La raison qu'ils invoquent est que, jusqu'à présent, l'idéologie de type national a été incapable d'instaurer en Afrique autre chose que des régimes autocratiques. En effet, beaucoup d'Africains en sont venus à penser que la démocratie et la participation des citoyens devaient passer par des formes de fédéralisme restaurant les unités territoriales ethniques. C'est une idée qui fait son chemin au Togo, au Gabon, au Cameroun, au Kenya, au Zaïre, au Mozambique, en Angola. Son expression ethnique est la plus risquée. En effet, il y aurait deux citoyennetés, l'une nationale, et l'autre ethnique. Cette dernière donnerait des privilèges aux « autochtones » de la région. C'est ce que l'on voit se produire de manière brutale au Zaïre, dans la province minière du Shaba (3). Les « autochtones » expulsent les Baluba, sous prétexte qu'ils y ont été amenés par les Belges. Les chefs de régions parlent même d'« épuration ethnique », et comparent les Baluba aux Juifs. Il ne faut pas croire qu'il y ait là un retour du refoulé : ce conflit ne repose sur aucune base traditionnelle. Les Baluba, qui sont majoritaires dans la province voisine du Kasaï, situent leur origine mythique au Shaba !

Il est vrai que, depuis l'indépendance, certains Etats africains ont entériné administrativement la notion d'ethnie et lui ont donné une certaine forme. L'exemple tragique du Rwanda est très clair. En dépit du fait que Hutu et Tutsi ont la même langue, le même territoire et la même culture, l'état civil stipule l'appartenance ethnique des individus en appliquant une règle de filiation simple : si le père est tutsi, l'enfant est tutsi, si le père est hutu, l'enfant est hutu. Peu importe l'origine de la mère et le milieu dans lequel il est élevé. Donc, cela n'a rien de culturel. De la même façon, au Zaïre, l'identité ethnique du père figure dans l'état civil. Dans d'autres pays, le Ghana, le Kenya, il existe une pratique qui consiste à faire figurer la région d'origine des parents, porteuse d'une identité ethnique, au lieu de l'endroit de naissance. Cela n'a rien à voir avec une tradition africaine, ni avec une demande populaire, mais avec la reproduction par les élites gouvernantes de la culture ethnographique coloniale. On constate d'ailleurs que ces pratiques sont surtout à l'honneur dans les anciennes colonies anglaises, allemandes et belges, où l'ethnie a toujours été plus ou moins assimilée à une « race ». Dans les colonies françaises, on a plutôt donné priorité aux critères nationaux, régionaux et religieux.

Cette crispation sur l'ethnie est malgré tout loin d'être une règle générale en Afrique, et on constate que, dans de nombreux pays, le particularisme a tendance à s'effacer ou à prendre des formes plus modernes. Au Sénégal, un peu par réaction contre le règne francophile de Léopold Sédar Senghor, le wolof, autrefois langue « ethnique », est en train de se constituer comme langue nationale, en même temps que l'islam se répand. On assiste donc, par le biais de la langue, à un recul du particularisme et à la formation de quelque chose qui ressemble à une culture nationale, sauf en Casamance indépendantiste.

Les critères géographiques modernes

Dans beaucoup d'autres pays africains, on voit les gens se référer aujourd'hui à des critères géographiques modernes, plutôt qu'à des ethnonymes d'origine africaine. C'est vrai du Mozambique, du Congo, du Togo, du Bénin, où l'on oppose les gens du Sud à ceux du Nord, et ces distinctions correspondent à des différences de religion, de mode de vie, de scolarisation, comparables à celles qui peuvent exister dans les pays d'Europe. Tout cela montre bien que l'ethnicité n'est pas un irréductible legs

3. Voir mots clés p. 328.

du passé précolonial de l'Afrique. Elle connaît des variations de degré et de contenu qui dépendent du moment politique.

Mais, dira-t-on, les Africains eux-mêmes ne sont-ils pas les premiers à perpétuer dans la vie quotidienne l'usage de dénominations ethniques ? Il est vrai dans beaucoup de pays, mais cela ne signifie pas qu'il s'agisse d'une tradition. Deux remarques sont importantes. D'abord, c'est surtout en ville que l'on parle d'ethnies. Les populations rurales n'utilisent pratiquement pas ces dénominations. Ensuite, l'usage qui en est fait diffère profondément de l'usage ethnographique ou politique, pour lequel l'identité ethnique est première et exclusive. On peut être frappé, dans les villes africaines, par le nombre d'amicales scolaires, de cercles récréatifs, d'associations religieuses, de réseaux d'épargne auxquels appartiennent les gens. La fraternité ethnique est une ressource parmi d'autres que les gens utilisent pour s'insérer dans le tissu économique et social urbain, avec l'idée que plus on a de ces ressources, mieux cela vaut. Chaque individu développe ainsi une pluralité d'appartenances qu'il active en fonction de la situation. Dans les périodes où la lutte politique a été vive, faute d'une idéologie constituée il y a eu survalorisation de l'ethnie. Mais, dans la crise que les pays africains ont connue depuis près de vingt ans, les autres structures ont conservé leur rôle. L'étude de ces réseaux multiples nous pousse à complexifier la description des sociétés africaines, plutôt qu'à les simplifier comme on le fait lorsqu'on évoque l'argument ethniciste.

Mots clés

Katanga
La sécession du Katanga, proclamée par Moïse Tschombé au lendemain de l'indépendance congolaise, dura de juillet 1960 à décembre 1962. Aux revendications particularistes qui accompagnaient cette rébellion, s'ajoutaient des raisons politiques et économiques internationales.

Nuer
Nuer et Dinka sont des peuples d'éleveurs de bétail du sud du Soudan. Les monographies britanniques qui leur ont été consacrées sont devenues des classiques (*Les Nuer*, de E. Evans-Pritchard ; *Divinity and Experience*, de G. Lienhard).

Biafra
L'indépendance du Biafra, province du Nigeria, proclamée en mai 1967, intervint sur fond d'affrontements ethniques entre Haoussa et Ibo. L'Etat du Biafra, qui regroupait une majorité d'Ibo, dut affronter le blocus de l'armée nigériane durant trois ans avant de capituler. Le conflit provoqua un million de morts, principalement par dénutrition. La sécession du Biafra fut condamnée par la quasi-totalité des pays de l'OUA.

Monomotapa
Le *Mwene mutapa* ou Monomotapa est un empire qui connut sa plus grande extension à la fin du XVe siècle. Il englobait la Rhodésie et le sud du Mozambique actuel. La richesse de ce royaume provenait des mines d'or et de cuivre.

Gao
Au XVIe siècle, l'empire musulman du Songhay, principalement assis sur la puissance militaire de Gao, ville du Mali, contrôlait directement ou indirectement tous les pays de la savane, du Sénégal au Tchad. Il tirait sa richesse du tribut qu'il prélevait sur ces régions d'élevage, et périt sous les attaques des Marocains, des Peul et des Touareg.

Shaba
Shaba est le nom de la province du sud du Zaire qui abrite les principales mines de cuivre de l'ex-Katanga. Le Shaba a connu deux guerres, en 1977 et 1978, entre des sécessionnistes et le pouvoir central zaïrois. Le conflit s'est traduit au début des années 90 par des actions locales hostiles aux Baluba, qui occupent de nombreux emplois dans les industries minières.

François Thual*

LES CONFLITS IDENTITAIRES**

Les années 80 et 90 ont vu la généralisation de conflits identitaires. Ceux-là expriment la réaction d'une communauté à une menace réelle ou supposée.

L'ÉCLATEMENT du bloc soviétique à la fin des années 80 s'est traduit par la création de nouveaux Etats et par la résurgence de revendications nationalistes. Certains ont parlé à cette occasion d'un réveil des nationalités. Pour autant, tous les conflits actuels ne sont pas réductibles à des crises de nationalisme. Parmi ces conflits, certains revêtent davantage une dimension religieuse ou ethnique et se prêtent difficilement à un règlement diplomatique. C'est pourquoi il a paru nécessaire de forger un nouvel outil conceptuel : le « conflit identitaire » (1).

Dans un conflit identitaire, un groupe agit non seulement au nom de la défense de son identité, mais aussi avec la certitude qu'il est menacé de disparition ou de domination. En d'autres termes, un conflit identitaire peut se produire dès lors qu'un groupe humain est convaincu de l'existence d'une menace, plus ou moins réelle, plus ou moins fantasmatique, susceptible de porter atteinte à son existence et à ses spécificités ethniques : sa langue, sa religion, son histoire…

Une autre caractéristique du conflit identitaire est la mobilisation complète de la société à laquelle il donne lieu, notamment par le truchement des médias. Si les revendications formulées lors de ces conflits sont souvent anciennes,

* Directeur adjoint de l'Institut des relations internationales et stratégiques (IRIS). Auteur de : *Les Conflits identitaires*, Ellipses, 1995 ; *Géopolitique du chiisme*, Arléa, 1995 ; *Repères géopolitiques*, La Documentation française, 1995.

** *Sciences Humaines*, n° 61, mai 1996.

1. F. Thual, *Les Conflits identitaires*, *op. cit.*

leur violence se trouve être amplifiée par l'usage des moyens de communication modernes.

Enfin, les conflits identitaires donnent lieu à des processus de (re)construction de l'identité ethnique du groupe, à partir notamment d'une réécriture de l'histoire.

Un cas typique : le conflit en ex-Yougoslavie

L'Europe de l'Est et tout particulièrement l'ex-Yougoslavie ont offert au cours de ces dernières années un laboratoire particulièrement intéressant pour le repérage et l'analyse de conflits réunissant cette triple caractéristique.

De prime abord, le conflit en ex-Yougoslavie apparaît comme le résultat du choc entre différents nationalismes (serbe, croate…) animés d'un même souci : celui de récupérer le maximum de terres. Mais la recherche d'une extension du territoire dans le contexte de décomposition de la fédération yougoslave a donné lieu à des phénomènes de psychologie collective tout à fait particuliers. Ainsi, en lisant la propagande serbe, on peut constater qu'au-delà de la volonté de constitution d'une grande Serbie, une large fraction de la population serbe a été convaincue de l'existence d'un complot contre le pays, fomenté par une coalition réunissant les Etats-Unis, l'Europe occidentale et notamment l'Allemagne réunifiée, l'Islam et le Vatican. L'intention de cette coalition aurait été de brider sinon d'anéantir une Serbie nationaliste et orthodoxe. Dans ce complot ne seraient donc pas seulement entrées des motivations politiques, mais aussi des considérations d'ordres religieux et identitaire. Ce thème fut aussi bien véhiculé par les milieux de la droite nationaliste que par les milieux postcommunistes ou néo-communistes. Cette perception d'un danger mortel portait non seulement sur les intérêts d'un groupe humain, en l'occurrence la nation serbe, mais fut fortement renforcée par la volonté de destruction prêtée à ses ennemis.

Dans le cas de la crise serbe, l'évocation des massacres commis contre les populations serbes durant l'entre-deux-guerres fut sans cesse martelée par des émissions de télévision et de radio. Cela permit une sorte de mobilisation affective de la totalité de la population serbe qui en vint à vivre un véritable « complexe obsidional », un phénomène assez répandu pour l'observateur de la géopolitique. Ce complexe est une forme de paranoïa collective qui entretient le sentiment d'être encerclé d'ennemis. Particulièrement mobilisateur et destructeur, il débouche sur une réinterprétation, voire une réécriture du passé.

Une telle attitude face au passé a également été observée lors des conflits d'antériorité qui ont affecté ces dernières années les autres régions de l'ex-monde soviétique.

Les conflits d'antériorité sont une variante des conflits identitaires : deux pays réclament la même région au nom d'une prétendue antériorité de leur présence. Que ce soit dans la région du Kosovo peuplée d'Albanais, dans la Serbie actuelle, dans celle du haut Karabakh située au cœur de l'Azerbaïdjan, ou encore de l'éternelle question de la Transylvanie, région hongroise insérée au cœur de la Roumanie, le conflit s'appuie sur les données de l'histoire et de l'archéologie pour justifier sa raison d'être. Au sujet du Kosovo, les Serbes affirment que cette région n'a été peuplée d'Albanais que tardivement (au XVIIIe siècle). Si les Albanais ne le nient pas, et vont jusqu'à reconnaître que les Serbes y sont arrivés dès le VIIIe siècle, ils affirment en revanche être les descendants des populations qui se trouvaient dans cette région avant l'arrivée des Slaves au Moyen Age. S'agissant du haut Karabakh, Arméniens et Azéris excipent une multitude d'arguments historiques pour attester l'antériorité de leur présence et obtenir ainsi le départ ou la soumission des « autres ».

La question de l'existence d'une minorité hongroise au cœur de la Roumanie, dans les Carpates, est à l'origine d'un autre conflit d'antériorité. Là aussi, historiens et politiciens hongrois et roumains s'affrontent : les uns (Hongrois) cherchant à démontrer que la population hongroise fut la première à s'installer dans cette région, les autres (Roumains) que les populations latinophones n'avaient jamais quitté ce pays, malgré le retrait des légions romaines.

Des processus similaires sont à l'œuvre dans les nations en formation au sein de l'ex-monde soviétique : Bosnie, Macédoine, Biélorussie... En ce qui concerne la Bosnie, les Croates ont considéré que les Bosniaques n'étaient autres que des Croates islamisés tandis que pour les Bosniaques, les Croates étaient des Serbes islamisés. Malgré le coût de la guerre, l'opinion bosniaque a progressivement été acquise à l'idée qu'il existait une nation bosniaque.

Ces processus de construction identitaire que connaissent les nations en formation ne sont pas toujours achevés. Les Biélorusses, par exemple, se voient dénier toute existence historique par les historiens ultranationalistes russes ou polonais. Pour les Russes, les Biélorusses sont des Russes occidentaux au dialecte polonisé, alors que pour les milieux nationalistes polonais, ces mêmes Biélorusses sont des descendants de Polonais, « russifiés ».

Dans le cas de la Macédoine, trois nations sont en présence, avec des positions politico-historiques distinctes. Pour les Serbes, les Macédoniens sont des Serbes du sud ; pour les Bulgares, ce sont des Bulgares de l'ouest ; et pour les Grecs, il s'agit de populations hellènes slavisées tardivement. Face à ces prétentions et argumentations, les Macédoniens essaient de se définir une identité spécifique en usant également d'arguments linguistiques et historiques.

La crise libanaise

L'observation d'autres régions du monde amène à constater que les crises et les conflits identitaires ne sont pas spécifiques à l'ancien monde communiste. La plus longue guerre civile du XXe siècle – la guerre du Liban – fournit un parfait exemple de crise identitaire dégénérant en conflit. Cette guerre civile, qui a fait environ 250 000 morts, a opposé entre elles des communautés religieuses – maronites, orthodoxes, sunnites, chiites... – qui pourtant avaient une longue histoire commune et une même langue, la langue arabe. L'accession du Liban à l'indépendance en 1943 avait donné lieu à un équilibre politique fondé sur une représentation de toutes les composantes religieuses au sein de l'appareil d'Etat libanais, la présidence de la République étant confiée à la confession alors majoritaire : les Maronites. L'arrivée massive de Palestiniens dans les années 70, ainsi que l'accroissement démographique des populations musulmanes et notamment chiites ont eu pour effet de rompre cet équilibre. De ce point de vue, le conflit libanais résulte d'une redistribution du pouvoir entre différents groupes. Mais, à y regarder de plus près, la guerre du Liban procède aussi d'une crise identitaire, les confessions minoritaires ayant été convaincues que la domination d'un groupe, en l'occurrence les Maronites, entraînerait la déperdition identitaire des autres confessions. En cela, il s'agit bien d'un conflit identitaire.

L'affirmation de l'appartenance religieuse n'épargne pas les Etats d'Asie. La montée des partis nationalistes hindous au sein de l'union indienne en fournit un exemple. Le nationalisme hindou actuel repose sur une exaltation de la religion hindouiste présentée comme un modèle d'organisation sociale et politique. Ce retour aux fondations religieuses de la société indienne nourrit d'importantes tensions avec les religions non hindouistes comme, notamment, l'islam. Compte tenu de l'importance numérique des adeptes de cette religion (l'Inde compte plus de 150 millions de musulmans), il est à craindre que la crise identitaire hindoue ne soit à l'origine de conflits extrêmement violents dans les années à venir.

Une redéfinition de l'identité nationale selon les critères d'appartenance au bouddhisme s'observe dans d'autres régions d'Asie. Cela est flagrant en Thaïlande où il existe des difficultés importantes avec des minorités malaises musulmanes du sud du pays et, surtout, en Birmanie. Le régime dictatorial birman s'appuie sur le clergé bouddhiste pour mater les minorités ethniques non bouddhistes comme les Arakanais musulmans ou les Karen convertis au protestantisme par les missions anglaises. Cet exemple illustre, au passage, les possibles convergences qui peuvent se produire entre une vision religieuse et une vision nationaliste du monde, lorsque des intérêts de politique intérieure ou de politique extérieure sont en jeu.

Jusqu'à présent, les exemples de conflits identitaires qui ont été proposés proviennent du monde ex-communiste, ou des pays en voie de développement. Si le monde occidental n'a pas été le théâtre de conflits identitaires comparables à ceux que connaissent d'autres continents, il n'est pas pour autant exempt de crises identitaires. C'est ainsi qu'aux Etats-Unis, le « multiculturalisme pluriethnique » s'est progressivement diffusé et imposé comme une alternative au nationalisme classique (l'allégeance de tous les citoyens à une même et seule communauté nationale).

Crispations identitaires... aux Etats-Unis et en Europe

Ce multiculturalisme pluriethnique repose originairement sur la notion d'ethnicité *(ethnicity)*, introduite en 1953 par le sociologue américain David Riesman. Cette notion désigne le sentiment d'appartenance ethnique qui résulte de la valorisation par une minorité de ses particularités de couleur, de religion, de langue... Pour la première fois, les minorités que comptent les Etats-Unis – les Noirs américains, les Hispaniques... – voyaient ainsi leur différence non seulement reconnue mais valorisée.

L'exaltation des racines culturelles et historiques des minorités qui en a résulté depuis lors est un problème nouveau et important pour les Etats-Unis. Jusqu'à une époque récente, comme l'a montré l'Américain Arthur Schlesinger dans *La Désunion de l'Amérique* (2), la nation américaine était fondée sur un modèle de dépassement des communautés. Assiste-t-on pour autant à un délitement de la société américaine ou, au contraire, à la définition d'une nouvelle citoyenneté ? Deux scénarios sont envisageables : ou bien cette exaltation des différentes communautés ethniques aboutit à une dilution du pacte américain, autrement dit du lien social, ou bien, au contraire, elle aboutit à une redéfinition de l'identité américaine comme une citoyenneté non exclusive d'une fidélité à des origines culturelles différentes. Excepté les affrontements interethniques auxquels ont donné lieu les émeutes de Los Angeles en 1993, la crise identitaire que semblent connaître les Etats-Unis n'a pas débouché sur une exacerbation de la violence du type de celle qui caractérise un conflit identitaire.

La fin des conflits identitaires ?

L'Europe occidentale elle-même connaît d'importantes poussées identitaires. En effet, que ce soit en Grande-Bretagne, en France, en Espagne, en Belgique ou en Italie, des mouvements de contestation culturelle se sont développés, pour certains depuis plusieurs décennies déjà. En passant de la revendication culturelle à celle de l'autonomie ou de l'indépendance politique, certains de ces régionalismes s'apparentent néanmoins plus à des formes de nationalisme qu'à des conflits identitaires. Les régionalismes écossais ou catalan peuvent ainsi parfaitement déboucher sur la constitution d'Etats viables, s'appuyant sur un passé cohérent et de réelles ressources économiques. Seuls quelques régionalismes revêtent un caractère davantage identitaire que nationaliste : c'est semble-t-il le cas des formes de contestation apparues en Italie avec les ligues lombardes.

La généralisation, de par le monde, des conflits de type identitaire n'est pas passée inaperçue aux yeux des observateurs. L'essayiste américain Samuel P. Huntington en particulier a formulé en 1993, dans un article paru dans la revue *Foreign Affairs* (3), une nouvelle théorie selon laquelle, au siècle prochain, les principaux conflits seraient menés au nom de ce qu'il appelle les civilisations. En dégageant huit civilisations dont la confucéenne, l'orthodoxe, l'islamique, l'occidentale, etc., S.P. Huntington prédit un choc violent produit par une coalition de civilisations non occidentales contre l'Occident.

Cette théorie a donné lieu à beaucoup de controverses de part et d'autre de l'Atlantique. Le reproche que l'on peut faire aux thèses de S.P. Huntington, en

2. A.M. Schlesinger, *La Désunion de l'Amérique*, L. Levi, 1993.
3. L'article a été publié en français dans la revue *Commentaire*, n° 66, été 1994.

Les principaux mouvements insurrectionnels en 1994-1995

Près d'une trentaine d'Etats ont été confrontés à des soulèvements violents. Seuls, les mouvements séparatistes peuvent s'apparenter au nationalisme.

Soulèvements séparatistes (une province ou une région lutte pour son indépendance).

Soulèvements insurrectionnels locaux (le conflit est limité à une zone, voire à un groupe).

Soulèvements insurrectionnels généralisés (le conflit est étendu à l'ensemble du territoire national).

Algérie

Depuis 1988, lutte entre le pouvoir algérien dominé par les militaires et l'opposition islamiste : le FIS et le GIA (groupe islamique armé qui regroupe de nombreux groupuscules).

Mali et Niger

Depuis les années 90, les Touareg sont en lutte contre les pouvoirs centraux maliens et nigérians. Des pourparlers ont été entamés.

Kurdistan

Les nationalistes mènent depuis les années 20 une lutte pour la reconnaissance du Kurdistan situé sur cinq Etats (Turquie, Irak, Iran, Syrie, Azerbaïdjan).

Géorgie

Depuis l'éclatement de l'URSS en 1991, la Géorgie est confrontée aux volontés sécessionnistes de l'Abkhazie et de l'Ossétie du Sud.

Tchétchénie

Intervention des troupes russes en janvier 1995 à la suite de la volonté exprimée par la Tchétchénie de quitter la fédération de Russie, en mars 1992.

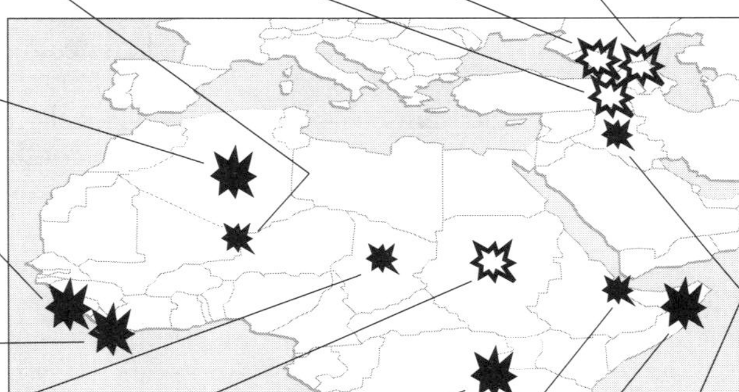

Sierra Leone

Guerre civile à la suite du coup d'Etat intervenu en 1992.

Liberia

Guerre civile, depuis 1989.

Tchad

Guérillas sporadiques dans l'est et le sud du pays.

Soudan

Depuis l'indépendance du pays, le Sud (peuplé d'animistes et de chrétiens) refuse l'autorité du Nord (musulman).

Rwanda

Lutte entre Tutsi et Hutu.

Djibouti

Lutte entre les Afar et les Issa.

Somalie

Sécession du Somaliland ; vacance généralisée de l'Etat...

Irak

Outre l'opposition de l'armée kurde, le pouvoir irakien doit faire face à de nombreux mouvements insurrectionnels.

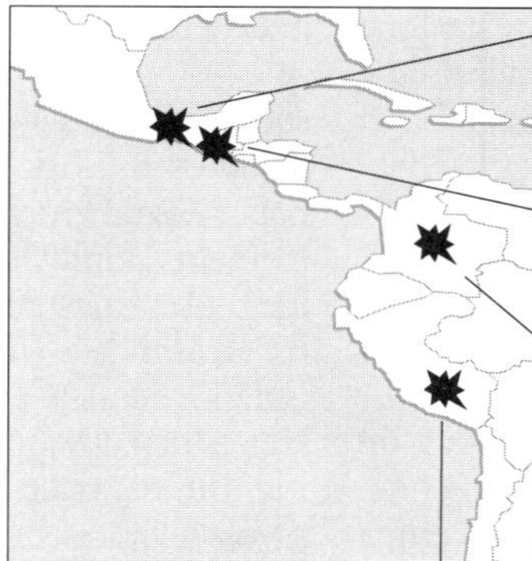

Mexique

Révoltes du Chiapas en janvier 1994 organisées par l'Armée zapatiste de libération nationale (EZLN).

Guatemala

Guérilla indienne depuis le milieu des années 70.

Colombie

Engagé dans une guerre contre le cartel de la drogue, le pouvoir colombien doit aussi faire face à une guérilla d'inspiration révolutionnaire (Farc).

Pérou

Actions sporadiques du « Sentier lumineux ».

Afghanistan

Dissensions entre les différentes forces politiques issues de la résistance afghane.

Tadjikistan

Combats entre l'opposition islamique et le gouvernement soutenu par des troupes russes.

Pakistan

Affrontements entre musulmans chiites et sunnites.

Bangladesh

Depuis près de 20 ans, la minorité chakma mène une guérilla contre les colons musulmans.

Birmanie

De larges portions du territoire sont contrôlées par divers mouvements séparatistes (Chan, Kachin...) depuis les années 50-60. Parmi les autres enjeux des luttes nationalistes en Birmanie : le trafic de drogue...

Inde

Des mouvements séparatistes mènent une lutte armée au Cachemire, au Penjab ou à l'Assam. D'autres mouvements réclament une révision du découpage des Etats : les bouddhistes du Ladakh, les « tribaux » du Jarkhand...

Sri Lanka

Depuis les années 80, les « tigres tamouls » luttent pour l'indépendance du nord-est de l'île.

Source : *L'Année stratégique 1996*
© Sciences Humaines.

dehors du fait qu'elles se veulent des prédictions, est qu'elles surestiment l'homogénéité des phénomènes culturels. En définissant des entités globales et en leur donnant des objectifs communs, S.P. Huntington oublie les réalités géopolitiques. Ainsi, pour prendre ne serait-ce que le monde musulman, ces quarante dernières années ont vu d'importantes rivalités opposer les différents pays arabo-musulmans ; de même, qualifier l'Asie de confucéenne, c'est ignorer les affrontements entre le Viêt-nam et la Chine, les relations complexes du monde coréen avec cette dernière, etc. En accordant une trop grande importance au facteur culturel, S.P. Huntington transforme la réflexion géopolitique en une sorte de nouvelle idéologie.

Si la prédiction de S.P. Huntington ne paraît pas devoir se réaliser, peut-on pour autant envisager une extinction des conflits identitaires ? Malheureusement, rien n'est moins sûr.

D'abord, les conflits identitaires sont manifestement l'expression de crises identitaires qui sont elles-mêmes l'aboutissement de phénomènes de longue durée et de facteurs conjoncturels (détérioration de la situation sociale et économique, retrait de l'Etat, présence d'importantes minorités nationales).

Ensuite, les conflits identitaires semblent bien être instrumentalisés dans des tensions ou des conflits plus vastes par des puissances extérieures. Cette instrumentalisation des conflits identitaires s'observe sur tous les continents. Le conflit en ex-Yougoslavie, par exemple, a été l'occasion pour la diplomatie russe d'opérer un retour dans les Balkans dont elle avait été exclue lors de la guerre froide. Au Caucase, il est patent que les conflits identitaires qui opposent Arméniens et Azéris, ou les différentes minorités de la Géorgie au nationalisme géorgien, sont autant d'instruments dont Moscou s'est servi pour inciter les Etats de l'ex-URSS à demeurer au sein de la Communauté des Etats indépendants (CEI).

Cette instrumentalisation des conflits identitaires pose une autre question : savoir si la présence de ces conflits favorise les alliances. Sans en revenir à la problématique de S.P. Huntington, on ne peut cependant pas écarter l'hypothèse que l'affirmation identitaire favorise certaines « affinités électives ». Pour en revenir à la situation des Balkans, les années 90 ont vu la formation d'une sorte de bloc orthodoxe entre Belgrade, Athènes et Bucarest. Ce bloc orthodoxe s'est constitué à la fois en raison d'une perception commune des mêmes menaces réelles ou imaginaires (l'Islam, la Turquie...) et, en même temps, sous la pression des intérêts traditionnels.

Certains voient cependant dans la constitution de vastes ensembles économiques régionaux (Union européenne, Asean, Alena) une possibilité de surmonter les crises identitaires et par là même les conflits qui en résultent. C'est une des grandes questions que la géopolitique actuelle doit se poser. L'exaltation identitaire peut-elle être calmée par la coopération économique ? Malheureusement, cette question peut être immédiatement inversée : l'affirmation identitaire n'est-elle pas un obstacle à toute volonté de rapprochement économique et politique ?

L'IMAGINAIRE DANS L'AFFIRMATION IDENTITAIRE

ENTRETIEN AVEC JEAN-FRANÇOIS BAYART*

La vision culturaliste est erronée : derrière les conflits « ethniques » et les émergences communautaires ou nationales, on trouve surtout des stratégies politiques et de l'imaginaire.

***Sciences Humaines* : Les phénomènes de mondialisation et de globalisation signifient, pour certains, l'effacement progressif des cultures comme des identités nationales. La réflexion que vous menez depuis plusieurs années sur les représentations culturelles et les pratiques politiques des sociétés africaines et asiatiques accrédite-t-elle cette idée ?**

Jean-François Bayart : Plutôt qu'une homogénéisation des cultures nationales, on constate au contraire des recompositions permanentes par réappropriation d'éléments en provenance de l'extérieur. D'ailleurs, il en a toujours été ainsi : les emblèmes des cultures nationales sont souvent des emprunts à des cultures étrangères. Le thé à la menthe que l'on associe à un rituel immuable de la sociabilité marocaine a été introduit par les Anglais au XVIIIe siècle et ne s'est généralisé qu'au XIXe siècle ; en Italie, le café n'a été élevé que récemment au rang de boisson nationale. C'est l'emprise de la vision « culturaliste » qui nous empêche de percevoir la manière dont une culture « nationale » évolue en empruntant des éléments extérieurs. En effet, selon les culturalistes, auxquels on associe à tort le nom du sociologue allemand Max Weber, une culture se constitue autour d'un noyau dur qui perdurerait au cours des siècles. C'est ce type de conception qui incline certains à voir dans le confucianisme la clé de la réussite du Japon puis des « dragons » du Sud-Est asiatique. Or, on sait aujourd'hui que la dimension culturelle du miracle japonais est à relativiser, et que c'est aussi au prix d'un long travail de coercition de la population japonaise par un Etat-famille autoritaire et nationaliste que la modernisation du Japon a pu se produire. Cette même vision culturaliste a nourri et nourrit encore la phobie anti-islamique qui s'est emparée de la France en associant l'islam à des pratiques et à des croyances données (la ségrégation des femmes, la guerre sainte, l'amputation des voleurs...). C'est enfin cette vision qui entretient l'idée selon

* *Directeur du Centre d'études et de recherches internationales (CERI). Auteur notamment de* L'Illusion identitaire, *Fayard, 1996.*

laquelle en dehors des cultures nationales, il n'y aurait point de salut. L'histoire et l'anthropologie nous fournissent maints exemples de sociétés culturellement indéfinies dont les membres fondent leur identité sur l'échange, le métissage et le cosmopolitisme. Plutôt qu'à une culture commune et immuable, l'interaction entre les membres d'une même société renvoie à un imaginaire social, ce que Cornélius Castoriadis appelle des significations sociales (1). Plus récemment, Benedict Anderson s'est proposé de définir l'identité nationale en termes de « communauté imaginée » (2). Mais cette dimension est encore insuffisamment explorée par les politologues.

***SH* : Vous dites « imaginaire social » et pourtant les cultures nationales sont souvent vécues comme des réalités tangibles…**

J.-F.B. : Au regard de la longue durée, leur création est relativement récente ; elle est concomitante avec le mouvement de clôture culturelle auquel on assiste à partir du XVIIIe siècle à travers l'« invention de la tradition », c'est-à-dire une tendance au réemploi – instrumental ou inconscient – de fragments d'un passé plus ou moins fantasmatique. Cette invention de la tradition n'est pas un phénomène anecdotique : elle devait accompagner les transformations sociales, politiques et culturelles et l'émergence de l'Etat moderne en Occident puis dans d'autres parties du monde. En Angleterre, par exemple, les fastes du rituel monarchique ne s'affirmèrent que tardivement, à la fin du XIXe siècle, dans une société industrielle en proie aux incertitudes de la compétition impérialiste et à la montée de la classe ouvrière.

Cette invention de la tradition a été tout aussi manifeste dans les pays d'Europe centrale et orientale, dans le contexte du réveil des nationalités, au XIXe siècle. En Pologne, en Hongrie… des intellectuels nationalistes se sont efforcés de construire des identités nationales en les enracinant dans des cultures populaires revisitées. Ils ont pour ce faire codifié minutieusement des traditions, des arts folkloriques extrêmement hétéroclites en certifiant leur caractère populaire. Ce travail de construction a aussi consisté en un effort de standardisation de l'expression linguistique. C'est durant la même période que des langues vont être érigées en langue nationale. Nombre d'idéologues nationalistes étaient d'ailleurs des linguistes. A l'œuvre dès le XIXe siècle, ce processus aura tendance à s'intensifier à la veille de la Première Guerre mondiale puis dans l'entre-deux-guerres. Il atteindra alors un haut degré de perfectionnement avec le stalinisme. On l'oublie souvent, mais le stalinisme a en effet joué un rôle important dans la construction de cultures « nationales » en Europe de l'Est et au sein de l'URSS, à partir d'une mise en valeur systématique des éléments de la culture folklorique. Parallèlement, les groupes sociaux rétroagissent à ce travail de construction idéologique à partir de leurs propres valeurs, de leurs propres cultures... La construction des identités nationales est indissociable de leur « formation ». Cette distinction entre construction/formation, je l'emprunte à deux historiens du Kenya, John Lonsdale et Bruce Berman (3). Par construction, ils désignent la création délibérée d'un appareil de contrôle politique par une classe sociale, un parti... ; la formation désignant le processus conflictuel, involontaire et largement inconscient, conduit dans le désordre des affrontements et des compromis par la masse des anonymes.

Cette distinction s'applique parfaitement à la genèse des identités nationales. Celles-là sont en effet simultanément le fruit de leur construction par des groupes dominants ou en phase d'ascension sociale et d'une formation, autrement dit, de toute cette alchimie qui se produit dans le cœur des sociétés.

***SH* : Ce schéma explicatif s'applique-t-il aux pays anciennement colonisés ?**

J.-F.B. : On observe, en effet, le même processus de construction/formation. Je prendrai un premier exemple, celui de l'Inde. La construction/formation de l'« indianité » est allée de pair avec une intensification du changement social. Les Britanniques décrivirent, répertorièrent, photographièrent les « peuples et les cultures de l'Inde ». Des fouilles archéologiques ont été entreprises, des monuments inventoriés... En bref, les Britanniques dictèrent ce qui était indien. Mais le processus n'a pas été unilatéral. De leur côté, les intellectuels hindous ont produit de « l'hindouité » en recourant à ce que Christophe Jaffrelot a appelé un « syncrétisme stratégique » (4), une démarche qui a consisté à se définir par rapport à l'autre en lui empruntant ses traits culturels les plus prestigieux et les plus efficaces. Ce syncrétisme stratégique a été également au cœur de la création des ethnies en Afrique. Comme l'ont montré les anthropologues, les ethnies résultent du « figement » d'une culture traditionnelle par les premiers ethnologues européens. Mais les colonisés ont également participé à leur formation dans la mesure où elle facilitait leur accès aux nouvelles ressources politiques, culturelles et économiques de l'Etat bureaucratique qui se mettait en place parallèlement.

***SH :* Qu'en est-il maintenant de votre interprétation des phénomènes identitaires auxquels on a assisté ces dernières années, en Yougoslavie, au Rwanda, dans le Caucase… ?**

J.-F.B. : La vision culturaliste incline à y voir la confrontation entre des identités culturelles : entre Croates et Serbes en ex-Yougoslavie ; entre Hutu et Tusti au Rwanda… Si tel était le cas, on a quelque peine à penser pourquoi ces affrontements ont tardé aussi longtemps à éclater. En fait, il n'y a pas, répétons-le, d'identité naturelle qui s'imposerait à nous par la force des choses. La vieille expression française pour désigner les autochtones d'un pays – les « naturels » – est trompeuse. Le terme d'identité primordiale, couramment utilisé par les anthropologues ou les politologues, est tout aussi malheureux. Les identités qui s'affirment à travers le monde sont au mieux le résultat d'une construction culturelle, politique ou idéologique, autrement dit d'une construction historique. Elles sont l'expression de « stratégies identitaires », rationnellement conduites par des acteurs identifiables : les apparatchiks communistes serbes reconvertis en ultranationalistes, les extrémistes hutu rwandais, leurs milices respectives… et des rêves ou des cauchemars identitaires auxquels nous adhérons parce qu'ils nous enchantent ou nous terrorisent.

***SH :* Comment expliquez-vous le déchaînement de violence auquel les phénomènes identitaires donnent lieu dans ces pays ?**

J.-F.B. : Pour répondre à cette question, je renverrai au *Carnaval de Romans* d'Emmanuel Le Roy Ladurie (5). L'historien montre comment les bourgeois de la ville en viennent à massacrer la faction composée de gens d'un moindre rang, à partir d'une surinterprétation des menaces que ceux-ci profèrent lors du carnaval. Les menaces d'expulser les honnêtes gens, de les battre et de les enterrer ont beau être des plaisanteries, elles finissent par être prises au sérieux par les bourgeois, alimentant les rumeurs les plus extravagantes. Craignant pour leur existence et pour l'ordre établi, les bourgeois décident de prendre les devants en faisant passer de vie à trépas ceux dont ils sont convaincus qu'ils mettent en danger l'ordre établi et leur propre existence. Les faits qu'E. Le Roy Ladurie relate nous renvoient au XVIe siècle. Pourtant, dans leurs ressorts fantasmatiques, les stratégies identitaires contemporaines ne fonctionnent pas autrement. Ainsi en ex-Yougoslavie, par exemple, l'invention d'une histoire fantasmatique par les idéologues des différents nationalismes – le règne de Dusan pour les Serbes, celui de Tomislav pour les Croates, le « rêve millénaire » des Slovènes, la référence des Albanais à leurs ancêtres illyriens – les a rendus incapables de distinguer ce qui relève du présent et ce qui relève du passé. Plus généralement, l'affirmation d'une identité culturelle est toujours en elle-même une source potentielle de conflit, voire de totalitarisme. Une culture imaginée comme « authentique » se définit par opposition à des cultures voisines en les appréhendant comme radicalement différentes ; cette supposition d'altérité équivaut à un principe d'exclusion dont la conclusion logique est une opération de purification ethnique. L'échange interculturel est alors vécu comme une menace pour l'« authenticité » de l'identité culturelle qui est revendiquée. Les individus censés relever de cette culture imaginée sont, d'une façon ou d'une autre, empêchés de pactiser avec l'autre. Telle est la logique des islamistes ou des intégristes juifs israéliens qui imposent à leurs coreligionnaires une reconstruction idéologique parfaitement arbitraire de leur histoire et de leur foi. Il ne faut pourtant pas en conclure que les « communautés imaginées » par invention de la tradition sont nécessairement totalitaires. Tous les régimes n'ont pas les moyens de leurs fins. L'authenticité zaïroise, par exemple, prônée dans les années 60-70 par le maréchal Mobutu, était un projet totalitaire ; sa mise en œuvre ne dépassa guère le stade du contrôle autoritaire. Enfin, ce que je viens de dire des radicalismes politico-religieux ou des formes extrêmes d'ethnonationalisme est vrai des nationalismes européens et américains dans lesquels ils puisent d'ailleurs bien souvent leurs sources.

Propos recueillis par
SYLVAIN ALLEMAND

(*Sciences Humaines*, hors série n° 15, décembre 1996/janvier 1997)

1. C. Castoriadis, *L'Institution imaginaire de la société*, Seuil, 1975.
2. B. Anderson, *L'Imaginaire national*, La Découverte, 1996.
3. B. Berman et J. Lonsdale, *Unappy Valley*, James Currey, 1992.
4. C. Jaffrelot, *Les Nationalismes hindous. Idéologie, implantation et mobilisation des années 1920 aux années 1990*, Presses de la Fondation nationale des sciences politiques, 1993.
5. E. Le Roy Ladurie, *Le Carnaval de Romans. De la Chandeleur au mercredi des cendres, 1579-1580*, Gallimard, 1979.

SOPHIE CARATINI*

LES SAHRAOUI : ENTRE LE TEMPS ET L'ESPACE**

Traditionnellement, la famille étendue fondait l'organisation sociale des nomades sahraoui et leur identité. La lutte armée contre le Maroc a amené ces nomades à faire de la dimension territoriale l'axe essentiel de leur construction identitaire.

DANS LA SOCIÉTÉ NOMADE du nord-ouest saharien, chacun se définit traditionnellement par son appartenance à un groupe, à une « tribu ». L'identité de cette tribu repose sur un mythe de fondation qui met en scène un personnage, généralement venu d'ailleurs – un ailleurs prestigieux aux yeux des musulmans, comme l'Arabie ou le Yémen –, et porteur d'une généalogie qu'il transmet à sa descendance. L'histoire mythique du Sahara occidental est ainsi peuplée d'ancêtres auxquels sont attribuées toutes sortes de vertus, guerrières ou religieuses. Bien plus qu'une référence identitaire – l'appartenance au groupe pourrait suffire – la référence au mythe permet la légitimation. Elle donne à la tribu le droit de contrôler son territoire et de prendre rang dans la hiérarchie sociale. A partir du mythe originel, dont les éléments se modifient dans le temps, chaque génération réinvente l'histoire pour justifier ou même revendiquer la place de son groupe sur l'échiquier local. Le contenu «historique» de la tradition orale, transmise à chaque enfant pour lui permettre de se situer dans le monde et dans la société, comporte cependant des hiatus au regard de la chronologie. S'y trouvent mêlés, quasiment sur le même plan, les récits de la tradition musulmane sur la vie du Prophète et de

* Chercheur au Centre d'études et de recherches sur l'urbanisation du monde arabe (Urbama, CNRS). Auteur de *Les Rgaybat (1610-1934)*, L'Harmattan, 1989 ; *Les Enfants des nuages*, Seuil, 1993.

** *Sciences Humaines*, hors série n° 15, décembre 1996/janvier 1997.

ses compagnons, l'histoire du père fondateur, et la chronique des événements locaux que la mémoire collective a retenus et qui peuvent remonter à quatre ou cinq générations. Dans la société précoloniale, sans Etats ni frontières, où la mobilité des groupes dans le temps et dans l'espace interdit la reproduction de territoires fixes, la mémoire généalogique vient pallier le manque de terroir que les mythes de fondation ne parviennent pas totalement à combler. Aucun nomade interrogé sur son identité ne répondra spontanément : « *Je suis de tel endroit.* » ; il dira : « *Je suis fils* (au sens descendant) *de tel ancêtre.* » Parce qu'il est fils de tel, il est aussi cousin de tous les descendants de cet ancêtre lointain, et même de tous les descendants du lignage auquel cet ancêtre lointain appartient (la famille du Prophète, celle de ses compagnons, etc.). La plupart de ces « cousins », il ne les connaît pas, comme il n'a jamais vu ces lieux dont les récits du temps proche ou lointain sont emplis. Il les imagine. Ainsi, la question de l'imaginaire est-elle au cœur des représentations nomades, un imaginaire débordant de récits fabuleux qui court sur la ligne du temps. L'individu, comme la société, se projette dans le passé reculé comme dans le futur lointain, les gens du temps présent n'étant qu'un maillon de la chaîne des hommes. Cette projection, sur laquelle repose la cohésion des groupes, crée des liens avec l'ailleurs et l'au-delà qui peuvent se traduire de manière très concrète, par des droits et des devoirs réciproques, lorsque se rencontrent deux « cousins » qui vivent à des milliers de kilomètres l'un de l'autre. Dans une autre culture, ils seraient étrangers, ici ils sont des frères.

L'identité nomade à l'heure de la lutte armée

Jusqu'aux indépendances, les nomades développent des stratégies pour échapper à l'enfermement des frontières tracées à la fin du XIXe siècle par les puissances coloniales française et espagnole. Ils se procurent de multiples cartes d'identité pour être Espagnols quand ils sont en « Espagne », Mauritaniens lorsqu'ils parcourent la Mauritanie, Marocains ou Algériens s'ils passent au nord. Faisant fi de l'espace, ils restent enracinés dans le temps : ils sont toujours les fils de tels ; ils ont toujours pour devise : « *Moi contre mon frère ; mon frère et moi contre mon cousin ; moi, mon frère et mon cousin contre l'étranger.* » C'est dans le contexte du mouvement de décolonisation du Sahara espagnol amorcé dans les années 70 que l'espace (le territoire) prend le pas sur le temps (la généalogie) comme référent identitaire. La lutte armée déclarée en 1973 par le Front Polisario contre le colonisateur espagnol d'abord, puis contre le Maroc et la Mauritanie dont les troupes occupent le pays en 1975, marque la naissance d'un peuple qui revendique son territoire national. Cette revendication et la guerre qui en découle s'accompagnent d'une intense activité du Front Polisario auprès de la population nomade destinée à accélérer l'émergence du sentiment d'appartenance à un ensemble qui transcende les tribus : le peuple sahraoui. Chacun est donc incité à « oublier » son appartenance tribale, ses mythes de fondation et l'histoire de son groupe. Ainsi, être un « peuple » oblige à faire passer la référence « espace » devant la référence « temps ». Le territoire national, désormais seul référent identitaire admis, devient une donnée fixe et durable, une étendue qui se substitue à la continuité du temps. Bien qu'elle soit étrangère à la culture nomade, cette notion de territoire national et le fait que ce territoire revendiqué soit occupé par un ennemi extérieur permettent l'unification des individus, des familles et des tribus sahraoui, et la formation d'un peuple dans lequel les générations sont réunies. Après vingt ans de guerre et d'exil, la relation du peuple sahraoui à son territoire conserve cette opposition paradoxale de l'espace et du temps propre à la société nomade : elle est multiple, hésitante, parfois floue. Vécu comme une frustration par les habitants des camps de réfugiés, le territoire non vécu est associé au mythe du retour. Depuis 1995, la place du temps dans les représentations est à nouveau bouleversée : pour se faire reconnaître un droit sur l'espace, chaque Sahraoui doit venir faire état, devant des commissions de recensement de l'ONU, instituées dans la perspective du référendum d'autodétermination, de son appartenance à telle ou telle généalogie dont la relation à l'espace pastoral du Sahara occidental est de notoriété publique. Le renouveau du primat de la référence au temps apporté par le processus d'identification des Sahraoui va-t-il faire vaciller une conscience collective si chèrement acquise ? A l'heure où l'ONU renonce à mener à son terme cette identification, et où les Sahraoui parlent de reprendre la guerre, il est difficile d'en juger.

Nouvelles appartenances

VICTOR SCARDIGLI* ET ROLAND TOURREAU**

MŒURS ET COUTUMES DES FRANCILIENS***

Les grandes villes modernes maintiennent des usages locaux qui se conservent de manière remarquable. Exemple entre tous : celui de l'Ile-de-France.

L'ILE-DE-FRANCE paraît être, à première vue, une non-région, où tous les référents classiques de l'identité ont disparu. Ainsi, les vrais Parisiens sont rares : pratiquement tous les Franciliens ont une origine provinciale ou étrangère, 5 % seulement sont de père et de mère nés à Paris. En province, on les nomme Parisiens, mais plus des trois quarts logent en banlieue, parfois très loin de Paris, dans les six anciens « pays » qui composent aujourd'hui l'Ile-de-France. Ces régions étaient autrefois rurales, mais les habitants n'ont aujourd'hui plus de lien avec la culture paysanne : moins de 1 % des actifs travaillent encore dans l'agriculture. L'adjectif « francilien » est une création artificielle, qui a du mal à s'imposer. L'Ile-de-France ne semble être qu'un agglomérat, une juxtaposition de quartiers d'affaires et d'artisans, de villages africains et de chinatowns, de prestigieuses villes bourgeoises et de vieilles banlieues ouvrières à la dérive, de villes nouvelles habitées par des familles nombreuses de classe moyenne-modeste.

Les sources de l'immigration ont été nombreuses. Au cours des derniers siècles, la capitale a vidé le bassin parisien (au sens large) de sa population,

* Directeur de recherche au CNRS, IRIS-université Paris-Dauphine.

** Sociologue au CNRS, IRIS-université Paris-Dauphine.

*** *Sciences Humaines*, hors série n° 10, septembre/octobre 1995. Cet article s'appuie sur une monographie de la région réalisée par Caroline Moricot, Victor Scardigli et Roland Tourreau, dans le cadre d'une comparaison entre régions menée par le Réseau Europe de la diversité.

puis elle a attiré des habitants venus de toute la moitié Nord, enfin du Centre et du Sud de la France. Ensuite, au cours de ce siècle, sont venus les Italiens, les Espagnols et les Portugais, suivis par d'autres peuples venus du Maghreb, d'Afrique sub-sahélienne et d'Extrême-Orient.

Cette diversité d'origines n'empêche pas une majorité des habitants d'Ile-de-France de s'affirmer « parisiens », et plus encore les nouveaux venus que les anciens. Ce n'est pas un cas unique : les Andalous récemment immigrés dans la région de Barcelone se déclarent volontiers catalans.

En somme, l'identité de l'Ile-de-France combine deux composantes. Elle reste vivante grâce aux nouveaux arrivants, qui ne renoncent pas entièrement à leur culture d'origine. Elle conserve de nombreux traits caractéristiques, car la population venue récemment adopte l'histoire politique, économique et sociale du lieu, sa façon de consommer et de travailler, de gérer la vie de quartier et d'accéder à la modernité.

Une analyse attentive permet ainsi de dégager les contours d'une identité culturelle propre à l'Ile-de-France.

La cuisine au beurre

L'alimentation, les manières de table sont des aspects significatifs des cultures locales. Les marchés offrent aujourd'hui un choix presque infini, mais les populations effectuent souvent des arbitrages qui prolongent leurs traditions. Par exemple, l'Ile-de-France, malgré sa population venue du Sud, pratique peu la cuisson à l'huile (notamment d'olive). Elle fait appel au beurre (et dans une faible mesure au saindoux) pour assurer les deux tiers de ses besoins en corps gras. Sans le savoir, les Franciliens suivent ainsi des habitudes culinaires inscrites dans le territoire avant et après la colonisation romaine : pour la cuisson des aliments, les Celtes utilisaient le beurre et les Germains le saindoux. Une analyse fine des enquêtes de consommation fait apparaître bien d'autres clivages entre les aires culturelles du nord et du sud de l'Europe. L'Ile-de-France reste résolument septentrionale, dans les mets consommés et le déroulement du repas.

La langue est le plus sûr véhicule d'une identité. Or, l'Ile-de-France, comme le Val de Loire, a perdu sa langue propre depuis qu'elle l'a imposée à toute la nation. Elle l'avait d'ailleurs perdue une première fois dans le haut Moyen Age, lorsque la langue des clercs, le bas latin, l'avait emporté sur le francique, la langue germanique du peuple. Mais cet authentique fond germanique n'a pas été entièrement occulté, il survit dans l'argot ou la langue familière : celle-là prend sa revanche en employant « bouquin » (du flamand *boek*), là où le langage soutenu parle de « livre » (du latin *liber*).

Les systèmes familiaux sont en apparence homogénéisés en France. Mais Emmanuel Todd a retrouvé dans les milieux ruraux de la région parisienne, à l'état de traces, des systèmes familiaux (ménages nucléaires et coutumes successorales égalitaires) qui pourraient être mis en relation avec un fond culturel germanique (1). De même, l'his-

1. E. Todd, *L'Invention de l'Europe*, Seuil, 1990.

toire intellectuelle, politique et économique récente de la Région Ile-de-France a vu se développer des normes de comportement et des systèmes de valeurs communs à toute l'ancienne aire germanique : égalité des femmes et des hommes dans la vie publique, valorisation de l'effort au travail, intériorisation de la pensée, froideur du contact dans les relations interindividuelles, individualisme poussé du mode de vie de chacun (2).

Sur ces indicateurs classiques, les pratiques sociales semblent s'ancrer dans le passé culturel du territoire. La comparaison avec d'autres régions d'Europe, plus nettement septentrionales ou méditerranéennes, permet de retrouver cette constante aussi bien à Berlin qu'à Barcelone, qui ont toutes deux une forte proportion d'immigrants récents : les coutumes du lieu s'imposent aux nouveaux venus.

Un modèle de vie en société

On peut aussi penser que, si l'Ile-de-France a tant attiré d'immigrants, c'est qu'elle propose un modèle spécifique de développement économique et, plus largement, de vie en société. De fait, l'Ile-de-France est clairement entrée dans l'ère postindustrielle, voire dans la société de l'information, puisqu'elle offre trois emplois sur quatre dans le secteur des services, souvent à des postes exigeant une haute qualification et une compétence pointue : hauts fonctionnaires, cadres qualifiés des sièges sociaux, professions de l'information, des arts et du spectacle, techniciens et ingénieurs travaillant dans des services de recherche et développement (filières électronique et informatique, construction aéronautique, pharmacie, etc.).

Les formes de vie familiale francilienne sont également en avance sur les évolutions dominantes dans les sociétés contemporaines. Les célibataires sont nombreux (34 % des plus de quinze ans, contre 29 % en province), de même que les mères célibataires. Les femmes sont plus autonomes : 54 % d'entre elles travaillent (44 % en province). L'union libre reste plus fréquente en Ile-de-France, et surtout à Paris (malgré une forte progression en province) ; elle se répand chez les couples plus âgés, avec enfants, et dans les milieux populaires.

A Paris, un logement sur deux abrite une personne seule, un sur trois en Ile-de-France, et un sur quatre en province. En conséquence, un Parisien sur quatre vit seul (une personne sur dix pour l'ensemble de la France). Il y a donc une spécificité parisienne dans l'organisation de la vie quotidienne : le contrôle social est moindre, le brassage social est apprécié par bien des provinciaux, le caractère cosmopolite de nombreux quartiers est source d'innovation sociale.

L'Ile-de-France est aussi spécifique en matière de modèles de consommation, de loisirs et, plus largement, d'accès à la modernité technique. Il existe un mode de vie spécifique des Parisiens, les banlieusards étant, sur la plupart des

2. La célèbre étude de Max Weber (*L'Ethique protestante et l'esprit du capitalisme*, Plon, 1964) observait ces traits dans l'Allemagne protestante. Mais l'Ile-de-France est de tradition catholique : leur origine est donc antérieure à la Réforme.

indicateurs, en position intermédiaire entre Paris et la province. L'alimentation des Parisiens présente les traits distinctifs du mode de vie des classes aisées, avec en plus le souci d'une préparation rapide et d'un équilibre diététique. Ils disposent de plus de temps libre, à la fois parce qu'ils sont plus nombreux à pouvoir travailler à domicile, et qu'ils consacrent peu de temps à leur déjeuner. Ils diversifient à l'extrême les pratiques de loisirs et sont entrés dans une culture quotidienne du téléphone et des technologies nouvelles sans renier l'écrit. Ils téléphonent plus que les provinciaux, ils accordent moins d'importance à la télévision, ils lisent davantage et ont plus d'activités culturelles (cinéma, théâtre, concerts, achat d'un instrument de musique). Ils se précipitent sur tous les nouveaux appareils audiovisuels et informatiques, magnétoscopes, chaînes hi-fi et disques, instruments de musique ; sans doute pour témoigner d'un esprit d'avant-garde (cette fois-ci au sens du « style de vie précurseur » décrit par les études de marketing), puisque ce suréquipement va de pair avec un temps moindre consacré à leur utilisation.

Un éclatement territorial des activités

Les activités sont réparties dans de nombreux quartiers et banlieues ; mais cet éclatement des territoires est lui-même une caractéristique forte de l'identité de l'agglomération parisienne. Les Franciliens utilisent la banlieue surtout comme dortoir et se rendent dans le centre pour leur travail, pour leurs achats importants, pour le cinéma et le restaurant. Malgré les politiques volontaristes de décentralisation, l'agglomération parisienne continue d'attirer les jeunes et les travailleurs qualifiés, qui savent y trouver un éventail d'emplois plus ouvert, avec des revenus plus élevés d'environ un quart par rapport à la moyenne nationale. Paris offre une concentration remarquable de pouvoirs économiques et politiques, d'universités et de foyers de création artistique, d'équipements culturels et de loisirs. Ce rôle de centre de ressources est sans doute une composante essentielle de son identité vis-à-vis de l'extérieur, mais aussi pour l'ensemble des Franciliens.

Les habitants de l'Ile-de-France participent peu à la gestion de leur région. Un écart maximal semble exister entre les acteurs institutionnels (municipalités, conseil régional, états-majors des grandes entreprises...) et la vie des quartiers, animée par de rares commerces de proximité ou quelques associations et équipements collectifs. Les particuliers s'impliquent peu dans la vie collective et privilégient les relations informelles entre amis.

Sur ces points, le contraste est fort avec des régions européennes, telle l'Emilie-Romagne, dont le territoire est maillé d'un réseau de villes moyennes : leur identité régionale repose sur une continuité des valeurs entre le monde rural et la vie urbaine, sur un équilibre entre les trois secteurs de l'économie, sur une forte participation des citoyens aux décisions de la cité. Mais la quasi-absence de micro-acteurs de la culture et de la vie quotidienne n'est pas une caractéristique obligatoire des mégapoles : Berlin devait une partie de sa réputation de créativité culturelle et économique à l'existence de nombreux réseaux sociaux (milieu alternatif, culture *underground*, associations animant les équipements de quartiers). Ce dynamisme est en déclin depuis la réunification de la ville, dont la situation semble devoir rejoindre celle de Paris.

Le territoire partagé reste donc, même au sein des mégapoles modernes les plus ouvertes, un support d'identité collective : à la fois par l'histoire, dont il reste chargé, par les ressources collectives qu'assurent les villes, et par le cadre de référence qu'il offre aux valeurs et aux pratiques quotidiennes des habitants et par le réseau d'acteurs qui animent la vie locale. A une réserve près : dans la région de Berlin, comme en Ile-de-France, ces acteurs intermédiaires sont peu présents.

Leur disparition pourrait signifier, à terme, un affaiblissement de l'identité des régions-mégapoles.

A lire sur le sujet...
Victor Scardigli (dir.), *Modes de vie, cultures, appropriations de la technique*, Coll. Fast, 1991 ; *L'Europe de la diversité : la dynamique des identités régionales*, CNRS éditions, 1993.

Jean-Robert Henry*

LA MÉDITERRANÉE**

NOUVELLE FRONTIÈRE EUROPÉENNE

L'Europe et le Sud méditerranéen : deux ensembles régionaux traditionnellement antagonistes ? Jean-Robert Henry montre que cette vision est en fait récente et participe du processus de construction de l'« européanité ».

Malgré la conférence de Barcelone qui s'est voulue, en novembre 1995, un moment fort de la solidarité méditerranéenne, l'Europe et le monde arabe se renvoient mutuellement aujourd'hui l'image d'une altérité radicale. Dans les mentalités populaires comme dans la conscience des responsables, le sud de la Méditerranée est perçu en Europe comme un « rivage des Syrtes » menaçant. Or, cette vision, qui renoue avec un esprit de croisades, est en fait une donnée nouvelle dans l'histoire moderne des relations méditerranéennes. Ni la colonisation, ni les « décennies du développement » qui ont suivi la décolonisation n'avaient réellement opposé un bloc du nord à un bloc du sud ; la Méditerranée ne faisait pas frontière. Au début de la construction européenne, dans les années 50, c'est l'Est et non le Sud qui constituait la véritable menace, et c'est face à l'Est que les pays d'Europe occidentale ont forgé leur conscience d'appartenance commune. Depuis, la disparition du rideau de fer à la fin des années 80 a ouvert à l'Europe un horizon presque illimité d'intégration vers l'Est. En Méditerranée, en revanche, l'effacement du camp socialiste a contribué à « retraditionaliser » les rapports entre Orient arabe et Occident, en

* Chercheur à l'Institut de recherches et d'études sur le monde arabe et musulman (Irémam). A dirigé notamment aux éditions du CNRS : avec Kacem Basfao, *Le Maghreb, l'Europe et la France*, 1992 ; avec Maurice Flory, *L'Enseignement du droit musulman*, 1989 ; *Nouveaux Enjeux culturels au Maghreb*, 1986.

** *Sciences Humaines*, hors série n° 15, décembre 1996/janvier 1997.

privilégiant les clivages ethno-religieux sur les inégalités de développement. Et c'est désormais dans cette direction que l'Europe éprouve et jalonne ses limites.

La dynamique européenne

La guerre du Golfe a accentué cette dérive. Mais c'est surtout la dynamique d'extension du projet européen qui pose aujourd'hui le problème de ses frontières par rapport au monde extérieur. Au moment, en effet, où l'espace communautaire s'agrandit considérablement, jusqu'à se rapprocher au sud des limites théoriques fixées au continent par les géographes, le contenu du projet communautaire gagne en densité en s'enrichissant de dimensions autres qu'économiques : les critères de l'européanité s'étendent désormais à la politique, à la sécurité, à la culture. Mais, alors que l'économie ouvrait l'espace européen sur le monde, ces nouveaux facteurs participent à sa clôture. Le rapport au Sud devient pour l'Europe le principal axe de différenciation par rapport au monde extérieur. C'est au sud que l'Europe trace de la façon la plus repérable ses limites entre elle et les « autres », et qu'elle semble le plus mesurer sa conscience d'elle-même à leur différence. Mais ce processus de délimitation « identitaire » ne fait pas l'objet de formulations explicites. Il fonctionne à l'évidence et à l'implicite, ce qui se traduit par des actes, et se lit aussi dans le foisonnement des discours sur la Méditerranée.

Des actes...

Les actes des instances européennes sont d'abord ceux qui disent ou laissent supposer ce que n'est pas l'Europe. C'est, par exemple, le refus européen opposé par deux fois à la demande du Maroc d'adhérer à la Communauté, ou le report *sine die* de l'adhésion de la Turquie. Faut-il déduire de ces actes négatifs, qui ne s'appuient pas tous sur la raison géographique, qu'un Etat musulman ou à majorité musulmane ne saurait avoir vocation à faire partie du système européen ? La participation de l'Union européenne au montage d'une solution pluriconfessionnelle en Bosnie semble le confirmer. Il y a aussi des actes positifs qui nomment la différence : les accords d'association, qui ont été pour plusieurs Etats d'Europe méditerranéenne une étape avant l'intégration, sont désormais réservés à des pays appelés simplement à coopérer avec l'Europe. A l'exception de quelques privilégiés : Malte, Chypre, peut-être Israël, les sociétés qu'ils représentent sont perçues comme « différentes » ; les nombreux scénarios de l'avenir européen auxquels se livrent les spécialistes ne les inscrivent pas dans un horizon européen d'intégration.

La Conférence euro-méditerranéenne de Barcelone qui s'est tenue en 1995 est révélatrice de ce nouveau contexte des relations méditerranéennes. Contrairement au dialogue euro-arabe lancé en 1974, cette conférence est une opération entièrement européenne, dans sa préparation comme dans sa réalisation. Malgré ses propres faiblesses, la diplomatie européenne a en face d'elle des partenaires encore plus faibles et divisés, dont l'effacement sur la scène internationale touche au désarroi, et dont les organisations régionales (Ligue arabe et

Union du Maghreb arabe) ont beaucoup perdu en crédibilité. Réduits à adhérer aux propositions de l'Europe, les acteurs de la rive sud n'ont plus guère comme marge de manœuvre que les zones de concurrence entre initiatives européennes et américaines.
Le qualificatif euro-méditerranéen – et non pas euro-arabe ou méditerranéen – souligne cet effacement des pays du Sud : en faisant disparaître toute référence aux Arabes, en gommant le nom de partenaires dont on recherche la collaboration, le langage diplomatique reflète clairement la dissymétrie qui s'installe dans les rapports entre les deux rives de la Méditerranée.

... et des discours

Contrastant avec la discrétion des actes officiels qui contribuent à déterminer les identités et à tracer la démarcation entre l'Europe et les autres dans cette région, les discours sur la relation méditerranéenne sont en revanche très prolixes. Depuis le milieu des années 80, la Méditerranée alimente un flot ininterrompu de colloques et de publications : rien qu'en France, plusieurs dizaines de rencontres par an, académiques ou politiques, économiques ou culturelles, autant d'ouvrages, des articles par centaines. Les uns redécouvrent la question méditerranéenne, les enjeux méditerranéens, la géopolitique méditerranéenne; les autres célèbrent la communauté et la solidarité méditerranéennes... Dans ce déluge de discours, celui sur l'identité et la sécurité de l'Europe est le plus discret, quoique fortement présent chez les responsables, politiques, militaires ou policiers, de la défense de la « forteresse Europe ». Mais il imprègne sans crier gare d'autres prises de position : la menace des flux migratoires, par exemple, ou celle que ferait peser sur l'Europe le déséquilibre démographique entre les deux rives de la Méditerranée sont devenues des propos d'évidence au sein de l'opinion publique comme d'une grande partie de la classe politique française ou européenne. C'est souvent sur ce thème que s'appuient les hommes politiques de tous horizons pour fonder la nécessité de concertation et de coopération avec le Sud. Ils divergent dans le degré de générosité et d'humanité des moyens envisagés, pas dans l'appréhension de la menace. Or, celle-là ne fait l'objet que de très peu d'études, et renvoie sans doute à des peurs moins formulables sur l'opposition, quasi biologique, des sociétés en présence.

La « réinvention » de la Méditerranée

Le registre de discours le plus fourni sur la Méditerranée reste celui exaltant la solidarité et la communauté de destin qui caractériseraient l'espace méditerranéen. La rhétorique de ce qu'on a pu appeler la « réinvention de la Méditerranée » (1) s'appuie sur des arguments tirés de la géographie, de l'histoire, de l'économie, de la culture... L'insistance avec laquelle certaines périodes du passé sont sollicitées pour démontrer cette solidarité laisse penser que, pour les Européens, il est plus facile de revendiquer un héritage méditerranéen ancien

1. A. Ruel, « L'Invention de la Méditerranée », *XXe siècle*, n° 22, octobre/décembre 1991.

que de construire un présent commun avec les hommes d'aujourd'hui.

L'activation du mythe néo-andalou comme mythe de réconciliation est à cet égard exemplaire de la reconstruction d'un passé commun et de son instrumentalisation pour conjurer les menaces du présent. Là où il est formulé, en France, en Espagne, en Italie ainsi qu'au Maroc, il survalorise des moments exceptionnels de l'histoire conflictuelle des rapports islamo-chrétiens en Méditerranée occidentale pour en faire le symbole du dialogue et du consensus, refouler les conflits du passé et conjurer ceux du présent. L'infléchissement de la réalité historique va jusqu'à faire de l'anniversaire d'une date de rupture – la prise de Grenade en 1492 – une occasion d'exalter ce dialogue et d'inviter à la réconciliation. Hormis cette fraude historique, propre à toute recomposition mythique, qui consiste à retravailler le passé en fonction des attentes du présent, le discours néo-andalou est ambigu pour trois raisons au moins. D'une part, il fait passer au second plan les véritables solidarités historiques de la région : celles héritées de la colonisation, qui nourrissent contradictoirement tout à la fois l'attraction et le rejet. D'autre part, le mythe de l'Andalousie perdue et retrouvée n'a pas le même sens au sud et au nord. Pour les Européens, cette perte est celle d'un espace de dialogue ; pour les Maghrébins, c'est celle du joyau de leur civilisation, qui leur fait cruellement défaut dans les rapports avec l'Europe comme avec l'Orient arabe. En troisième lieu enfin, cette forme de l'utopie méditerranéenne n'est pas fusionnaire. Elle exalte le dialogue entre des cultures posées comme fondamentalement différentes : ce n'est ni l'assimilation de type colonial, ni l'affirmation d'une unité culturelle régionale concurrente de celle de l'Europe. On touche ici aux limites de la notion galvaudée de communauté méditerranéenne. L'idée méditerranéenne ne mobilise pas un imaginaire communautaire au sens fort ; elle constitue seulement une référence accessoire et variable du paysage des croyances collectives dans les différentes sociétés riveraines. C'est au Nord que l'on voudrait lui faire dire le plus de choses : l'héritage contradictoire du passé, le partenariat inégal du présent, la réconciliation à venir.

Un processus d'inclusion/exclusion

Au total, c'est un double processus d'inclusion/exclusion que fait apparaître l'analyse des actes et des discours européens sur la Méditerranée : celle-là est à la fois zone d'influence et frontière identitaire.

D'un côté, en effet, la Méditerranée est une « région périphérique » de l'Europe sur laquelle celle-ci estime avoir un droit de regard car elle conditionne sa sécurité et sa prospérité. Dans un système mondial hiérarchisé par les différences de puissances économiques, politiques, culturelles, la Méditerranée n'est pas un *no man's land* ni une limite ordinaire entre deux espaces équivalents, encore moins une région à part entière. Elle constitue plutôt un vaste glacis frontalier, un espace de transition où les relations de coopération et de différenciation entre l'Europe et son Sud se trouvent stratifiées et graduées par des limites et des marches successives, à l'intérieur d'un rapport global de dépendance. C'est cette « marche méditerranéenne » que tente d'organiser l'opération de Barcelone en conjuguant marché économique, espace de sécurité (militaire, démographique, politique et idéologique), zone d'influence culturelle, éventuellement espace de dialogue religieux…

Mais, d'autre part, la construction de la personnalité européenne passe aussi par la définition de ses limites. Quand il s'agissait de fixer celles d'un marché commun, cette délimitation n'avait que peu de portée symbolique. Aujourd'hui que l'Europe a élargi son projet unitaire et la définition de sa personnalité à des domaines autres que l'économie, la « frontiérisation » méridionale de l'espace européen s'avère plus problématique, puisqu'elle amène à départager des civilisations, des systèmes politiques, des cultures, à l'intérieur d'une aire méditerranéenne tissée par de multiples liens. Faute d'être véritablement pensée dans ses conséquences, cette construction de frontières identitaires s'opère de façon sauvage, sur des critères culturels, religieux, ethniques implicites, qui risquent d'ériger, par rapport au Sud, une Europe plus blanche et chrétienne qu'elle n'a jamais été.

L'« Euro-Méditerranée » vue du Maghreb

Au sud, les discours qui chantent les relations entre la nouvelle Europe et la rive sud de la Méditerranée rencontrent peu d'écho, même au Maroc, et s'avèrent en dissonance avec les attentes de sociétés qui s'inquiètent moins de la renaissance du dialogue andalou que des retombées de la dynamique européenne sur leur avenir.

Si le projet euro-méditerranéen s'inscrit bien dans une logique de montée en puissance du processus européen, y compris de ses tensions internes, les effets symboliques du processus d'inclusion/exclusion qui est sous-jacent sont insupportables à terme pour les pays de la rive sud. Le destin de ces pays, particulièrement ceux du très proche Maghreb, ne peut se satisfaire d'un scénario d'inclusion dans la zone d'influence de l'Europe, qui serait assorti d'un renforcement des barrières identitaires et humaines entre le Nord et le Sud. Ce serait reproduire le schéma colonial de dépendance/rejet avec les mêmes risques et les mêmes réponses conflictuelles au sud : attirance insatisfaite pour l'Europe d'un côté, avec augmentation des pressions migratoires ; affirmation violente d'identités alternatives et anti-occidentales de l'autre. Si, aujourd'hui, le projet de Barcelone paraît acceptable au Sud, c'est parce que sa logique de régionalisme périphérique ne s'est pas encore pleinement déployée, et qu'il offre dans l'immédiat quelques compensations pour les pouvoirs en place. Mais il ne soulève pas l'enthousiasme.

Quant à la célébration de la communauté et de la solidarité méditerranéennes qui accompagne au nord cette Euro-Méditerranée en gestation, elle est trop en porte-à-faux avec la réalité du Sud pour y être crédible. Sa fonction d'exorcisme des menaces venues du Sud ne rencontre pas au Maghreb le même écho qu'en France ou en Espagne. Pour le Sud, l'Europe aussi peut être source d'inquiétude, en même temps que de prospérité : son économie domine la région, sa culture menace les identités, et le projet européen lui-même peut parfois apparaître comme une volonté de revanche sur la décolonisation. Une décolonisation qui ne fait pas oublier au Maghreb qu'il y a quelques décennies la frontière des identités, telle qu'on l'énonçait à Paris, ne traversait pas la Méditerranée mais l'Europe ; à l'époque, on savait bien arguer du sang versé sur les champs de bataille pour exalter la fraternité impériale, au sein d'une autre « mère patrie » que l'Europe. Par-dessus tout, on est sensible au sud, aujourd'hui, au contraste entre la paix et la prospérité qui règnent dans l'Union et la multiplication des conflits qui s'observe dans la banlieue méditerranéenne de l'Europe : serait-ce là aussi un effet pervers de la dynamique européenne ? Il faudrait un mythe de réconciliation bien plus puissant que la référence à l'Andalousie pour gérer cet imaginaire croisé des menaces qui oppose et relie tout à la fois le Nord et le Sud de la Méditerranée.

Si l'on s'en tenait à une vue abstraite du rapport et de la confrontation entre identités dans l'espace méditerranéen, le dépassement des conflits laisserait peu d'espoir. Mais la réalité du jeu identitaire est plus subtile. L'Europe d'un côté, les pays de la rive sud de l'autre ne constituent pas plus aujourd'hui qu'hier deux blocs homogènes qui s'opposent l'un à l'autre. Déjà, il y a plusieurs Méditerranées comme il y a plusieurs Europes. La relation entre l'Arc latin et le Maghreb n'est évidemment pas la même que celle entre la Grèce et la Turquie, et la France elle-même semble moins prête que jamais à renoncer à sa « politique arabe ». Si aujourd'hui le « lyrisme méditerranophile » est surtout le fait de pays d'Europe du Sud, avec des variantes nationales, c'est aussi parce que la référence à la Méditerranée est une ressource diplomatique et symbolique importante pour ces pays dans le processus de recomposition du schéma européen. La relation à l'espace méditerranéen est un élément des nouveaux équilibres géopolitiques qui se mettent en place sur le continent ; elle sert aussi à affirmer une identité ou une sensibilité anti-mondialiste et anti-européenne.

Par ailleurs, ces espaces méditerranéens particuliers (au premier rang desquels l'espace franco-maghrébin) constituent des univers mentaux complexes travaillés par des clivages mais aussi par des références communes. Sans chercher à ne fonder l'avenir que sur celles-là, il ne faut pas non plus en sous-estimer la portée. Enfin et surtout, ces univers mentaux communs sont habités et appropriés par des hommes, « frontaliers » du rapport entre leurs sociétés. Cette appropriation est très variable selon les individus, les groupes, les postures : les représentations par les chercheurs et les écrivains de l'identité de l'Europe par rapport à son Sud ne sont généralement pas celles des imaginaires populaires. C'est peut-être malgré tout un des apports du processus de Barcelone que d'avoir donné reconnaissance, avec beaucoup d'ambiguïté, au rôle des hommes dans la construction de l'espace méditerranéen. La société civile méditerranéenne est devenue brutalement un contrepoint des voies diplomatiques, et une ressource miracle pour gérer les contradictions de la stratégie européenne, aussi bien à l'égard de la Méditerranée qu'à l'égard de l'Europe. Une façon aussi de reconnaître que la formulation d'une identité collective n'est pas chose simple lorsqu'elle tranche dans des espaces où se croisent plusieurs mythologies régionales, et lorsqu'il faut bien retisser ici ce qu'on déchire là.

La question de la frontière méditerranéenne n'est pas accessoire dans la formulation du destin de l'Europe. Plus que toute autre relation extérieure, le voisinage avec le monde arabo-musulman invite à choisir entre deux modèles fondamentalement différents du projet européen : ou bien construire une forteresse de prospérité, une sorte de grande Suisse continentale repliée sur son patrimoine humain, économique et culturel, et protégée des menaces potentielles du Sud par des barrières infranchissables ; ou bien, à l'opposé, revenir au pari d'une « *Europe sans rivages* » (François Perroux), préfigurant une autre organisation du monde qui intégrerait réellement les pays du Sud dans une prospérité partagée. Le premier modèle semble correspondre à la pente actuelle des choses, et s'incarne notamment dans une politique de sécurité commune. Mais c'est le second qui, tout en renouant avec le débat des années 60 sur le « village mondial » et sur la réforme de l'ordre économique international, paraît le plus apte à gérer l'avenir de l'espace méditerranéen. Il consiste à penser l'Europe moins comme un repli continental que comme un régionalisme ouvert, et moins comme une finalité identitaire que comme une utopie porteuse d'un processus universaliste. Sans doute une telle vision de la « mission de l'Europe » (selon une expression de Hartmut Elsenhans) heurte-t-elle aujourd'hui la représentation dominante de la réalité internationale. Mais elle constitue le seul scénario réaliste d'une dynamique de recomposition du monde susceptible de dépasser les contradictions explosives d'une mondialisation qui se veut celle des biens mais pas celle des hommes.

Jacques Lévy*

VERS UNE SOCIÉTÉ CIVILE MONDIALE ?**

Emergence d'une « classe mondialisée », mobilisations internationales en faveur des droits de l'homme, de la défense de l'environnement... Explorant les prémices d'une société civile mondiale, Jacques Lévy examine les conditions d'émergence d'un espace politique supranational.

Dans les domaines de la science, de l'art, de l'information, de la mode et des variétés, l'internationalisation est un phénomène ancien. Elle s'y est récemment approfondie et apparaît désormais consubstantielle à ces activités. Tous ceux qui y travaillent – outre les cadres des firmes multinationales : artistes, chercheurs, universitaires, journalistes et « stylistes » de tous ordres – ont fait de la mondialisation une pratique et une idéologie professionnelles qui retentissent sur leur vie personnelle.

Les sociétés urbaines, surtout dans les grandes villes, représentent un concentré de mondialité : beaucoup d'étrangers, une culture internationalisée par son niveau d'excellence, une similarité des modes de vie quelle que soit la localisation de la métropole. New York, Londres, Tokyo, Paris constituent un archipel – réseaux de territoires citadins – peut-être mieux soudé que celui qui joint ces villes à leurs campagnes, ou à ce qu'il en reste. Ces métropoles sont bien reliées entre elles par les moyens de transport et de communication. Depuis peu, grâce à Internet ou aux autres réseaux du même type, les habitants de la planète peuvent échanger des messages avec un coût totalement

---

* Professeur à l'Institut d'études politiques de Paris et à l'université de Reims. Auteur notamment de *Géographies du politique*, dir., Presses de la FNSP, 1991 ; *L'Espace légitime*, Presses de la FNSP, 1994 ; *Le Monde pour cité*, Hachette, 1996 et *Europe, géographie d'un devenir*, Hachette, 1997.

** *Sciences Humaines*, hors série n° 17, juin/juillet 1997. Ce texte reprend, avec quelques modifications, des extraits de J. Lévy, *Le Monde pour cité, op. cit.*

indépendant de la distance. Cela ne supprime pas les lieux, mais les conforte en les rapprochant.

La classe des « mondialisés »

Outre l'urbanité comme mode de vie, cette « classe » des mondialisés possède un autre point commun : la pratique de l'anglais. Loin des prises de position tonitruantes des ministres français de la Culture, une réalité, peut-être pénible à supporter pour ce qui reste d'impérial dans l'identité hexagonale : l'anglais est devenu la langue universelle de communication. Il est certain que cela pose des problèmes à toutes les autres langues, comme cela a pu être le cas lorsque c'était le latin, puis le français qui dominait. Dans le principe, il n'est pas incompatible qu'une *lingua franca* mondiale cohabite pacifiquement avec une multitude de langues, d'extensions diverses, dont l'apprentissage permettrait des échanges plus approfondis et plus complexes. Vue sous cet angle – ce qui ne semble pas toujours être le cas – la francophonie correspondrait à la promotion de la pluralité linguistique, condition de la diversité culturelle.

Concrètement, les « mondialisés » se recrutent chez ceux qui maîtrisent le mieux l'anglais, d'autres langues étrangères et… leur propre langue. La conquête de l'indépendance des nations contre les empires a un temps brouillé l'image du « cosmopolitisme ». Aujourd'hui, c'est bien ce terme qui convient le mieux pour désigner les attitudes d'ouverture au changement d'échelle. Celles-là s'accompagnent le plus souvent d'une relativisation – mais non d'une négation – de l'appartenance nationale.

Mais il serait faux de réduire le phénomène à une « élite » de décideurs. La convergence des modes de consommation, des emplois du temps, et même des attentes biographiques les plus fondamentales, dessine les contours d'une vaste « classe moyenne » qui, de Tokyo à Buenos Aires, de Los Angeles à Bombay, s'assoit dans le même genre de canapé pour regarder les mêmes émissions de télévision, met des chaussures des mêmes marques pour pratiquer les mêmes sports. Si tous n'ont pas encore conscience d'appartenir à un ensemble, leurs voyages, qui font également partie de cet *habitus* commun, les en convaincront bientôt.

Pour l'heure, un élément décisif manque à cette société mondiale en réseaux porteuse d'une grande complexité : l'espace politique. Celui-là souffre de l'absence d'un territoire clairement défini et aisément praticable : il se déploie donc en réseaux souvent informels et éphémères. L'émergence de réseaux télématiques de type Internet pose la question d'un nouvel espace public offert aux citoyens du monde. L'apparition de nouvelles technologies donne souvent lieu à de mauvaises interprétations sur les « usages », c'est-à-dire sur les techniques effectivement mises en œuvre par les utilisateurs. Ce qui semble nouveau, en l'occurrence, c'est d'abord la possibilité de diffuser, sans limite de distance, de grandes quantités d'informations et notamment des textes écrits. C'est aussi la possibilité de créer un entre-deux entre le privé et le public. Cet espace « priblic » est davantage

public qu'une harangue proférée dans la rue, mais il est plus privé qu'un article publié dans un journal.
Les changements rapides à prévoir dans ce paysage donneront une part croissante aux professionnels et relativiseront cette « communication délibérante auto-organisée » qui enthousiasme pour l'heure quelques milliers de *wired* (« connectés ») californiens. Sans croire exagérément à une « cyberdémocratie » en marche, voyons dans ce phénomène l'expression d'une réalité plus générale : au niveau mondial, la société politique procède davantage par la base que par le haut (le Parlement, le gouvernement, les politiques publiques...).
Dans ces conditions, les rassemblements massifs sont improbables mais, quand ils se produisent, ils sont puissants car ils sont tout le contraire de structures manipulables, de mouvements presse-bouton.

Quelle vie politique à l'échelle mondiale ?

Si le monde était une société « complète », cela se verrait notamment à l'existence d'un temps mondial unifié. Or, bien des éléments conduisent à penser que cette unification, même partielle, c'est-à-dire n'empêchant pas l'existence de sociétés à un niveau inférieur, ne s'est pas réalisée. Comme l'a montré Zaki Laïdi (1), les processus mondiaux sont le plus souvent appréhendés par des « médiations » communautaires, géopolitiques ou économiques définies à une échelle restreinte. On voit encore pour une grande part le monde à travers le prisme de sa propre religion, de son Etat, de son marché local. Ce constat constitue une bonne entrée en matière pour repérer les conditions d'une vie politique à l'échelle mondiale. La situation indécise et fascinante que nous vivons est caractérisée par le fait que ce sont des acteurs politiques produits dans le cadre des Etats ou, au mieux (c'est le cas du secrétaire général de l'ONU), dans celui d'une coopération interétatique sans cesse à reconstruire, qui doivent s'employer à développer une action et à installer des institutions qui ne pourront que relativiser, donc affaiblir le pouvoir qu'ils ont chèrement conquis. Les Etats freinent, c'est logique, l'émergence d'un gouvernement qui s'attribuerait une partie de leurs compétences.
On observe le même processus dans les institutions européennes, et seules la lenteur, la pression d'une partie de l'opinion et la méticulosité des procédures permettent la poursuite d'une construction supranationale. Est-ce le seul obstacle ? Prenons à présent le problème sous un autre angle, celui des principes fondateurs du droit. *« Il faut que toute politique plie le genou devant le droit »* disait Kant (2). Cela n'est possible qu'à condition, bien sûr, que le droit dispose de la force légitime de son application : législation, jurisprudence, police, justice. Il est vrai que nous ne disposons pas de ces attributs en bonne et due forme ; il est vrai aussi, des événements récents l'ont montré, que des bricolages – telle l'association ONU-OTAN en ex-Yougoslavie – sont possibles.

1. Z. Laïdi, « Le temps mondial. Enchaînements, disjonctions et médiations », *Cahiers du Ceri*, n° 14, 1996.
2. E. Kant, *Projet de paix perpétuelle* (1795), GF-Flammarion, 1991.

Les textes fondateurs de l'ONU, les forces armées des Etats mises à disposition et des tribunaux *ad hoc* peuvent éventuellement faire l'affaire. Le cas somalien montre que cela ne suffit pas. L'envoi dans ce pays, en 1993, d'une force multinationale sous mandat de l'ONU (Onusom II), à des fins strictement humanitaires et sans enjeu géopolitique visible, répondait à une pression de l'opinion occidentale, elle-même émue par une forte dénonciation, par les médias audiovisuels, des ravages de la guerre civile. Le résultat fut dans l'ensemble négatif car l'ONU se trouva discréditée auprès d'un grand nombre de Somaliens. Cet épisode pose le problème fondamental des principes fondateurs nécessaires à un vivre-ensemble planétaire. Dans un certain nombre de régions du monde, les valeurs, d'origine occidentale, affichées par les Nations unies ne sont que très partiellement partagées. C'est le cas chaque fois que les individus sont mobilisés en référence à une éthique universaliste alors que, dans ces pays, le lien social reste à dominante communautaire.

En résumé, la situation est donc la suivante. Le territoire potentiel de la société politique mondiale se trouve gêné dans son émergence par deux types d'espaces : les territoires des Etats et ceux des communautés, tous deux à une échelle inférieure. S'y ajoutent les réseaux de la société civile, situés à l'échelle mondiale mais incapables d'engendrer par eux-mêmes leur complément politique. Pourtant, des linéaments de « gouvernementalité » existent, sans en avoir le titre mais parfois avec une efficacité certaine.

Présentons quelques-uns des acteurs de cette entrée subreptice du monde en politique.

Des acteurs hétérogènes

Les plus connus de ces acteurs sont : l'ONU, les Etats et les associations au coup par coup ou les constructions à vocation généraliste que ces derniers constituent. L'opinion publique mondiale existe parfois. Elle se fait et se défait au gré des circonstances, lors d'événements majeurs ou au contraire à propos de cas singuliers mais emblématiques : prisonniers d'opinion, massacres inopinés, catastrophes naturelles, « marées noires »...

Les reproches que l'on peut faire à la notion même d'opinion sont particulièrement justifiés pour une réalité aussi volatile. A travers ce vocable, on aborde cependant un phénomène difficilement contestable : l'existence de demandes similaires, fortement affirmées, issues de populations de pays différents. Cela a existé avec l'appel de Stockholm, avec la guerre du Viêt-nam ; cela se développe aujourd'hui.

Qui contribue à informer (à diffuser des informations et à donner forme) la vie politique mondiale ? D'abord ce que l'on pourrait se risquer à nommer des partis mondiaux. L'Eglise catholique en est un, qui intervient sur un vaste champ de problèmes et qui a bien su s'adapter à la mondialisation, tout en perdant certaines de ses positions en Europe. A côté de cette organisation verticale, hiérarchisée et capillaire, qui rappelle fortement le style des Etats, certaines Eglises et sectes adoptent de plus en plus des structurations en

réseaux souples, laissant une grande autonomie aux noyaux locaux, régionaux ou nationaux. C'est le cas des « évangélistes », plus spécialement sur le continent américain (3).
On peut citer également les organisations « monothématiques », s'intéressant à un seul type d'enjeux (promotion des droits de l'homme, actions humanitaires ou protection de l'environnement), et disposant le plus souvent du statut d'organisations non gouvernementales (ONG) auprès des Nations unies. Le cas de Greenpeace est significatif des problèmes que pose l'absence à l'échelle mondiale d'un système explicite de circulation de la légitimité. Il n'est en effet pas facile de constituer un mouvement militant à l'échelle mondiale sans offrir des gratifications concrètes à ses membres à un moment où le « parti de masse » traditionnel vit partout des jours difficiles. Les partis mondiaux nouveaux sont condamnés, faute d'« appareil » préexistant, à utiliser les grands moyens d'information comme intermédiaires obligés entre le public et les autorités.
Si l'on repart des quelques éléments concrets de cette société politique en formation, on peut dégager quelques principes, déjà partiellement mis en œuvre, propres à servir de points d'appui à des développements futurs.
Le noyau dur, c'est la production de légitimité. En raison du caractère lacunaire des acteurs, des institutions et des procédures, on ne peut pas s'attendre à voir naître des constructions aisément identifiables. Ce qui peut se produire, c'est un renforcement des flux de légitimité, soit à partir de structures à vocation gouvernementale (organisations internationales, associations de pays, Etats « délégués » pour telle ou telle tâche), soit à partir de la société civile. L'impulsion initiale peut tout autant venir d'une demande de l'opinion (« représentation ») que d'une politique publique (« légitimation ») et, par son existence même, pousser à la création du pôle manquant.

L'effet crémaillère ?

L'un des problèmes les plus difficiles réside dans la capitalisation des acquis. La lenteur, souvent brocardée, de la construction européenne s'explique aussi parce qu'on peut appeler l'« effet crémaillère ». Les compromis pesamment négociés sont rendus irréversibles par un édifice juridique précis et contraignant. Si, à l'ONU, un Etat peut se permettre de ne pas payer sa cotisation, ce n'est pas le cas dans l'Union européenne. Si l'on décide, par exemple, que le tribunal pénal international devient une institution permanente dotée de moyens pour mener son travail, ce serait une bonne illustration de ce type de dynamique.
Un autre principe consiste à s'inspirer d'un fédéralisme pragmatique, « à l'espagnole » pourrait-on dire. En Espagne, l'horizon final des réformes engagées depuis le retour de la démocratie consiste sans doute en une répartition équilibrée et générale des pouvoirs entre les différents échelons, notamment celui de l'Etat central et celui des

3. Voir à ce sujet A. Colonomos (dir.), *Sociologie des réseaux transnationaux. Communautés, entreprises et individus : lien social et système international*, L'Harmattan, 1995.

« autonomies » (régionales). Si l'on applique ce modèle au monde, on peut admettre qu'il n'est pas nécessaire de déterminer *a priori* le partage des compétences entre le planétaire, le continental et le national. Le maintien de la paix civile, les droits les plus élémentaires à l'existence des personnes et la liberté de circulation et d'échange relèvent certainement de l'échelle mondiale car ils constituent le socle minimal de toute vie en commun.

Dans cet esprit, la fixation de règles économiques et sociales favorisant un jeu à somme positive entre les différents pays semble s'imposer : système monétaire, liberté du commerce, mais aussi éléments constitutifs d'un contrat social (par exemple l'interdiction effective du travail des enfants) qu'aucune société ne peut violer sans remettre en cause le développement de l'ensemble.

Enfin, les conflits sur la conformité des pratiques du droit entre les différents échelons ne peut se faire qu'à l'échelle du monde : d'où la nécessité qu'une institution assume les fonctions d'une « cour suprême ». Cela fait beaucoup et peu à la fois. Ces innovations sont difficiles à produire, mais on constate aussi que, pour le reste comme dans la plupart des politiques publiques nationales, l'interventionnisme n'est pas strictement nécessaire sinon sous forme de messages clairs et d'incitations symboliques. Ces questions de subsidiarité sont, en tout cas, d'ores et déjà à l'ordre du jour.

Le dernier principe, c'est l'individu. Il n'y a pas de politique sans citoyens, et il faut donner à cette idée un sens plus large que celui qu'implique la seule démocratie représentative. Celle-ci constitue un horizon clair mais, dès maintenant, les habitants de la planète peuvent exercer une action politique sous des formes diverses. L'une de ces formes, c'est leur propre existence en tant qu'individus. Plus il est fort et autonome, plus l'individu tend à s'affranchir des allégeances communautaires, à penser ensemble les différentes sphères de son activité et à accéder à la conscience de cette réalité nécessairement abstraite qu'est le politique. Ennemi des appartenances uniques, automatiques et irréversibles, ami des groupes choisis et de l'action collective délibérée, l'individu constitue un acteur central dans la production du politique.

Sélection bibliographique

Algériennes, entre islam et islamisme
Djedjiga Imache et Ines Nour

Le Paris des étrangers depuis 1945
Antoine Marès, sous la direction de Pierre Milza

Théories de l'ethnicité
Philippe Poutignat et Jocelyne Streiff-Fendart

Descendants de Chouans
Histoire et culture populaire dans la Vendée contemporaine
Bernadette Bucher

La Multination
L'avenir des minorités en Europe centrale et orientale
Stéphane Pierré-Caps

Psychologie et Culture, concepts et méthodes
Carmel Camilleri et Geneviève Vinsonneau

L'Humour et la Culture américaine
Daniel Royot

Vers un multiculturalisme français
L'empire de la coutume
Jean-Loup Amselle

Sociologie des nationalismes
Sous la direction de Pierre Birnbaum

ALGÉRIENNES,
ENTRE ISLAM ET ISLAMISME
Djedjiga Imache et Ines Nour, Edisud, 1994, 165 p.

L'islamisme, en s'appropriant la sphère du politique – ce que ne font ni le fondamentalisme ni l'intégrisme –, se veut un projet global de société. La question du féminin y est fondamentale. Car non seulement la femme donne la vie, mais elle est aussi responsable de l'ordre du monde. Or, son corps est dangereux : il suscite la convoitise masculine, risque de créer la dissolution des mœurs et par là même le chaos. D'où tout un dispositif d'interdits destiné à contrôler les relations entre les sexes, dont le port du *hidjab* (le voile) qui cache le corps-objet-de-séduction et la ségrégation sexuelle de l'espace. Cette vision du féminin, comment les femmes se la représentent-elles ? L'intègrent-elles diversement selon qu'elles portent ou non le *hidjab* ? C'est la question à laquelle les deux psychosociologues algériennes Djedjiga Imache et Ines Nour apportent des éléments de réponse inédits.

A travers une enquête effectuée auprès de 200 étudiantes, dont les questions (longuement détaillées) portaient sur le *hidjab*, le sport, le travail, l'éducation, le mariage, la tolérance, l'égalité entre les sexes, les modèles de femmes, le militantisme et les aspirations, elles découvrent que les représentations des jeunes filles sont semblables qu'elles soient voilées ou non. Pour la plupart d'entre elles, les références sont d'ordre religieux, mais le droit à l'éducation, au travail salarié, au choix du mari, etc., est une évidence. Ce qui différencie le groupe des femmes voilées de celui des non voilées serait, d'une part, la manière de comprendre l'islam (et donc le rapport au monde) et, d'autre part, le degré d'intériorisation de la morale de l'entre-soi sexuel prônée par l'islamisme. Par exemple, 33 % des « voilées » contre 75 % des « non voilées » sont pour la mixité.

En somme, le projet islamique semble imprégner la majorité des représentations collectives, « *un projet,* écrit dans la préface la journaliste Zakya Daoud, *à la fois virulent et moderne, du moins empruntant les voies de la modernité, et voulant à la fois conquérir l'Etat et modeler les individus* ». Un projet qui se substitue au nationalisme, qui a échoué dans ses tentatives d'émancipation du Sud par rapport à l'Occident.

CHANTAL PACTEAU

LE PARIS DES ÉTRANGERS DEPUIS 1945
Antoine Marès et Pierre Milza (dir.)
Publications de la Sorbonne, 1995, 470 p.

L'histoire de l'immigration, des communautés immigrées et de l'intégration progresse à grand pas. Voici une pierre importante à l'édifice. Ce recueil réunit des contributions de la plupart des spécialistes et fera date. Il étudie toutes les communautés immigrées (des Américains aux Russes en passant par les plus connues, Algériens, Portugais, Espagnols et Italiens). Il montre en particulier le rôle des intellectuels, bannis ou exilés. Paris comptait 180 000 immigrés en 1890 et 342 000 un siècle plus tard. Capitale des Chinois d'Europe, une des capitales de la diaspora arménienne, Paris est une grande ville maghrébine. Malgré une diminution récente de la population *intra muros*, le pourcentage des étrangers oscille entre 10 et 20 % selon les quartiers. Plus que jamais, l'Ile-de-France joue un rôle d'aimant : 70 % des Africains vivant en France y résident, par exemple. Les différentes études montrent qu'entre les Italiens qui y demeurent depuis longtemps, les Espagnols arrivés plus récemment, les Portugais venus plutôt après les années 70, ou toutes les communautés de réfugiés, « *il y a un monde d'expériences* ». L'immigration de cadres supérieurs ou techniciens (Américains, Européens du Nord), dont la présence est liée au fait que Paris est un centre industriel et de commandement de premier plan, n'a rien à voir avec les immigrations maghrébines et africaines. Au sein même des communautés, la complexité est grande : les Catalans se démarquent, par exemple, des autres Espagnols. L'épreuve de l'exil exacerbe souvent les clivages politiques et sociaux antérieurs.

Ainsi, au-delà des différences, des itinéraires singuliers, les études s'interrogent sur la capacité d'intégration de la société française. Le fait notable est que Paris a conservé, durant tout l'après-guerre et jusqu'à nos jours, un pouvoir particulier d'attraction lié aux activités culturelles : que l'on songe simplement aux écrivains latino-américains comme Jorge Amado ou des pays de l'Est comme Ismail Kadaré ou Milan Kundera. A ce propos, Jean-François Sirinelli rappelle le rôle du parti communiste dans l'immédiat après-guerre et Pascal Ory souligne que Paris reste la capitale de la culture francophone.

Le mérite de cet ouvrage est à la fois de fournir le contexte politique des immigrations (synthèse admirable de Patrick Weil) et d'étudier toutes les formes de l'immigration : économique, politique ou intellectuelle (contributions de Geneviève Dreyfus Armand, d'André Kaspi, de Benjamin Stora, etc.).

JEAN-CLAUDE RUANO-BORBALAN

THÉORIES DE L'ETHNICITÉ

Philippe Poutignat et Jocelyne Streiff-Fendart, suivi de : Fredrik Barth, *Les Groupes ethniques et leurs frontières*, Puf, 1995, 270 p.

Qu'est-ce qu'une ethnie ? La question, longtemps considérée comme académique ou réservée aux sociétés lointaines, reprend, en raison de ses rapports avec l'actualité, un intérêt concret. C'est pourquoi l'apport de ce livre dépasse très largement les limites du cercle des spécialistes. Quels spécialistes, au fait ? Comme le montrent les auteurs, ce ne sont pas les ethnologues qui ont le plus contribué à la théorisation de la notion d'ethnie. C'est du côté de la sociologie et de la philosophie politique que se développent, au XIXe siècle, les réflexions sur l'identité nationale et ses rapports avec un fond « ethnique » possible. L'ethnie est, chez certains penseurs, décrite comme le prototype de la nation moderne, mais son contenu est variable : pour Vacher de Lapouge, c'est une « race », pour Max Weber, un ensemble de croyances et de représentations portant sur une origine commune. En France, où dominent les penseurs du contrat et de la « volonté commune », l'ethnie est peu considérée. Une deuxième vague importante de réflexions sur l'ethnicité est apparue aux Etats-Unis à partir des années 60 : là, c'est le problème de l'insertion des « minorités ethniques » qui est placé sous le feu des projecteurs. Avec raison, les auteurs consacrent un long exposé à cette époque : il s'avère que l'ensemble des courants théoriques en sociologie et en philosophie politique (marxisme, culturalisme, individualisme, interactionnisme, etc.) se sont exprimés sur la question de l'ethnie. Le bilan de leurs discussions constitue le point de départ d'une réflexion actuelle sur la question. En voici un aspect : la quasi-totalité des recherches modernes insistent sur le caractère relationnel de l'identité ethnique ; l'histoire enseigne que ce n'est pas dans l'isolement qu'elle se fabrique. Il n'y aurait donc pas d'« essence » ethnique, ni culturelle, ni raciale. Mais la notion n'en devient pas transparente pour autant : si l'ethnie n'est que l'expression d'une conjoncture historique, pourquoi les forces sociales, économiques ou psychologiques qui la produisent adoptent-elles ce masque et pas un autre ?

Les auteurs suggèrent que la réponse est à chercher dans le prolongement de l'analyse interactionnelle développée en 1969 par Fredrik Barth, dont ils présentent un texte important en traduction. De style universitaire, mais sans complication majeure, ce livre est d'une lecture précieuse pour tout observateur du monde actuel : il donne des outils pour penser aussi bien les revendications des minorités culturelles que le problème du « réveil des nationalismes », deux manifestations que l'on a souvent tenté de comprendre en termes d'identité ethnique.

NICOLAS JOURNET

DESCENDANTS DE CHOUANS

Histoire et culture populaire dans la Vendée contemporaine

Bernadette Bucher, éd. de la Maison des sciences de l'homme, 1995, 340 p.

« Chouans »... Le mot suffit à rappeler une histoire que tout Français croit connaître : celle d'une Vendée paysanne, royaliste et catholique, soulevée contre une révolution en marche (diront les uns) ou contre une terreur aveugle (diront les autres). Or (et en dépit du titre choisi), c'est d'abord cette image chargée de mythes que Bernadette Bucher, professeur à New York, entend corriger. Selon elle, si en 1793 le pays vendéen se soulève contre les Bleus, ce n'est pas pour prendre la défense des « messieurs » et de leurs privilèges, mais dans la continuité d'une histoire frondeuse à l'égard des pouvoirs centraux, Eglise et noblesse comprises : un siècle et demi plus tôt, le bocage était protestant. Quel que soit l'usage moderne fait par les Vendéens de l'épisode chouan, B. Bucher entend bien montrer que l'essentiel de leur vie commune est ailleurs, dans une forme de solidarité rurale et populaire dont elle décrit l'origine médiévale, puis les transformations jusqu'à nos jours. Un peu d'histoire et beaucoup d'ethnographie lui permettent de tracer les contours d'une communauté qui n'est pas « de village », mais « bocaine », c'est-à-dire dispersée, fondée sur les échanges de services, unissant paysans, artisans et commerçants, à l'exclusion des propriétaires nobles ou roturiers, sur des valeurs de « vaillance » (c'est-à-dire de travail). Peu momifiée par la Révolution de 1789, cette structure a été, plus récemment, soumise à rude épreuve par ce qu'on a nommé la « révolution verte » : remembrement, fin des paysans et industrialisation des campagnes. A-t-elle survécu et sous quelle forme ? B. Bucher montre comment, en dépit de changements importants, bien des arrangements sociaux et économiques permettent non seulement aux cultivateurs, mais aussi aux salariés « rurbains », de vivre beaucoup mieux que leurs revenus ne l'autorisent, et comment, dans les fêtes, les mariages, aussi modernisées que soient les mœurs, les traditions « bocaines » sont portées par les jeunes sans même qu'ils en aient conscience. Ainsi – et c'est la seconde thèse du livre –, loin d'être un frein à la modernisation sociale, ce modèle de communauté dispersée s'accommode très bien des « *nouvelles formes de sociabilité encouragées par la communication informatisée mise à la portée le tous* » (Minitel, Fax, micro-ordinateurs…).

Ce livre est, à plusieurs égards, exemplaire. D'abord, bien que visiblement amoureuse du pays, l'auteur ne se laisse jamais tenter par la recherche d'une improbable identité culturelle vendéenne. L'histoire qu'elle retrace est unique, mais les faits sociaux qu'elle met en lumière pourraient, de son propre aveu, sans doute se retrouver dans d'autres régions françaises voisines, en particulier de bocage. Ensuite, les différentes approches qu'elle adopte (histoire, démographie, enquête directe) forment un ensemble cohérent et articulé, et cela mieux que bon nombre d'études dites pluridisciplinaires. Enfin, l'argumentation claire, l'écriture dynamique et la saveur de certains propos donnent envie de s'installer en Vendée aussitôt le livre refermé.

Simple remarque : la question de savoir si l'on peut décrire des états de société antérieurs à partir d'une enquête moderne ne manquera pas d'être discutée.

NICOLAS JOURNET

LA MULTINATION

L'avenir des minorités
en Europe centrale et orientale

Stéphane Pierré-Caps, Odile Jacob, 1995, 348 p.

L'Europe centrale et orientale compte dix-neuf nationalités et presque autant d'Etats. La solution aux problèmes des nationalités semble aller de soi : pourquoi ne pas doter chacune d'elles d'un Etat ? Parce que ces mêmes nationalités sont pour la plupart imbriquées les unes dans les autres comme le montre, chiffres à l'appui, l'auteur, professeur de droit public et spécialiste du phénomène national. L'histoire tourmentée dont « l'autre Europe » a été le théâtre y est tout naturellement pour quelque chose. Chaque Etat renferme dans ses limites territoriales des minorités dont l'importance numérique est variable : les unes prolongent un Etat voisin et constituent de fortes minorités nationales (Hongrois de Roumanie par exemple), les autres sont isolées au sein des pays d'accueil, mais n'en constituent pas moins des sources de litiges (Slovaques, Slovènes, Macédoniens) ; enfin, d'autres, dépourvues d'Etat, forment des minorités transnationales (Juifs, Tziganes). Dans ce contexte, ni le modèle français (la nation incarnée

dans l'Etat), ni le modèle germanique (la nation incarnée dans le peuple) ne sont adaptés. Le premier suppose la reconnaissance de l'existence d'un peuple un et indivisible, comme l'a d'ailleurs rappelé le Conseil constitutionnel en annulant l'article premier de la loi du 12 avril 1991 consacrant l'existence d'un « peuple corse ». Le second revient à fonder l'identité nationale sur des critères à caractère ethnique (religion et langue). Selon l'auteur, c'est dans l'incapacité des minorités d'Europe centrale à surmonter la contradiction entre ces deux modèles qu'il faut voir la source principale des tensions que la région n'a cessé de connaître depuis près de deux siècles.
La solution réside donc, selon Stéphane Pierré-Caps, dans la multination. Préfigurée un temps par l'Empire autrichien, celle-là suppose pour commencer de « relativiser » le droit des peuples à disposer d'eux-mêmes en n'associant pas systématiquement l'autonomie d'un peuple à la possession d'un Etat. En d'autres termes, elle suppose de dissocier l'Etat de la nation en octroyant la citoyenneté indépendamment de la nationalité d'appartenance, à l'instar de la citoyenneté européenne instaurée par le traité de Maastricht. Plus fondamentalement, alors que l'Etat nation se fonde sur l'individu, la multination s'articule autour de la personne en tant que membre d'une communauté. Ce qui, concrètement, suggère de limiter les compétences de l'Etat aux seules affaires communes selon le principe de subsidiarité si cher aux ressortissants de l'Union européenne.

SYLVAIN ALLEMAND

PSYCHOLOGIE ET CULTURE, CONCEPTS ET MÉTHODES
Carmel Camilleri et Geneviève Vinsonneau, Armand Colin, 1996, 222 p.

La « psychologie culturelle » étudie les effets de la culture sur le psychisme de l'individu et les comportements des groupes. Elle explore, pour une part, la question classique de « l'inné » et de « l'acquis » ; autrement dit, qu'est-ce qui, dans le psychisme, relève d'une nature humaine et qu'est-ce qui dépend du milieu social ?
Cependant, ce débat correspond plutôt à ce que l'on peut considérer comme le « premier âge » de la psychologie culturelle. Aujourd'hui, les recherches les plus novatrices portent sur un autre champ : celui des contacts et des relations interculturels. En effet, les psychologues sont de plus en plus interpellés par les problèmes liés à la multiplication des échanges et des communications entre cultures différentes, à l'immigration, aux rapports inter-ethniques, aux préjugés et aux phénomènes de xénophobie.
Dans ce livre, Carmel Camilleri (qui a été en France un des pionniers de ce type de recherches) présente les principaux concepts, problématiques et centres d'intérêt de la discipline. Par exemple, le concept de « culture » a énormément évolué depuis la définition classique qui en faisait un ensemble de valeurs, de représentations, relativement clos et propre à une société donnée.
Aujourd'hui, on insiste plus sur le caractère dynamique d'une culture, sur les constantes réinterprétations et reformulations qui sont l'œuvre des membres d'une société. On insiste aussi sur le fait

que la multiplicité des appartenances à des sous-cultures permet à un individu de «*les comparer et, par là, de s'en distancier : ce qui lui fournit la possibilité de ne plus être, comme dans les groupes traditionnels, simplement immergé dans le socioculturel comme dans un champ clos*». La seconde partie, rédigée par Geneviève Vinsonneau, est consacrée aux méthodes : production des données, construction des variables, vérification d'hypothèses, etc. Les études interculturelles posent un problème spécifique au chercheur : elles mettent en relation des sujets qui ne partagent pas les mêmes codes, valeurs et significations. De ce fait, les interprétations spéculatives et les biais ethnocentriques sont nombreux.

Un manuel de référence pour étudiants, chercheurs et praticiens de la psychologie.

EDMOND MARC LIPIANSKY

L'HUMOUR ET LA CULTURE AMÉRICAINE
Daniel Royot, Puf, 1996, 302 p.

En américain, humour se dit *humor* et couvre «*un registre étendu du genre comique, incluant (…) les éléments que nous assimilons généralement en Europe à l'esprit satirique, au burlesque, et enfin à la farce*». Professeur de littérature et de civilisation américaines, Daniel Royot en retrace l'évolution depuis le temps où il se véhiculait principalement dans les romans, la presse populaire et les cabarets, jusqu'à l'heure des «médias» : la radio, la télévision, le cinéma, sans oublier la bande dessinée. A l'évidence, l'humour d'outre-Atlantique est inextricablement lié à la culture. La galerie de portraits tout aussi savoureux les uns que les autres que dresse l'auteur atteste de son extrême richesse. Tout naturellement, les Chaplin, Buster Keaton et autres Marx Brothers y figurent en bonne place : D. Royot montre combien les humoristes actuels leur sont redevables mais aussi à quelle lointaine tradition ces ancêtres ont eux-mêmes puisé. Sont également rappelés les bons mots de personnalités que l'on a plus l'habitude de retrouver dans le Panthéon américain : tel Benjamin Franklin dont D. Royot dit qu'il inaugura «*un mode de comportement démocratique en se protégeant par l'humour des tentations du sectarisme et de l'abus du pouvoir*». D'illustres inconnus, souvent hors du commun, complètent le tableau : comme, par exemple, un certain Mencken (1880-1956), spécialiste de Nietzsche, auteur d'une monumentale œuvre vouée à la langue américaine et qui, tout au long de son existence, devait privilégier «*l'arrogance qui ne respecte rien et que les bien-pensants adorent détester*».

Longtemps, l'humour américain devait puiser dans la religion calviniste sa principale raison d'être : remettre à leur place ceux qui se prennent décidément trop au sérieux ou au jeu des conventions. Un autre ressort a ensuite résidé dans le besoin d'affirmer l'identité culturelle de son groupe d'appartenance au détriment de celle des autres. Noir, juif, irlandais… l'humour américain compte autant de variantes que les Etats-Unis comptent de minorités ethniques.

L'ensemble est ponctué de nombreux traits d'esprit et autres blagues *made in USA*. Convaincu par l'auteur lui-même que l'humour constitue à sa façon une exception culturelle aux Etats-Unis, on se surprend plus d'une fois à rire, tant cet humour se révèle aussi être universel. Mais le lecteur non angliciste verra là plus un motif de mauvaise humeur que matière à rire, l'auteur n'ayant pas poussé la démonstration de son érudition jusqu'à traduire ses morceaux choisis de l'humour américain…

SYLVAIN ALLEMAND

VERS UN MULTICULTURALISME FRANÇAIS
L'empire de la coutume
Jean-Loup Amselle, Aubier, 1996, 180 p.

Dans cet ouvrage, Jean-Loup Amselle, ethnologue spécialiste de l'Afrique, met au jour une ambiguïté fondamentale qui, de manière souvent oubliée, habite le modèle de l'intégration à la française. L'idéal républicain a beau viser à l'assimilation d'individus citoyens, la nation française s'est la plupart du temps conçue comme composée d'une pluralité de groupes culturels, sinon « raciaux ». Ainsi, la superposition des Francs aux « autochtones » gaulois a-t-elle été vue comme l'origine du clivage entre nobles et roturiers sous l'Ancien Régime. Exportée dans les colonies françaises d'Afrique, cette vision a donné lieu à de nombreuses lectures qui chaque fois mettaient en scène un peuple « autochtone » en butte à la domination d'une autre ethnie (Arabes/Ottomans, Noirs du Sénégal/Arabes, etc.). Au XIXe siècle, enfin, la question de l'assimilation des Juifs est influencée par le fait que, en dépit de son modèle proclamé d'assimilation individuelle, la France n'a jamais renoncé à un « communautarisme » latent, prêt à ressurgir lorsque l'idée s'en fait sentir. On comprend que ce sujet, surtout traité sur un mode historique par J.-L. Amselle, trouve des échos dans l'actualité. Sans chercher à dire ce qui doit être fait, il nous propose le message suivant : le discours « raciologique », ou simplement communautariste, n'étant pas, contrairement à ce que l'on affirme parfois, étranger à la conception et à la pratique françaises, sa « montée en puissance » n'en présente que plus de risques.

NICOLAS JOURNET

SOCIOLOGIE DES NATIONALISMES
Pierre Birnbaum (dir.), Puf, 1998, 480 p.

Si le « père » de la sociologie française, Emile Durkheim, s'est montré peu disert sur le phénomène nationaliste, d'autres grands noms de cette discipline, à commencer par Max Weber, s'y sont longuement arrêtés. Rares sont d'ailleurs les spécialistes anglo-saxons actuels qui ne se réfèrent pas à lui : qu'il s'agisse des primordialistes (Geertz, Connor…), qui considèrent le sentiment national comme une caractéristique naturelle et donc ancienne des sociétés humaines, ou des modernistes (Gellner, Anderson…) pour qui, au contraire, le nationalisme est une invention de la modernité, ou encore de ceux qui, à l'image d'Anthony Smith, tentent de trouver un compromis entre ces deux positions en considérant que les sociétés développées caractérisées par un nationalisme civique (la France par exemple) ne sont pas à l'abri d'un retour à un nationalisme ethnique. Cette prégnance de l'œuvre weberienne justifie donc à elle seule le titre de l'ouvrage collectif dirigé par Pierre Birnbaum. Pourtant, par un retournement que l'on ne s'explique guère, c'est ce même P. Birnbaum qui, en conclusion de son introduction, renvoie dos à dos tous les penseurs et théoriciens précédemment cités pour mieux souligner l'intérêt d'un autre courant anglo-saxon qui, pour être effectivement porteur, doit davantage à la théorie politique qu'à la sociologie elle-même. Inspiré de la théorie du choix rationnel, ce courant se propose d'analyser les mouvements nationalistes comme un type particulier de l'action collective. Dans cette perspective, le nationaliste est un acteur rationnel agissant non plus tant par nostalgie ou par amour désintéressé pour sa patrie qu'en fonction d'un calcul coût/bénéfice. « *C'est dire,* conclut P. Birnbaum, *que la question du nationalisme relève bien de la théorie politique…* »

Le lecteur aurait tort de s'estimer trompé. D'abord, parce qu'il se rendra vite compte de l'originalité des interrogations qu'une telle posture amène à poser. Entre autres : « *Le nationalisme (…) respectueux des droits individuels, du choix des acteurs, décidant eux-mêmes du degré de leur loyauté (…), n'est-il qu'une douce utopie ?* » Ensuite, parce que l'ensemble de l'ouvrage constitue une réelle performance en réunissant les meilleurs spécialistes français du moment dans un esprit de pluridisciplinarité assez rare pour être également souligné. Qu'on en juge : Bertrand Badie, Pierre Hassner, Guy Hermet, Christophe Jaffrelot, Olivier Roy, Marie Mendras, Michel Wieviorka, Alain Touraine… Face à la montée des nationalismes constatée depuis l'effondrement du mur de Berlin, les sciences sociales auraient-elles pris conscience de l'urgente nécessité de taire les conflits de frontières entre disciplines ?

SYLVAIN ALLEMAND

ANNEXES

BIBLIOGRAPHIE GÉNÉRALE

L'identité individuelle

George W. ALLPORT, *Structure et développement de la personnalité*, Delachaux et Niestlé, 1970.

Didier ANZIEU, *Le Moi-peau*, Dunod, 1985.

Erik H. ERIKSON, *Adolescence et crise, la quête de l'identité*, Flammarion, 1972.

Erving GOFFMAN, *La Mise en scène de la vie quotidienne*, 2 volumes, Editions de Minuit, 1973.

René L'ECUYER, *Le Développement du concept de soi de l'enfance à la vieillesse*, Presses de l'Université de Montréal, 1994.

Gaïd LE MANER-IDRISSI, *L'Identité sexuée*, Dunod, 1997.

Delphine MARTINOT, *Le Soi ; les approches psychosociales*, Presses universitaires de Grenoble, 1995.

Jean-Marc MONTEIL, *Soi et le contexte : constructions autobiographiques, insertions sociales, performances cognitives*, Armand Colin, 1993.

Pierre TAP, *La Société Pygmalion. Intégration sociale et réalisation de la personne*, Dunod, 1988.

Pierre TAP (dir.), *Identité individuelle et personnalisation*, Privat, 1980.

« Identifications », *Topiques*, revue freudienne, n° 56, Dunod, 1995.

Le Soi ; recherches dans le champ de la cognition sociale, collectif, Delachaux et Niestlé, 1992.

Psychologie française, 1990, vol. 35, n° 1. Numéro spécial sur « L'identité de la personne ».

Revue québécoise de psychologie, 1990, vol. 11, n° 1-2. Numéro spécial sur « La conscience de soi ».

Le groupe

Carmel CAMILLERI *et al*, *Les Stratégies identitaires*, Puf, 1990.

Jean DEFRASNE, *La Vie associative en France*, Puf, coll. « Que sais-je ? », n° 2921, 1995.

Claude DUBAR, *La Socialisation : construction des identités sociales et professionnelles*, Armand Colin, 1991.

François DUBET, *Sociologie de l'expérience*, Seuil, 1995.

Isabelle FRANCFORT, Florence OSTY, Renaud SAINSAULIEU et Marc UHALDE, *Les Mondes sociaux de l'entreprise*, Desclée de Brouwer, 1995.

Suzie GUTH (dir.), *Une sociologie des identités est-elle possible ?*, Actes du colloque « Sociologies IV », tome III, L'Harmattan, 1994.

Danièle HERVIEU-LÉGER (dir.), *L'Identité religieuse en Europe*, La Découverte, 1996.

Ralph LINTON, *Le Fondement culturel de la personnalité*, 1945 (dernière édition française : Dunod, 1995).

Edmond Marc LIPIANSKY, *Identité et Communication*, Puf, 1992.

Michel MAFFESOLI, *Le Temps des tribus*, 1988 (réédition : Le livre de poche, 1991).

George H. MEAD, *L'Esprit, le Soi et la Société*, 1934 (traduction française : Puf, 1963).

Alex MUCCHIELLI, *L'Identité*, Puf, coll. « Que sais-je ? », n° 2288, 1986.

Renaud SAINSAULIEU, *L'Identité au travail*, Presses de Sciences-Po, 1977 (2e édition : 1985).

François DE SINGLY, *Le Soi, le couple et la famille*, Nathan, 1996.

Geneviève VINSONNEAU, *Culture et comportement*, Armand Colin, 1997.

Geneviève VINSONNEAU, *L'Identité des jeunes en société inégalitaire ; le cas des Maghrébins en France*, L'Harmattan, 1996.

« Formation et dynamiques identitaires », Revue *Education permanente*, n° 128, janvier 1997.

La société

Jean-Loup AMSELLE, *Vers un multiculturalisme français, l'empire de la coutume*, Aubier, 1996.

Benedict ANDERSON, *L'Imaginaire national*, La Découverte, 1996.

Bertrand BADIE et Marc SADOUN (dir.), *L'Autre*, Presses de Sciences-Po, 1996.

Jean François BAYART, *L'Illusion identitaire*, Fayard, 1996.

Pierre BIRNBAUM (dir.), *Sociologie des nationalismes*, Puf, 1997.

Roland BRETON, *L'Ethnopolitique*, Puf, coll. « Que sais-je ? », n° 2984, 1995.

Malek CHEBEL, *La Formation de l'identité politique*, Payot, 1998.

Martine FOURIER et Geneviève VERMÈS, *Ethnicisation des rapports sociaux*, L'Harmattan/ENS Editions, 1994.

Ernest GELLNER, *Nations et nationalismes*, Payot, 1994 (réédition).

Alfred GROSSER, *Les Identités difficiles*, Presses de Sciences-Po, 1996.

Eric HOBSBAWN, *Nations et nationalismes depuis 1870*, Gallimard, 1992.

Abram KARDINER, *L'Individu dans sa société. Essai d'anthropologie psychanalytique*, 1939 (traduction française : Gallimard, 1969).

Denis LACORNE, *La Crise de l'identité américaine*, Fayard, 1997.

Jean-Pierre SAEZ (dir.), *Identités, cultures et territoires*, Desclée de Brouwer, 1995.

François THUAL, *Les Conflits identitaires*, Ellipses, 1995.

Michel WIEVIORKA, *La Démocratie à l'épreuve, nationalisme, populisme, ethnicité*, La Découverte, 1993.

L'Identité politique, collectif, Centre universitaire de recherches administratives et politiques de Picardie, Puf, 1994.

« La fièvre identitaire », revue *Esprit*, janvier 1997.

« Mémoires des peuples, histoire, mémoire et identité », revue *Projet*, n° 248, hiver 1996/1997.

Nations et nationalismes, collectif, coll. « Les dossiers de l'état du monde », La Découverte, 1995.

INDEX THÉMATIQUE

INDEX DES NOMS PROPRES

Achevé d'imprimer en novembre 1999
sur les presses des imprimeries Quebecor
N° d'impression : 996458
Imprimé en France

Dépôt légal : 4e trimestre 1999